普通高等教育本科化工与制药类教材

制药技术人员 从业就业指南

王　沛　王知斌　周志旭◎主编

中国健康传媒集团
中国医药科技出版社

内 容 提 要

本书包括三个模块。模块一（第一篇　制药专业需要具备的知识）主要叙述作为制药技术人员需具备的基本知识技能和管理知识储备；模块二（第二篇　制药企业状况）着重描述制药企业的部门设置、功能职责、生产质量管理（监控）点的规范化操作，包括岗位操作法的执行情况以及开办企业所要达到的目的等企业现况；模块三（第三篇　从业实战案例解读）就制药过程所涉及的生产安全监督管理、生产特殊岗位安全防护、易制爆危险化学品名录、辅助生产岗位的注意事项、制药过程中自动化控制及控制系统的掌控，制药产品（药品）营销方案的设计及案例解读，具体算法及具体策略的实现模式与渠道等。

本书适用于普通高等教育本科化工与制药类专业师生及制药企业从业人员。

图书在版编目（CIP）数据

制药技术人员从业就业指南 / 王沛，王知斌，周志旭主编 . —北京：中国医药科技出版社，2024.3

ISBN 978-7-5214-4522-0

Ⅰ. ①制…　Ⅱ. ①王… ②王… ③周…　Ⅲ. ①制药工业－工程技术人员－就业－中国－指南　Ⅳ. ① F426.7-62

中国国家版本馆 CIP 数据核字（2024）第 049620 号

美术编辑　陈君杞
版式设计　南博文化

出版　**中国健康传媒集团** | 中国医药科技出版社
地址　北京市海淀区文慧园北路甲 22 号
邮编　100082
电话　发行：010-62227427　邮购：010-62236938
网址　www.cmstp.com
规格　787 × 1092mm $\frac{1}{16}$
印张　24
字数　479 千字
版次　2024 年 3 月第 1 版
印次　2024 年 3 月第 1 次印刷
印刷　北京盛通印刷股份有限公司
经销　全国各地新华书店
书号　ISBN 978-7-5214-4522-0
定价　**80.00** 元

获取新书信息、投稿、为图书纠错，请扫码联系我们。

编 委 会

郑　琳（天津中医药大学）

郑　鑫（沈阳药科大学）

张　飞［赛诺菲(中国)投资有限公司］

张　荔［襄阳市中医医院（襄阳市中医药研究所）］

张　烨（内蒙古医科大学）

张兴德（南京中医药大学）

张宝徽（湖北中医药大学）

张起华（吉林省德容医药有限公司）

张忠斌（广西中医药大学）

张振伟（广西中医药大学）

赵　鹏（陕西中医药大学）

赵子剑（怀化学院化学与材料工程学院）

国　坤（江苏食品药品职业技术学院）

季　春（贵州大学药学院）

周　瑞（北京中医药大学）

周志旭（贵州大学药学院）

钟文蔚（广东药科大学）

侯安国（云南中医药大学）

郭　莹（浙江中医药大学）

唐　岚（浙江工业大学药学院）

常明明（北京农学院）

徐国锋（辽宁医药职业学院）

徐美玲（吉林大学中日联谊医院）

康绍建（云南省食品药品审核查验中心）

董玉福（长春中医药大学附属医院）

鲁曼霞（湖南中医药大学）

惠　歌（长春中医药大学）

臧　娟（辽宁中医药大学）

颜春潮（湖北中医药大学）

前言

　　制药科学技术飞速发展，对从业人员的要求逐年提高，为了帮助医药院校毕业生顺利就业，或制药企业新员工选择适合自己的岗位，制药企业多年从业的专家学者及医药院校执教多年的专业课教授撰写《制药技术人员从业就业指南》。

　　制药企业所生产的产品属于特殊产品，具有很强的时效性和极高的质量标准、安全性要求、临床药效学指标等。为达到此目的，本书从现行制药企业的生产流程入手，以员工入职培训为切入点，结合制药企业实际生产状况，产品质量监控体系等因素，分下述三个专题逐次进行叙述，旨在明确进入制药企业需要具备的制药基础知识、基本技能和能力，同时了解在学期间所学各科课程与从业岗位的相互关系，以及在制药企业各个从业岗位上的发展空间和前景。

　　第一，从事制药技术工作岗位一定要具备的专业知识。

　　第二，制药企业现行状况，包括员工入职需建立的安全意识、无菌观念；技术人员应遵守的制药法律法规和生产岗位应严格执行的标准操作规程；质量监控人员如何运用科学的方法和手段建立、执行和完善质量管理体系、质量保证体系和质量控制体系；制药企业中的量产、新产品、资金等的管理；成为一名合格的企业高级管理人员需要具备的条件和水平，需要承担的责任和义务。

　　第三，对制药企业实际发生的案例进行解读，包括制药过程安全生产案例，如"违章吸烟引发火灾事故""不戴防护用具致人伤害事故""缺乏安全意识造成苯胺中毒""操作不当引发燃爆"等。优质的产品如何为社会所用，存在一个社会认可的问题，关键在于营销人员药品营销策划、药品营销方案的撰写、实施。为帮助新员工快速在职场中找准自己的位置，迅速上手执行营销策划的案例，本部分列举具体的方案撰写格式、内容及组合策略，调查问卷设计题型、内容及注意事项，同时通过案例的描述逐级地讲述了营销的定性预测方法、定量预测效果，销售渠道的基本模式、中间商，促销组合战略、广告战略、人员推销战略、特种推销策略、公共关系战略，营销组织的设计、营销人员配备、市场营销计划、检查和评价市场营销效果等内容。

本书在撰写的过程中得到了编者所在单位（院校和科研院所）的大力支持，在此一并表示感谢，由于编者水平所限，书中难免有不足之处，恳请读者批评指正。

编　者

2024 年 1 月

CONTENTS | 目录

第一篇
制药专业需要具备的知识

第一章 制药基础与专业知识储备

制药行业属于工业制造行业范畴，是整个行业技术密集程度最高的，也是要求最规范的，作为从事该行业的知识基础和专业储备的高等教育专业目录有制药工程专业、生物制药专业、药物制剂专业、中药学专业、药学专业等。尽管上述专业都能提供从业所需的基础知识和专业知识储备，但考虑到制药企业的行业特点和涉及的专业背景，综合从业的具体实际，特归纳整理出如下从业必须具备的药学基础知识、安全生产基础知识、原辅材料采购基础知识、制药生产基础知识、产品质量控制基础知识、后勤保障基础知识、销售技能技巧、药品研发等。

第一节 药学基础知识

药学是一个行业的总称，它包括制造企业的产品制造、医疗机构的药品使用、医药经营企业的营销活动、药政药管部门的管理行为、药品监督部门的督导检查等行为。作为就业从业人员应该掌握如下基础知识。

一、无机化学

无机化学是研究除碳氢化合物及其衍生物以外所有元素的单质和化合物，其性质、结构和化学变化的规律以及应用都属无机化学的研究范畴。无机化学是培养药学专业人才整体结构和能力结构的重要组成部分，同时也是后继药学专业课程的基础。

1.知识目标 通过学习应掌握四大平衡（包括酸碱平衡、沉淀溶解平衡、氧化还原平衡、配位平衡）和物质结构（原子结构、分子结构）理论。同时通过教学实验实践，掌握无机化学实验的基本方法和基本操作技能。

2.能力目标 通过学习与教学实践培养科学的思维方法、创新意识和创新能力；培养和提高独立获取化学新知识的能力，通过阅读无机化学文献，增强分析、解决无机化学领域问题的能力。

二、有机化学

有机化学是研究有机化合物的结构、命名、性质、用途、制备，以及有机化合物间相互转化所遵循规律的一门科学。通过学习初步掌握有机化合物的结构、性质、用途、制备，及有机化合物间相互转化的规律，掌握有机化学实验的基本技能。为学习后续药学的基础课和专业课课程，诸如生物化学、植物化学、药物化学、药物分析等提供理论基础和实践基础。

1.**知识目标**　通过本课程的学习，初步掌握饱和烃、不饱和烃、芳烃、卤烃、醇酚醚、醛酮醌、羧酸及其衍生物、含氮有机物等的结构、命名、性质、用途、制备，以及有机化合物间相互转化的规律，根据药学专业人才培养目标，适当侧重在有机物的结构认知、基本单元反应类型、应用举例等问题，为后续应用解决问题打下基础。

2.**能力目标**　通过学习与教学实践培养科学的思维方法；通过阅读有机化学及相关文献，培养独立获取药学新知识的能力，通过阅读文献，增强自学药学领域前沿知识的能力。

三、分析化学

分析化学是运用传统的科学方法和经典手段对物质间的相互间转化关系进行定性描述和定量计算的一门实用性学科。属于药学、制药等化学类本科专业的基础课程。

1.**知识目标**　通过本课程的学习，初步掌握化学分析的基本内容，包括重量法、酸碱滴定法、沉淀滴定法、配位滴定法、氧化还原滴定法、误差及分析数据的处理等多项内容。

2.**能力目标**　通过学习与教学实践培养受教育者对各种分析方法，尤其是滴定分析等的基本反应、基本计算以及实践方法充分理解与掌握，为后期即将开设的《仪器分析》课程打下良好的基础，同时使受教育者树立正确的"量"的概念，培养并树立严谨的科学态度及认真细致地分析问题、解决问题的能力。为今后从事药检工作奠定基础。

四、仪器分析

仪器分析是分析化学的后续课程，它是依据物质的物理和物理化学性质为基础建立起来的一种科学的分析方法，利用较特殊的仪器，对物质进行定性分析、定量分析、形态分析的一门综合性应用学科。

1.**知识目标**　通过本课程的学习，掌握仪器分析方法的基本原理，通过色谱法、经典液相色谱法、高效液相色谱法、气相色谱法、紫外－可见分光光度法、红外分光光度法、核磁共振波谱分析法、质谱分析法等对物质化学组成、状态、结构进行测定的科学方法，探索物质内部的规律，从而揭示物质间相互作用的秘密。

2. 能力目标 通过学习与教学实践培养受教育者掌握各种分析方法，能够根据对物质的物理和化学特性的分析和测定，分析并判断出物质的组成、结构等所需要的信息和物质表征性的东西。为今后从事药检工作奠定基础。

五、物理化学

物理化学是从物质的物理现象和化学现象的联系入手来探求化学变化基本规律的一门学科，它以丰富的化学现象和体系为对象，大量采纳物理学的理论成就与实验技术，探索、归纳和研究化学的基本规律和理论，构成化学科学的理论基础。其原理、研究方法及结论普遍适用与药学相关的各个专业的研究发展方向。

1. 知识目标 通过本课程的学习，掌握化学热力学第一定律与热化学、化学热力学第二定律与化学平衡、相平衡、化学动力学、拉乌尔定律、亨利定律、稀溶液的依数性等物质内在的客观规律。

2. 能力目标 通过学习与教学实践培养受教育者对物质内在的客观规律的认知和理解，运用物理化学的基本概念、基本原理及方法，培养受教育者科学逻辑思维能力。为今后解决药物制剂、新药研发等诸多方面的技术问题奠定基础。

六、工程制图学

工程制图学是研究在平面上图示空间几何元素和物体、图解空间几何问题的原理与方法，研究计算机绘图的理论、知识和技能，以及根据工程技术的规定和知识来绘制、阅读工程图样的学科。

1. 知识目标 通过本课程的学习，掌握制图基本知识，包括制图标准，平面图的绘制；制图基本技能，包括尺规绘图、徒手绘图及计算机绘图；基础理论，包括画法几何及有关的图学理论；图样表达基础，包括投影制图及物体的图样表达方法；零件图、装配图的读图与绘制等。

2. 能力目标 通过学习与教学实践培养受教育者掌握徒手画图能力、尺规绘图能力、计算机绘图能力及编程创新能力。

七、化工原理

化工原理是以化学、物理和数学原理为基础，研究物料在工业规模条件下，它所发生物理或化学状态变化的工业过程及这类工业过程所用装置的设计和操作的一门技术学科。

1.知识目标　通过本课程的学习，掌握工程学的发展进展；掌握单元操作（单元操作的物理化学原理、定量计算方法），奠定从事工程学科的基础；掌握传递过程、化工热力学、化工系统工程、过程动态学及控制等完整知识体系。

2.能力目标　通过学习与教学实践培养受教育者掌握化学工业中的实际流体流动原理及应用（流体流动及输送机械）、物料间的传热原理及应用（传热理论及设备）、物质间的传质原理及应用（蒸馏、吸收、萃取及相应设备）、固体颗粒流体力学基础与机械分离、固体干燥、其他单元操作（蒸发、结晶、吸附、混合、膜分离）等技能。

八、植物化学

植物化学是一门研究植物代谢产物的成分、结构、分布规律为主要内容的学科。植物化学是植物学与有机化学相结合而形成的一门交叉学科，是研究植物、动物、昆虫、海洋生物和微生物代谢产物的重要组成部分，是在分子水平上揭示植物奥秘的学科，也是植物资源合理利用的基础。

1.知识目标　通过本课程的学习，掌握天然药物中的有效成分，主要是具有生理活性的成分和次生代谢产物的提取、分离纯化、结构鉴定、理化性质，以及主要结构类型化合物的生物合成途径和生物转化等规律。

2.能力目标　通过学习与教学实践培养受教育者掌握控制植物药材及其制剂质量的科技手段；学会扩大天然药物资源的方法，知晓进行新化合物研究，并作为先导化合物指导有效化合物的合成和结构改造的途径。

九、药物化学

药物化学是一门利用化学的概念和方法发现确证和开发药物，从分子水平上研究药物在机体细胞（生物大分子）之间相互作用规律的综合性学科。是建立在化学和生物学基础上，对药物结构和活性进行研究，研究内容涉及发现、修饰和优化先导化合物，从分子水平上揭示药物及具有生理活性物质的作用机制，着重研究药物及生理活性物质在体内的代谢过程。

1.知识目标　通过本课程的学习，掌握药物的化学结构和活性间的关系（构效关系）；药物化学结构与物理化学性质的关系；药物与受体的相互作用；学会鉴定药物在体内吸收、转运、分布的情况及代谢产物。

2.能力目标　通过学习与教学实践培养受教育者掌握已知药理作用并在临床上应用的药物，包括其制备方法、分析确证、质量控制；掌握已知药物结构变换以及化学结构和药理活性之间的关系；学会从生物学和化学角度设计和创新药物，主要研究药物与生物体相互作用的物理化学过程，从分子水平上揭示药物的作用机制和作用方式；掌握药物分子设计或对先导化合物的化学修饰以获得新化学实体创制新药的能力。

十、药理学

药理学是研究药物和机体之间相互作用规律的一门学科，主要研究药物效应动力学和药物代谢动力学，从而阐明药物的作用与作用机制，以及药物在体内的吸收、分布、生物转化和排泄过程。

1.知识目标 通过本课程的学习，掌握重点药物诸如拟胆碱药、抗胆碱酯酶药、抗胆碱药、拟肾上腺素药、抗肾上腺素药、麻醉药、镇静药、镇静催眠药、抗癫痫药、抗惊厥药、抗精神失常药、中枢兴奋药、解热镇痛抗炎药、抗痛风药、利尿药与脱水药、抗高血压药、抗心律失常药、抗心绞痛药、抗慢性心功能不全药、调血脂药、抗动脉粥样硬化药、作用于血液系统的药物、作用于呼吸系统的药物、作用于消化系统的药物、肾上腺皮质激素类药、甲状腺激素与抗甲状腺激素药、胰岛素与口服降糖药、性激素类药、调节骨代谢与形成药、抗病原微生物药、人工合成抗菌药、β-内酰胺类抗生素、大环内酯类与林可霉素类抗生素、氨基糖苷类与多肽类抗生素、四环素类抗生素、氯霉素类抗生素、抗病毒药、抗真菌药、抗结核病药、抗麻风病药、抗寄生虫病药、抗恶性肿瘤药等。

2.能力目标 通过学习与教学实践培养受教育者掌握上述药物的药理作用、作用机制、临床应用、不良反应和禁忌证，熟悉药物的分类和药物的体内过程及药物的作用特点。

第二节　安全生产基础知识

制药生产过程中存在着安全风险，只有保证生产过程的全程安全，才能保证生产的顺利进行，获得预期的经济效益，为社会做出应有的贡献。所以在学习制药基础知识和专业知识的同时要学习涉及企业安全生产的相关知识，这样才能在就业从业时，顺利进入所从事岗位状态，胜任工作需要。

一、制药过程安全生产知识

制药过程安全生产知识是一门以制药生产工艺为切入点，纵观制药过程各岗位的安全须知要求和注意要点，依据国家对安全生产的相关法令法规，结合制药企业的实际情况，是一门既有理论依据又有实践操作的综合性科学。

1.**知识目标** 通过本课程的学习，明确从事制药行业需遵守的政策、法律法规，安全生产的必要性和重要性，真真切切认识到制药过程中安全生产是必不可少的，认识到"一人安全，全家幸福，一人安全，全企业、全社会安宁的道理"，完成"安全为了生产，生产必须安全"的企业安全生产预期目标。

2.**能力目标** 通过学习与教学实践培养受教育者掌握制药生产过程中可能接触到的危险品及可能产生危险的危险源，具体制药岗位工艺流程中应注意的安全注意事项，处理突发火灾和爆炸的应急能力等。

二、制药过程中的职业危害与防护

制药过程中的职业危害与防护是一门描述在制药生产过程中由于操作或接触某些原辅料或试剂给操作者带来的危害，同时对危害程度进行分类和成因防护的综合性应用科学。

1.**知识目标** 通过本课程的学习，明确在制药生产过程中由于接触某些原辅料或试剂会给操作者带来的职业危害，通晓法律规定对职业危害程度的识别，职业危害程度的分级原则及具体享受的劳动防护措施等。

2.**能力目标** 通过学习与教学实践培养受教育者掌握制药生产过程中属于职业危害的因素，与职业危害的分类，操作者接触物料及化学试剂的危害程度，有毒物质危害等级等。树立职业卫生和健康的就业理念，熟悉职业健康的检查，包括上岗前健康检查、在岗期间定期检查、离岗后健康检查等。了解劳动防护用品的分类，包括防御物理、化学和生物危险、有害因素对头部伤害的头部防护用品；防御缺氧空气和空气污染物进入呼吸道的呼吸防护用品；防御物理和化学危险、有害因素对眼部伤害的眼部面部防护用品；防噪声危害及防水、防寒等的听力防护用品；防御物理、化学和生物危险、有害因素对手部伤害的手部防护用品；防御物理、化学和生物危险、有害因素对足部伤害的足部防护用品；防御物理、化学和生物危险、有害因素对躯干伤害的躯干防护用品；防御物理、化学和生物危险、有害因素损伤皮肤或引起皮肤疾病的防肤用品；防止高处作业劳动者坠落或者高处落物伤害的坠落防护用品；其他防御危险、有害因素的劳动防护用品等。能正确选择劳动防护用品并合理使用。

三、制药过程中的"三废"治理

制药过程中的"三废"治理是一门制药企业规范化生产对大气环境影响的科学，是人类生存与环境保护密切相关的应用学科。

1.**知识目标** 通过本课程的学习，通晓制药企业的规范化生产也会给环境带来不同程度的污染，我们可以通过防范措施和专用设备（设施）将污染成降到最低（达到

"三废"排放标准以下），从而实现"三废"治理的目的。

2.能力目标 通过学习与教学实践培养受教育者掌握制药生产过程中规范化操作产生的"三废"，即废水、废气、废渣的正规化处理方法。熟悉废水的来源及特点，工业化废水污染排放标准限量（涵盖化学合成类、生物药物及动植物提取物类、发酵类、生物工程类、混装制剂类以及中药材洗切加工产生的废水、提取浓缩加工产生的废水等等），尤其是工业废水的防治技术（废水的物理处理、化学和物理化学处理、生物处理等），学会制药废水综合治理策略的制订方法。掌握制药过程中固体废物的来源、分类及特点，掌握危险废物的名录及处理方法，熟悉固体废物的储运与运输污染控制标准，学会制订固体废物防治策略，确保实施对制药企业生产中产生的废物进行综合治理。了解制药企业废气的来源、分类及特点，熟悉常见无机废气（HCl、NH_3、SO_2、NO、NO_2）、有机废气（硼烷、砷烷、乙烷、小分子烯烃、环氧乙烷、氯甲烷、氯乙烷、甲醇、乙醇、乙酸乙酯、磷化氢、硼化氢、甲胺、异丙醇、甲苯、二甲苯、甲胺、二甲胺）、恶臭气体、发酵尾气、含尘气体等的处理工艺过程。

四、环境保护要务

环境保护要务是关乎人类生存环境的重要基础底线，是一门集制造技术与环保排放标准相结合的综合性学科。

1.知识目标 通过本课程的学习，使学生牢固树立环保意识，严格遵守环保法规，切实加强污染防治，自觉接受社会监督。

2.能力目标 通过学习与教学实践培养受教育者掌握环保宣传教育和培训的方法，提高全员环保意识；严格执行建设项目环境影响评价和环境保护设施与主体工程同时设计、同时施工、同时投产的"三同时"制度，强化企业内在自控制约机制；争当遵守环保政策法规的绿色企业；积极推行清洁生产，努力创建环境友好型企业；运用科技知识用好防污染设施，确保污染物达标排放，不直排、不偷排、不漏排污染物。

五、应急救援基础知识

应急救援基础知识部分包括应急救援基本术语、应急救援功能与特性、加强应急救援工作的重要性和紧迫性、应急救援工作模式与实施、应急管理和应急管理基本知识、应急培训与应急演练等内容。

1.知识目标 通过本课程的学习，掌握为防止事故恶化，应尽快、尽早、最大程度地控制危险源；掌握抢救受害人员适当的技术方法；熟悉指导群众防护，组织群众撤离的方法；学会做好现场清消，消除危害后果的处理方法；及时向有关部门和社会媒介提供翔实情报；保存有关记录及实物，为后面事故调查工作做准备。

2.**能力目标**　通过学习与教学实践培养受教育者在掌握应急救援基础知识基础上，能够制订应急预案、应用应急方法有效地控制应对应急情况。

第三节　原辅材料采购基础知识

制药企业要想生产合格的药品，采购合格的制药原辅材料是非常重要的环节，这就要求从业人员必须具备一定的药学知识和制药专业知识，否则无法达到生产出合格产品的目的。接受专业教育或制药培训通常需要掌握以下知识。

一、中医学基础

中医学基础是运用中医学的基本知识，阐述中医学的理论观点，在传统医药学专业的知识结构中起着重要的中医药学理念启蒙教育作用，是一门历史久远的经典基础学科。

1.**知识目标**　通过本课程的学习，掌握相关的中医药学基本理论、基本知识，培养中医药思维方法，为从事制药行业管理、生产、经营、销售等岗位打下坚实的理论基础。

2.**能力目标**　通过学习与教学实践培养受教育者掌握中医药学哲学基础（精气、阴阳、五行学说）、中医藏象、经络所体现的人体生理、病理，以及病因、诊断、辨证、防治等基本理论。熟悉相关的中医药基础知识，培养辨证思维能力，养成严谨求实的科学态度。指导从业后的中医药学的临床应用、中药制药及相关科研工作。

二、药用植物学

药用植物学是一门研究药用植物的外部形态、内部构造、植物分类、植物生态以及和植物地理等知识的应用性学科。

1.**知识目标**　通过本课程的学习，掌握药用植物学的基本理论、基本知识和识别药用植物产品的基本技能，为学习中药鉴定学、中药化学及相关专业课程打下基础。

2.**能力目标**　通过学习与教学实践培养受教育者具备准确描述药用植物各个器官特征和内部结构的能力；学会将待鉴定的药用植物分类到科，能够熟识常见药用植物200种左右。其中能准确识别药用植物50种左右，掌握药用植物分类的基本方法；熟练使用植物分类检索表等工具书，参考相关专业文献，具备药用植物鉴别的基本能力，将所学专业应用到从业岗位之中，发挥应有的作用。

三、中药鉴定学

中药鉴定学是以传统的中药鉴别经验为基础，运用现代自然科学的方法与技术，系统地整理和研究中药的来源、品种鉴别特征、质量评价方法、开发和扩大中药资源等方面知识的一门应用性学科。

1.知识目标 通过本课程的学习，掌握包括中药的名称、来源鉴别、生物（或矿物）学特征、产地、采收加工、化学成分、性状鉴别、显微鉴别、理化鉴别、生物鉴别及性味功能等，其中以五大鉴别法为主的中药鉴定方法，在继承传统的鉴别经验的基础上，学习现代的科学技术与方法，为从事中药的真伪鉴别、品质评价、中药研发等工作奠定扎实基础。

2.能力目标 通过学习与教学实践培养受教育者具备中药鉴定的基本理论知识，能够熟识常用中药300种左右，其中较系统地掌握70种左右中药品种的鉴定方法与技术；掌握中药品种鉴别和质量评价的基本程序及方法；能够按照《中国药典》的有关规定开展中药的检验工作；初步具有整理祖国药学遗产，寻找和扩大新药源的能力。

四、中药学

中药学是一门研究中药理论与应用的综合性学科。其内容包括中药的起源，中药学的发展，中药的产地、采集与储存，中药的炮制，中药的性能，中药的配伍，用药禁忌，用药的剂量与用法，同时还要掌握各类型的代表中药，诸如解表药、清热药、泻下药、祛风湿药、化湿药、利水渗湿药、温里药、理气药、消食药、驱虫药、止血药、活血化瘀药、化痰止咳平喘药、安神药、平肝息风药、开窍药、补虚药、收涩药、涌吐药、解毒杀虫燥湿止痒药、拔毒化腐生肌药等。

1.知识目标 通过本课程的学习，掌握中药学的发展历史，深刻领会其深奥的内涵。构建中药学具体药物所属的框架，全方位了解中药的具体内容。熟悉药物配伍，尤其要求掌握中药的临床用量及不良反应。

2.能力目标 通过学习与教学实践培养受教育者的传承意识，做具有现代思维的新世纪中药传承人才，将所学中药知识应用到临床中去，切实发挥中药在中医辨证论治、因症施治中的作用，亦为研发新药奠定理论基础。

五、方剂学

方剂学是连接中医药学理论研究与临床实践的桥梁，是研究治法与方剂组方原理、配伍规律及临床运用的一门学科。方剂学的内容渗透着辨证论治的整体思想，体现着理法方药的中医辨证论治的全部精神，是传承中华传统医学的重要环节。

1.**知识目标** 通过本课程的学习，掌握各类典型方剂的组成、功用、主治、方解、运用等基本内容，熟悉常用药对及药物组群，中医常用的配伍方法和组方理论，了解中药新药研发中的选药组方依据。

2.**能力目标** 通过学习与教学实践培养受教育者的以下能力，进一步深化中医药素养，构建中医药思维能力；将中医药知识融入《方剂学》之中，奠定中药研发及创新能力；培养自如阅读方剂学相关医案、古籍、中医经典等文献资料的方剂自学能力。为今后利用互联网、图书检索、计算机数据库等现代信息技术手段获取新知识的能力打下专业基础，为就业从事中药科研活动提供理论支撑和方向引导。

六、中药炮制工程学

中药炮制工程学是指在中药饮片生产实践中，总结、归纳、提炼出的新学科，是中药炮制学的外延学科，重点研究中药饮片工业化和规范化生产的理论、工艺、机械设备与质量控制的方法。

1.**知识目标** 通过本课程的学习，掌握中药分为中药材、中药饮片、中成药三种商品形式及中药炮制工程学的定义；掌握中药炮制学的基础理论和知识；遵循中医理论体系，在继承传统中药炮制技术和理论的基础上，应用现代科学技术进行整理、研究，探讨炮制原理，改进炮制工艺，制订饮片质量标准，提高中药饮片质量，同时加强对炮制机械的研究，逐渐实现中药饮片生产的机械化、自动化、规模化、标准化。

2.**能力目标** 通过学习与教学实践培养受教育者掌握中药炮制操作和饮片质量控制技术、中药炮制生产机械设备的应用和研发、中药饮片厂的设计和企业生产管理。

七、中医文献学

中医文献学是中医药学与中国古典文献学相互渗透、彼此交叉的综合知识，是研究中医药文献的学术源流，探讨整理和利用中医药文献的方法和理论的一门边缘学科。

1.**知识目标** 通过本课程的学习，掌握中医文献的整理、阅读与利用方面的知识，包括中医文献的载体与形式、中医文献的目录、中医文献的版本、中医文献的校勘。

2.**能力目标** 通过学习与教学实践培养受教育者运用一般文献学中普遍性的理论、知识、原则、方法等，说明中医文献的有关问题；在对中医文献具体研究和总结前人整理研究中医文献经验的基础上，进一步论述或说明中医文献中的有关问题。发扬中医文献的发展源流以及历代重要医籍的积极内容、特点与学术成就。

八、药用植物生物化学

药用植物生物化学是在整合前沿学科（药用植物学、生物化学）知识的基础上，围绕细胞区室结构、细胞的繁衍、能量流、代谢与发育的整合、药用植物的鉴定及应用等方面内容而形成的一门综合性交叉学科。

1.知识目标 通过本课程的学习，掌握运用生物化学和分子生物学的理论和技术，从资源的可用性和实用性出发，研究药用植物中活性成分的结构、性质、生物合成、药理作用、提取分离方法、相互之间的影响及药用植物资源综合利用、新剂型的开发等技能。

2.能力目标 通过学习与教学实践培养受教育者学会利用药用植物资源的丰富性，充分地开发利用现有资源，并积极掌握扩大和寻找中药新资源、新品种的能力。

第四节 制药生产基础知识

作为一名制药企业的生产者，上岗之前不仅需要经过岗前培训，而且应具备一定的制药生产和安全生产的基础知识。否则非但完不成所承担的任务，还可能造成某种不必要的伤害。总览现今制药企业的状况，从事制药工作大体需要掌握如下制药专业基础知识。

一、制药工艺学

制药工艺学是研究药物制备原理及生产过程的一门综合性科学，是将制药理论知识与具体生产实践相结合的前沿学科。是由实验室操作过渡到工业化规模生产的重要中间环节，是研究、设计、选用最安全、最经济、最切实可行的工艺路线去完成该药物研究、制备，使其从实验研制阶段过渡到生产的中间环节；同时，制药工艺学也是研究、筛选适宜的中间体并确定高效、优质的工艺路线，采用合理的工艺原理，实现规模化生产过程优化的一门科学。

1.知识目标 通过本课程的学习，掌握运用前期所学的基础知识及专业基础知识，诸如无机化学、有机化学、物理化学、药物化学、生物化学等，结合具体药物的生产条件、环境的可操作步骤，最终制备出供医疗临床使用的合格药物；学会使用科学的方法筛选最佳工艺路线的基本方法。

2.能力目标 通过学习与教学实践培养受教育者掌握药物制造的基本理论和基本技能；能够综合运用所学知识进行制药工艺的优化改造；改革老产品生产工艺及开展新药的研制与开发等方面的工作。

二、工业药剂学

工业药剂学是研究在工业化规模生产的前提下，制备药物剂型的技术理论与质量控制的综合性应用性学科。

1.**知识目标**　通过本课程的学习，掌握可以工业化生产的剂型，诸如散剂、颗粒剂、胶囊剂、片剂、溶液剂、溶胶剂、混悬剂、乳剂、注射剂、滴眼剂、膏剂、膜剂、凝胶剂、栓剂、气雾剂、固体分散体、包合物、微粒及缓、控释制剂等工业化生产的知识。

2.**能力目标**　通过学习与教学实践培养受教育者掌握上述所学剂型的处方设计、制剂工艺涉及的制备设备、质量控制方法等项内容。确保学生就业从业的制药知识满足实际工作的需要。

三、制药工程设计

制药工程设计是一门运用药学理论、工程设计与具体制药企业的实际来完成筹建策划设计，实现药品规模生产、质量监控等一系列理论与实践相结合的综合性学科。

1.**知识目标**　通过本课程的学习，掌握制药行业的法令法规，学会结合制药企业的实际情况提出对该项目的设计思路，熟悉设计方法，切实掌握先进、可行、经济合理的设计理论知识，为从业后制药企业项目设计奠定理论基础。

2.**能力目标**　通过学习与教学实践培养受教育者掌握制药具体项目的工程设计能力，包括制药企业厂址的选择、车间设计与布局、三废的治理方案、制剂工艺各岗位的设立、制药工艺过程质量监控点的设定、整个项目的总体预算与决算等。

四、制药原理与设备

制药原理与设备是一门以制药工程学理论为基础，以制药实践为依托的实践性极强的综合性学科。

1.**知识目标**　通过本课程的学习，掌握原料药处理设备，中药材清洗设备，饮片加工设备，炮制设备；掌握粉碎、筛分、分离单元操作原理及采用的具体设备的使用、维修、保养等；掌握药物输送原理与输送机械的分类、选型、使用、保养等；掌握传热、传质、蒸发、冷冻、液体蒸馏、溶剂萃取、固体干燥等的原理及其涉及的设备构造、使用、维修、保养等；掌握制剂成型机械设备，诸如固体制剂生产设备、液体制剂生产设备、制剂分装机械等；掌握制剂辅助工艺设备，诸如洗瓶机、蒸煮罐等的具体动力设备配备原则，设备构造原理、技术参数、生产能力、使用注意事项等；了解药品包装原则，包装材料分类，包装材料的选取，各种包装材料的特点，药用包装机械概论以及常用的包装设备等。

2.能力目标 通过学习与教学实践培养受教育者以制药工艺过程为主线，以制药理论为基础，以单元操作为切入点，掌握各单元操作工艺原理和所涉及的设备，尤其是设备的使用方法、维修、保养等一系列技术参数和实践操作。

五、药物制剂设备

药物制剂设备是在制药理论基础知识的指导下，结合具体的制药生产工艺，运用现代科学手段，研究制剂生产工艺及其设备的选型、配备与使用的应用科学，是一门制药理论与制药实践相结合的综合性应用学科。

1.知识目标 通过本课程的学习，掌握相关药物制剂涉及的设备结构原理、设计参数、生产能力、能源动力配备状况、使用、维修与保养注意事项等。

2.能力目标 通过学习与教学实践培养受教育者学会药物制剂的基本剂型制备所涉及的设备选型、配备、使用、维修及养护等基本实践知识。为就业奠定理论基础。

六、制药工程自动化与仪表

制药工程自动化与仪表是运用自动化技术，结合制药工程的生产实际，以自动控制系统为主线，辅以各种自动化仪表和控制方案，将自动化与仪表的控制技术融入制药工业生产过程中的一门理论与实践结合非常紧密的综合性应用学科。

1.知识目标 通过本课程的学习，掌握典型生产过程控制对象认知；典型控制系统流程图识图；简单控制系统集成与调试；测量系统集成与调试；复杂控制系统集成与调试；集散控制系统组态与操作等项内容。

2.能力目标 通过学习与教学实践培养受教育者掌握主要工艺参数（温度、压力、流量及物位）的检测方法及其仪表的工作原理及特点；能根据工艺要求，正确地选用和使用常见的检测仪表及控制仪表；能根据工艺的需要，与自控设计技术人员共同讨论并提出合理的自动控制方案；能为自控设计提供正确的工艺条件和数据；能在生产开停车过程中，掌握自动控制系统的运行及控制器的参数整定，完全胜任制药生产过程中的自动化控制工作岗位之需要。

第五节 产品质量控制基础知识

产品质量是企业生存的核心要素，尤其是制药企业，所生产的药品质量尤为重要，产品质量控制就成为一道保证该生存要素至关重要的防火墙，为此凡是从事制药工作的人员必须要具备以下基础知识，方可保证产品的质量。

一、药事管理与法规

药事管理与法规是药学类科学与社会科学相互交叉、相互渗透而形成的以药学、法学、管理学、社会学、经济学为主要基础的药学类边缘学科。

1.知识目标 通过本课程的学习，了解药事活动的主要环节及基本规律，掌握药事管理的基本内容，掌握我国药品管理的法律、法规，熟悉药品管理的体制及组织机构，具备药品研制、生产、经营、使用等环节管理和监督的能力，为执业药师考试奠定良好的基础，并能运用药事管理的理论知识指导实践工作，学会并增强分析问题与解决问题的能力。

2.能力目标 通过学习与教学实践培养受教育者掌握药事管理学的基本理论、基本知识和方法；药品质量监督管理的知识；药事组织管理体制及其职能；执业药师岗位需要的药事法规；药品研制、药品专利、新药管理的知识；药品生产、经营、使用管理的知识；从事药事管理工作的方法和技能。

二、数理统计方法学

数理统计方法学是一门运用概率论和数学的方法，研究怎样收集（通过实验或观察）带有随机误差的数据，并在设定的模型（称为统计模型）之下，对这种数据进行分析（称为统计分析），以对所研究的问题做出推断（称为统计推断）的应用性学科。

1.知识目标 通过本课程的学习，培养学生通过适当的观察或实验取得必要的数据，然后就所得数据进行分析，对所提问题做出尽可能正确的结论。数据一般总是带有随机性的误差，需要使学习者明确的是，这里的误差不是通常意义上的因测量不准而导致的误差，其主要指的是由于观察和实验的样本只能是总体的一部分，而那一部分是随机抽取的。例如一个学校有上万名学生，你从中抽出50人来研究该校学生的学习情况，抽取的结果（仅50人）不同，所得数据就不同，这完全凭机会而定。我们说的随机误差主要是指这个，由于数据带有这样的或那样的随机性，通过分析这些数据而做出的结论，也就难保其不出错了。分析方法的要旨，就在于是可能产生的错误越小越好，发生错误的机会越小越好，这就需要概率论和统计的工具。我们的目标就是为学习者建立这样一个处理数据的思维模式。

2.能力目标 通过学习与教学实践培养受教育者了解概率论的基础知识，学会常见的试验设计方法，掌握基本的统计分析方法；使学生学会用统计思维的方式去观察、分析具体问题，提高学生分析问题解决问题的能力；使学生既具有独立思考又具有团体协作精神，在科研工作中实事求是、勇于攻克难题。

三、生物化学与分子生物学

生物化学与分子生物学是研究生命化学本质的科学。是运用化学的理论和方法，从分子水平研究生物体的化学组成和变化规律及其调控、代谢反应与生理功能的关系，从而阐明生命现象的本质，并把这些知识应用于社会实践的生产实践的一门科学。

1.知识目标 通过本课程的学习，培养学生掌握生物化学与分子生物学的基础理论、基本知识和基本技能，为进一步学习有关其他药学类课程打下良好的基础。主要包括生物分子的结构与功能；物质代谢与生命活动；遗传信息的存贮、传递与表达等。

2.能力目标 通过学习与教学实践培养受教育者掌握以基因信息传递为中心的现代分子生物学的新型知识框架；同时重点掌握分子生物学的基本知识和实验技能，通晓生物大分子的结构与功能的关系；熟悉基因信息传递通路；同时结合临床情况，学会从分子水平上认识、诊断和治疗疾病的药理作用机制。

四、中药商品学

中药商品学是一门研究中药材商品的来源、性质、购销、商品规格、等级、质量和检验相关的理论和技术的科学。

1.知识目标 通过本课程的学习，使学习者熟悉中药商品学及其商品特点、中药材商业的形成与发展、我国的中药材资源状况、中药商品的管理法规及质量标准、中药商业企业的经营管理、药材的集散地、药材进出口状况等，了解中药材发展史、药材分布、道地药材、规格等级、商品特征及有关法律、法规。

2.能力目标 通过学习与教学实践培养受教育者学会在中医药理论指导下进行的交换和经营中的中药商品贸易。通晓制订中药商品的质量管理监督程序，确保所交易的中药商品质量。熟悉鉴别中药商品的真伪和优劣的方法，确保所交易的中药商品安全有效。积极研究和掌握中药商品的流通和管控规律，为构建现代中药商品体系做出贡献。

五、天然药物化学成分波谱解析

天然药物化学成分波谱解析是采用紫外光谱、红外光谱、核磁共振和质谱等四大波谱学技术为手段，以确定天然产物化学结构为目的的一门综合性应用学科。

1.知识目标 通过本课程的学习，使学习者掌握谱学（紫外、红外、质谱、1D和2D核磁，气质联用、圆二色散光谱等）在分子平面与立体结构解析过程中所提供的基础结构信息知识，重点介绍核磁共振技术在结构鉴定中的应用，主要侧重于氢碳核磁共振波谱信息的解析，如质子信号的峰型与拆分、氢碳化学位移值、质子偶合常数等与分子结构的关系，掌握结构解析规律与过程。通过具体的中药化学成分实例解析（即从各类中药化学成分中精选出具有代表性的化合物，并附以未被优化的原始谱图，详细分析解读分子结构的解析过程，并对每类化合物的谱学特征和规律加以归纳总结），培养学生综合运用谱学信息数据独立进行结构解析能力。

2.能力目标 通过学习与教学实践培养受教育者学会紫外光谱、红外光谱、核磁共振波谱和质谱等技术的基本原理、用途及最新进展；具体涉及的化合物有：苯丙素类化合物、醌类化合物、黄酮类化合物、萜类化合物、三萜及其苷类化合物、甾体及其苷类化合物、生物碱类等成分结构解析中的应用。

第六节　后勤保障基础知识

后勤保障工作是为企业全体员工服务的工作，通过规范企业后勤保障管理，保证企业各项业务正常运作，从而为企业员工创造良好的工作环境，提高员工工作效率。适用于企业食堂、公用设施、宿舍等管理及企业各部门。负责保洁的日常管理工作，负责花草树木的养护，厂区的防虫、杀虫、防鼠工作，办公楼的保洁和维护，负责环境卫生、绿化，负责废弃物的处理，负责安排职工工作用餐，负责办公设施、器材的管理、维护及保养等相关工作。

一、后勤管理部

后勤管理部通常统管企业后勤工作，需要完成后勤管理制度的制订、修订、检查考核工作；企业的建构筑物及办公设施的日常管理、修缮工作；企业内办公设施的统一调配、维修、更换工作；企业职工宿舍的人员安排、设施配备、维修以及安全管理工作；企业食堂食材的采购、存放、饭菜加工制作，就餐环境管理以及食堂账目管理等。

二、后勤保障岗位

后勤保障对于任何企业、事业单位都是非常重要的，只有后勤保障工作做到位，单位才能实现其预期目标。所以后勤保障岗位是非常重要的岗位，通常包括安全保卫、公共设施管理、环保绿化、食堂管理、宿舍管理、消防专管员、驾驶员等。

（一）安全保卫

安全保卫工作至关重要，企业安保的职责主要是加强本企业内务管理工作，确保企业的安全和整洁，维护正常的生产和工作秩序。

1.安保责任 积极维护企业正常工作和生活秩序，遵纪守法，树立安全生产防范意识，增强责任感；凡进入企业区域者不得携带各种违禁品、危险品；凡进、出企业区域者有义务主动接受门卫保安人员的安全监督和检查。

2.安保义务 值勤保安对待外来人员，应做到文明礼貌，并主动为来访人员提供必要的服务，做好接待工作。首先询问来意，并做好登记，然后按照规定电话联系或引荐对口接待部门或接待人，来访结束后记录好离开时间，并存档备查。每天下班后，巡视各科室、生产车间等，保证各部门关掉用电电源，关好门窗，做到防火、防盗、保证安全。

（二）公共设施管理

企业所有员工都要爱护办公、生产、生活区域内的公共设施，由责任部门提报"维修通知单"，综合部门及时维修，若公共设施属于人为损坏的，费用由责任人全额承担；对需要更新的设施，由使用部门提出申请，报主管领导审批后方可更新；综合部门应定期对建筑设施的易磨损部位和门窗的轴承、锁具、把手等定期进行润滑、加固、校验；对易腐蚀部位，如各种钢构件、房架、栏杆等定期防腐；对易损坏的部位如建筑物屋面、台阶等定期修补，以延长设施使用寿命，降低维修成本。

（三）环保绿化

环保绿化体现一个企业的精神面貌，制药企业尤其应重视，所以厂区的环保绿化工作非常重要。作为环保绿化负责人要求掌握花草树木的种植季节、生产特性、培植管理方法；熟悉制药厂区绿化布局及花草树木的品种数量；负责厂区公共区域绿化苗木、草坪及花卉的栽种、浇水、施肥、修剪等工作；负责相关人员办公室绿植的栽种与维护工作；负责植物病虫害的防治管理工作；负责做好工具、化肥、农药的保管，做到出库入库手续清楚，并注意用药、用肥分量，保证用药安全，防止浪费现象；做好施肥、用药记录及贵重品种的栽种、移栽记录；负责绿化设备的维护、使用与保养工作；负责环境管理相关环境因素在本岗位的贯彻实施、监督执行和持续改进。

（四）食堂管理

民以食为天，企业的食堂管理尤为重要，食堂所有员工上岗必须持有健康证；采购食品及食材原料时，严格执行比价采购的规定，保证所购食品及食材原料质优价廉，同时采购的食品及食材原料要适量，避免浪费；采购人员要严格按照企业规定做好账目管理，确保账目及报表数据准确、真实，报账要及时；对生、熟食品要分别存放和加工，各种加工用具及炊具在使用前后必须清理干净并定置存放，餐具在餐前、餐后必须消毒，并整齐摆放在指定位置；加工好的饭菜必须清洁卫生，不能有杂物，杜绝发生饭菜质量事故；食堂必须按规定时间售饭，不得无故推迟或提前售饭；售饭时间如需变更，需提前下发通知。

（五）宿舍管理

制药企业的宿舍属于生活区域，供一线职工倒班使用，宿舍内应保证卫生、整洁，床、橱、桌、椅由企业后勤部门统一配备，被褥在使用后应叠放整齐定置摆放；宿舍墙壁及床铺上严禁贴画、摆放不健康的物品；宿舍房间禁止私自换锁，严禁私自调换宿舍房间，各部门在根据人员调动而调整宿舍时，必须提前通知后勤部门，经后勤部门核准后方可进行调整；员工宿舍内不准私自留外来人员及异性住宿；严禁在宿舍内赌博；严禁在宿舍及走廊内大声喧哗；严禁在宿舍内饲养宠物；严禁在宿舍内观看内容不健康的书刊及音像制品；严禁在宿舍内使用大功率电器，禁止长明灯、长流水等浪费行为；住宿人员要爱护宿舍内的各种公用设施，严禁人为损坏；宿舍外公共部分的卫生保洁工作由后勤部负责，应做到洁净无杂物；住宿员工要做好防盗工作，个人贵重物品要妥善保管，丢失自负。

（六）消防专管员职责

消防专管员的配备是企业安全的保障，主要负责企业消防器材的配备；企业内部消防器材的正确、合理布置；负责检查消防器材的完好性能，确保随时可以使用；定期组织消防培训演练，使企业全体员工均懂得消防知识，会使用消防器材；定期组织消防安全检查，排除事故隐患。

（七）驾驶员

驾驶员是企业与社会交流沟通的重要执行者，所以只有驾驶员严格遵守驾驶规章制度，才能确保企业的预期目标顺利实现。驾驶员工作职责是坚持行车前安全检查，发现问题及时处理，确保行车正常、良好运行；安全驾驶，正确执行驾驶操作规程；行车时集中精力，严禁酒后开车；做好车辆维护、保养工作，保持车辆整洁和车况良好；填写车辆档案，对车辆事故、违章损坏等异常情况及时汇报。

第七节　产品销售技能技巧

销售技能技巧主要是指在医药市场上运用市场和市场营销的基本理论所进行的销售活动。作为从业人员要明确营销的含义、医药市场营销的历史沿革，医药市场营销观念的形成、发展、贯彻；医药市场营销的微观环境和宏观环境；医药市场的细分，目标市场的选择策略，医药市场的定位步骤，医药目标市场的定位方法等。最终获得最大化的效益。

一、医药商品学

医药商品学是一门研究药品、保健品和其他医疗用品作为商品的使用价值及在流通过程中实现使用价值规律的一门应用型学科。

1.知识目标　通过本课程的学习，使学习者掌握医药商品学的研究对象、基本任务，医药商品的命名与分类、经营与管理，质量标准与质量控制方法；熟悉医药商品的包装管理、注册商标管理，医药商品运输、储存与养护管理；了解医药商品的广告宣传、医药商品电子商务以及医药市场信息收集、整理、预测和医药新产品开发等基本知识。

2.能力目标　通过学习与教学实践培养受教育者初步对医药商品的知识产权、医药商品的质量控制、医药商品的市场调查与预测、医药商品的新产品研究与开发、医药商品的生产、医药商品的物流、医药商品的营销、连锁药店的经营与管理、医药商品的广告、医药商品的电子商务、国际医药贸易有所认识。

二、医药市场营销学

医药市场营销学是一门描述医药市场营销理论与实践相结合的综合性应用学科。是从宏观和微观两个不同层面展开对医药市场营销各环境要素的叙述，同时对医药产品策略、价格策略、分销策略和促销策略等进行了详尽分析和归纳。

1.知识目标　通过本课程的学习，使学习者掌握市场和市场营销等的基本概念；熟悉宏观市场营销环境要素和微观市场营销环境要素；了解医药消费者市场与购买行为的市场特征和购买行为规律。

2.能力目标　通过学习与教学实践培养受教育者学会从战略高度设计并指导医药营销实践活动；了解医药市场竞争战略类型和战略选择原则；学会医药产品策略、价格策略、分销策略和促销策略的制订与实施；进一步拓展"互联网+"背景下网络营销和医药电子商务活动。

第八节　药品研发

作为企业要有属于自己的研发团队，尤其是新产品的研发团队，努力做到生产一代，贮备一代，研发一代；实现生产的产品做到人无我有，人有我优。保证企业持续发展，逐年壮大，事业发达。

一、中药文献学

中药文献学是研究中药文献学基础知识、古代文献、现代文献、外文文献、网络文献及文献的实际应用等的一门应用性学科。

1.知识目标　通过本课程的学习，使学习者掌握中药文献学的研究内容及中药文献学的作用；熟悉文献学基础知识（包括文献、文献学、目录学的基本知识、版本学的基本知识、校勘学的基本知识、训诂学的基本知识）、中药文献的概况与分类（包括图书、期刊、特种文献）、中药文献的检索途径（包括检索工具、检索方法、检索一般程序）；了解古代中药文献（包括先秦时期的主要中药文献、秦汉时期的主要中药文献、魏晋南北朝时期的主要中药文献、隋唐时期的主要中药文献、宋金元时期的主要中药文献、明代的主要中药文献、清代的主要中药文献等）。

2.能力目标　通过学习与教学实践培养受教育者学会具有代表性的古代中药文献（诸如《神农本草经》《神农本草经集注》《雷公炮炙论》《新修本草》《食疗本草》《本草拾遗》《经史证类备急本草》《太平惠民和剂局方》《汤液本草》《本草品汇精要》《本草蒙筌》《本草纲目》《炮炙大法》《修事指南》《本草纲目拾遗》《植物名实图考》等）的查找方法；掌握古代中药文献的应用及引用方法；熟悉现代中药文献的应用及外文中药文献引用；拓展到中药文献的计算机检索及应用。

二、中医药文献检索

中医药文献检索是一门集中医药理论研究成果（文献）与应用实践相结合的综合性应用学科。

1.知识目标　通过本课程的学习，使学习者掌握中医药文献检索基础、论述文献与文献检索的基本知识、基本理论与基本方法；掌握古代中医药文献检索和中医药专题资料检索方法；掌握中文医药论文检索、外文医药论文检索、网络信息资源检索的方法。

2.能力目标　通过学习与教学实践培养受教育者学会特种文献（诸如中医药标准文献、专利文献、学位论文、会议论文等）检索方法；熟悉各种数据库（诸如CNKI

数据库、维普信息资源系统、万方数据资源系统、中国中医药数据库检索系统、中国科学引文数据库等）使用方法；运用网络信息资源检索进行各种生产、经营、科研活动。

三、环境卫生

本课程介绍自然环境和生活环境与健康的关系，特别是由于社会生产、人类集居所形成的环境污染与健康的关系，环境相关疾病，揭示环境因素对人群健康影响的发生、发展规律，为充分利用环境有益因素和控制环境有害因素提出卫生要求和预防对策，以增进人体健康，提高整体人群健康水平。

1.知识目标 通过本课程的学习，使学习者掌握保护环境卫生必须具备的相应基础医学、临床医学和预防医学及其他学科的知识，了解环境卫生学涉及多学科的知识，特别需要将环境流行病学和环境毒理学的理论和方法相结合，现场调查和实验研究相结合。

2.能力目标 通过学习与教学实践培养受教育者学会正确运用环境与健康的自然规律，了解包括大气环境卫生、水体卫生、饮用水卫生、土壤卫生、生物地球化学性疾病、环境污染性疾病等知识的运用；掌握城乡规划卫生、公共场所卫生规划原则，通晓环境质量评价方法；掌握突发环境污染事件及应急处理方法等能力。

四、新药研究与开发

新药研究与开发是系统地阐述新药研制的全过程的理论指导性学科。本课程概括地介绍了新药开发的基本技能、方法和规定。将化学制药、生物制药、中药制药、药物制剂有机地结合为一体，突出共性，兼顾特点。使学生初步了解新药研发的基本思路、方法及基本程序，为学生进一步开展新药研究奠定基础。

1.知识目标 通过本课程的学习，使学习者掌握新药研发的性质与任务、新药注册程序与现场核查项目、新药研发的立题与设计、新药制剂工艺研究、新药中试研究、新药质量标准研究、新药包装材料与稳定性研究、新药给药剂量的确定、新药给药方式的选择、新药观察指标的确定、新药研发过程中的知识产权保护等理论与实践知识。

2.能力目标 通过学习与教学实践培养受教育者学会新药的申报、选题与立项、新药研究中的统计分析、新药制剂工艺研究、新药的质量标准研究、新药的稳定性研究、新药药理研究、新药非临床药代动力学研究、新药毒理学研究及新药临床研究等内容。

五、中药不良反应

中药不良反应是一门研究中药在临床使用中出现的不良反应的学科。是结合中药扶正祛邪、消除病因、纠正紊乱的脏腑气机、调整阴阳气血的偏盛偏衰，恢复脏腑经络的正常生理功能，起到治疗作用的有利一面；依据临床出现的不良反应造成损伤组织器官、导致功能紊乱的不利一面来研究其内在的规律性的联系，在全面、科学、客观、公正地认识中药安全与警戒的基础上，积极开展合理用药监测与评价，确保患者的用药安全的综合性应用学科。

1.**知识目标** 通过本课程的学习，使学习者掌握中药不良反应与警戒的基本概念、中药不良反应的临床表现、中药不良反应发生的相关因素等理论及实践知识。

2.**能力目标** 通过学习与教学实践培养受教育者学会中药不良反应关联度评价方法、中药不良反应的防治、中药不良反应监测与报告等实战技能。

第二篇
制药企业状况

第二章　入职教育

作为一名制药从业人员，不论是否毕业于制药工程专业，均需要经过入职教育，即岗前培训。岗前培训通常包括职业道德培训、专业独有行业职业培训（无菌观念的建立、安全意识的强化等）两方面。

第一节　无菌教育

药品的用途决定了药品的性质，药品的卫生学意识的建立尤为重要。药品不一定必须是无菌制剂，但至少应是限菌制剂，从这一基本要求出发，从业人员就必须树立无菌观念，强化操作的无菌意识，采取必要的手段和设施来实现这一目标。

一、人员进入生产车间的要求

工作人员进入生产车间，尤其是进入洁净车间（室），必须按规定走人流通道，生产区域的布局应顺应工艺流程，减少生产流程的迂回、往返；操作区内只允许放置与操作有关的器具，设置必要的工艺装备。人员净化用室包括：门厅（雨具存放）、换鞋室、存外衣室、盥洗室、洁净工作服室、气闸室或空气吹淋室，厕所、淋浴室、休息室等生活用室可根据需要设置，但不得对洁净区产生不良影响。

1.**门厅**　是厂房内人员的入口，门厅外要设刮泥格栅，进门后，应设立更鞋柜，在此将外出鞋换掉。

2.**存外衣室**　即普更室，在此将穿来的外衣换下，穿一般区的普通工作服。此处需根据车间定员设计，每人一柜。

3.**洁净工作服室**　进入洁净区必须在洁净区入口处设置更换洁净工作服的区域，进入C级洁净区脱衣和穿洁净工作服要分房间，进无菌室不仅脱与穿要分房间，而且穿无菌内衣和无菌外衣之间还要进行手消毒。

4.**淋浴室与厕所**　淋浴室由于温湿度较高，易对洁净室造成污染。所以，洁净厂房内不主张设淋浴室，如生产特殊产品必须设置时，应将淋浴室放到车间存外衣室附近，而且应重视淋浴室排风问题，并使其维持一定的负压。

5.气闸与风淋　在早期的设计中，洁净区入口处一般设风淋室，而后大多采用气闸室。风淋会将衣物和身体的尘粒吹散，但尘粒无确定去处；在气闸室停滞足够的时间，达到足够的换气次数，就可以达到净化效果。但是气闸室内没有送风和洁净等级要求，因此在近年的设计中，风淋室和气闸室已经逐渐被缓冲间所替代。人员进出药品洁净车间的流程如图2-1所示。

图 2-1　人员进入洁净车间程序示意图

分体式洁净工作服的穿戴注意事项：①打开洗水池水龙头洗手，注意双手搓洗时间不少于10秒，搓洗至双手腕上5cm，须清洁指间及甲缝。清洗完毕后，用自动烘手器烘到手部不潮湿为止。②穿洁净工作服时，最大限度地用工作服将身体包裹严实，同时保持衣着整齐。

二、物料进入生产车间的要求

制药用物料在外包装清洁室脱去外包装后，经气闸室或传递窗（洞）进入预定程序，如图2-2所示，进入洁净车间（室）。

图 2-2　物料进入洁净车间程序示意图

物料进入洁净区的注意事项：①搬运工将物料送至车间物料外清间。②除去外包装，如内包装上沾有尘粒物质则先用抹布擦去尘粒，再消毒。③搬运工送入缓冲间，装入洁净容器，在容器上贴上标签，标签上需写明品名、批号、规格、数量、日期等。关上缓冲间外门退出。④操作人员打开缓冲间内门将净化后的物料转入物料暂存间指定位置存放。⑤填写物料暂存记录。

三、洁净车间形式

制药企业洁净车间（室）是指各种制剂、原料药、药用辅料和药用包装材料生产中有空气洁净度要求的车间（室）。有洁净度要求的不是车间的全部，而主要是指药液配制、灌装、粉碎过筛、称量、分装等药品生产过程中的暴露工序和直接接触药品的包装材料清洗等岗位。

洁净室按气流形式分为层流洁净室和乱流洁净室。层流气流流线平行，流向单一，按其气流方向又可分为垂直层流和水平层流。垂直层流多用于灌封点的局部保护和层流工作台。水平层流多用于洁净室的全面洁净控制。乱流也称紊流，按气流组织形式可有顶送和侧送等。

1. 垂直层流室　这种洁净室天棚上满布高效过滤器。回风可通过侧墙下部回风口或通过整个格栅地板，空气经过操作人员和工作台时，可将污染物带走。由于气流系单一方向垂直平行流，故操作时产生的污染物不会落到工作台上。这样就可以在全部操作位置上保持无菌无尘，达到 A 级的洁净级别。见表 2-1。

表 2-1　洁净度等级内容

洁净度级别	悬浮粒子最大允许数/立方米			
	静态		动态[3]	
	≥ 0.5μm	≥ 5.0μm [2]	≥ 0.5μm	≥ 5.0μm
A 级[1]	3520	20	3520	20
B 级	3520	29	352000	2900
C 级	352000	2900	3520000	29000
D 级	3520000	29000	不作规定	不作规定

注：（1）为确认 A 级洁净区的级别，每个采样点的采样量不得少于 1 立方米。A 级洁净区空气悬浮粒子的级别为 ISO 4.8，以 ≥ 5.0μm 的悬浮粒子为限度标准。B 级洁净区（静态）的空气悬浮粒子的级别为 ISO 5，同时包括表中两种粒径的悬浮粒子。对于 C 级洁净区（静态和动态）而言，空气悬浮粒子的级别分别为 ISO 7 和 ISO 8。对于 D 级洁净区（静态）空气悬浮粒子的级别为 ISO 8。测试方法可参照 ISO 14644-1。

（2）在确认级别时，应当使用采样管较短的便携式尘埃粒子计数器，避免 ≥ 5.0μm 悬浮粒子在远程采样系统的长采样管中沉降。在单向流系统中，应当采用等动力学的取样头。

（3）动态测试可在常规操作、培养基模拟灌装过程中进行，证明达到动态的洁净度级别，但培养基模拟灌装试验要求在"最差状况"下进行动态测试。

2. 水平层流室　洁净室内一面墙上满布高效过滤器，作为送风墙，对面墙上满布回风格栅，作为回风墙。洁净空气沿水平方向均匀地从送风墙流向回风墙。工作位置离高效过滤器越近，能接受到的空气越洁净，可达到A级洁净级别，依次下去的便可能是B级、C级。室内不同地方得到不同等级的洁净度。

3.局部层流 即在局部区域内提供层流空气。局部层流装置供一些只需在局部洁净环境下操作的工序使用，如洁净工作台、层流罩及带有层流装置的设备，局部层流装置可放在无菌A/B级环境下使用，使之达到稳定的洁净效果，并能延长高效过滤器的使用寿命。

4.乱流洁净 乱流洁净室的气流组织方式和一般空调区别不大，即在部分天棚或侧墙上装高效过滤器，作为送风口，气流方向是变动的，存在涡流区，故较层流洁净度低，它可以达到的洁净度是B级至C级。室内换气次数愈多，所得的洁净度也愈高。工业上采用的洁净室绝大多数是乱流式的。因其具有初投资和运行费用低、改建扩建容易等优点，在医药行业得到普遍应用。

第二节 安全教育

药品是关系人们健康与生命的特殊产品，不仅要保证生产的药品对用药者是安全有效的，而且要做到生产过程对操作者来说是安全的。制药过程的安全与工艺自身、设备、设施以及过程操控等有关，因涉及有机物和粉体，且多数工序要在密闭车间内进行，故而对防火防爆等有非常高的要求。

一、火灾

火灾是指在时间或空间上失去控制的燃烧所造成的灾害。燃烧多数属于链式反应，通常会剧烈放热同时出现火焰或可见光（表2-2）。

表2-2 生产的火灾危险性分类

生产类别	火灾危险性特征
甲	使用或产生下列物质的生产： 丙酮、丁酮、环己酮、甲醇、乙醇等闪点*<28℃的液体 爆炸下限<10%的气体 常温下能自行分解或在空气中氧化即能导致迅速自燃或爆炸的物质 常温下受到水或空气中水蒸气的作用，能产生可燃气体并引起燃烧或爆炸的物质 遇酸、受热、撞击、摩擦、催化以及遇有机物或硫黄等易燃的无机物，极易引起燃烧或爆炸的强氧化剂；受撞击、摩擦或与氧化剂、有机物接触时能引起燃烧或爆炸的物质 在密闭设备内操作温度等于或超过物质本身自燃点的生产

续表

生产类别	火灾危险性特征
乙	使用或产生下列物质的生产： 闪点≥28℃、<60℃的液体 爆炸下限≥10%的气体 不属于甲类的氧化剂 不属于甲类的易燃固体 助燃气体 能与空气形成爆炸性混合物的浮游状态的粉尘、纤维、闪点≥60℃的液体雾滴
丙	使用或产生下列物质的生产： 闪点≥60℃的液体 可燃固体
丁	具有下列情况的生产： ①对非燃烧物质进行加工，并在高热或熔化状态下经常产生强辐射热、火花或火焰的生产 ②利用气体、液体、固体作为燃料，或将气体、液体进行燃烧作其他用处的各种生产 ③常温下使用或加工难燃烧物质的生产
戊	常温下使用或加工不燃烧物质的生产

*闪点是指可燃性液体表面上的蒸气和空气的混合物与火接触而初次发生闪光时的温度。

任何物质发生燃烧，都有一个由未燃烧状态转向燃烧状态的过程。燃烧过程的发生和发展必须具备三个必要条件，即可燃物、助燃剂和点火源。这三个必要条件缺少任何一个，燃烧都不能发生和维持。

助燃剂是指本身不能燃烧，但能发生燃烧所需要的氧的物质。助燃剂常见的有氧气、氯酸钾、硝酸钾、二氧化锰、氧化镁、三氧化二铝、四氧化三铁、三氧化二铁、氯化铁等。

点火源是指能够使可燃物与助燃物发生燃烧反应的能量来源，这种能量包括热能、光能、化学能和机械能。根据点火能的不同来源，制药企业存在的点火源有火焰、火星、高热物体、电火花、静电火花、机械撞击或摩擦、化学反应热等。

（一）明火

明火引起的火灾主要有生产性明火（火星）、检测或维修明火（火星）以及燃着的香烟等非生产性明火（火星）。

1.生产性明火　钢炉、加热炉及维修车间等明火（火星）场所，与其他建构筑物的防火间距应满足相关标准规范的要求。

2.检测或维修明火　对于电焊、气焊、切割、打磨等检测或维修动火作业必须开具"动火票"*，动火前明确动火设备位置、设备内使用物料的理化性质，物料放净清洗干净，分析设备内残留气体（可燃、易爆）含量，人员进入设备内需要监测含氧量，拆除动火设备连接的易爆、有毒物质的输送管道，堵死盲板，清理动火设备周边可燃物，做好防止明火飞溅的应对措施，配备相关应急救援器材，现场监护人员到位，氧气、乙炔钢瓶分开设置，动火作业人员应持有效证件上岗操作。必要时，应将动火设备移至安全地带进行动火作业，动火作业结束后熄灭余火，关闭氧气、乙炔阀门，清理高温残渣、灰烬或切断动火电源，动火现场不遗留任何火种，然后相关人员携带相关设备撤离操作现场。

3.非生产性明火 厂区非生产性明火（火星）应严禁或严格控制，做好宣传教育工作，人性化管理设置的吸烟室在满足防火间距的前提下远离危险场所。

（二）化学点火源

化学点火源引起的火灾主要有化学自热着火和蓄热自热着火两种。

1.化学自热着火 常温常压下，可燃物在特定情况下自身反应放出热量引起的着火特定条件，包括与水作用、与空气作用、性质相抵触物质相互作用等。

（1）与水作用 遇水反应发生自热着火的物质主要有活泼金属、金属氢化物、金属磷化物、金属碳化物、金属粉末等，反应特点是遇水反应产生反应热，放出氢气、磷化氢、甲烷、乙炔等可燃气体。可燃气体在局部高温环境里与空气混合可引起燃烧。与水作用自热物质的储存容器应密闭，条件允许时充入惰性气体保护；储存场所保持干燥，设置湿度计。

（2）与空气作用 黄磷、烷基铝、有机过氧化物等物质与空气中的氧发生化学反应着火，与空气作用自热物质应考虑其理化特性，例如黄磷不溶于水，熔点44.1℃，

---

* 动火票是指动火工作票。动火工作票分为一级动火工作票、二级动工作火票，其中一级动火工作票工作时限为24小时，二级动火票工作时限为5天。

一级动火区系指火灾危险性很大，发生火灾时后果很严重的部位或场所。其包括：燃油库（罐）区、燃油泵房及燃油系统、制粉系统（粉尘浓度大的场所或设备，如煤粉仓、给粉机）、输煤皮带（粉尘浓度大的场所）、变压器、6kV和380V高低压段配电间、档案室、通讯站、计算机房、气瓶库、电缆间、电缆夹层及隧道、油码头、氢气系统及制氢站、汽轮机油系统、蓄电池室、控制室、调度室、脱硫系统的吸收塔和净烟气烟道、液化气站以及易燃易爆品存放场所；距氢气系统（含氢气管道、氢气瓶、贮氢罐、阀门、法兰等）、油罐10m及以内场所；油罐、卸油站、污油池、油泵房、油管道和油管道连接的蒸气管道；有油污存在的沟道及地势低洼的场所；各发电企业确认的一级防火部位和场所。

二级动火区系指一级动火区以外的所有重点防火部位或场所以及禁止明火区。汽机房、锅炉房、输煤系统等应办理一级动火的设备、场所以外的所有重点防火部位和场所；重点防火部位（如储煤场、储煤仓、礼堂、娱乐场所等）系指火灾危险性大、发生火灾损失大、伤亡大、影响大（简称"四大"）的部位和场所，各发电企业确认的二级防火部位和场所。

在空气中34℃即可自燃，容器内可覆水隔绝空气储存在阴凉场所，需要时在水中加热至熔化液体状态与水自然分层后再使用；烷基铝应储存于充有惰性气体的密闭容器中，储存区域应在消防水覆盖区域外；有机过氧化物应单库储存，对温度是有要求的，要设置降温系统，设置温度检测报警设施，储存量较大的库房内应设置应急排放地沟，室外设应急排放池，做好相应稀释准备工作。

（3）性质相抵触物质相互接触　主要是强氧化剂和强还原剂混合发生强烈的氧化还原自热着火等。例如乙炔与氯气混合、甘油遇高锰酸钾、甲醇遇氧化钠、松节油遇浓硫酸等，性质相抵触物质应分离储存，若受场地限制，至少应隔开储存。

2.蓄热自热着火　煤、植物、涂油等可燃物质都有蓄热自热的特点，长期堆积在一起，在一定条件下，能与氧发生缓慢氧化反应，同时放出热量，散热条件不好、通风不良，则氧化放出的热量散不出去；堆垛积热不散，促使温度上升，反应加快，当温度达到可燃物的自燃点时，可燃物就会着火。蓄热自热着火是一个缓慢过程，一般需要较长时间积蓄热量，才会引起着火，蓄热自热物质与热源应可靠隔离，储存场所保持通风顺畅。

（三）电火花

防爆场所应设置防爆电器，电器设备可靠接地并定期检测合格，严禁超负荷运转，选用适宜的耐火耐热电线并定期检查绝缘性能，电气线路规范安装，不乱接乱拉电线，电工持证上岗，严禁违章操作。

（四）静电火花

静电（含雷电）火花的起电方式有两种，一是摩擦起电，即不同的物体相互摩擦、接触、分离起电；二是感应起电，即静电带电体使附近的非带电体感应起电。静电累积到足够高的静电电位后，将周围的介质击穿放电，产生静电火花。静电火花的能量大于或者等于周围空间存在的可燃物或爆炸性混合物的最小点火能时，就可能发生火灾或者爆炸事故。

在中药提取或化学药物合成等生产原料药的过程中，常涉及液体流体，其在高速流动、过滤、搅拌、喷雾、喷射、冲刷、飞溅、灌注乃至沉淀等时，均可能产生危险的静电积聚。尤其是液体中夹带杂质或可燃液体蒸气和可燃气体中混有固体微粒时，当它们从缝隙或阀门高速喷出或在管道内高速流动时也会产生静电积聚。

在制药过程尤其是在药物制剂过程中，涉及粉体物料过滤、筛分、气力输送、搅拌、喷射、转运以及粉碎和研磨等操作，在压力作用下固体物料表面摩擦，相互接触而后分离。同时，粉体颗粒因挤压流动而与管道壁、过滤器壁之间发生摩擦，均可能导致静电积聚。另外，在生产车间穿着合成化学纤维服装的人员进行生产等活动，也会产生静电积聚，静电能够使生产中的粉体流动性下降，阻碍管道、筛孔通顺，致使输送不畅发生系统超压，超压使得设备损坏。静电放电有造成计算机、生产调节仪表及安全调节系统中的硅元件报废的可能，导致误操作而酿成事故。静电火花的防控措施主要有以下三种。

（1）减少静电电荷的产生　静电的起电取决于带电材料和摩擦、感应等因素，防止静电火花的产生应从源头上采取措施，比如通过改善工艺条件、容器充装改进灌注方式、添加抗静电添加剂、操作人员穿戴防静电工作服、手套、鞋、帽等，控制或减少静电电荷的产生。

（2）控制静电电荷的积聚　静电电荷的不断积聚是带电体形成放电以致达到最小点火能的过程。通过采取控制流体的输送速度、搅拌速度、静置时间、静电接地、人体静电导出以及防雷中的拦截、接地、均压、分流和屏蔽等措施，控制静电电荷的积聚。

（3）减少或者排除现场可燃物、易燃物、爆炸性混合物。

（五）机械点火源

机械点火源是由机械撞击或摩擦等作用形成的点火源。一般来说，在撞击和摩擦过程中机械能转变成热能。生产中控制机械点火源的措施主要包括减少不必要的冲击及摩擦、采用惰性气体保护或真空操作、机械的转动部位及时添加润滑剂、避免异物进入设备、使用防爆工具、设置不发火地面以及工作人员的鞋跟不带铁钉等。

（六）高热物体

高热物体在一定的环境中，能够向可燃物传递热量导致可燃物燃烧叫作高热物体点火源，高热物体点火源的控制措施主要有绝热保护、隔离、保持足够安全防火间距、冷却等。

二、爆炸

爆炸是物质系统的一种极为迅速的物理或化学的能量释放或转化过程，是系统蕴藏的或瞬间形成的大量能量在有限的体积和极短的时间内，骤然释放或转化的现象。在这种释放和转化的过程中，系统的能量将转化为机械能及光和热的辐射等。

爆炸可以由不同的原因引起，但不管是何种原因引起的爆炸，必须具备一定的能量，按能量来源可分为物理爆炸、化学爆炸和核爆炸，其中常见的是化学爆炸。化学爆炸是由物质在瞬间的化学变化引起的爆炸，爆炸性物质或混合物发生爆炸，有链式反应和热反应两种不同的历程。

1.链式反应　链式反应历程大致分为链引发、链传递、链终止三个阶段。在链引发阶段，游离基生成；链传递阶段，游离基作用于其他参与反应的化合物，产生新的游离基；链终止阶段，游离基逐渐消耗，反应终止。

爆炸性混合物（如可燃气体和氧气）与火源接触后，活化分子吸收能量离解为游离基，并与其他分子相互作用形成一系列链式反应，释放热量，链式反应有直链式反应和支链式反应两种，直链式反应是指每一个游离基都进行自己的连锁反应，如氯和氢的反应；支链式反应是指在反应中一个游离基能生成一个以上的新游离基，如氢和氧的反应。

2.热反应 热反应历程是指危险物品受热发生化学反应。反应在某一空间内进行时，如果散热不良，会使反应温度不断提高，反应速度加快，热累积大于热散失，最终导致爆炸发生。

（一）爆炸极限及其影响因素

爆炸极限是表征可燃性气体、蒸气和可燃粉尘危险性的主要参数之一。可燃性气体、蒸气或可燃粉尘与空气（或氧气）在一定浓度范围内均匀混合，遇到火源发生爆炸的浓度范围称为爆炸浓度极限，简称爆炸极限。可燃性气体、蒸气的爆炸极限一般用可燃性气体、蒸气在混合气体中所占的体积分数来表示，可燃性粉尘的爆炸极限用混合物的质量浓度（g/m^3）来表示。

能够爆炸的可燃性气体最低浓度称为爆炸下限，能够爆炸的可燃性气体最高浓度称为爆炸上限。部分可燃性气体在空气和氧气中的爆炸极限见表2-3。

表2-3 部分可燃性气体在空气和氧气中的爆炸极限

序号	物质名称	在空气中的爆炸极限/%	在氧气中的爆炸极限/%
1	甲烷	4.9~15	5~61
2	乙烷	3~15	3~66
3	丙烷	2.1~9.5	2.3~55
4	丁烷	1.5~8.5	2.3~93
5	乙炔	2.55~80	4.9~15
6	氢	4~75	4~95
7	氨	15~28	13.5~79
8	一氧化碳	12~74.5	15.5~94
9	乙醚	1.9~36	2.1~82

用爆炸上限和爆炸下限浓度之差与爆炸下限的比值表示危险度。一般情况下，危险度值越大，表示可燃性混合物的爆炸极限越宽，其爆炸危险性越大，部分可燃气体在 N_2O、Cl_2、O_2 和空气中的爆炸危险度对比情况见表2-4。

表2-4　部分可燃气体爆炸危险度对比

序号	物质名称	空气中爆炸极限/%	危险度	O_2中爆炸极限/%	危险度	N_2O中爆炸极限/%	危险度	Cl_2中爆炸极限/%	危险度
1	甲烷	4.9~15	2.06	5~61	11.20	2.2~36	15.36	5.6~70	11.50
2	乙烷	3~15	4.00	3~66	21.00	2.7~29.7	10.00	6.1~58	8.51
3	丙烷	2.1~9.5	3.50	2.3~55	22.90	2.1~25	10.90	6.1~59	8.67
4	丁烷	1.5~8.5	4.67	2.3~93	26.22	1.8~21	10.67	—	—
5	氢	4~75	17.75	4~95	22.75	5.8~86	13.88	8.0~86	9.75
6	氨	15~28	0.87	13.5~79	4.85	2.2~72	31.72	—	—
7	一氧化碳	12~74.5	5.21	15.5~94	5.06	10~85	7.50	—	—

爆炸极限的影响因素通常有以下几点。

1.温度　混合爆炸气体的初始温度越高，爆炸极限范围越宽，表现为爆炸极限下限降低、上限升高，爆炸危险性增加。例如，丙酮的爆炸极限受初始温度的影响情况见表2-5。

表2-5　丙酮的爆炸极限受初始温度的影响情况

混合物温度/℃	爆炸下限/%	爆炸上限/%
0	4.2	8.0
50	4.0	9.8
100	3.2	10.0

2.压力　混合气体的初始压力对爆炸极限的影响较复杂。0.1~2MPa时，爆炸下限受影响不大，爆炸上限受影响较大；当压力大于2MPa时，爆炸下限降低，爆炸上限升高，爆炸极限范围扩大，爆炸危险性增加。例如甲烷的爆炸极限受初始压力的影响情况，见表2-6。

表2-6　甲烷的爆炸极限受初始压力的影响情况表

初始压力/MPa	爆炸下限/%	爆炸上限/%
0.1	5.6	14.3
1	5.9	17.2
5	5.4	29.4
12.5	5.7	45.7

值得注意的是，当混合物的初始压力减小时，爆炸范围缩小；当压力降到某一数值时，会出现爆炸下限和爆炸上限重合，这就意味着初始压力再降低时，不会使混合气体爆炸。把爆炸极限缩小为零的压力称为爆炸的临界压力。

3.惰性介质　若在混合气体中加入惰性气体（如氮气、氩气、氦气等），随着惰性气体含量的增加，爆炸极限范围缩小，当惰性气体的浓度达到某一数值时，爆炸上限和爆炸下限趋于一致，使混合气体不发生爆炸。

4.爆炸容器的影响　爆炸容器的材料和尺寸对爆炸极限有影响，如容器的传热性越好、管径越细，火焰在其中越难传播。当容器直径或火焰通道小到某一数值时，火焰就不能传播，这一直径称为临界或最大灭火间距，如甲烷的临界直径0.4~0.5mm，氢气和乙炔的临界直径为0.1~0.2mm。

5.点火源的影响　点火源的活化能量越大，加热面积越大，作用时间越长，爆炸极限范围也越大。

6.扩散空间的影响　在制药过程中，反应器或混合加工容器构成的是密闭或半封闭空间，容器内的挥发性物质多为可燃性物质，易与其中的空气混合达到临界燃爆点；类似地，处于密闭或半封闭的洁净车间的安全防爆要求高于敞开式车间。

（二）粉尘爆炸

当可燃性固体呈粉体状态，粒度足够细，飞扬悬浮于空气中达到一定的浓度时，在相对密闭的空间内遇点火源，就有发生粉尘爆炸的可能。具有粉尘爆炸性的物质比较多，在《爆炸危险环境电力装置设计规范》中列举了部分粉尘，常见的有金属粉尘（如镁粉、铝粉等）、煤粉、棉麻粉尘、木粉、面粉、火（炸）药粉尘和大多数含有C、H元素及与空气中氧反应能放热的有机合成材料粉尘等。

1.粉尘爆炸的原理　粉尘爆炸是一个瞬间的连锁反应，属于不定的气-固两相流反应，其爆炸过程比较复杂，受许多因素的制约。有关粉尘爆炸的原理至今尚在不断研究和完善之中，普遍认为的比较典型的原理是，从最初的粉尘粒子形成到发生爆炸的过程，粉尘粒子表面通过热传导和热辐射从火源中获得能量，使表面温度急剧升高达到粉尘粒子加速分解的速度和蒸发温度，形成粉尘蒸气或分解气体，这种气体与空气混合后就容易引起点火（气相点火）。另外，粉尘粒子本身相继发生熔化气化，迸发出微小火花，成为周围粉尘的点火源，使之着火，从而扩大爆炸范围。这一过程与气体爆炸相比就复杂得多。

2.粉尘爆炸的特点　从粉尘爆炸的过程可以看出，粉尘爆炸有如下特点：①粉尘爆炸速度或爆炸压力上升速度比气体爆炸小，但燃烧时间长，产生的能量大，破坏程度大。②爆炸感应期较长。粉尘爆炸过程比气体爆炸过程复杂，要经过尘粒表面分解或蒸发阶段及由表面向中心燃烧的过程。③存在二次爆炸的可能。因为粉尘初次爆炸产生的冲击波会将堆积的粉尘扬起，悬浮在空气中，在新的空间形成达到爆炸极限浓度范围内的混合物，而飞散的火花和辐射热成为点火源，引起二次爆炸，这种连续爆炸会造成严重的破坏。④存在有不完全燃烧的状况。在药物以及制剂用辅料燃烧后的气体中含有大量一氧化碳及粉尘自身分解的有毒气体，可能导致中毒死亡事故的发生。

3.粉尘爆炸的影响因素 粉尘爆炸危险性的主要特种参数是爆炸极限、最小点火能量、最低着火温度、粉尘爆炸压力及压力上升速率。粉尘爆炸极限不是固定不变的，影响因素主要有粉尘粒度、分散度、湿度、点火源的性质、可燃气含量、氧含量、惰性粉尘和灰分温度等；一般来说，粉尘粒度越细，分散度越高，可燃气体和氧含量越大，火源强度、初始温度越高，湿度越低，惰性粉尘及灰分越少，则爆炸极限范围越大，粉尘爆炸危险性也就越大。

4.粉尘的爆炸下限 粉尘爆炸压力及压力上升速率主要受粉尘粒度、初始压力、粉尘爆炸容器、湍流度等因素的影响。粒度对粉尘爆炸压力上升速度的影响比粉尘爆炸压力大得多，粉度越细，比表面积越大，反应速度越快，爆炸压力上升速率就越大。随初始压力的增大，密闭容器的粉尘爆炸压力和压力上升速率也增大，当初始压力低于压力极限时（如数百帕斯卡）粉尘不再可能发生爆炸。

粉尘爆炸很难达到爆炸上限，有实际参考价值的是粉尘的爆炸下限。表2-7是常见可燃性粉尘的爆炸下限。

表2-7 常见可燃性粉尘的爆炸下限 （单位：g/m³）

序号	粉体	爆炸下限	序号	粉体	爆炸下限
1	Zr	40	12	聚乙烯	25
2	Mg	26	13	乙酸纤维	25
3	Al	35	14	木素	40
4	Ti	45	15	尿素	70
5	Si	160	16	乙烯树脂	40
6	Fe	120	17	合成橡胶	30
7	Mn	216	18	环六亚甲基四胺	15
8	Zn	500	19	无氮钛酸	15
9	天然树脂	15	20	烟草粉末	68
10	丙烯醛乙醇	35	21	木粉	40
11	苯酚	35	22	纸浆	60

续表

序号	粉体	爆炸下限	序号	粉体	爆炸下限
23	淀粉	45	27	硬质橡胶	25
24	大豆	40	28	肥皂	45
25	小麦	60	29	硫黄	35
26	砂糖	19	30	煤粉	35

三、火灾与爆炸的防控

火灾与爆炸的防控是指在火灾孕育阶段或初期阶段及时发现，采取有效的措施进行制止的行为。现在通常采用的是火灾探测报警系统，火灾探测报警系统本身并不具有影响火灾自然发展进程功能，其主要作用是及时将火灾迹象通知有关人员准备疏散或组织灭火。在火灾的早期阶段，准确地探测到火情并迅速报警，对于及时组织人员有序、快速疏散，积极有效地控制火灾的蔓延、快速灭火以及减少火灾损失具有重要的意义。

（一）火灾探测类型

火灾在孕育阶段和初期阶段，通常会出现特殊现象或征兆，如发热、发光、发声以及散发出烟尘、可燃气体、特殊气味等。这些现象征兆为早期发现火灾、进行火灾探测提供了依据。火灾探测分为接触式和非接触式两种基本类型。

1.接触式探测 在火灾的初期阶段，烟气是反映火灾的主要特征。接触式控制器是利用某种装置直接接触烟气实现火灾探测的。烟气的浓度、温度、特殊产物的含量等都是探测火灾的常用参数，只有当烟气到达该装置且达到相应设定危险阈值时，感烟元件才发生响应。

2.非接触式探测 非接触式火灾探测器主要是根据火焰或烟气的光学效应进行探测的，由于探测元件不必触及烟气，可以在离起火点较远的位置进行探测，探测速度较快。非接触式探测器主要有光束对射式、感光（火焰）式和图像式。其中，光束对射式探测器是将发光元件和受光元件分成两部分，分别安装在建（构）筑物空间的两个位置，当有烟气从两者之间通过时，一旦烟气浓度致使光路之间的减光量达到报警阈值就会发出火灾报警信号。感光（火焰）式探测器是利用光电效应探测火灾，探测到火焰发出的紫外线或红外线后发出火灾信号报警图像式探测器是利用摄像原理发现火灾，目前主要采取红外摄像与日光盲热释电预警器件配合进行。一旦发生火灾，火源及相关区域会发出一定的红外辐射，摄像机发现红外信号输入计算机综合分析，确定火灾信号立即报警。

（二）火灾自动报警系统

火灾自动报警系统是火灾探测报警与消防联动控制系统的简称，是以实现火灾早期探测和报警、向各类消防设备发出控制信号并接收设备反馈信号，进而实现预定消防功能为基本任务的一种自动消防设施。

火灾自动报警系统一般由火灾探测报警系统、消防联动控制系统、可燃气体探测报警系统及电气火灾监控系统组成。

1.火灾探测报警系统　由火灾报警控制器、触发器件和火灾警报装置等组成，可以探测到被保护对象的初起火灾并做出报警响应，提醒人员在火灾尚未发展蔓延到危害生命安全的程度时，及时疏散到安全地带。

2.消防联动控制系统　由消防联动控制器、消防控制室图形显示装置、消防电气控制装置（防火卷帘控制器、气体灭火控制器等）、消防电动装置、消防联动模块、消火栓按钮、消防应急广播设施、消防电话等设备和组件组成。在火灾发生时，联动控制器按设定的控制逻辑发出控制信号给消防泵、喷淋泵、防火门、防火阀、防排烟阀和通风等消防设备，完成对灭火系统、疏散指示系统、防排烟系统及防火卷帘等其他消防有关设备的控制功能，消防设备动作后由联动控制器将动作信号反馈给消防控制室并显示，实现对消防状态的监视功能。

3.可燃气体探测报警系统　由可燃气体报警控制器、可燃气体探测器和火灾声光警报器组成，能够在保护区域内泄露可燃气体的浓度低于爆炸下限的条件下提前报警，从而预防由于可燃气体泄漏引发的火灾和爆炸事故的发生。

4.电气火灾监控系统　又称"电气火灾报警系统"或"漏电火灾报警系统"，能准确监测电气线路的故障和异常状态，发现电气火灾的火灾隐患，及时报警并提醒相关人员消除这些隐患，并通过远程控制切断负荷电源。

（三）灭火技术

灭火就是破坏燃烧的必要条件，使燃烧反应终止的过程。常用的灭火方法可以归纳为四种，即冷却、窒息、隔离和化学抑制。冷却、窒息和隔离灭火作用主要是物理过程，化学抑制属于化学过程。

1.灭火方法　①冷却法：常见的喷水吸收大量热量，使燃烧物的温度迅速降低，使燃烧终止。②窒息法：如用二氧化碳、氮气等降低氧浓度，使燃烧不能持续。③隔离法：如用泡沫灭火剂灭火，通过产生的泡沫覆盖于燃烧体表面，在冷却作用的同时，把可燃物和空气隔离开来，使燃烧终止。④化学抑制法：如用干粉灭火剂通过化学作用，破坏燃烧的链式反应，使燃烧终止；用磷酸铵盐为基料的干粉被喷射到灼热的燃烧物表面时，会发生一系列的化学反应，在燃烧物表面生成一层玻璃状覆盖物，将燃烧物与空气隔开，使燃烧终止。

2.灭火系统装置　灭火系统分为室内外消防给水系统、自动喷水灭火系统、水喷雾灭火系统、细水雾系统、气体灭火系统、泡沫灭火系统和干粉灭火系统等。有些火灾不适宜用水直接扑灭，如金属钾、钠等遇水燃烧的物质导致的火灾以及电器火灾等，应选用适宜的灭火剂系统进行灭火。

（1）室内外消防给水系统　室内外消防给水系统的设备和设施主要包括：消防水泵、防水泵接合器、增（稳）压设备（稳压泵、气压罐）、消防水池和消防水箱等。通常可在厂区设立环状给水管网，并结合各车间条件在厂区内设立一定量的室外消火栓、屋面水箱，以提供消防水保护整个厂区。洁净厂房必须设置消防给水系统，生产层及上下技术夹层应设室内消火栓，消火栓的用水量不小于10L/s。消防水源通常用市政管网的水源，一般情况下，火灾前10分钟室内消防用水由厂区屋内水箱提供，10分钟后消防用水由市政管网水源提供。

（2）自动喷水灭火系统　自动喷水灭火系统由洒水喷头、报警阀组、水流报警装置（水流指示器或压力开关）等组件以及供水管道和供水设施组成。自动喷水系统可分为湿式自动喷水灭火系统、干式自动喷水灭火系统、预作用自动喷水灭火系统、雨淋系统和水幕系统等。①湿式自动喷水灭火系统：由闭式喷头、湿式报警阀组、水流指示器或压力开关以及供水管道和供水设施组成，在准工作状态下，管道内充满用于启动系统的有压水，适用于温度为4~70℃环境中使用。②干式自动喷水灭火系统：由团式喷头、干式报警阀组、水流指示器或压力开关、供水与配水管道、充气设备以及供水设施组成，在准工作状态下，配水管道内充满用于启动系统的有压气体，适用于温度低于4℃或高于70℃的环境中使用。由于准工作状态下配水管道内没有水，有一个排气过程，会出现喷水滞后现象。③预作用自动喷水灭火系统：由闭式喷头、雨淋阀组、水流报警装置、供水与配水管道充气设备以及供水设施组成，在准工作状态时配水管道不充水，由火灾报警系统信号自动开启雨淋阀，转换为湿式自动喷水灭火系统模式。预作用自动喷水灭火系统需要配套设置火灾自动报警系统，可消除干式自动喷水灭火系统喷水滞后的问题，在低温或高温环境中可替代干式自动喷水灭火系统，特别适用于准工作状态时严禁管道漏水、系统误喷的忌水场所。④雨淋系统：由开式喷头、雨淋阀组、水流报警装置、供水与配水管道以及供水设施组成，雨淋系统的喷水范围由雨淋阀控制，系统启动大面积喷水。雨淋系统适用于需大面积喷水、快速扑灭火灾的特别危险场所。⑤水幕系统：利用喷洒形成的水墙或多层水帘封堵防火分区的孔洞，阻挡火灾和烟气的蔓延，或喷在物体表面形成水膜，控制分隔物的温度、保护分隔物，水幕系统不具备直接灭火的能力，主要用于挡烟、阻火和冷却、保护分隔物。

（3）水喷雾灭火系统　水喷雾灭火系统由水源、供水设备、过滤器、雨淋阀组、管道及水雾喷头等组成，需配套设置火灾探测报警及联动控制系统或传动管系统。通过改变水的物理状态，利用水雾喷头使水从连续的洒水状态变化成不连续的细小水雾滴喷射出来灭火，水喷雾灭火系统具有较高的电绝缘性能和良好的灭火性能。

水喷雾灭火系统按启动方式分为电动启动水喷雾灭火系统和传动管启动水喷雾灭火系统，传动管启动水喷雾灭火系统一般适用于防爆场所。

（4）细水雾灭火系统　由供水装置、过滤装置、控制阀、细水雾喷头和供水管道组成。具有节能环保（用水量小）、电气绝缘性能比较好、消除烟雾等特性。

（5）气体灭火系统　气体灭火系统主要分为卤代烷气体灭火系统、二氧化碳气体灭火系统和惰性气体灭火系统。卤代烷气体灭火的原理是通过溴和氟等卤素氢化物的化学催化作用和化学净化作用大量捕捉、消耗火焰中的自由基，抑制燃烧的链式反应灭火。二氧化碳气体灭火的原理是冷却以及通过稀释氧浓度窒息燃烧。惰性气体灭火属于物理灭火方式，混合气体释放后把氧气浓度降低到不能支持燃烧，从而扑灭火灾。卤代烷气体灭火系统和二氧化碳气体灭火系统都适用于扑救 A 类火灾、B 类火灾、C 类火灾和 E 类火灾[*]。

（6）泡沫灭火系统　泡沫灭火系统是通过机械作用将泡沫灭火剂、水与空气充分混合实施灭火的灭火系统。泡沫灭火的原理是冷却、窒息和辐射热阻隔作用，分为高、中、低倍数泡沫灭火系统，主要适用于 B 类火灾的灭火。

（7）干粉灭火系统　干粉灭火系统是由干粉供应源通过输送管道连接到固定喷嘴上，通过喷嘴喷放干粉的灭火系统，干粉灭火剂的类型有普通型干粉灭火剂、多用途干粉灭火剂和专用干粉灭火剂。①普通型干粉灭火剂：可扑救 B 类、C 类、E 类火灾，又被称为 BC 干粉灭火剂。灭火原理是化学抑制作用，当大量普通干粉以雾状形式喷向火焰时，可以吸收火焰中的活性基团，中断燃烧的连锁反应使火焰熄灭。②多用途干粉灭火剂：可扑救 A 类、B 类、C 类、E 类火灾，又被称为 ABC 干粉灭火剂，多用途干粉喷射到灼热的燃烧物表面时，会发生一系列化学反应，在燃烧物表面生成一层玻璃状覆盖物，将燃烧物和空气隔开，使燃烧窒息灭火。③专用干粉灭火剂：可扑救 D 类火灾，又称 D 类专用灭火剂，主要有石墨类、氧化钠类和碳酸氢钠类。石墨类和氧化钠类干粉灭火剂的灭火原理是喷射到金属燃烧物表面组成严密的空气隔绝层，窒息灭火；碳酸氢钠类灭火剂是以碳酸氢钠为主要原料，添加某些结壳物料制作而成，其灭火原理为喷射到燃烧金属表面时会发生有限的化学反应，钝化金属表面灭火。

（8）灭火器　目前，常用的灭火器类型有水基型灭火器、干粉灭火器、二氧化碳灭火器和洁净气体灭火器，制药企业可能发生的火灾类型主要有 A 类、B 类、C 类、D 类。

---

[*]　A 类：固体物质火灾。比如纸、木材、棉、麻等。B 类：液体或者可熔化的固体火灾。比如汽油、煤油、原油、沥青、石蜡等火灾。C 类：气体火灾。比如煤气、天然气、甲烷、氢气等火灾。D 类：金属火灾。比如钾、钠、镁等火灾。E 类：带电火灾。例如正在工作的变压器、正在工作的电子产品等。F 类：烹饪器具内的烹饪物。比如动植物油脂。

其中，A类火灾场所可配置水基型（水雾、泡沫）灭火器，ABC干粉灭火器；B类火灾场所可配置水基型（水雾、泡沫）灭火器、BC干粉灭火器或ABC干粉灭火器、洁净其他灭火器；C类火灾场所可配置干粉灭火器、水基型（水雾）灭火器、洁净气体灭火器、二氧化碳灭火器；D类火灾场所可用7150灭火器（俗称液体三甲基硼氧六环）灭火，也可用干沙、土或铸铁屑粉末代替灭火。

（9）防、排烟系统　建筑中设置防、排烟系统的作用是将火灾产生的烟气和热量及时推除，减弱火势的蔓延，防止和延缓烟气扩散，保证疏散通道不受烟气侵害，确保人员顺利疏散，安全避难。

火灾烟气控制分防烟和排烟两个方面，防烟方面采取的措施有自然通风和机械加压送风；排烟方面采取的措施有自然排烟和机械排烟。

（四）火灾防控措施

一切防火措施都是为了防止燃烧的三个必要条件同时存在，防止火灾发生的基本措施是控制可燃物、隔绝助燃物和消除点火源。

控制可燃物就是尽量不使用或少使用可燃物，通过改进生产工艺或者改进技术，以不燃物或难燃物代替可燃物或者易燃物，使用的可燃物储存量以满足正常生产周转期为宜。

隔绝助燃物就是生产设备或系统及可燃物包装容器等尽量密闭或加入惰性气体保护，常压或正压状况要防止泄漏接触助燃物，负压设备及系统要防止泄漏进入空气以及安全泄压。

消除点火源就是利用各种措施将引发火灾的能量条件削弱或消除，避免火灾事故的发生。

建设项目在工程可行性研究阶段就需要考虑火灾的发生情况，进行安全预评价并指导初步设计，设计阶段进行细化，建设项目建设及安装阶段按照设计内容落实；对已建项目可以进行安全现状评价，确定人员和财产的火灾安全性能，针对存在的问题，积极落实整改，降低火灾发生概率。

（五）爆炸防控措施

防控爆炸的有效措施与防止燃烧的措施相同，即防止可燃物、助燃物、点火源同时存在；防止可燃物、助燃物混合形成爆炸性混合物（在爆炸极限内）和点火源同时存在。

1.防止可燃爆系统的形成

（1）取代或控制用量　在工艺可行的情况下，在生产过程中不用或少用可燃、可爆物质，使用不燃、难燃或高闪点溶剂替代低闪点溶剂等。对于自由基反应因引发剂投放量过大，催化加氢还原反应因催化剂加入过量等，都易导致反应速度增大，造成反应失控而爆炸。比如，自由基引发有机氯化反应，采用分批或连续流加方式控制反应，同时在反应刚刚开始时，氯气不可通入过快，否则会因热效应和高浓度导致急剧反应爆炸，需要提醒的是，许多事故不是发生在反应中期，多出现在开、停车操作阶段。

（2）加强密闭　为防止易燃气体、蒸气和可燃性粉尘与空气形成爆炸性混合物，应采取包括冗杂等在内的技术措施，并设法使生产设备和容器尽可能密闭操作，以减少或避免危险物泄漏、扩散。

（3）通风排气　为保证易燃、易爆、有毒物质在厂房生产环境中其浓度不超过危险浓度，必须采取有效的通风排气措施。尤其是在洁净车间，释放至室内的可燃性物质易累积而达到临界点浓度，需要增加送风量以稀释。

（4）惰性化　在可燃气体或蒸气与空气的混合物中充入惰性气体，降低氧气、可燃物的百分比，从而消除爆炸危险和阻止火焰的传播。

2.消除、控制点火源　为预防火灾及爆炸危害，对点火源进行控制是消除燃烧三要素同时存在的一个重要措施。引起火灾、爆炸事故的能源主要有明火、高温表面、摩擦和撞击、绝热压缩、化学反应热、电气火花、静电火花、雷击和光热射线等。在有火灾、爆炸危险的生产场所，应充分注意这些点火源，并采取严格的管控措施。

3.有效监控、及时处理　在可能泄漏可燃气体、蒸气的区域设置监测报警仪是监测空气中易燃易爆物质含量的重要措施。当可燃气体或液体发生泄漏而操作人员尚未发现时，检测报警仪可在设定的安全浓度范围内发出警报，便于及时处理泄漏点，从而避免发生重大事故。早发现、早排除、早控制，防止事故发生和蔓延扩大。

4.粉尘爆炸的防控　控制粉尘爆炸的主要技术措施是缩小粉尘扩散范围，消除粉尘、控制火源和适当增湿等。对于产生可燃粉尘的生产装置，可以在生产装置中通入惰性气体进行防护，使实际含氧量比临界含氧量低20%，也可以采用抑爆装置等技术措施。

5.其他防控　由于车间内机械设备的轴承或皮带摩擦过热，即可达到引爆的能量；另外，易产生静电的设备未能妥善接地或电气及其配线连接处产生火花；尤其是粉碎机的进料未经挑选，致使铁物混入，产生碰撞性火星；以上皆可引发粉尘爆破，这些事故不仅发生在药品的生产过程，而且会出现在药品的研发过程，制药设备装置停开与检修保养过程。

第三章　生产技术组织及管控

　　药品是经由原料、辅料通过固定的生产流程生产出来的，因此生产管理是药品生产企业药品制造全过程中决定药品质量的最关键和最复杂的环节之一。

　　药品的生产制造过程同其他商品一样，都是以工序生产为基本单元，生产过程中某一工序或影响这些工序的因素出现变化，如环境、设施、设备人员、物料、控制、程序等，必然会引起药品质量及其生产过程的波动。因此不仅药品要符合质量标准，而且其生产全过程的工作质量也应符合药品生产质量管理规范的要求。如图3-1所示。

图 3-1　生产组织机构图

生产管理可归纳为生产文件管理、生产流程管理、生产控制管理三个方面，总体要求是确保按现行经批准的文件进行生产，确保生产全过程始终处于受控状态，确保最终产品质量符合标准要求。

第一节　供应部门的管控

药品质量基于物料质量，形成于药品生产的全过程。可以说，物料质量是药品质量的先决条件和基础，因此供应部门管控是药品生产全过程严格科学管理的重要环节，其主要包括原辅料管控，如物料供应商的选择、物料的采购、贮存、养护、发放和使用（生产）、销售等。

一、原辅料管控

物料管理系指药品生产所需物料的购入、储存、发放和使用过程中的管理，所涉及的物料是指原料（包括原料药）、辅料、中间产品、待包装产品、成品（包括生物制品）、包装材料。

物料管理的目的在于确保药品生产所用的原辅料、与药品直接接触的包装材料符合相应的药品注册的质量标准，并不得对药品质量有不利影响。建立明确的物料与产品的处理和管理规程，确保物料和产品的正确接收、贮存、发放、使用和发运，采用措施防止差错、交叉污染、混淆等。

药品质量与生产中所选用的原辅材料质量有着极为密切的关系，从某种程度上来说，原辅材料质量一旦确定，成品的质量也就随之确定了。高品质的药品对物料的质量要求很高，物料达不到要求，无论生产工艺、生产设备、质量管理水平多高，都无法生产出高品质的药品。同时，企业所用物料还需要保证合法，不能购买非法厂家或无规定批文的物料。《药品管理法》规定生产药品所需的原料、辅料、直接接触药品的包装材料和容器必须符合药用要求，同时还规定了物料使用如不符合要求，按假劣药论处。因此物料的使用既需合理又需合法。物料与产品的管理架构如图3-2所示。

1.采购　药品生产所用的原辅料、与药品直接接触的包装材料应符合《中国药典》或GMP相应的质量标准规定，物料供应商的确定及变更应进行质量评估，并经质量管理部门批准后方可采购。药品生产所用物料应从符合规定的单位购进，并按规定验收入库。因此，采购原辅材料时应按照如下程序进行。

图 3-2 物料与产品的管理架构图

（1）物料供应商的选择 物料供应商的评估和选择。目前我国物料供应分为两种，一种是生产企业直接供货，这种情况只需对生产企业进行审计；另一种是由商业单位供货，这种情况除需审计商业单位的经营资质外，还需要对生产企业进行审计（GMP规定应尽可能直接向生产商购买）。采购原辅材料前，采购部门必须对生产企业有无法定的生产资格进行确认，并由质量管理部门会同有关部门对主要物料供应商的产品质量和质量保证体系进行考察、审计或认证，然后对生产企业的生产能力、市场信誉进行深入的调查。经质量管理部门确认供应商及其物料合法，具备提供质量稳定物料的能力后，批准将供应商及对应物料列入"合格供应商清单"，作为物料购进、验收的依据。

（2）定点采购 在供货单位确认之后，实行定点采购。一般情况下，不应对供货企业进行经常性变更，一是便于供货单位熟练掌握所提供原辅材料的生产工艺，确保提供高质量的原辅材料，二是便于本企业及时发现和帮助解决供货单位在生产过程中出现的问题和遇到的困难，共同提高原辅材料的质量，保证生产需要。

（3）确定采购计划 确定采购计划及生产计划，合理的采购计划及生产计划能够及时地为企业提供符合质量标准的、充足的物料。销售预测是编制企业采购和生产计划的基础，生产计划的编制一方面取决于市场，另一方面又取决于物料及成品库存。企业以市场为向导，它必须保证不因物料库存量过低而影响生产计划的制订，导致失去商机的风险，但又不能库存过多，与物料的库存量不匹配，造成大量资金积压。同时，作为特殊商品的药品及大部分原辅料都有一定的有效期，库存量不当可能导致过多物料超过有效期而报废。

（4）索证与合同　根据我国法律规定，出售产品必须符合有关产品质量的法律、法规的规定，符合标准或合同约定的技术要求，并有检验合格证。禁止生产、经销没有产品检验合格证的产品。因此，采购原辅材料时应向销售单位索取产品检验合格证、检验证书。同时，在签订经济合同时，除按合同规定要求，如买卖双方、标的、数量、价格、规格、交货地点、违约责任等一般内容外，应特别要注明原辅材料质量标准要求和卫生要求。

2.接收　原辅料接收流程如图3-3所示。

```
                        ┌──────────┐
                        │   物料    │
                        └────┬─────┘
                   验收      ↓
              ┌──────────────┤
   不合格 ↓                  ↓ 合格           ┌──────────┐
  ┌────────┐            ┌────────┐         ┌─┤ 物料编号  │
  │  拒收  │            │  入库  │─────────┼─┤ 填写请验单 │
  └────────┘            └───┬────┘         └─┤ 确定库位号 │
                            ↓                  └──────────┘
                  ┌──────────────────┐
                  │  确定待验区域货位   │
                  └────────┬─────────┘
                           ↓
                   完成  ┌──────────┐
              ┌──────────┤ 物料编号  │
              │          ├──────────┤
              │          │ 物料编号  │
              │          ├──────────┤
              │          │ 物料编号  │
              │          └──────────┘
   合格 ↓                      ↓ 不合格
┌─────────────────────┐  ┌─────────────────────────┐
│ 确定合格区域货位，    │  │ 确定不合格区域货位，      │
│ 填写合格标签（绿色）  │  │ 填写不合格标签（红色）    │
└─────────────────────┘  └─────────────────────────┘
```

图 3-3　原辅料接收流程图

（1）验收　物料到货后，由仓储部门安排专人（物料接收员）按规定程序对物料进行验收。验收时应注意以下问题。

①审查书面凭证：原辅材料到货后，验收人员对随货到达的书面凭证如合同、订单、发票、产品合格证等进行逐项审查，确定这些单据的真实性、规范性和所到货物的一致性，并核对供应商提供的报告单是否符合供应商协议的质量标准要求，是否与订单一致，是否来自于质量管理部门批准的供应商处。

②外观目验：审查完书面凭证之后，如没有问题，对照书面凭证从外观上逐项核对所接收的原辅材料的品名、批号、厂家、商标、包装有无破损、原辅材料有无受到

污染等情况，大致判定所到货物的品质。必要时，还应进行清洁，发现外包装损坏或其他可能影响物料质量的问题，应向质量管理部门报告并进行调查和记录。每次接收均应填写到货记录。

③填写到货记录：根据上述审查和目验的实际情况，记录到货原辅材料的一般情况，如品名、规格等；收料情况，如收料日期、数量及收料人等；供货方情况，如厂名、厂址等；外观情况，如包装容器、封闭、破损情况等。填写记录要真实准确，要有验收人员和负责人的签名。

（2）编制物料代码和批号　将经过验收手续的原辅材料，无论合格与否，放进仓库暂存。对验收合格的原辅材料，按规定的程序和方法进行编号（编制代码和批号）。

①代码：在大多数情况下，根据物料的名称无法区别不同标准的物料。如某企业同时生产注射剂和片剂，分别使用同一品名但是不同质量标准的物料，此时只用名称就无法区分两个不同质量标准的物料，因此企业必须设计一套可靠的识别系统，即物料代码系统。物料的代码是每一种质量标准的物料具有唯一，且排他性的代码，在所有涉及物料的文件，如生产处方、批记录、标签、化验单上，都一律采用物料代码用于专指特定的物料，有助于防止因名称相同质量标准不同造成的混淆。为了防止偶然误差，一些企业制订了为物料规定代码的SOP和采用代码以来所有物料与产品的代码表。

②批号：同代号一样，对每一次接收的原料、辅料、包装材料和拟生产的每一批产品都必须给予专一性批号。原料、辅料和包装材料的批号可以由6位数字组成，以此与产品的批号相区分。例如，120817表示物料于2012年8月到货，是该月收到的第17批物料。

③编号：物料编号（代码）的原则是名称、性状越类似的原料，编号的差异应越大。编号一般以日期为主干号，通过在主干号前后加上原料名称代号、流水号和控制号等加以区别。如R1-120526-2-3，"R"表示原料，"1"表示何种原料。"120526"表示于2012年5月26日进库，"2"表示当天同一的货物第2次进库，"3"表示是验收员编号。当然企业也可根据实际情况规定符合自身条件的编号方法。

（3）待检　对同意收货的原辅材料编号后，对进库的原辅材料外包装进行清洁除尘，放置到待检区域（挂黄色标志），填写请检单，送交质量管理部门。对验收不合格的货物，将其放置到专门的不合格区域，及时上报有关部门进行处理。

3.检验、入库　质量管理部门接到仓储部门的请检单后，立即派专人到仓库查看所到货物，并在货物上贴上"待验"黄色标签，表示这批原料在质量管理部门的控制之下，没有质量管理部门的许可，任何部门和人员一律不得擅自用该批货物。然后由质量管理部门通知质量检验部门进行检验。质量检验部门接到质量管理部门的通知之后，立即派人员按规定的抽样办法取样。取样后，贴取样标签并填写取样记录。样品经检验后，质检部门将检验结果报给质量管理部门审核，质量管理部门根据审核结果通知仓储部门。仓储部门根据质量管理部门的通知对所到原辅材料进行处理，除去原来的标志和标签，将合格的原辅材料移送至合格品库区储存，挂绿色标志；将不合格品移送至不合格品库区，挂红色标志，并按规定程序及时通知有关部门处理。检验参考如下标准。

（1）原料质量标准　原料药应以《中国药典》为依据，原料药可根据生产工艺、成品质量要求及供应商质量体系评估情况，确定需要增加的控制项目；中药材还需要增加采购原料的商品等级、加工炮制标识及产地。进口原料药应符合国际通用的药典，即《国际药典》（Ph.Int.）并具有口岸药品检验所的药品检验报告书。对国际通用药典未收载的，应采用国家药品监督管理局核发的"进口药品注册证"的质量标准。

（2）辅料质量标准　辅料质量标准可以以《中国药典》或国家食用标准为依据，采用国家食用标准时需要经过验证不影响产品质量，并经国家食品药品监督管理部门批准。

（3）包装材料质量标准　药品包装材料（简称药包材）必须按法定标准进行生产，不符合法定标准的药包材不得生产、销售和使用。包装材料质量标准可依据国家标准（GB系列）、行业标准（YY系列）和协议规格制订。直接接触药品的包装材料、容器的质量标准中还应符合药品要求的卫生标准。首次进口的药包材，必须取得国家药品监督管理局核发的《进口药包材注册证书》，并由国家药品监督管理局授权的药包材检测机构检验合格后，方可在国内销售使用。

（4）成品质量标准　药品质量标准可依据国家药品标准（包括现行版药典和药品标准）制订企业内控标准。企业内控标准一般应高于法定标准。

（5）中间产品和待包装产品的质量标准　中间产品和待包装产品无法定质量标准时，企业应依据法定标准、行业标准和企业的生产技术水平、用户要求等制订的高于行标的内控标准。内控标准应根据产品开发和生产验证过程中的数据或以往的生产数据来确定，同时还需要综合考虑生产产品的特性，反应类型以及控制工序等能对产品质量产生的影响因素。如果中间产品的检验结果用于成品的质量评价，则应制订与成品质量标准相对应的中间产品质量标准，该质量标准应类似于原辅料或成品质量标准。

4.贮存　仓储保管人员应对原料的理化性质、包装材料以及影响原辅材料质量的各种因素有充分的了解，并在此基础上对其进行妥善保管贮存。

（1）合理储存　物料的合理储存需要按照物料性质，提供规定的储存条件，并在规定使用期限内使用。分类储存物料需要按其类别、性质、储存条件进行分类储存，避免相互影响和交叉污染。通常的分类原则为：①常温、阴凉、冷藏应分开。②固体、液体原料分开储存。③挥发性及易串味原料避免污染其他物料。④原药材与净药材应严格分开。⑤特殊管理物料按相应规定储存和管理并设立明显标志。特殊管理的物料［指麻醉药品、精神药品、医疗用毒性药品（包括药材）、放射性药品、药品类易制毒化学品及易燃、易爆和其他危险品］的验收、贮存、管理应当执行国家有关的规定，与公安机关联网或专库专柜，双人双锁管理，并有明显的规定标志。⑥存放待检、合格、不合格原辅材料时要严格分开，按批次存放。⑦不合格退货或召回的物料或产品应当隔离存放。

（2）规定条件下储存　物料储存必须确保与其相适应的储存条件，来维持物料已形成的质量，此条件下物料相对稳定。不正确储存会导致物料变质分解和有效期缩短，甚至造成报废。规定的储存条件为，①冷藏：2~10℃；阴凉：10~20℃；常温：20~30℃。②相对湿度　一般为45%~75%，有特殊要求的按规定储存，如空心胶囊。③储存要求遮光，干燥、密闭、密封、通风等。

（3）规定期限内使用　物料经过考察，在规定储存条件下，一定时间内质量能保持相对稳定，当接近或超过这个期限时，物料趋于不稳定，甚至变质，这个期限为物料的使用期限。原辅料应按有效期或复验期贮存。贮存期内，如发现对质量有不良影响的特殊情况，应当复验。

（4）仓储设施　物料储存要避免影响物料原有质量，同时还要避免污染和交叉污染。因此仓储区应当能满足物料或产品的储存条件（如温湿度、避光）和安全储存的要求，配备空调机、去湿机、制冷机等设施，并进行检查和监控。

仓储区应有与生产规模相适应的面积和空间，用以存放物料、中间产品、待验品和成品。应最大限度地减少差错和交叉污染。库内应保持清洁卫生，通道畅通。

仓库的"五防"设施：防蝇、防虫、防鼠、防霉、防潮。

仓库的"五距"：垛距、墙距、行距、顶距、灯距（热源）。

垛码要井然有序，整齐美观。堆垛的距离规定要求是：垛与墙的距离不得小于30cm，垛与柱、梁、顶的间距不得小于30cm，垛与散热器、供暖管道的间距不得小于30cm，垛与地面的间距不得小于10cm，主要通道宽度不得小于2m，照明灯具垂直下方不得堆码药品，并与药品垛的水平间距不得小于50cm。

5.养护　一般来说，仓储保管人员应对原料理化性质、包装材料以及影响原辅材料质量的各种因素有一个充分的了解，在此基础上，对其进行妥善保管和养护。养护是企业确保库存物料质量的一项重要工作，物料经质量验收检验，进入仓库，到进入生产后流出，其质量都要靠养护工作提供充分的保障，避免污染其他物料。

（1）养护组织和人员　仓库应建立商品养护专业组织或专职的养护人员。养护组织和人员应在质量管理部门的指导下，具体负责原辅料储存中的养护和质量检查工作，对保管人员进行技术指导。

（2）养护工作的内容

①制订养护方案：根据"以防为主，把出现质量问题的可能性控制在最低限度"

的原则，制订符合企业实际的科学养护方案，即根据物料性质定期检查养护，并采取必要的措施预防或延缓物料受潮、变质、分解等。对已发生变化的物料及时处理。

②确定重点养护品种：重点养护品种是指在规定的储存条件下仍易变质的品种。有效期在两年内，包装容易损坏的品种、贵重品种、特殊药品和危险品等。这些品种应在质量管理部门的指导下重点关注。

③定期盘存：所谓定期盘存，就是根据物料的特点，规定每月、每季、每半年或年终对有关物料进行全面清点。一般遵循"四三三"检查原则，即每个季度的第一个月检查40%，第二个月检查30%，第三个月检查30%，使库存物料每个季度能全面检查一次。在清点过程中，既要核对物料的数量，保证账、卡、货及货位相符，又要逐一对物料质量进行检查，不合格的应及时处理。

④不定期检查：所谓不定期检查，就是根据临时发生的情况，进行突击全面检查或局部抽检。一般是风季、雨季、霉季、高温、严寒或者发现物料质量变质苗头的时候，以便做到及时发现问题、处理问题，并做好质量检查登记处理记录。另外，对于效期商品、易变品种酌情增加检查次数，并认真填写库存商品养护检查记录。

⑤记录和归档：建立健全商品养护档案，内容包括商品养护档案表和养护记录、台账，检验报告书、质量报表等。养护人员配合保管人员做好各类温控仓库和冷藏设施的温湿度检测记录。做好日常质量检查、养护的记录，建立养护档案。对养护设备，除在使用过程中随时检查外，每年应进行一次全面检查。对空调机、去湿机、制冷机等应有养护设备使用记录。

（3）养护措施

①避光措施：有些物料对光敏感，如肾上腺素遇光变玫瑰红色，过氧化氢遇光分解为水和氧气等。因此，在保管过程中必须采取相应的避光措施。除包装必须用避光容器或其他遮光包装材料外，物料在库贮存期间应尽量置于阴暗处，对门、窗、灯具等可采取相应的措施进行遮光，特别是一些大包装物料，在分发之后，剩余部分应及时遮光密闭，防止漏光而造成物料氧化分解、变质失效。

②降温措施：温度过高会使许多物料变质，特别是生物制品、抗生素、疫苗血清制品等对温度要求更严。即使是普通物料在过高温度下贮存，仍能影响到其质量。因此，必须保持物料在贮存期间处于适宜温度。对于普通物料，当库内温度高于库外时，可开启门窗通风降温。装配有排风扇等通风设备的仓库，可启用通风设备进行通风降温。也可采用电风扇对准冰块吹风，以加速对流，提高降温效果。但要注意及时排除冰融化后的水，因冰融化后的水可使库内湿度升高，故易潮解的物料不适宜用此方法。此外，对一些易潮解对湿度特别敏感的物料，如生物制品、疫苗等一般可置于地下室或冰箱、冷藏库内贮存。

③保温措施：我国北方地区，冬季气温低，有些地区可出现−40~−30℃甚至更低

温度。这对一些不适宜低温储存的物料贮存不利，必须采取保温措施。一般可采用暖气片取暖，升高仓库内温度，保证物料安全过冬。暖气片取暖应注意暖气管、暖气片高于物料，隔出一定距离，并防止漏水情况发生。

④降湿和升湿措施：在我国气候潮湿的地区或阴雨季节，库房往往需要采取空气降湿的措施。为了更好地掌握库内湿度情况，可根据库内面积大小设置数量适当的湿度计，将仪器挂在空气流通的货架上。每天定时观测，并作好记录。记录应妥善保管，作为参考资料，以掌握湿度变化规律，并作为考察库存期间药品质量的依据之一。一般来说，库内相对湿度应控制在75%以下为宜，控制方法可采用通风降湿，密封防潮与人工吸潮降湿相结合。通风降湿要注意室外空气的相对湿度，正确掌握通风时机，一般应是库外天气晴朗，空气干燥时，才能打开门窗进行通风，使地面水分、库内潮气散发出去。密封防潮是阻止外界空气中的潮气入侵库内。一般可采取措施为将门窗封严，必要时，对数量不多的药品可密封垛堆货架或货箱。人工吸潮是当库内空气湿度过高，室外气候条件不适宜通风降湿时，采取的一种降湿措施。一般可采用生石灰（吸水率为自重的20%~30%）、氯化钙（吸水率为自重的100%~150%）、钙镁吸湿剂、硅胶等，条件允许的话可采用降湿机吸湿。在我国西北地区，有时空气十分干燥，必须采取升湿措施。具体方法有：向库内地面洒水，或以喷雾设备喷水；库内设置盛水容器，贮水自然蒸发等。

⑤防鼠措施：库内物品堆集，鼠害常易侵入，造成损失。特别是一些袋装原料如葡萄糖、淀粉等一旦发生鼠害则可造成严重污染。因此，必须防鼠灭害，一般可采用下列措施：安装防鼠板，堵塞鼠害的通道；库内无人时，应随时关好库门、库窗，特别是夜间；加强库内灭鼠，可采用电猫、鼠夹、鼠笼等工具；另外也要加强库外鼠害防治，仓库四周应保持整洁，不要随便乱堆乱放杂物，同时要定期在仓库四周附近投放灭鼠药，以消灭害源。

⑥防火措施：物料本身和其包装尤其是外包装，大多数是可燃性材料，尤其是一些化学试剂。因此，防火是一项常规性工作。在库内四周墙上适当的地方要挂有消防用具和灭火器具，并建立严格的防火岗位责任制。对有关人员进行防火安全教育，进行使用防火器材的培训，使这些人员能非常熟练地使用防火器材。库内外应有防火标记或警示牌，应定期检查消防栓，危险药品库应严格按危险药品有关管理方法进行管理。

6.出库验发　出库验发是指对即将进入生产过程的物料出库前进行检查，以保证其数量准确、质量良好。出库验发是一项细致而繁杂的工作，必须严格执行出库验发制度，具体要求做到以下几点。

（1）坚持"三查六对"制度　出库验发，首先要对有关凭证进行"三查"，即查核生产或领用部门、领料凭证或批生产指令、领用器具是否符合要求；然后将凭证与实物进行"六对",即对货号、品名、规格、单位、数量、包装是否相符。

（2）掌握"四先出"原则 "四先出"即先产先出、先进先出、易变先出、近期先出。具体要求如下。

①先产先出原则：指库存同一物料，对先生产的批号应尽先出库。由于环境条件和物料本身会发生变化，物料贮存的时间越长，变化越大，超过一定期限就会引起变质，以致造成损失。出库采取"先产先出"的原则，有利于库存物料不断更新，确保其质量。

②先进先出原则：指同物料的进货，按进库的先后顺序出库。物料种类和质量相对较大，生产企业进货频繁，渠道较多。同一品种不同厂牌的进货较为普遍，加之库存量大，堆垛分散，如不掌握"先进先出"，就有可能将后进库的物料发出，而先进库的未发，时间一长，存库较久的物料就易变质。因此只有坚持"先进先出"才能使不同厂牌的相同品种都能做到"先产先出"，经常保持库存物料的轮换。

③易变先出原则：指库存的同一物料，对不宜久贮、易于变质的应尽量先出库，有的物料虽然后入库，但由于受到阳光、气温、湿气、空气等外界因素的影响，比先入库的物料更易变质。在这种情况下，当物料出库时就不能机械地采用"先产先出"，而应该根据物料的质量情况，将易霉、易坏、不宜久贮的尽先出库。

④近期先出原则：即"近失效期"先出，指库存有"效期"的同一物料，对接近失效期的先行出库。对仓库来讲，所谓"近失效期"还应包括给这些物料留有调运、供应和使用的时间，使其在失效之前投入使用。某些物料虽然离失效期尚远，但因遇到意外事故不易久贮时，则应采取"易变先出"办法先调出，以免受到损失。

（3）出库验发的工作程序

①开写出库凭证：车间按生产需要填领料单送仓库备料。仓库所发物料包装要完好，附有合格证、检验报告单，用于盛放物料的容器应易于清洗或一次性使用，并加盖密封。运输过程中物料包装外面应加保护罩，容器必须贴有配料标志。仓库审核其品名、规格、包装与库存实物是否相符，库存数量是否够发等情况，如有问题应及时请求修改，开写出库凭证，并要做好出库凭证的复核工作，防止出现差错。

②审核出库凭证：审核无误后，及时进行登账，核销存货。有的厂家要求在出库凭证上批注出库物料的货位编号和发货后的结存数量，以便保管人员配货、核对。

③按单配货：保管人员接到出库凭证后，按其所列项目进行审查，先核实实物卡片上的存量，然后按单从货位上提取物料，按次序排列于待运货区，按规定要求称量计量，并填写称量记录。放行出库发出的物料，经清点核对集中后，要及时办理交接手续。由保管人员根据凭证所列数量，进行发料、送料。领料人均应在发料单上签字，以示负责。

④复核：保管人员将货配发齐后、要反复清点核对，保证数量质量。既要复核单

货是否相符，又要复核货位结存量来验证出库量是否正确，发料后，库存货位卡和台账上应填货料去向、结存情况。

⑤为避免发料、配料，特别是打开包装多次使用的情况下造成的污染，应要求药品生产企业设置备料室，配料时应在备料室中进行。备料室的洁净级应与取样室、生产车间要求一致。

二、包装材料管控

在药品生产、储藏、运输、销售等环节中，无论是原料还是成品，都离不开包装，而包装用的包装材料则在保护药品免受外界条件因素的影响而变质或外观改变等方面起着决定性的作用。

（一）包材的概念与分类

所谓药品包装材料是指药品内、外包装材料，包括标签和使用说明书。按与所包装药品的关系程度，可分为以下三类。

1.内包装材料 指用于与药品直接接触的包装材料，也称为直接包装材料或初级包装材料，如注射剂安瓿、铝箔、油膏软管等。内包装应能保证药品在生产、运输、储藏及使用过程中的质量，并便于医疗使用。

2.外包装材料 指内包装以外的包装，按由里向外分为中包装和大包装，如纸盒、铝盖等。外包装应根据药品的特性选用不易破碎的包装，以保证药品在运输、储藏、使用过程中的质量。

3.印刷性包装材料 指具有特定式样和印刷内容的包装材料，如印字铝箔、标签、说明书、纸盒等。这类包装材料可以是内包装材料如软膏管，也可以是外包装材料如外盒、外箱等。

按监督管理的方便和要求，包装材料也可分为三类。这三种包装材料由国家实行产品注册管理，生产企业必须按法定标准进行生产。

Ⅰ类包装材料 直接接触药品且直接使用的药品包装用材料、容器。如药用聚氯乙烯（polyvinyl chloride，PVC）硬片、塑料输液瓶（袋）等。

Ⅱ类包装材料 直接接触药品，但便于清洗。在实际使用过程中，经清洗后需要并可以消毒灭菌的药品包装用材料、容器，如安瓿、玻璃管制口服液瓶、抗生素瓶天然胶塞等。

Ⅲ类包装材料 除Ⅰ类、Ⅱ类以外其他可能直接影响药品质量的药品包装用材料、容器，如口服液瓶铝（合金铝）、铝塑组合盖、输液瓶铝（合金铝）、铝塑组合盖等。

（二）包材管理制度

包装材料对药品质量的影响是巨大的，尤其是Ⅰ类包装材料和Ⅱ类包装材料。这些包装材料在正常情况下能够发挥保护药品的作用，但如材质选用不当，或受到污染，那么这种包装不但不能起到保护药品的作用，反而可对药品造成污染，严重影响药品质量。因此，包装材料的采购、验收、检验、入库、贮存、发放等管理除可按原辅料管理执行以外，还必须注意以下问题。

1.分类标准 药品包装材料、容器必须按法定的标准进行生产，法定标准包括国际标准和行业标准，国家标准和行业标准由国家药品监督管理局组织制订和修订。没有制订国家标准和行业标准的药品包装材料、容器，由申请产品注册企业制订企业标准。

2.注册管理 我国对药品包装材料实行注册管理制度。药品包装材料必须经药品监督管理部门注册并获得"药包材注册证书"后方可生产。未经注册的药包材不得生产、销售、经营和使用。生产Ⅰ类药包材，必须经国家药品监督管理局批准注册；生产Ⅱ类药包材由企业所在省、自治区、直辖市药品监督管理局批准注册。药包材执行新标准后，药包材生产企业必须向原发证机关重新申请核发"药包材注册证书"。国外企业、中外合资境外企业生产的首次进口的药包材，必须取得国家药品监督管理局核发的"进口药包材注册证书"，并经国家药品监督管理局授权的药包材检测机构检验合格后，方可在国内销售、使用。使用进口药包材，必须凭国家药品监督管理局核发的"进口药包材注册证书"复印件加盖药包材生产厂商有效印章后，在所在省自治区、直辖市药品监督管理局备案后方可使用。

3.生产药包材的条件 申请单位必须是经注册的合法企业。企业应具备生产所注册产品的合理工艺、有关的洁净厂房、设备、校验仪器、人员、管理制度等质量保证必备条件。生产Ⅰ类包装材料，必须同时具备与所包装药品生产相同的洁净度条件。生产Ⅰ类包装材料企业的生产环境由国家药品监督管理局，省、自治区、直辖市药品监督管理局指定的检测机构检查认证。检测机构对申请注册的产品应抽样三批，进行检测。Ⅰ类包装材料的申请企业将其"药品包装材料、容器注册申请书"连同所需资料经省、自治区、直辖市药品监督管理局审批核发初审合格后，报国家药品监督管理局核发"药包材注册证书"。Ⅱ类包装材料和Ⅲ类包装材料的申请企业将其"药品包装材料容器注册申请书"，连同所需资料报省、自治区、直辖市药品监督管理局核发"药包材注册证书"，并报国家药品监督管理局备案。国内首次开发的药包材产品必须通过国家药品监督管理局组织评审认可后，按规定类别申请"药包材注册证书"，方可生产、经营和使用。

（三）印刷性包材的管理

由于印刷性包装材料直接为用户和患者提供了使用药品所需要的信息，因错误信息引起的用药事故亦较为常见。故应对印刷包装材料进行严格管理，尽可能避免和减少由此造成的混药和差错危险，以及文字说明不清对患者带来的潜在危险。直接接触药品的印刷性包装材料的管理和控制要求与原辅料相同。现仅以标签和说明书的接收、贮存和发放过程为例说明印刷性包装材料的管理。

1.标签、说明书的接收　①药品的标签、使用说明书与标准样本需要经企业质量管理部门详细核对无误后签发检验合格证，才能印刷、发放和使用。②仓库管理员在标签、说明书入库时，要检查品名、规格、数量是否相符，检查是否污染、破损、受潮、霉变、检查外观质量有无异常（如色泽是否深浅不一，字迹是否清楚等），如检到不符合要求的标签，需要计数、封存。

2.标签、说明书的贮存　①仓库在收到质量管理部门的包材检验合格报告单后，将待验标志换成合格标志。印刷性包材应当设置专门区域妥善存放，未经批准的人员不得进入。若检验不合格则将该批标签和说明书移至不合格库（区域），并进入销毁程序。②标签和说明书应按品种、规格、批号分类存放，按先进先出的原则使用。③专库（专柜）存放，专人管理。

3.标签、说明书的发放　①仓库根据生产指令单及车间领料单计数发放。②标签、说明书由生产部门专人（领料人）领取，仓库发料人按生产车间所需限额计数发放，并共同核对品种、数量，确认质量符合要求及包装完好后，方可发货并签名确认。③标签实用数、残损数及剩余数之和与领用数相符，印有批号的残损标签应由两人负责销毁，并做好记录和签名确认。④不合格的标签、说明书未经批准不得发往车间使用。⑤不合格标签、说明书应定期销毁，销毁时应有专人监督，并在记录上签字。

三、成品及其他物品的管控

成品是指企业所生产的产品，在出厂前均应通过检验，达到药品注册批准之标准，方可供社会需要。至于其他物品，这里尤指具有特殊管理的物品，诸如麻醉药品、精神药品、医疗用毒性药品（包括药材）、放射性药品、药品类易制毒化学品及易燃、易爆和其他危险品等的验收、贮存、管理均应严格执行国家有关规定。

不合格的中间产品、待包装产品和成品的每个包装容器上均应有清晰醒目的标识，并在隔离区内妥善保存。不合格的中间产品、待包装产品和成品的处理应当经质量管理负责人批准，并有记录。

产品回收需经预先批准，并对相关的质量风险进行充分评估，根据评估结论决定是否回收。回收应当按照预定的操作规程进行，并有相应记录。回收处理后的产品应当按照回收处理中最早批次产品的生产日期确定有效期。

制剂产品不得进行重新加工。不合格的制剂中间产品、待包装产品和成品一般不得进行返工。只有不影响产品质量、符合相应质量标准，且根据预定、经批准的操作规程以及对相关风险充分评估后，才允许返工处理。返工应当有相应记录。

对返工、重新加工或回收合并后生产的成品，质量管理部门应当考虑进行额外相关项目的检验和稳定性考察。

企业应当建立药品退货的操作规程，并有相应的记录，内容至少应当包括：产品名称、批号、规格、数量、退货单位及地址、退货原因及日期、最终处理意见。同一产品同一批号不同渠道的退货应当分别记录、存放和处理。

只有经检查、检验和调查，有证据证明退货质量未受影响，且经质量管理部门根据操作规程评价后，方可考虑将退货重新包装、重新发运销售。评价考虑的因素至少应当包括药品的性质、所需的贮存条件、药品的现状、历史，以及发运与退货之间的间隔时间等因素。不符合贮存和运输要求的退货，应当在质量管理部门监督下予以销毁。对退货质量存有怀疑时，不得重新发运，退货处理的过程和结果应当有相应记录，待质量部门检验后，再行处理。

第二节　供应部门工作职责

制药企业物资（供应）部通常主要负责采购、贮存、发放、运输原辅料、包装材料、成品等物料及其他一切生产生活用品的供给。其职责如下。

（1）负责种类物资的采购，保证采购的原料、辅料、包装材料和容器等符合质量标准。

（2）负责企业用于生产中物资的进厂验收工作，目测外包质量，填写请验单。按序号登记入库。

（3）负责原辅料、包装材料、成品、低值易耗品和设备零配件、化学试剂的储存管理工作，并按规定分区、分类、码放整齐，标志齐全，账、物、卡相符，并执行先进先出的规定。

（4）负责原料药的超期复验及合格原辅料、包装材料的发放管理工作，负责对不合格原辅料、包装材料的登记或无法处理，退回原供应部的衔接工作。

（5）负责仓储物质的盘点及账目处理工作。生产用原料、辅料、包装材料用量及成本的统计与预估。

（6）负责成品的验收入库、贮存、出库管理，并做好销售记录，应做到遇异常情况，产品能全部追回（批号能跟踪）。

（7）负责产品退货的接收、保管及发放管理工作。

（8）负责各库区的卫生管理工作，防火、防盗等安全管理工作。

（9）建立主要物资的供应厂商资料及价格体系，配合质量部、生产部对货源单位进行质量保证能力的审核，择优选择供应厂商。

一、供应部经理岗位职责

供应部经理的工作目标是根据生产计划和采购计划，在确保质量的基础上组织生产物料等物资的采购，确保生产物资的供应；根据GMP和公司相关规程，确保库房物资的规范管理。

（1）了解相关法规政策、掌握供应市场信息，定期组织采购招标，保证采购的物资符合有关规定。

（2）按生产计划组织制订生产物料需求计划，报主管领导审批。

（3）按物料需求计划和追加计划组织生产物料等物资的采购，保证按质、按量、均衡、及时、经济的采购。

（4）保障物资的合理储备，加速资金周转，力求减少储备资金占用。

（5）组织建立健全各种库存台账、记录及报表，并监督检查；按规定及时向主管领导及有关部门提交相应报表。

（6）协助质量管理部门组织生产物资供应商的考察、评估，参与合格供应商的确定。

（7）根据评估意见协助质保部建立、健全合格供应商档案，并按规定进行管理。

（8）按规定订立合同。

（9）按GMP规范和公司相关规程进行库房及库存物资管理。

（10）完成上级领导交办的其他临时性工作。

二、采购员岗位职责

采购员的工作目标是根据生产物料及相关物质需求计划，负责生产相关物质的采购工作。其职责如下。

（1）严格遵守国家物资政策法规、财经纪律及公司规定，按规范采购。

（2）对生产物料的来源、品质、价格等进行市场调查，深入了解物资资源信息。

（3）负责物资的询价、比价、议价相关业务的执行，合理选择物资品种及代用物资，努力降低生产成本。

（4）生产物料采购的执行及催交。如拖期或提前交货时，要主动向主管负责人反映，以便及早采取相应措施，避免影响生产或过早交货而积压资金等。

（5）物料应付款的核对与请款。

（6）查访、联络供应商。

（7）掌握所签订合同的执行情况，做好记载或登入台账。

（8）协助质保部进行合格供应商档案的建立、完善及其管理。

（9）定期接受相关培训，提高专业知识及技能。

（10）完成上级领导交办的其他临时性工作。

三、库房管理员岗位职责

库房管理员的工作目标是确保物料的正确接收、贮存和发放，对验收入库的物料有保管和保养的责任，同时保证出库物料的质量和数量。其职责如下。

（1）严格遵守《一般工作人员工作标准》相关内容。

（2）工作上受公司质管人员的指导和监督。

（3）对按相应规程验收入库的合格物料，有保管和保养的责任。

（4）对出库物料的质量和数量负责。

（5）按规程进行物料的验收入库管理。

（6）按规程进行物料保管与保养。

（7）按规程进行物料发放。

（8）按规程进行清仓盘点

（9）建立健全各种台账、记录、货位卡及报表，做到账、卡、物齐全和一致，并按规定及时向主管领导及有关部门提交相应报表。

（10）负责库房的清洁整理，做好库房相应温湿度监控记录。

（11）提高安全意识，严格按照《安全生产管理》和《安全操作规程管理》执行。

（12）定期接受相应培训，提高专业知识及技能。

（13）完成上级领导交办的其他临时性工作。

四、搬运工岗位职责

搬运工的工作目标是负责物料搬运及药品装箱入库等，并按照生产指令和GMP要求，严格遵守相关操作规程进行工作。其职责如下。

（1）工作上服从班长安排，并受供应部经理、库房主管和质管人员的指导和监督。

（2）严格遵守《生产人员工作标准》。

（3）负责物料搬运工作。

（4）对因工作失误造成的损失负责。

（5）在仓库工作期间，必须严格遵守仓库安全管理规定，严禁将火种带入库区，不准吸烟。无火情时严禁动用消防设施。

（6）装卸、搬运作业前做到"三检查"。①检查工作物的形状、性质、规格、重量等，以确定作业方法。②检查工具、设备质量等是否符合安全要求。③检查作业现场、行进路线是否畅通。

（7）必须严格按照操作规程进行作业，不准穿拖鞋、背心等进入工作区。发现搬运器具损坏，要及时汇报。

（8）提高安全意识，严格按照《安全生产管理》《安全操作规程管理》的要求执行。

（9）库内堆垛、调货，应服从库房管理员的安排；堆码药品（包括其他进发货物）均不得倒置，注意轻拿轻放；堆垛要求整齐、合理；包装破损的货物不予上垛并及时报库房管理员处理；收发货服从安排，装卸车及时。

（10）爱护企业财产，公私分明。凡发现利用工作之便将公司财物窃为己有者，均按盗窃处理；情节严重者移送公安机关处理。

（11）搬运工单人/次的负重量不得超过50kg，两人共搬的总重量不得超过80kg。①搬运工单人/次负重量单件货物超过40kg的，必须有人搭肩、有人卸肩，且搬运距离不得超过70m。②80kg以上及300kg以下单件货物，应使用手推车、滑板等工具装卸搬运；300kg以上单件货物，应使用绞车、滑车、起重机等机械设备搬运；如使用工具、设备搬运确有困难或不便，应组织多人搬运，每人平均负重量不得超过50kg；人数越多，其平均负重量应适当递减，同时，应指定专人负责统一指挥，并尽可能准备替补人手。

（12）掌握本岗位相关操作规程，在生产中认真执行。在搬运发放生产所用物料时认真核对产品名、规格、批号的准确性；在成品装箱入库时认真核对所印大箱的品名、批号、规格、生产日期、有效期等的准确性；检查收缩机及搬运设备有问题时要及时上报，按规定处理。

（13）完成上级领导交办的其他临时性工作。

第三节　产品生产过程的管控

药品是生产出来的，因此生产管理是药品生产企业药品制造全过程中决定药品质量的最关键和最复杂的环节。这里所讲的生产指生产加工，即药品制备过程中，从物料的传递、加工（制剂）、包装、贴签、质量控制、放行、储存、销售发放等一系列相关的控制作业活动，因此生产的各个阶段均应采取措施保护产品和物料免受污染。

药品的生产制造过程同其他商品一样，都是以工序生产为基本单元，生产过程中某一工序或影响这些工序的因素出现变化，如环境、设施、设备人员、物料、控制、程序等，必然会引起药品质量及其生产过程的波动。因此不仅药品要符合质量标准，而且药品生产全过程的工作质量也要符合GMP要求。

生产管理的主要目标是按照GMP要求对生产全过程进行监控，以杜绝差错和混淆，防止污染和交叉污染以确保所生产药品的质量。

一、生产操作人员职责

生产操作人员通常包括车间主任（理论上应为半脱产）、副主任（技术主任）、工段长、班组长、岗位工人及辅助人员等。

（一）生产前准备

生产开始前，应确保设备和工作场所没有上批次遗留的产品、文件或与本批产品生产无关的物料，设备处于已清洁及待用状态，检查结果应当有记录。生产操作前，应当核对物料或中间产品的名称、代码、批号和标识，确保生产所用物料或中间产品正确且符合要求。

1.生产用文件 根据生产工艺规程，标准操作规程及生产作业计划制订主配方、生产指令、包装指令等，执行者应认真阅读并理解生产指令等内容要求，同时检查与生产品种相适应的工艺规程、SOP等生产管理文件是否齐全。经复核、批准后分别下达各工序，同时下达生产指令。

2.生产用物料 根据生产指令编制限额领料单并领取物料或中间产品，标签要凭包装指令按实际需用数由专人领取，并且要计数发放，发料人、领料人要在领料单上签字。对所用各种物料、中间产品应有质量管理监督员签字的中间产品递交单；生产期间使用的所有物料、中间产品或待包装产品的容器及主要设备、必要的操作室应当粘贴标识或以其他方式标明生产中的产品或物料名称、规格和批号，如有必要，还应当标明生产工序。容器、设备或设施所用标识应当清晰明了，标识的格式应当经企业相关部门批准。除在标识上使用文字说明外，还可采用不同的颜色区分被标识物的状态（如待验：黄色，合格、已清洁：绿色，不合格：红色等）。用于盛装物料的容器、桶盖编号要一致，并有容器标识，标明复核重量等信息。

3.生产现场 生产操作开始前，操作人员必须对卫生和设备状态进行检查，检查内容有：生产场所是否符合该区域清洁卫生要求，是否有"已清洁"状态标识；更换生产品种及规格前是否清场，是否有上次生产的清场合格记录，清场者、检查者是否签字，未取得"清场合格"不得进行另一个品种的生产；对设备状态进行严格检查，是否保养，试运行情况是否良好，是否清洁（或消毒）并达到工艺卫生要求，检查合格挂上"合格"标牌后方可使用。正在检修或停用的设备是否挂上"检修""停用"

或"不得使用"的状态标识；检查工具、容器清洗是否符合标准；检查计量器具是否与生产要求相适应，是否清洁完好，是否有"计量检定合格证"，并在检定有效期内，对衡器进行使用前校正；检查操作人员的工作服穿戴是否符合要求等。

4.记录　操作人员检查后应填写检查记录，签名并签署日期，检查记录（生产许可证）纳入批记录。

（二）生产操作过程

生产操作过程顺序（即工艺流程）正确无误的执行是生产出合格产品的组织保证，也是GMP所要求的，是不允许出现错误的。

1.投料　投料又称量配制，称量配制是物料开始进入到生产的过程，投错料、投料量不准确会造成较大的经济损失和质量风险。物料（固体和液体）的称量或量取应按照操作规程，确保准确投料，并避免交叉污染。如在暴露的条件下投料，应使用排风系统来控制粉尘或者溶剂的挥发。

2.操作管控　操作人员应按生产指令或包装指令要求、工艺规程、标准操作规程等进行生产、清场、记录等操作，质量监督人员按照产品质量监控频次和质量监控点进行检查，以确保药品达到规定的质量标准，并符合药品生产许可和注册批准的要求。①文件为批准的现行文本，必须符合生产指令的内容要求。②保证生产中传递合格的中间产品，工序收率或物料平衡、消耗定额应符合工艺规定。③保证生产工序符合工艺规程要求，有工艺查证记录，中间产品有质量检验记录，生产中有质量监督人员的专检、生产操作人员的互检、生产操作人员个人自检。④工艺卫生厂房、设备、物料、人员、生产操作、工作服等符合工艺卫生要求。清洁记录、清洁状态标识、现场清洁卫生等必须符合要求。⑤防止混淆或交叉污染：不得在同一生产操作间同时进行不同品种和规格药品的生产操作，除非没有发生混淆或交叉污染的可能。在生产的每一阶段，应当保护产品和物料免受微生物和其他污染。在干燥物料或产品，尤其是高活性、高毒性或高致敏性物料或产品的生产过程中，应当采取特殊措施，防止粉尘的产生和扩散。

（三）包装操作

包装是指待包装产品变成成品所需的所有操作步骤，包括分装、贴签等。但无菌生产工艺中产品的无菌灌装，以及最终灭菌产品的灌装等不视为包装。企业应制订包装操作规程，包括内包装、外包装两个方面；对分装、贴签等过程进行规范，对手工包装、可能出现的补签等情况应详细规定，并明确防止污染混淆或差错产生的措施。

（1）包装开始前应当进行检查，确保工作场所、包装生产线、印刷机及其他设备已处于清洁或待用状态，无上批遗留的产品、文件或与本批产品包装无关的物料，检查结果应当有记录。

（2）包装操作前，还应当检查所领用的包装材料正确无误，核对包装产品和所用包装材料的名称、规格、数量、质量状态，且与工艺规程相符，同时在批包装记录上记录，并附有相应的印刷包装材料实样，以利于追溯；待包装产品的状态标识应准确粘贴牢固，防止因标识遗失导致混药风险。

（3）为避免差错和混淆，每一包装操作场所或生产线（包括内包生产线、机器外包生产线和手工外包操作间），生产操作过程中应当有标识标明包装中的产品名称、规格、批号和批量的生产状态。

（4）待包装产品外观性状大多不易区分，极易造成混淆且不易发现，存在极大风险。当有数条包装线同时进行包装时，应当采取隔离或其他有效防止污染、交叉污染或混淆的措施。

（5）待用分装容器在分装前应当保持清洁，避免容器中有玻璃碎屑、金属颗粒等污染物。分装容器主要指与生产用物料直接接触的周转容器（如缓冲瓶、换料桶等），在使用前应清洗、保持清洁，必要时进行消毒或灭菌，并在规定的储存条件和储存期内妥善放置，避免对物料产生污染。

（6）产品分装、封口后应当及时贴签。部分待包装产品内包完成后，包装上无产品信息，若散落则无法识别，极易发生混淆差错，因此应及时贴签。在未贴签时应有有效的防混淆防差错措施，如集中存放、妥善保存、有必要的状态标识，标明名称、规格、批号、数量、生产日期等信息。应确保标识牢固，不易脱落。

（7）单独打印或包装过程中，在线打印的信息（如产品批号或有效期）均应当进行检查，确保其正确无误，并予以记录，如手工打印，应当增加检查频次。包装操作时，内标签（即直接接触药品的包装标签）、外标签（除内标签以外的其他标签）和用于运输和储存的包装标签需根据批生产指令打印产品名称、规格、生产批号、生产日期和有效期等。企业应有可靠的措施，确保打印信息的准确性和打印内容完整、效果清晰。

（8）使用切割式标签或在包装线以外单独打印标签，应当采取专门措施，防止混淆。各类包装标签的式样不同，包括卷式标签、切割式标签等。其中，切割式标签易发生散落，应采取措施防止混淆；在包装线外已打印产品信息的标签应妥善保管，防止不同批次标签的混淆。

（9）应当对电子读码机、标签计数器或其他类似装置的功能进行检查，确保其准确运行，检查应当有记录。使用带有电子读码、计数、检重、检漏、自动剔废等功能的包装机，该功能应能够有效保证产品质量，企业应定期按照经验证的方法对配套功能的有效性进行确认，确保相应功能的可靠运行。

（10）包装材料上印刷或模压的内容应当清晰、不易褪色和擦除。药品包装所用的材料，包括与药品直接接触的包装材料和容器、印刷包装材料，但不包括发运用的外包装材料。除已印刷的包括产品名称、规格、生产地址等信息外，包装材料上的部分信息如生产日期、生产批号等是在生产过程中以模压或喷墨等形式加上的，企业应对供应商的印刷质量进行考察，确保印刷内容清晰准确。同时企业应加强中间检查，确保包装过程中打印信息的准确性和完整性。

（11）包装期间，产品的中间控制检查应当至少包括下述内容：①包装外观；②包装是否完整；③产品和包装材料是否正确；④打印信息是否正确；⑤在线监控装置的功能是否正常。⑥样品从包装生产线取走后不应当再返还，防止产品混淆或污染。

（12）因包装过程产生异常情况而需要重新包装产品的，必须经专门检查、调查并经由指定人员批准，重新包装应当有详细记录。对包装过程出现设备故障、印刷标签、装箱错误等异常情况需要重新包装产品时，应加强监控，做好偏差记录。

（13）在物料平衡检查中，发现待包装产品、印刷包装材料以及成品数量有显著差异时，应当进行调查，未得出结论前，成品不得放行。

（14）包装结束时，已打印批号的剩余包装材料应当由专人负责全部计数销毁，并有记录。如将未打印批号的印刷包装材料退库，应当按照操作规程执行。

根据各企业生产规模需求，可能需要多个设备组合完成包装过程。如口服固体瓶装包装线应包含理瓶机、数瓶机、旋盖机、贴标机、封口机、装盒机、裹包机、装箱机等多台设备。企业应根据品种包装线特点制订产品中间控制检查项目，确保包装工序各环节操作的可靠性、持续稳定性，保证产品的质量。

（四）清场操作

清场是对每批产品的每一个生产阶段完成以后的清理和小结工作，是药品生产和质量管理的一项重要工作内容。每次生产结束后应当进行清场，确保设备和工作场所没有遗留与本次生产有关的物料、产品和文件。下次生产开始前，应当对前次清场情况进行确认。

1.清场的概念 清场是指在药品生产过程中，每一个生产阶段完成之后，由生产人员按规定的程序和方法对生产过程中所涉及的设施、设备、仪器、物料等作出清理，以便下一阶段的生产，清场结束后应挂上写有"已清场"字样的标识牌。清场的目的是为了防止药品的混淆和污染。

2.清场的范围 清场的范围应包括生产操作的所有区域和空间，包括生产区、辅助生产区以及涉及的一切相关的设施、设备、仪器和物料等。

3.清场工作的内容 一般来说，清场工作涉及以下三个方面内容。①物料的清理：生产中所用到的物料，包括原料、辅料、半成品、中间体、包装材料、成品、剩余的物料等的清理和退库、储存和销毁等工作。②文件的清理：生产中所用到的各种规程、制度、指令、记录，包括各种状态标识等的清除、交还、交接和归档等工作。③清洁卫生：对生产区域和辅助性生产区域的清洁、整理和消毒灭菌等工作。

4.清场管理 每批药品的每一生产阶段完成后必须由生产操作人员清场，并填写清场记录。清场记录内容包括：操作间编号、产品名称、规格、批号、生产工序、清场日期、检查项目及结果、清场负责人及复核人签名。清场记录应当纳入批生产记录。

（1）防止出错 为了防止药品生产中不同品种、规格、批号之间发生混淆和差错，更换品种、规格及批号前应彻底清理及检查所有工作场所和生产设备。清场分为大清场和小清场，更换生产品种或某一产品连续生产一定批次后应进行大清场，确保所有前一批次生产所用的物料、产品、文件、废品等全部移出，设备房间按照清洁操作规程要求进行彻底清洁。同产品批间清场及生产完工当日的清场为小清场，小清场时应确保前一批次生产所用的物料、产品、文件、废品等全部移出，设备厂房清除表面粉尘，确保目视清洁。应通过验证确认可连续生产的最大批次数并有适当方式进行记录。

（2）对清场的要求 地面无积尘、无结垢，门窗、室内照明灯、风管、墙面、开关箱（罩）外壳无积灰，室内不得存放与生产无关的杂物；使用的工具、容器应清洁、无可视异物，无前次产品的遗留物；设备内外无前次生产遗留的药品，无油垢；非专用设备、管道、容器、工具应按规定拆洗或灭菌；直接接触药品的机器、设备及管道工具、容器应每天或每批清洗或清理。同一设备连续加工同一非无菌产品时，其清洗周期可按设备清洗的有关规定；包装工序调换品种时，多余的标签、标识物及包装材料应全部按规定处理；固体制剂工序调换品种时，对难以清洗的用品，如烘布、布袋等，应予更换，对难以清洗的部位要进行清洁验证。

（3）清场记录 清场记录应包括工序、清场前产品的品名及规格批号、清场日期、清场项目、检查情况、清场人与复核人签字；清场负责人及清场复查人不得由同一人担任。清场记录应有正本、副本，正本纳入本次批记录中，副本纳入下一产品的批记录中。清场记录只有正本时，可纳入本批生产记录中，而清场合格证纳入下批生产记录中作为下批产品生产的依据。

（4）清场结束 由指定部门的具有清场检查资格的人员复查合格后发给"清场合格证"作为下一个品种（或下一个批次或同一品种不同规格）的生产凭证附入生产记录。未取得"清场合格证"不得进行下一步的生产。

二、生产过程管理

生产过程是药品制造全过程中决定药品质量的最关键和最复杂的环节之一。药品生产过程实际上包含两种同时发生的过程，既是物料的生产过程，又是文件记录的传递过程。

以典型中成药生产过程为例，从中药材领取，经前处理（炮制、提取、浓缩、干燥、灭菌）、投料、制剂、包装、待验直至检验合格后入库、清场，是物料投入、目标产物的生成以及后续处理的过程。

记录传递过程是指由生产部门发出生产指令，确定批号和签发发放批生产记录（由质量管理部门或者授权生产部门来进行），并在生产过程中由操作人员完成各种批生产记录，批包装记录以及其他辅助记录（设备使用记录，清洁记录等），中间体检验人员完成中间体检验记录，原料药检验人员完成成品检验记录，该记录经部门负责人或者受权人员审核并归档。质量管理人员对这些记录审核，作为批放行的一部分。

（一）生产文件的管理与执行

生产文件的管理是指按现行经批准的为文件进行生产，确保生产全过程始终处于受控状态，确保最终产品质量符合标准要求的管理状态。

1.工艺规程 工艺规程是指为生产特定数量的成品而制订的一个或一套文件，包括生产处方、生产操作要求和包装操作要求，其规定原辅料和包装材料的数量、工艺参数和条件、加工说明（包括中间控制）、注意事项等内容。工艺规程的制订应当以国家药品监督管理部门注册批准的工艺为依据，同时保证和工艺验证的结果相一致。药品制剂和原料药投入正常生产的产品，必须有完整的经批准的按规定程序编制的工艺规程，否则不允许生产，执行过程中不得任意变动；工艺规程是药品生产和质量管理中最重要的文件，具有唯一性，每种药品的每个生产批量均应当有经企业批准的工艺规程，工艺规程的模式不是固定的，可根据企业各自的情况制订相应的模式；工艺规程不得任意更改，在执行过程中因生产工艺改革、设备改进或更新、原辅材料变更等，须提出申请并经验证，修订稿的编写、审核、批准程序与制订时相同。工艺规程原则上每5年由主管生产技术负责人组织讨论并修订。

2.标准操作规程 标准操作规程是经批准用来指导药品生产活动的通用性文件，如设备操作、维护与清洁、验证、环境控制、取样和检验等。标准操作规程是企业活动和决策的基础，确保每个人正确、及时的执行与质量相关的活动和流程；标准操作规程一经发布，任何人不得任意改动，操作人员必须严格按照标准进行操作；标准操作规程应结合工艺规程、设备、新技术的变动情况而作相应调整修订，且关键内容的修订需经验证；标准操作规程修订稿的编写、审核、批准程序与制订时相同。

3.批生产记录 批生产记录（batch production record，BPR）是用于记述每批药品生产、质量检验和放行审核的所有文件和记录，可追溯所有与成品质量有关的历史信息。

批生产记录包括产品制造过程中使用的所有物料和进行的所有岗位操作的文件。每批药品均应有一份反映各个生产环节实际情况的生产记录，批生产记录是该批药品生产全过程（包括中间产品检验）的完整记录，它由主配方、生产记录、有关岗位生产记录、清场记录、偏差调查处理情况、检验报告单、质量监控记录等汇总而成。

通过记录，可以准确反映生产过程中各个工序的任务、时间、批量、物料、操作、数量、质量、技术参数、操作人、复核人等的实际情况，同时也能反映出质量管理部门对生产过程的监控情况。

4.批生产记录的编制原则 批生产记录在编制过程中要注意体现剂型的特点：①批生产记录应当依据现行批准的工艺规程的相关内容制订，记录的设计应根据产品工艺规程中的操作要点和技术参数等内容，体现出产品的剂型特点，应避免填写差错，批生产记录的每一页应当标注产品的名称、规格和批号。②格式应当经生产管理负责人和质量管理负责人审核和批准，批生产记录的复制和发放均应按照操作规程进行控制并有记录，每批产品的生产只能发放一份原版空白的批生产记录复制件。③具有质量的可追溯性：批生产记录应统一编码，其内容应具有质量的可追溯性，通过记录，可追溯该批产品的生产历史以及与质量有关的情况。

5.批生产记录的填写与归档 生产过程中，在进行每项操作时应当及时记录，操作结束后，应当由生产操作人员确认并签注姓名和日期。①操作人员应按要求认真及时填写批生产记录，填写时应用擦不掉的蓝色或黑色墨水填写，做到字迹清晰、内容真实、数据完整，并由操作人和复核人同时签上姓名和日期，不得提前填写，也不能写成"回忆录"或"备忘录"，更不得伪造记录。②批生产记录应保持整洁，不得撕毁和任意涂改。记录填写的任何更改，应在原错误的地方划一横线，写上正确信息，签注姓名和日期，并使原有信息仍清晰可辨，必要时，应当说明更改的理由。记录如需重新誊写，则原有记录不得销毁，应当作为重新誊写记录的附件保存。记录表格不得有未填的空项，如某项信息不适用可填写 N/A（Not/Applicable），如出现无内容可填时，可在该项划一斜线或横线，当出现空白区域或空白页时，应在整个区域或空白页画斜线，在斜线上签注姓名和日期。③批生产记录的归档应由车间指定的人员按批号整编装订，由质量管理部门归档，保存至药品有效期后一年。用电子方法保存的批记录，应当采用磁带、缩微胶卷、纸质副本或其他方法作备份，以确保记录的安全，且数据资料在保存期内便于查阅。

6.批包装记录的管理 批包装记录是该批产品包装全过程的完整记录。批包装记录一般情况下单独设置，也可作为批生产记录的组成部分。每批产品或每批部分产品的包装，都应有批包装记录，以便追溯该批产品包装操作以及与质量有关的情况。①批包装记录的内容包括：包装指令、待包装产品的名称、批号、规格、批量；印有批号的标签和使用说明书及产品合格证；待包装产品和包装材料领用数量及发放人、领用人、复核人签名；已包装产品数量；前次包装操作的清场记录（副本）及本次包装清场记录（正本）；本次包装操作完成的检查核对结果、复核人签名、生产操作负责人签名。②合箱记录，药品零头包装应只限两个批号为一个合箱，合箱应在产品开始时进行，包装箱外应标明两个合箱药品的批号，装入或贴上两个产品的合格证，并建立合箱记录和合箱台账。③原料药生产中，对可以重复使用的包装容器，应根据书面程序清洗干净，并去除原有的标签。④在包装过程中，进行每项操作时应当及时记录，操作结束后，应由包装操作人员确认并签注姓名和日期。

（二）物料平衡管理

在每个关键工序计算收率并进行物料平衡，不仅是在计算生产效能，更是避免或及时发现差错与混淆的最有效方法。物料平衡系指在药品生产过程中，同批产品的产量和数量所应保持的平衡程度。当物料平衡的数值过高时，有可能是有上一批生产的物料混入本批产品，该批次产品则不能继续生产加工或出厂，必须找出原因，予以解决。当物料平衡过低时，有可能是本批次物料存在跑料损失、混入下批次产品，丢失等多方面原因，同样不能继续加工或出厂，也必须分析原因，予以处理。因此，每个品种各关键生产工序的批生产记录（批包装记录）都必须明确规定物料平衡的计算方法，以及根据验证结果确定各工序物料平衡的合格范围（通常物料平衡在98.0%~102.0%）。

三、产品的批号管理

批次管理是药品生产控制的一种方法，通过合理的批次设定，便于对某一数量或某一时间段产品生产的过程和质量均一性进行控制。企业应当建立划分产品生产批次的操作规程，生产批次的划分应当能够确保同一批次产品质量和特性的均一性。考虑自身品种、设备特点和法规要求合理划分批次。可能有必要将一批产品分成若干亚批，最终合并为均一的一批，也可能将若干合格小批混合形成一个混合批，每批药品均应编制唯一的批号。应当建立编制药品批号和确定生产日期的操作规程，除另有法定要求外，生产日期不得迟于产品成型或灌装（封）前经最后混合的操作开始日期，不得以产品包装日期作为生产日期。

1.产品批号的含义 产品的批是指经一个或若干加工过程生产的、具有预期均一质量和特性的一定数量的原辅料、包装材料或成品。在连续生产情况下，批必须与生产中具有预期均一特性的确定数量的产品相对应，批量可以是固定数量或固定时间段内生产的产品量。批号是用于识别一个特定批的具有唯一性的数字和（或）字母的组合，用以追溯和审查该批药品的生产历史。据此，能查到该批药品的生产日期直至相关的生产、检验、销售等记录等。

2.产品批号的划分原则 在药品生产中，由于剂型不同，生产情况不同，为确保生产的每批药品质量达到均一的要求，就必须根据批的定义确定生产中哪些产品能成为一个批号。

（1）无菌药品批的划分原则 ①大（小）容量注射剂以同一配液罐最终一次配制的药液所生产的均质产品为一批；同一批产品如用不同的灭菌设备或同一灭菌设备分次灭菌的，应当可以追溯。②粉针剂以同一批无菌原料药在同一连续生产周期内生产的均质产品为批。③冻干产品以同一批配制的药液使用同台冻干设备在同一生产周期内生产的均质产品为一批。④眼用制剂、软膏剂、乳剂和混悬剂等以同一配制罐最终一次配制所生产的均质产品为一批。

（2）非无菌制剂产品批的划分原则 口服或外用的固体、半固体制剂在成型或分装前使用同一台混合设备一次混合所生产的均质产品为一批；口服或外用的液体制剂以灌装（封）前经最后混合的药液所生产的均质产品为一批。

（3）原料药批的划分原则 连续生产的原料药，在一定时间间隔内的、在规定限度内的均质产品为一批；间歇生产的原料药，可由一定数量的产品经最后混合所得的在规定限度内的均质产品为一批。混合前的产品必须按同一工艺生产并符合质量标准，且有可追溯的记录。

（4）生物制品批的划分原则 生物制品的批号按照《中国药典》的"生物制品分批规程"要求，生物制品批号和亚批号都应符合相应的要求，同一批号的制品，应来源一致、质量均一；同一制品的批号不得重复；同一制品不同规格不应采用同一批号，成品批号应在半成品配制后确定，配制日期即为生产日期；生物制品原液生产日期的确定应符合相关法规要求。

（5）中药制剂批的划分原则 如采用分次混合，固体制剂在成型或分装前使用同一台混合设备所生产的均质产品为一批。如采用分次混合，经验证，在规定限度内所生产一定数量的均质产品为一批。液体制剂、膏滋、浸膏、流浸膏等以灌装前经同一台混合设备最后一次混合的药液所生产的均质产品为一批。

3.产品批号的编制方法 批号的编制可有各种模式，均由企业自定，但要求企业统一规定，注意批号不代替生产制造日期。批号的编码方式通常为×年×月×日（流水号）形式；也有采用字母与一组数字联合使用的形式。常用六位数字表示，前两位是年份，中间两位是月份，后两位是日期或流水号。一般来说有以下几种批号形式。①正常批号：如120307，即2012年3月7日生产的药品的批号。②返工批号返工后原批号主干不变，只是在原批号后加一代号以示区别，如在120307之后加一R字母，表示是2012年3月7日生产的这批药品的返工。

4.产品批号的管控原则　批号是用于识别一个特定批的具有唯一性的数字和（或）字母的组合。为便于追溯生产批次，企业应编制具有唯一性、简单、易于识别的批号管理规程，明确各工序批号编制原则和管理记录要求，应根据剂型特点合理制订生产日期的确定原则。

（1）企业应建立操作规程，规范中间产品（包括细胞或病毒原液）、待包装产品或成品批号编制原则，能够体现唯一性，建立操作规程，明确药品生产日期确定的原则。

（2）生产日期确定原则应符合GMP、药典通则及相关法规的要求，如不得迟于产品成型或灌装（封）前经最后混合的操作开始日期，不得以产品包装日期作为生产日期；对于回收处理后的产品应当按照回收处理中最早批次产品的生产日期确定本批产品的生产日期；混合批次原料药的生产日期应为参与混合的最早批次产品的生产日期等。

（3）企业应有措施确保给定的产品批号唯一性，通过批号追踪和审查该批药品的生产全过程和生产历史。

（4）应按照操作规程设定生产批号、确定生产日期，产品不同剂型的总混设备，其容量应能满足批量要求。

（5）亚批、返工批、混合批等规定应符合要求，并能确保批量内药品质量的均一性。

（6）批号联接　所有物料进厂需编制进厂编号，炮制药材编制炮制批号、粉碎药材编制粉碎批号、包装产品可编制包装批号等，所有批号必须在指令上及主配方上标明。

四、制药用水的管控

在药品生产中，水是应用最广泛的工艺原料，用作药品的成分、溶剂、稀释剂等，无论容器洗涤，还是原料、制剂的生产都离不开水，但水也是主要污染源之一。因此水的质量关系到产品的质量，必须对制药用水进行合理选择、严格管理。

1.制药用水的概念　制药用水通常是指制药工艺过程中用到的符合各种质量标准的水，包括：饮用水、纯化水、注射用水、灭菌注射用水。

2.制药用水的选用　应根据产品工艺规程选用制药用水，制药用水应符合质量标准。

（1）饮用水　饮用水为天然水经净化处理所得的水，其质量应符合现行国家标准《生活饮用水卫生标准》。饮用水可作为药品包装材料粗洗用水、中药材和中药饮片的清洗、浸润、提取等用水，《中国药典》同时说明，饮用水可作为药材净制时的漂洗、制药用具的粗洗用水，除另有规定外，也可作为药材的提取溶剂。中药注射剂、滴眼剂等灭菌制剂用药材的提取不得用饮用水。

（2）纯化水　纯化水为饮用水用蒸馏法、离子交换法、反渗透法或其他适宜的方法制备的制药用水，纯化水不含任何附加剂，其质量应符合《中国药典》纯化水项下的有关规定。纯化水可作为非无菌药品的配料、直接接触药品的设备、器具和包装材料最后一次洗涤用水、非无菌原料药精制工艺用水、制备注射用水的水源、直接接触非最终灭菌棉织品的包装材料粗洗用水等。纯化水可作为配制普通药物制剂用的溶剂或试验用水；可作为中药注射剂、滴眼剂等灭菌制剂所用饮片的提取溶剂；口服、外用制剂配制用溶剂或稀释剂；非灭菌制剂用器具的精洗用水；也用作非灭菌制剂所用饮片的提取溶剂。纯化水不得用于注射剂的配制与稀释。纯化水可作为制备注射用水水源等。

（3）注射用水　注射用水为纯化水经蒸馏所得的水，其质量应符合《中国药典》的相关规定（如符合细菌内毒素试验要求等），注射用水必须在防止细菌内毒素产生的设计条件下生产、贮藏及分装。注射用水可作为直接接触无菌药品的包装材料的最后一次精洗用水、无菌原料药精制工艺用水、直接接触无菌原料药的包装材料的最后洗涤用水、无菌制剂的配料用水等。注射用水可作为配制注射剂、滴眼剂等的溶剂或稀释剂及容器的精洗。注射用水亦可作为制备灭菌注射用水水源等。

（4）灭菌注射用水　灭菌注射用水为注射用水按照注射剂生产工艺制备所得，不含任何添加剂。其质量应符合《中国药典》灭菌注射用水项下的相关规定。灭菌注射用水主要作为灭菌注射用灭菌粉末的溶剂或注射剂的稀释剂，因此灭菌注射用水的罐装规格应适应临床需要，避免大规格、多次使用造成污染。

3. 制药用水管理　企业应建立"制药用水管理规程"。根据产品工艺规程规定选用符合要求的工艺用水，有水系统验证文件及"工艺用水监护规程"，取样点和使用点的设置应合理，监控应到位。

根据水系统验证结果，规定检验周期，明确各类水质的检验周期，包括岗位自检、化验室检验及送检验机构检验等周期，按规定检验周期定期检验，检验记录（包括岗位自检记录）应完整，所有检验都有检验报告书，检验结果必须符合工艺用水质量要求。

使用时应符合相关的SOP规定，水处理设备的运行不得超出其设计能力，注射用水可采用70℃以上保温循环，确保水质不受污染。

现场操作人员应能正确地操作和监测。并有相应的记录，发现制药用水微生物污染达到警戒限度、纠偏限度时应当按照操作规程处理，确保水系统的运行始终处于受控状态。

五、生产过程保证

生产过程保证做到及时、安全地按各项标准为生产及全厂其他部门提供所需的能源（包括水、电、气、汽、冷却介质、空调等），设备维修与维护，确保整个工厂的一切机械、电气运转正常进行。

1.设备维修　制药企业中的设备通常包括生产设备、辅助设备、办公设备、生活必需设备等（诸如生产车间里的制剂设备、辅助车间里的仪器仪表设备、检验科室里的化验设备、机修车间里的机器修理设备、办公室里的办公自动化设备、生活中的后勤保障设备等），均需做好日常维护及定期检修和保养，以保证生产的顺利进行。

2.能源保证　制药企业如同一个有机整体，能源就是企业活力的动力源泉，同时也是企业运转消耗的"大户"，只有得到充分的保证和满足，才能完成企业的预定目标，实现预期产值，达到目的效益。企业的能源动力通常包括生产锅炉，给、排水动力站，净化空调动力设施，高、低压供电站，"三废"处理站等。

六、生产过程监控

生产过程是需要进行全过程、全方位的监控，这一过程是靠全员参与来实现的，具体体现在兼职技术员、兼职工艺员、兼职卫生员的督促与监督之下，通常体现下述方面。

1.状态标识管理　对工艺中的设备、物料的正确标识，可以防止差错和混淆。确定设备的过程状态有助于操作人员和管理者能够正确地控制操作过程，并避免设备的错用。故而应该很好地控制以下各点：①批号和进行中的操作状态。②设备的清洁状态。③状态标识卡、设备维护中、超期或超出校准期限。④对于需要返工或重新加工的物料可以使用相应的有颜色和编码的标签标识。质量部门应该明确规定哪些物料可以重处理或重加工，并确保有对应的经批准的规程。⑤需要返工或重新加工的物料可以通过隔离、电脑控制、专门的标签、封存设备或其他适当的手段控制。⑥企业应建立状态标识管理规程。规程中应明确规定各类状态标识对象、内容、色标、文字、符号等内容，并在文件后附样张。规程中应明确规定各类状态标识的"全过程管理程序"，由生产管理部门统一规定，各主管部门分别管理，包括印制、登记、领用、签发、归档、处理等内容。

状态标识管理应分别能满足操作间、设备、管道、容器具、物料等与所生产产品有关的范围。

（1）生产操作间的状态有清场、待清场，运行、清洁和待清洁等。

（2）生产设备应当有明显的状态标识，标明设备编号和内容物（如名称、规格、批号）；没有内容物的应当标明清洁状态。设备的状态有运行、已清洁、待清洁、检修、停用和闲置等；主要固定管道应当标明内容物名称和流向。衡器、量具、仪表用于记录和控制的设备以及仪器应当有明显的标识，标明其校准有效期。

（3）容器具的状态有已清洁和待清洁等；生产期间使用的所有物料、中间产品或待包装产品的容器及主要设备、必要的操作室应当贴签标识或以其他方式标明生产中的产品或物料名称、规格和批号，如有必要，还应当标明生产工序。物料的状态有合格、待验、不合格等。

（4）容器设备或设施所用标识应当清晰明了，标识的格式应当经企业相关部门批准。除标识使用文字说明外，还可采用不同的颜色区分被标识物的状态（如待验：黄色；合格、已清洁：绿色；不合格：红色）。

2. 生产过程中防混淆和污染

（1）混淆　混淆是指一种或一种以上的其他原材料或成品与已标明品名的原材料或成品相混合，如原料与原料、成品与成品、标签与标签、有标识的与未标识的、已包装的与未包装的混淆等。在药品生产中，这类的混淆事件时有发生，有的甚至产生严重后果，带来极大危害，应引起注意。

（2）污染　生产操作中可能的污染主要有以下几个途径：人员、设备、环境、物料，污染可以是交叉污染、灰尘污染或微生物污染。对于许多外来物质的污染，无法通过最终检验来识别，带来巨大的质量风险。生产管理人员要时刻考虑可能的污染和交叉污染的风险，并通过控制避免之，尤其在最后的生产步骤。①应从人员、设备、环境、物料、生产计划安排、状态标示管理的角度来采取措施，避免污染和交叉污染。②对污染和交叉污染的措施应定期评估。③设备和设施（厂房、设备、管道等）的设计和预防性维护非常重要，可以排除隐患，防止污染或交叉污染的发生。④当批与批之间有大量的残留物时，特别是过滤或干燥器的底部，应有研究数据能证明没有不可接受杂质的积累或者确定不存在微生物的污染（若适用的话）。这也有助于确定那些专用设备（长期用于生产种产品的）清洗频率。

3. 卫生管理　当工作人员每天来企业上班时，也许随身将几百万细菌带入企业。在生产过程中也常常会产生许多污染物（诸如尘埃、污物、棉绒、纤维和头发等），而微生物也会通过空气、水、物体表面和人的接触传播污染生产环境，因此生产环境（包括操作者）必须要按照GMP要求进行清洁处理，以保证制药的质量安全。常规的企业卫生准则一般应包括但不局限于如下内容：①制订门窗、地面、墙壁和操作台面的清洁消毒的方法、频率和责任人等。②使用的清洁剂和消毒剂：消毒剂如需交替使用则应制订相应的替换周期。③人员卫生要求：包括勤洗手、勤剪指甲等。④洁净区行为规范：包括在洁净区不得佩戴手表、饰物，不得化妆，不得裸手直接接触产品等。⑤传染病或体表有伤口的人员不得从事直接接触药品或对药品质量不利影响的生产，员工患病应有汇报制度。⑥企业应定期对在洁净区工作的员工进行操作纪律、卫生和微生物方面的培训，对于需要进入洁净区的外部人员也需要进行适当的培训、指导和监督。

第四节　生产管理部门工作职责

生产管理部门的职责应参照文件规定，同时结合各自企业的具体情况，通常包括以下各项。按书面程序起草、审核、批准和分发各种生产规程；按照已批准的生产规程进行生产操作；审核所有的批生产记录，确保记录完整并已签名；确保所有生产偏差均都已报告、评价，关键的偏差已做调查并有结论和记录；确保生产设施已清洁并在必要时消毒；确保进行必要的校准并有校准记录；确保厂房和设备的维护保养并有相应记录；确保验证方案、验证报告的审核和批准；对产品、工艺或设备的变更做出验证；确保新的（或经改造的）生产设施和设备通过验证；因监控某些影响质量的因素而进行取样、试验或调查。

一、兼职工艺员职责

兼职工艺员身在生产车间，在生产部经理领导下，工作目标是负责车间的生产工艺技术管理工作。其职责如下。

（1）负责监督生产车间严格按照GMP、生产工艺规程和生产操作规程的要求进行生产。

（2）按产品工艺规程的要求，参与组织编写生产操作规程。

（3）指导操作人员进行正确操作，解决现场技术问题。

（4）负责车间工艺培训和工艺监督工作。

（5）参与生产管理、工艺卫生管理规程的制订及实施。

（6）对产品生产工艺的缺陷提出改进意见，并参与实施；协作专职技术人员解决生产过程中发生的技术问题，如遇到不能解决的技术问题，应及时汇报。

（7）参与新产品、新工艺的试制工作。

（8）负责发放、收集、整理原始记录，监督批生产记录的填写，保证原始资料的完整性，完成批生产记录归纳整理，并将各生产品种的批生产记录复核后交质保部审批。

（9）协助综合办对生产人员进行的培训工作，并不断学习培训提高自身的专业素质和技能。

（10）企业应用平台系统中职责：①必须严格按照有关流程执行，确保企业应用平台系统中有关生产计划信息的真实性、准备性、及时性。②根据每月生产计划及时、准确地做好加工物料维护工作，并做好"生产计划表"及相关记录。③加工单维护后，对加工物料进行检查，检查加工物料能满足本月车间生产需要。若有异常情况及时上报上级主管或供应部。④根据车间实际生产安排，在车间开始生产某一产品时，监督生产指令的及时下达情况。⑤生产指令下达后，如遇车间实际生产情况同生产指令所需物料清单不一致时，需要立即反馈信息，上报主管部门及时在处理。⑥做好每月生产计划相关资料的收集、整理、归档工作。

（11）完成上级领导交办的其他临时性工作。

二、生产班长岗位职责

生产班长在生产部经理领导下，工作目标是按照生产指令和GMP要求，负责组织本班人员严格遵守相关工艺规程和生产操作规程完成生产任务。其职责如下。

（1）负责组织本班完成生产任务。

（2）负责本班的现场管理、清场管理及安全操作。

（3）督促生产操作人员安全操作及进行设备的保养，协助拟定设备检修计划。

（4）工作上接受技术员、质管员的指导和监督，同时协调、支持兼职工艺员的工作。

（5）组织分析生产操作中存在的问题，总结和推广先进的操作经验，提出改进措施，提高本班的技术水平。

（6）经常查看产品质量情况，对本班发生的质量和生产问题及时处理并上报。

（7）组织学习各项制度，推动全面质量管理活动的开展。

（8）负责领取本班组所需的原辅材料、工具等。协助兼职工艺员汇总本班组的各项原始记录、表格等，并及时上交。

（9）负责本班组新员工的传、帮、带工作。

（10）组织本班组进行工作间的清洁、消毒及清场工作。

（11）负责主持班前会，安排当天的各项工作内容和注意事项。

（12）定期接受相应的培训，提高专业知识、管理能力及操作技能。

（13）完成上级领导交办的其他临时性工作。

三、中药前处理岗位职责

中药前处理操作员在前处理车间主任领导下，工作目标是按照生产指令和GMP要求，严格遵照相关工艺规程和标准操作规程进行生产。其职责如下。

（1）严格遵守《生产人员工作标准》相关内容。

（2）工作上接受班长的安排，并接受车间技术员指导，质管员的指导和监督。

（3）按《人员进出洁净区标准操作规程》进入生产区。

（4）严格遵守工作纪律，不得擅自离开工作岗位。

（5）严格按中药前处理岗位的相关操作规程进行操作，并在生产中认真执行，特别是中药前处理工序的领料、称量、复核等。

（6）对本岗位所涉及设备的性能、维护、操作等做到心中有数，熟练操作。

（7）熟练掌握中药前处理岗位的相关工艺规程，认真填写本岗位原始生产记录，做到及时、准确、清楚。

（8）提高生产效率，按时保质保量地完成任务。

（9）提高安全意识，严格按照《安全生产管理》《安全操作规程管理》执行。

（10）认真填写原始记录，要求填写字迹清晰，不得撕毁或任意涂改。

（11）定期接受相应的培训，提高专业知识及操作技能。

（12）完成上级领导交办的其他工作。

四、机修员岗位工作职责

机修员在机修车间主任领导下，工作目标是按照设备维修规定要求，严格遵照相关设备维修、保养规程和标准操作程序对生产设备进行严格监控并定期检修、保养，确保设备运转正常，实现安全生产无事故。其职责如下。

（1）负责电器、照明、机器维修和保养。

（2）按有关规定定时对全厂所有的机电设备检查并维护，填写规定的记录，并负责突然故障的处理及排除。

（3）对企业所有室内外照明器具定时检修，对计划停电或突然停电作好应急准备，对车间仪器仪表按国家有关规定进行校验。

五、配电员岗位工作职责

配电员在配电室主任领导下，工作目标是按照企业配电规定要求，严格遵照相关配电标准操作规程及监控条例，做到定期监控、检修，确保电器设备运转正常，实现安全生产无事故。

（1）配电间内做到整洁、整齐，没有其他与配电无关的物品。

（2）配电间要做到闲人免入。

（3）配电间没有积水，没有鼠类进出。

（4）配电间的设备要勤清扫，做到卫生、清洁、发现问题及时排除。

（5）配电间的设备要定时对其接点、固定螺丝、接线螺丝进行检查，仪表仪器要请具备检验资格的部门进行检查校验。

六、中央空调操作岗位职责

中央空调操作员在机修车间主任领导下，工作目标是负责中央空调机组的使用与管理，保证其正常运转，实现安全生产无事故。

（1）工作上同时受机修车间主任及生产质量管理员的指导和监督。

（2）负责中央空调机组的使用与管理。

（3）对因工作失误造成的损失负责。

（4）根据生产要求，及时、正常地输送符合工作要求的洁净空气。

（5）设备操作及维护保养严格按中央空调标准操作规程执行。

（6）卫生要求按相应的设备清洁操作规程执行。

（7）严禁擅离工作岗位，经常观察温、湿度是否在中央空调操作规程的规定范围内，若超出范围应及时调整，并做好机组运行记录，记录要及时、准确、真实、清晰。

（8）定期接受相应培训，提高专业知识和操作技能。

（9）设备运行如出现异常情况，应立即通知有关人员进行检修，排除故障。

（10）完成上级领导交办的其他临时性工作。

七、纯化水制备操作岗位职责

纯化水制备操作员在制水车间主任领导下，工作目标是负责按制水制备规程进行工作，为生产需要提供合格的纯化水。

（1）工作上同时接受制水车间主任和质量管理员的监督和指导。

（2）必须按照有关规定认真操作，提高产水脱盐率，保质保量完成生产任务。

（3）严格遵守工作纪律，不得擅离工作岗位。

（4）提高安全意识，严格按照《安全生产管理》《安全操作规程管理》要求执行。

（5）认真填写设备运行、维护记录，做到及时、准确、清楚。

（6）定期接受相应培训，提高专业知识及操作技能。

（7）完成上级领导交办的其他临时性工作。

八、动力站操作岗位职责

动力站操作员在动力站主任领导下，工作目标是负责空压机、真空泵的使用与管理，保证其正常运行。

（1）工作上同时接受动力站主任和质量管理员的监督和指导。

（2）负责空压机、真空泵的使用与管理。

（3）对因工作失误造成的损失负责。

（4）根据生产要求，及时输送符合工作要求的压缩空气和真空。

（5）设备操作严格按照空压机和真空泵的操作规程执行。

（6）卫生要求按设备清洁规程执行。

（7）严格遵守工作纪律，禁止擅离工作岗位，确保供气正常运行。

（8）认真填写设备运行和维护记录，做到及时、准确、真实、清晰。

（9）压力容器严禁超压工作，严禁敲击压力容器。

（10）提高安全意识，严格按照《安全生产管理》《安全操作规范管理》要求执行。

（11）定期接受相应培训，提高专业知识及操作技能。

（12）完成上级领导交办的其他临时性工作。

九、锅炉操作岗位职责

锅炉操作员在动力站主任领导下，工作目标是负责锅炉的使用、维护等工作，保证其安全运行，保证生产正常运行。

（1）工作上同时受动力站主任和生产质量管理员的监督、指导。

（2）负责锅炉的使用、维护和保养。

（3）提高安全意识，严格按照《安全生产管理》《安全操作规程管理》的要求执行。

（4）负责填写锅炉使用运行相关记录。

（5）负责锅炉及锅炉房的清洁卫生。

（6）参与设备技术及安全生产培训工作，提高专业知识和操作技能。

（7）完成上级领导交办的其他临时性工作。

第四章　原辅材料准备

无论是合成药品企业还是药品制剂企业都离不开原料、辅料等制药材料的购进，那么制药材料的购进准备就是必需的关键一环。只有购进合格的原辅料材料，才可能生产出合格的药品，才能确保人民的用药安全和疗效。

第一节　采购计划原则

原辅材料采购通常是由企业技术部门会同药品质量监督稽查大队、物资供应、生产车间等相关部门按照产品工艺要求和供应商共同完成制订的。

凡购进的原料药品（包括化学原料药、中药材）必须具备完善的质量监控标准，力求做到定点供应；对于中药材必要时还要建立中药材实物标本，作为鉴别药材真伪的优劣的依据；对有毒、有害原料药品建立限量控制指标。

一、人员准备

制药企业的负责人应具有所生产和经营的产品的专业知识和现代科学管理知识，要有实践经验并对生产和经营的产品质量负全面责任；所设立的质量管理机构的负责人应由有实践经验、坚持原则、具有相应专业技术职称并能独立解决生产和经营过程中质量问题的人员担任，负责对产品质量及其管理、检验业务进行判断、指导、监督和裁决；在制药企业中，从事质量管理、化验、检测、验收、养护、计量等专职人员的数量应不低于企业职工总数的4%；制药企业中直接接触药品的质量管理检验、验收、养护、保管、分装、质量查询等工作人员，每年需进行一次健康检查，体格检查表和化验单应存入健康档案，保存五年，如发现有传染病、隐性传染病、皮肤病及精神病等患者，应及时调离现在岗位。

二、采购原则

坚持"按需进货，择优采购"的原则，在企业总体决策计划指导下，注重商品采购的时效性与合理性，力求品种全、费用省、质量优，做到供应及时，结构合理。

1.采购原则 医药商品必须遵循的原则：①所采购的医药原辅料必须是经医药、卫生、计量、化工、轻工等行政管理部门和工商行政部门批准的工厂所生产的产品。②所采购的医药原辅料必须具有法定的产品质量标准。③所采购的药品必须有注册商标批准文号和生产批号。④凡实行生产许可证的企业产品和计量产品，必须取得相应的许可证。⑤采购的医疗器械必须有鉴定批准号［样机（样品）鉴定批准号或投产鉴定批准号］或在产产品登记号。⑥所采购的产品其质量必须稳定、性能安全可靠，符合标准规定。⑦所采购的包装和标志必须符合储运要求。⑧所采购的进口药品应有口岸药检所检验报告。⑨所采购商品应注意选择具有法定资格（包括企业的许可证、合格证、营业执照等）并有履行合同能力的供货单位。必要时，应对其产品和企业质量保证体系进行调查、评价，签订质量保证协议。

2.定点采购 采购麻醉药品、医疗用毒性药品及精神药品按《麻醉药品和精神药品管理条例》《医疗用毒性药品管理办法》中的规定，由指定的供应点经营。

3.新产品采购 采购新产品，应按卫生行政管理部门医药管理部门或有关主管部门的规定进行。

4.首次经营要求 首次经营品种的试销增加规格、改型、改变主要结构和原料、包装材料、容器或包装方式的产品及其发展新的产销关系等业务；必须由业务部门征求本企业的质量、物价、储运等部门的意见，报相关部门同意后，方可采购，必要时应进行实地考察。对首次购买的原料、试剂等需经由质量和业务部门分别对质量情况和市场情况做出评价，报相关部门审批同意后，方可采购。

三、采购合同

认真贯彻执行《中华人民共和国经济合同法》（以下简称《经济合同法》），签订商品购销合同必须明确的质量条款。①供应商应提供相应的产品质量标准。②产品出厂时应附质检部门签发的符合规定的产品合格证或化验（检测）报告。③产品除注明效期和使用期外，一般产品应写明供应商负责期。④商品包装要符合承运部门及有关主管部门规定的要求。⑤药品应由供应商提供卫生行政部门批准的产品批准文号复印件；医疗器械应由供应商提供医药主管部门核发的在产产品登记号或鉴定批准号复印件。⑥实行生产、计量许可证管理的产品应提供有关单位核发的复印件。⑦产品出厂，一般不超过生产期三个月。

签订医药商品购销合同应明确以下质量条款。①商品质量符合规定的质量标准和有关质量要求。②有效期医药商品的发运按《医药商品购销合同管理及调运责任划分办法》第十二条规定办理。③没有效期的医药商品，质量责任的划分按《医药商品购销合同管理及调运责任划分办法》第十三条规定办理。④医药商品包装牢固、标志清楚，达到交通运输部门货物运输规定的要求。

签订医药商品进口合同应明确质量条款。进口药品、医疗器械、化学试剂等，订货合同应订明质量标准，并根据需要由外方提供质量标准、检验方法、检验报告或必要的标准品。进口药品的质量标准根据现行版《中国药典》、国家药品监督管理局颁布的药品标准或国际上通用的药典中的规定。上述药典或标准未收载的应采用国务院药品监督管理部门核发"进口药品注册证"时核准的质量标准。

第二节　贵细中药材

贵细一词源于《元典章·户部八·课程》："如有进呈希罕贵细之物，亦仰经由市舶司见数，泉府司具呈行省"，意思为"珍贵精巧。"因此，从字面意思理解，贵细中药材即是"珍贵精巧的中药材"。然而，贵细中药材具体包括哪些并没有定论。1981年，《关于加强市场管理打击投机倒把和走私活动的指示》中，将非法倒卖贵重药材列为投机倒把活动。为了便于管理，将"贵细中药材"的品种规定如下：麝香、牛黄、人参、三七、黄连、贝母、鹿茸、虫草、天麻、珍珠、虎骨、豹骨、熊胆、杜仲、厚朴、全蝎、肉桂、沉香、山萸肉、蟾酥、金银花、巴戟、阿胶、犀角、广角、羚羊角、乳香、没药、血竭、砂仁、檀香、公丁香、西红花。

随着时代进步及科学发展，贵细中药材目录需要进行调整。首先，虎骨、豹骨、羚羊角、麝香（天然）等多个国家保护动植物资源早已退出中药流通市场。其次，种植加工技术日臻成熟，供给量加大，价格下降，不再适合列为贵细品种，如杜仲、厚朴等。第三，由于某些自然资源加速枯竭，价格大幅上涨，新增为贵细品种，例如降香、檀香、水蛭和多种蛇类药材。最后，近些年开发的新资源，因为市场需求旺盛，可以被列为贵细药材，如铁皮石斛等。

那么，贵细中药材的判断标准是什么呢？有三个标准缺一不可。首先是疗效显著；其次是价格昂贵；再次是资源相对稀缺。除了这三个标准，贵细中药材还有几个特点，如生长周期长、需要精细管理、部分需要进口等。限于篇幅，选择性收录几种市场中被造假的概率较高的贵细中药材品种举例如下。

麝香

【来源】本品为鹿科动物林麝 *Moschus berezovskii* Flerov、马麝 *Moschus sifanicus* Przewalski 或原麝 *Moschus moschiferus* Linnaeus 成熟雄体香囊中的干燥分泌物。野麝被猎获后，割取香囊，阴干，习称"毛壳麝香"；剖开香囊，除去囊壳，习称"麝香仁"。家麝直接从其香囊中取出麝香仁，阴干或用干燥器密闭干燥。

【功效】具有开窍醒神、活血通经、消肿止痛的功效。用于热病神昏、中风痰厥、气郁暴厥、中恶昏迷、经闭、癥瘕、难产死胎、胸痹心痛、心腹暴痛、跌扑伤痛、痹痛麻木、痈肿瘰疬、咽喉肿痛等症。

【鉴别】由于麝香价高货少，掺假现象时有发现。一般掺入的有肝脏、血块、沙土、淀粉、铁末、朽木粉，甚至羊粪等。为了帮助辨别其真伪，将几个简单的鉴别方法予以介绍。

1.嗅 以鼻闻之，麝香有浓郁的香气，经久不散，在3~5m远处也可闻及香气。所以《本草纲目》称"麝之香气远射"。若气味不浓香、久嗅香气散失甚至夹有腥气及异臭气者，或前后气味不同者为可疑品，要辨伪。

2.尝 口尝时刺激性很强，辛辣味较重，味苦凉，有浓郁香气，凉直达舌根（即有钻舌感），其味纯，无异味。若尝时不刺舌、不爽口、香气不正者，要辨伪。

3.捏 以手捏麝香囊微软，有回力感觉，放手后皮部凹陷可自行弹起恢复原状。放手后不能恢复原状者，要辨伪。取香仁少许捏之，用一点水或油调和搓揉应不脱色、不粘手、不染手、不顶手、不结块，否则要辨伪。

4.水试 置于无色透明玻璃杯内，用开水冲泡或煮沸后倒进杯中，搅拌，静置，真麝香微溶于水，大部分沉淀在水下，水溶液呈淡黄色，香气浓而持久。假麝香的水溶液色黄黑、棕褐或红棕，常混浊，上浮者多为木质纤维、毛茸、粉面，下沉者多为动物内脏等。或用易吸水的洁净纸一张，取麝香少许置纸上，将纸折合，稍用力压，如系真麝香，则纸上不留水迹或油迹，纸亦不染色。如纸上现水迹；则为发水香或没有干的麝香；出现油迹，则为浸油之麝香；如纸染色，则为掺假的麝香。

5.火试 将麝香仁少许置锡箔纸上隔火烧热，有蠕动状，会跳走；猛火烧，真品初则迸裂，有爆鸣声，随即溶化起油点似珠，膨胀冒泡，不起火焰，不冒火星，香气四溢，无任何臭味，灰烬呈白色。如掺有动物性伪品，火烧即起油泡，冒烟，最后有火星出现；如掺有血块，虽也迸裂，但有焦臭味，灰烬紫红色至黑色；掺有矿物和土，烧时无油点，灰烬呈赭红色。

6.针试 用槽针插入整麝香囊内，向不同方向和部位插动，原香不挡针，无异物抵触感；抽出槽针，立即检视，上槽之香仁应有冒槽现象。否则要辨伪。

7.理化鉴别 麝香和五氧化锑共研，则香气消失；如再加氨水少许共研，则香气恢复。

人参

【来源】本品为五加科植物人参 *Panax ginseng* C.A.Mey.的干燥根和根茎。

【功效】具有大补元气、复脉固脱、补脾益肺、生津养血、安神益智的功效。用于体虚欲脱、肢冷脉微、脾虚食少、肺虚喘咳、津伤口渴、内热消渴、气血亏虚、久病虚羸，惊悸失眠、阳痿宫冷等症。

【鉴别】由于野山参的价格昂贵，假冒野山参、林下参主要有将移山参或园参冒充野山参；有的用商路冒充野山参；有的将幼小的林下山参用刀刻出横纹以冒充林下参；还有将芦头、腿、体、须用胶水拼接、制作的方式冒充名贵野山参等。以下介绍鉴别方法。

1.**野山参** 民间俗称最为形象：细纹紧皮疙瘩体，圆芦圆膀枣核艼。点点珍珠坠须下，须似皮条清又长。芦碗紧密互相应，具此特征野山参。

2.**林下山参** 亦称林下参，芦碗较少，大多排列稀疏，具"长脖""长芦"特征，芦头有"线芦""竹节芦"或"草芦"形态。艼少而细，均下垂。表面灰黄色，环纹较少，有的基本无纹，有疣状突起。被称为"白胖子"。

3.**移山参** 不长不短的芦头，形态比较简单。其"腿"分叉较少，但须根很多，且须脆易断，相对于野山参，移山参的须根上的疣状突起不明显。艼多而长，通常朝上。主根呈圆柱形，上部或全体有断续疏浅的粗横纹及明显纵皱纹。

4.**园参** 园参粗短，通常侧面生有芦碗，下面无圆芦。艼较少。主根大多顺长且直，主根上有疏浅断续的粗横纹且皮嫩纹浅。几乎不分叉。

西洋参

【来源】本品为五加科植物西洋参*Panax quinquefolium* L.的干燥根。均系栽培品，秋季采挖，洗净，晒干或低温干燥。

【功效】具有补气养阴、清热生津的功效。用于气虚阴亏、虚热烦倦、咳喘痰血、内热消渴、口燥咽干等症。

【鉴别】凡西洋参片，多掺有切片的白条参。西洋参个子货，分进口西洋参和国产种植西洋参，两者价格差别很大。目前市场上出售的所谓进口西洋参大多是国产种植的。还有药商将已经浸泡萃取之后的西洋参，烘烤晒干后再售卖。

西洋参呈圆柱形或长纺锤形，直径为0.5~1.1cm，表面密布细横纹，淡黄棕色或类白色，质地坚实，断面平坦、淡黄色、有明显层环纹、有黄褐色小点，气味特异，味微苦而甜。

三七

【来源】本品为五加科植物三七*Panax notoginseng*（Burk.）F.H.Chen的干燥根和根茎。秋季花开前采挖，洗净，分开主根、支根及根茎，干燥。支根习称"筋条"，根茎习称"剪口"。

【功效】具有散瘀止血、消肿定痛的功效。用于咯血、吐血、衄血、便血、崩漏、外伤出血、胸腹刺痛、跌扑肿痛等症。

【鉴别】三七属于贵细中药材，临床疗效确切，市场广阔，销量巨大，故而诸多不法商贩用各种办法从诸多方面、多角度进行造假，以假乱真，获得更大的效益。

1.人工造帽拼接大个三七 三七一般种植三年后采挖，极少数多年后采挖。很多人听说三七越大越好，于是一再追求三七的大小，市场上就出现用碎三七、小三七，利用工业胶粘连成大个的三七，以蒙蔽消费者，骗取高额利润；新鲜三七将大根、须根，用橡皮筋进行包裹成大头数三七，看上去外观大、重量足、头数足，以廉价三七充抵高价格三七，药用价值不易判断，迷惑视觉、混淆市场。

2.带土三七 很多商家为体现三七的绿色经营、体现天然特色，自挖采后不清洗，将带土三七晒干后即推向市场，致使一些烂三七、坏三七掺杂在里面；同时未经洗过的三七，其灰尘含量、重金属含量、农残含量均易超标，长期服用会对人体造成损害。

3.三七水分过高 三七采收时的水分一般为74%，需要经过晾晒加工。根据《中国药典》（2020年版）标准，三七含水不能超过14.0%，足干的三七很硬，相互敲打的声音都是非常清脆的。而非正规市场上，通常三七的水分会超过25.0%，这样的三七买的时候重，时间长了还会发霉，得不偿失。且用不干的三七磨粉磨不细，还很容易粘黏在粉碎机上，待晒干了再行磨粉，却发现重量少了很多，损失很大。

4.打蜡三七 部分商家为了能够快速出货，把从地里挖出来的带有泥巴的三七用滑石粉在机器里互搓，省去了清洗的成本和工时，这种三七被称为打蜡三七。打蜡三七表层被破坏，很难看出好坏。虽然食用蜡本身对人体没有太大的伤害，但是有部分不法商家为了节约成本，会使用工业蜡代替食用蜡，工业蜡中含汞、铅。滑石粉的主要成分为氧化镁和硅酸镁，其中硅酸镁有较强的致癌作用。

三七鉴别方法如下。

1.三七的含水量 三七一般采取晾晒的方式来除去水分，全干的三七磨出的三七粉质量好，干度差的三七磨成的三七粉容易发霉变质，干度越好的三七硬度越高，一般不容易用牙齿咬开。

2.三七的土色 三七表皮颜色各有不同，大致可分为红色、黑色、黄色、灰色这四种颜色。一般情况下，三七表皮颜色与种植三七的土壤颜色有关，不同颜色的土壤种出来的三七表层颜色不一样。市场上有很多人迷信红土三七，但目前为止并没有科学的依据证明红土三七优于其他三七。

3.水洗三七 消费者一定要选择水洗三七，一是因为水洗三七相对来说比较干净，不会连泥带土磨粉。二是水洗三七一般比较容易分辨臭三七和烂三七，容易挑出。

4.三七头的鉴别 市面上常见的三七头，可用一句话概括鉴别要领——"铜皮铁骨狮子头菊花心"。"铜皮"是指灰黄色或灰褐色的外皮（其实这并不是三七表皮的本色，因传统的三七加工不用水洗，直接干燥，三七外表带有泥土，晒干后呈泥土的土色）。"铁骨"是指质地坚硬难折断；可以将晒干的三七头砸在地上，不仅不会断，还会有清脆的声音。"狮子头"是指顶端及周围的瘤状突起物。"菊花心"是形容断面的放射纹理，颜色呈灰绿色灰白色或黄绿色。

鹿茸

【来源】本品为鹿科动物梅花鹿 *Cervus Nippon* Temminck 或马鹿 *Cervus elaphus* Linnaeus 的雄鹿未骨化密生茸毛的幼角。前者习称"花鹿茸"，后者习称"马鹿茸"。夏、秋二季锯取鹿茸，经加工后，阴干或烘干。

【功效】具有壮肾阳、益精血、强筋骨、调冲任、托疮毒功效。用于肾阳不足、精血亏虚、阳痿滑精、宫冷不孕、羸瘦、神疲、畏寒、眩晕、耳鸣、耳聋、腰脊冷痛、筋骨痿软、崩漏带下、阴疽不敛等症。

【鉴别】目前市场上的假冒鹿茸片主要有三种形式。一是以鹿角片代替；二是以猪皮包裹面粉、猪血等的混合物再切片；三是外皮为真品鹿茸片，里面填充其他物质。鉴别方法如下。

1.肉眼鉴别
（1）鹿角片有圆形和半月牙形两种，而真品鹿茸则只有圆形。
（2）鹿角片边缘角质化程度高，甚至会有齿状突起，而真品鹿茸的角质化程度低，均无突起。
（3）鹿角片内心骨片外围是白色，中部焦黄色，而真品鹿茸不会有白色外围。
（4）鹿角片内心骨片的孔大而且多破裂，有些孔有黑褐色填塞。

2.水试法鉴别
正品鹿茸片入水不变形，加热搅拌不破碎，煮沸不软不糊。而伪品的鹿茸片入水则会软化变形，加热搅拌有破碎现象，煮沸即成糊状。

冬虫夏草

【来源】本品为麦角菌科真菌冬虫夏草菌 Cordyceps sinensis（BerK.）Sacc.寄生在蝙蝠蛾科昆虫幼虫上的子座及幼虫尸体的干燥复合体。夏初子座出土、孢子未发散时挖取，晒至六七成干，除去似纤维状的附着物及杂质，晒干或低温干燥。

【功效】具有补肾益肺、止血化痰的功效。用于肾虚精亏、阳痿遗精、腰膝酸痛、久咳虚喘、劳嗽咯血等症。

【鉴别】一般冬虫夏草都会用一些小竹签、小树枝或铁钢丝接起来，卖家解释为在采挖冬虫夏草的时候不小心挖断了，为了美观用上述材料接起来而已。这种说法是不成立的，是造假者故意掰断插上小竹签等杂物来增加重量。冬虫夏草贵比黄金，因此在采挖的时候都是小心翼翼，绝不会损坏冬虫夏草。另外增加重量的方法就是用鸡蛋清来蘸虫体加重，这样整条虫体看起来很光亮，但是经煮后会有白色絮状的东西离析出来；还有用重粉（硫酸镁）水浸泡冬虫夏草加重，经重粉水浸泡过的冬虫夏草整条很硬且沉重，一般较易被发觉；再有就是用人工做成冬虫夏草的模，然后用淀粉灌注，最后染上颜色，通常是拿来蒙骗去当地旅游的游客；最难以辨别的是一些生产冬虫夏草口服液的厂家将冬虫夏草先用水煮过，晾干后再用冬虫夏草土混合之后重新流入市场。还有僵蚕加上地瓜秧苗，就成了冬虫夏草。还有用土豆泥压模而成等。鉴别方法如下。

1.看颜色 正品冬虫夏草分成"虫"和"草"两部分，"虫"体表面呈深黄到浅黄棕色，在"虫"和"草"的结合部位，大多数虫体的颜色会发生一定程度的变化。"草"的部分即子座，则呈现枯树枝的颜色，色泽较深。

2.看外形 正品冬虫夏草腹面有足8对，位于虫体中部的4对非常明显。子座自虫体头部生出，上部稍膨大。长可达4~7cm，径约0.3cm。

3.看断面 正品冬虫夏草掰开后有明显的纹路，冬虫夏草中间有一个类似"V"形的黑芯，有些也可能是一个黑点。这黑芯即为"虫"的消化线。

4.闻气味 正品冬虫夏草稍带有干燥腐烂虫体的腥臊味和掺杂有草菇的香气，这是冬虫夏草特有的味道。

天麻

【来源】本品为兰科植物天麻 *Gastrodia elata* Bl.的干燥块茎。立冬后至次年清明前采挖，立即洗净，蒸透，敞开低温干燥。

【功效】具有息风止痉，平抑肝阳，祛风通络的功效。用于小儿惊风，癫痫抽搐，破伤风，头痛眩晕，手足不遂，肢体麻木，风湿痹痛等症。

【鉴别】多以马铃薯、大丽菊、紫茉莉代替正品天麻。天麻长圆扁稍弯，点状环纹十余圈；头顶茎基鹦哥嘴，底部疤痕似脐圆。

1.天麻形态为椭圆形略扁，表面黄白色至黄棕色，有纵皱纹（"干姜皮"）及由潜伏芽排列而成的横环纹多轮（"芝麻点"）。

2.顶端有红棕色至深棕色鹦嘴状的芽或残留茎基，习称"鹦哥嘴"或"红小瓣"。

3.下端有母麻脱落的圆脐形疤痕，常称"凹肚脐"。

4.天麻质坚硬，不易折断，断面较平坦，黄白色至淡棕色，角质样。

阿胶

【来源】本品为马科动物驴 *Equus asinus* L.的干燥皮或鲜皮经煎煮、浓缩制成的固体胶。

【**功效**】具有补血滋阴，润燥，止血之功效。用于血虚萎黄，眩晕心悸，肌痿无力，心烦不眠，虚风内动，肺燥咳嗽，劳嗽咯血，吐血尿血，便血崩漏，妊娠胎漏等症。

【**鉴别**】常以牛皮胶、杂皮胶、骨胶、明胶等仿冒阿胶。

1.牛皮胶 质硬不易破碎；颜色呈深褐色；对光透视呈乌黑色，半透明；气微，味微甘；灼烧有浓烈的浊臭气，水试溶液液面无油滴。

2.杂皮胶 指用旧杂皮、烂皮、碎皮等制成，颜色呈黑褐色；无光泽；质地坚韧，不易打碎；对光透视不透明；有腥臭味；10%的水溶液呈淡棕色或乳白色，混浊，白色泡沫较多；灰化后残渣成土黄色或灰白色，粉泥状，易吸潮；味咸涩，口尝具细砂感。

3.骨胶 动物碎骨制成，表面不透明无光泽；有气泡所致的小孔洞；侧面有不规则的皱纹；质硬不易打碎；气微臭。

4.明胶类 平滑光亮；质脆；气微或具墨汁样臭；火试后变为白色片状粉，不黏结。

正品鉴别方法如下。

1.性状识别 颜色及气味的特点：阿胶为黑褐色，有光泽。质硬而脆，断面光亮，碎片对光照视呈棕色半透明状。气微，味微甘。

（1）形状 阿胶的产品为长方形或方形块，断面光亮，质硬而脆，表面可见少量油滴。马皮胶：黄棕色，有光泽。气微，味微腥，淡淡的清香味，质韧不易碎。杂皮胶：形状与阿胶相似厚薄不一，不透明，无光泽，有时带异臭味。假阿胶一般色泽乌黑或明显发黄，胶块多不规则，表面粗糙无光泽，大小、薄厚不一。

（2）颜色 阿胶为黑褐色，其颜色与水解时间长短有一定的关系，若水解时间较长，添加的黑色素较多，颜色可能重些，有光泽。

（3）气味 阿胶的制作过程，去掉了驴皮的腥臭之气，但仍有一定的气味，中医上称"气微"，味微甘，气微乃是阿胶本性。

（4）包装鉴别 正品阿胶包装精美，图案清晰，且有防伪标识。伪品包装印刷质量差，防伪标识为假。

2.理化鉴别

（1）生化法 阿胶因含有较多的蛋白质，SDS-聚丙烯酰胺凝胶电泳（十二烷基硫酸钠-聚丙烯酰胺凝胶电泳）驴皮胶与人丙种球蛋白耦联，免疫青紫蓝灰色，其他动物的胶均无免疫应答反应。

（2）物理特性法 等电点法：阿胶的等电点4.11~4.26。运动黏度对比法：2%~8%的阿胶其相应运动黏度成直线，其他的不成直线。胶凝温度法：10%的阿胶胶凝温度1.5~55℃，唯黄明胶的胶凝温度5℃，而其他非驴皮制作的胶凝温度

14~20℃，温度较高。

3.其他鉴别

（1）灼烧鉴别　这种方法是直接取产品2g，置坩埚中灼烧，驴皮胶随后出现膨胀熔化，且香气浓烈，化灰后呈白色，若加入少量稀盐酸则有气泡生成，而牛皮胶则有浓烈的浊臭气，有烟雾生成，灰化后残渣呈深砖红色，加稀盐酸无气泡。

（2）溶化特点的鉴别　取驴皮胶5g，加热水30ml，于90℃溶解5分钟，观察溶液，液面有油滴，呈红色，有白色物质析出，当继续加热，煮沸16分钟则全部溶解，静止4小时溶液仍为胶冻状。而其他皮制作的胶溶解时间延长，且颜色为暗棕色，当煮沸5分钟则全部溶解，但是没有析出物出现，静止4小时溶液黏稠度很大。

乳香

【来源】本品为橄榄科植物乳香树 *Boswellia carterii* Birdw. 及同属植物 *Boswellia bhaw-dajiana* Birdw.树皮渗出的树脂。分为索马里乳香和埃塞俄比亚乳香，每种乳香又分为乳香珠和原乳香。

【功效】具有活血定痛，消肿生肌之功效。用于胸痹心痛，胃脘疼痛，痛经经闭，产后瘀阻，症瘕腹痛，风湿痹痛，筋脉拘挛，跌打损伤，痈肿疮疡等症。

【鉴别】一般为菊科植物土木香的粉末加黏合剂而成。鉴别方法如下。

1.性状鉴别

（1）正品乳香　外观半透明，呈淡黄色，有时微带绿色或棕红色，有的表面无光泽并附有一层类白色的粉尘。形状不规则，多呈乳头状和泪滴状颗粒。质地坚脆，切开时断面蜡样。气芳香，味微苦，嚼时可碎，但迅速软化成胶块样，黏附牙齿，唾液成乳白色，并微有香辣感。遇热变软，烧之微有香气伴有黑烟，并遗留黑色残渣。与少量水共研时，能形成白色乳状液。

（2）伪品乳香　为菊科植物土木香的粉末加黏合剂的人工仿制品。不透明，质脆易折断，断面乳白色，有的有棕色纹理。呈不规则、大小不等乳白色球形、椭圆形，有的略弯曲，有的腹面有条裂隙。气微香，味不苦，嚼之即碎，加热不软化。与水不溶，形成沉淀。

（3）掺伪乳香　表面呈黑褐色，可见暗灰色撞击后的点状痕迹，具涩感，无光泽。外观呈小圆珠或圆粒状，大小不一。质地坚硬，不易破碎，断面微黄灰色。味苦涩，具松香气。嚼之破碎，不黏附牙齿，很难软化，唾液呈黄白色乳状，烧之冒黑烟，留下炭样团块。与水研磨时，可形成黄白色乳状液。

2.理化鉴别

（1）正品乳香　取乳香0.5g，研碎，放入烧杯，加甲醇5ml，振摇10分钟，放置24小时，过滤。取滤液蒸干，残渣加稀硫酸5ml转移到分液漏斗中，用三氯甲烷10ml

振摇 5 分钟，同样方法提取 2 次，每次 5ml，晾干，尽量除尽三氯甲烷后，残渣加醋酸 0.5ml 溶解，再加醋酸酐－浓硫酸（19∶1）试剂 0.5ml，此时发现溶液变为紫色。

（2）伪品乳香　取伪品乳香 0.5g，研碎，放入烧杯，加甲醇 5ml，加热回流 10 分钟，滤过残渣，取滤液沿管壁缓缓加入硫酸 0.25ml，此时可发现两液交界处有棕红色环。

没药

【来源】本品为橄榄科植物地丁树 Commiphora myrrha Engl. 或哈地丁树 Commiphora molmol Engl. 的干燥树脂。分为天然没药和胶质没药。

【功效】具有散瘀定痛，消肿生肌之功效。用于胸痹心痛，胃脘疼痛，痛经经闭，产后瘀阻，癥瘕腹痛，风湿痹痛，跌打损伤，痈肿疮疡等症。

【鉴别】用松香加热溶化并加麸皮搅拌均匀后晾干，再击碎成不规则的团块冒充没药。鉴别方法如下。

1.正品没药　是一种胶状树脂，是没药属植物分泌的树脂。没药为世界多个国家常用植物药，主要含有萜类、甾体、黄酮、木脂素等多种成分。没药形状不规则，大小不等，呈颗粒状，潮湿时黏结成团块，表面粗糙，红棕色或黄棕色。质坚脆，但易受潮而微黏手。破碎面呈不规则颗粒状，带棕色油样光泽，并伴有红色小点或线纹，薄片半透明，有辛辣芳香味。

2.伪品没药　其性状和正品区别不大，单纯以此难以区分。一般伪品没药表面光泽呈黑棕色，质地坚硬。但火烧时与正品有很大区别，伪品可散发松香气味，冒黑烟。

血竭

【来源】本品为棕榈科植物麒麟竭 Daemonorops draco Bl. 果实渗出的树脂经加工制成。

【功效】具有活血定痛，化瘀止血，生肌敛疮之功效。用于跌打损伤，心腹瘀痛，外伤出血，疮疡不敛等症。

【鉴别】仿制品由松香、红土、氧化铁、红糖等制成，外形与血竭相似，有的为多面形。表面黑红色、黑褐色或绿褐色。鉴别方法如下。

1.性状鉴别　真血竭直径至少应达到 6cm，厚度 4cm，血竭表面有一定的光泽，而且为暗红色。而假血竭表面相对比较粗糙，没有光泽，个头较小，看似暗红色，磨成粉末后则变为红色。

2.水溶性　真血竭在冷水中不会融化，而在热水中融化。假血竭多为石灰等物质构成，遇水就融化。

3. 火烧法 真血竭被火烧后没有异味，也不产生浓密的黑烟。而假血竭火烧后冒黑烟，出现明显的松香气味。

4. 咀嚼法 真血竭无怪味，味道微苦涩，放到嘴里咀嚼，有一股粘牙的感觉。而假血竭的味道可以多种多样，也完全失去了粘牙感。

西红花

【来源】本品为鸢尾科植物番红花 *Crocus sativus* L.的干燥柱头。

【功效】具有活血化瘀，凉血解毒，解郁安神之功效。用于经闭癥瘕，产后瘀阻，温毒发斑，忧郁痞闷，惊悸发狂等症。

【鉴别】一般有用红花冒充，或是用其他类似物染色仿冒。

1. 扁丝 扁丝是把普通的西红花压扁使其体积更大的做法，还有的会加塑型剂，不光口感不好，长期使用会对人体造成危害。

2. 以红花冒充 红花与西红花仅一字之差，但是却是两种不一样的东西，不仅功效不同，价格也是相差百倍的。

3. 以莲须染色冒充 莲须呈线形，染色以水浸泡，水液颜色为红色，西红花泡水，水会呈黄色或金黄色。

4. 以玉米须切段染色冒充 玉米须呈短线状，染成红色或暗红色，以水浸泡，水液呈红色。

5. 以萝卜丝染色冒充 用晒过的萝卜丝染色，在浸泡后咀嚼的口感跟西红花差不多。

6. 以纸纤维染色冒充 通过纸张裁剪成花蕊状进行染色而成，前期泡出的水是红色的，现在造假手段提升，泡出的颜色已经是黄色。

7. 以其他花蕊染色冒充 用花蕊造假的方式更有隐蔽性，通过使用其他花蕊染色，颜色可以假冒，但是西红花的特殊香气很难冒充。

鉴别方法如下。

1. 水检 投入水中水被染成黄色，不显红色，无沉淀，柱头膨胀呈喇叭状，无油状漂浮物。若水浸柱头呈条状或丝状系伪品金针菜制造；若掺杂细沙、淀粉、植物油等则出现沉淀、油状漂浮物。

2. 手检 用手抓药材，质地扎手，有很多碎末者，为掺假。

哈蟆油

【来源】本品为蛙科动物中国林蛙 *Rana temporaria* chensinensis David 雌蛙的输卵管，经采制干燥而得。

【功效】具有补肾益精，养阴润肺之功效。用于病后体虚、神疲乏力、心悸失眠、盗汗、痨嗽咯血等症。

【鉴别】一般用其他动物的输卵管等仿冒。

1.中华大蟾蜍输卵管　形似鸡肠或盘卷成串，较宽厚，淡黄或黄褐，无光泽不透明，手摸无油腻感，在温水中浸泡，体重积膨胀较小，约3~5倍。

2.明太鱼精巢　呈不规则块状连结体，大小不等，较真品略长，色黄白，有脂肪样光泽，有的边缘带有绿色干皮，手摸有滑腻感，但温水浸泡后，体积膨大的较小，仅为原体积的0.5~1倍。

鉴别方法如下。

1.水试　用温水浸泡呈絮状，体积可膨胀10~15倍。中华大蟾酥输卵管水浸后呈螺旋形鸡肠状，体积仅膨大3~5倍。明太鱼精巢用水泡，膨大0.5~1倍。

2.形状大小　哈蟆油一般是没有规则片状的，而且弯弯曲曲有重叠，长度一般不到2cm，厚度1.5~5cm。中华大蟾蜍输卵管形似鸡肠，呈盘卷串状，比较宽厚。明太鱼精巢是不规则的块状而且是连在一起，大小不同，和哈蟆油相比显得长些。

3.颜色　哈蟆油表面是黄白的。中华大蟾蜍输卵管是淡黄或者是黄褐色的。明太鱼精巢颜色是黄白色。

4.光泽度和透明度　哈蟆油呈脂肪样光泽；中华大蟾蜍输卵管没有光泽，也不透明；明太鱼精巢有脂肪样光泽，但是边缘会有绿色干皮。

5.油腻感　哈蟆油摸起来有油腻的感觉。中华大蟾蜍输卵管用手摸起来没有油腻感。

燕窝

【来源】燕窝为雨燕科动物金丝燕 *Collocalia esculenta* L. 及多种同类燕用唾液和绒毛混合凝结所筑成的窝。呈不整齐的半月形，长6.5~10cm，宽3~5cm凹陷成兜状。附着于岩石的一面较平，外面微隆起，附着面黏液凝成层排列较整齐，呈波状，窝的内部粗糙，呈丝瓜络样。质硬而脆，断面微似角质。入水则柔软而膨大。商品有白燕、毛燕、血燕之分。以个体完整、色洁白、绒羽少者为佳。现今市场上的许多燕窝经过清洗、去毛干燥等炮制加工制成。

【功效】具有滋阴、润燥、补中益气之功效。

【鉴别】猪皮屑、海洋藻类植物等经加工成燕窝形状而成。鉴别方法如下。

1.高温灼烧灰化　正品燕窝灰呈白色，尤其燕丝，灰分量较多，加盐酸可溶解；而伪品燕窝灰呈灰黑色，灰分量少，在盐酸中几乎不溶解。

2.加水浸泡　取燕窝少评加水浸泡24小时后，正品燕窝膨胀率大，柔软而晶亮，撕之丝缕如银鱼；伪品燕窝则膨胀率小，松软不透明。

3.振摇观察　取加水浸泡24小时后的燕窝液，猛力振摇，正品燕窝产生白色蜂窝状泡沫，持久不消失；而伪品燕窝则产生白色泡沫，很快消失。

4. 水浴上煮沸 取加水浸泡过的燕窝，在水浴上煮沸30分钟，正品燕窝呈银白色丝状透明体，上层液清亮；伪品燕窝呈现黄白色颗粒状沉入底部，上层液浑浊。

铁皮石斛

【**来源**】本品为兰科植物铁皮石斛 *Dendrobium officinale* Kimura et Migo 的干燥茎。11月至翌年3月采收，除去杂质，剪去部分须根，边加热边扭成螺旋形或弹簧状，烘干；或切成段，干燥或低温烘干，前者习称"铁皮枫斗"（耳环石斛）；后者习称"铁皮石斛"。

【**功效**】具有益胃生津，滋阴清热之功效。用于热病津伤，口干烦渴，胃阴不足，食少干呕，病后虚热不退，阴虚火旺，骨蒸劳热，目暗不明，筋骨痿软等症。

【**鉴别**】用刚节石斛、白平头、水草枫斗、紫皮石斛、岩珠石斛等石斛属的伪劣产品冒充正品石斛。鉴别方法如下。

1. 看 对于加工成型的石斛而言，会有一层细毛，这是因为其茎杆表皮纤维经过烘干后而形成的。其次，它的形状做工方面应该精细、大小也应当均匀、颗粒比较饱满；再看颜色，正品石斛因其含较高的糖分，色泽偏深，呈现黄绿色。若是经过打蜡处理的，则有反光现象。而用报纸灰搓的石斛用手就可以摸出来，在手指上就会留下灰迹。

2. 闻 取一粒放在鼻下闻一下它的味道，正品石斛会发出淡淡的草香味。这是由于在加工石斛时，是用炭火慢慢烘烤而成的，并经过揉搓之后，卷成弹簧状而成为最终的形态。因此，如果闻到的是一股奇怪气味很可能不是正品石斛。

3. 手拉 将石斛从中间的位置往两边拉，一般含糖比较高的话，只要轻轻一拉，就会从中间断裂。若可以将它拉得很长，也没有断的迹象，可以判定为假冒石斛，这是识别其真伪比较重要的一个方法。

4. 咀嚼 将其放入口中咀嚼，一开始会感觉比较干、硬，慢慢地会感觉到它越来越黏，不再像刚放进口中那样硬了。到最后，几乎整颗石斛都被融化在嘴里。这才是正品石斛比较神奇的一点，"看似一棵草，嚼时一粒糖"。

第三节 毒性中药材

《医疗用毒性药品管理办法》中规定了毒性中药品种（28种），砒石（红砒、白砒）、砒霜、水银、生马钱子、生川乌、生草乌、生白附子、生附子、生半夏、生南星、生巴豆、斑蝥、红娘虫、青娘虫、生甘遂、生狼毒、生藤黄、生千金子、闹阳花、生天仙子、雪上一枝蒿、红升丹、白降丹、蟾酥、洋金花、红粉、轻粉、雄黄。

本节就常见的、在原料采购中易于出现造假的品种加以叙述。

砒石

【来源】砒石，又名信石。来源于天然砷华 Arsenolite 矿石，或由毒砂 Arsenpyritel、雄黄 Realgar、雌黄 Orpiment 经加工制成。

【功效】具有独疮去腐、平喘化痰、截疟等功效。

【鉴别】破碎的白砒石与矿石类药材如石膏、方解石、寒水石等外观上难以区别，经常混淆。鉴别方法如下。

1. **沉淀法** 取少许升华物溶于水中，通入硫化氢后产生黄色沉淀。

2. **定砷法** 取升华物少许，置小试管中，加水适量使溶解，加入硫酸（无砷）几滴，锌粉（无砷）少许，在试管口上塞一小团醋酸铅棉花，上盖一张溴化汞试纸，以橡皮套固定，10分钟后，溴化汞试纸变成黄-棕色。

附子

【来源】本品为毛茛科植物乌头 *Aconitum carmichaelii* Debx. 的子根的加工品。6月下旬至8月上旬采挖，除去母根、须根及泥沙，加工而成。

【功效】具有回阳救逆、补火助阳、散寒止痛之功效。用于亡阳虚脱、肢冷脉微、心阳不足、胸痹心痛、虚寒吐泻、脘腹冷痛、肾阳虚衰、阳痿宫冷、阴寒水肿、阳虚外感、寒湿痹痛等症。

【鉴别】掺假者用红薯或马铃薯加工成形状相似的片形，晒干熏漂而成，或用木薯片代替。鉴别方法如下。

1. **性状识别**

（1）白附子 块茎卵圆形或椭圆形，长2~5cm，直径1~3cm，顶端残留茎痕或芽痕。表面白色或淡黄色略平滑，有环纹及点状根痕。质坚硬，断面白色粉质。无臭味淡，麻辣刺舌。以个大、质坚实、色白、粉性足者为佳。

（2）木薯 叶互生，长10~20cm，掌状3~7深裂或全裂，裂片披针形至长圆状披针形，全缘，渐尖；叶柄长约30cm。气微，味苦、涩。

2. **看外形** 假的白附片周边有明显的刀切及加工的痕迹。

3. **口尝** 假的白附片无麻口味。

巴豆

【来源】本品为大戟科植物巴豆 *Croton tiglium* L. 的干燥成熟果实。秋季果实成熟时采收，堆置2~3天，摊开，干燥。

【功效】外用蚀疮。用于恶疮疥癣，疣痣。

【鉴别】

1.**真品巴豆**　干燥种子呈椭圆形或卵形，略扁，长1~1.5cm，直径0.6~0.9cm，厚0.4~0.7cm，表面灰棕色或棕色，平滑而少光泽；种阜在种脐的一端，为一细小突起，易脱落；合点在另一端，合点和种阜之间有种脊，为一略隆起的纵棱线；横断面略呈方形，种皮薄而坚脆，剥去后可见种仁，外包膜状银白色的外胚乳；内胚乳肥厚，淡黄色，油质，中央有菲薄的子叶2枚，胚根细小，朝向种阜的一端；闻之气无，口尝味微涩，而后有持久的辛辣感。

2.**伪品巴豆**　通常使用毛果巴豆代替，毛果巴豆干燥的果实多已开裂，果皮呈淡棕黄色，稍弯曲；种子呈椭圆形，具四棱，长0.6~0.8cm，宽约0.5cm，厚0.3~0.4cm，个头比正品巴豆小，棕褐色，种子两侧略具棱，背腹较隆起；断面略呈菱形，胚乳丰富，中央具子叶2枚，菲薄；闻之亦气微，但口尝味微苦，稍有点辛辣味。

斑蝥

【来源】本品为芫青科昆虫南方大斑蝥*Mylabris phalerata* Pallas或黄黑小斑蝥*Mylabris cichorii* Linnaeus的干燥体。夏、秋二季捕捉，闷死或烫死，晒干。

【功效】具有破血逐瘀、散结消癥、攻毒蚀疮之功效。用于癥瘕、经闭、顽癣、瘰疬、赘疣、痈疽不溃、恶疮死肌等症。

【鉴别】常掺一些与斑蝥十分相似的昆虫，如埋葬甲虫。鉴别方法如下。

【识别】南方大斑蝥呈长圆形，长1.5~2.5cm，宽0.5~1cm。头及口器向下垂，有较大的复眼及触角各一对，触角多已脱落。背部具革质鞘翅1对，黑色，有3条黄色或棕黄色的横纹；鞘翅下面有棕褐色薄膜状透明的内翅2片。胸腹部乌黑色，胸部有足3对。有特殊的臭气。

第五章 质量监督管理

国际标准ISO 8402—1994中对质量管理的定义是"确定质量方针、目标和职责，并在质量体系中通过诸如质量策划、质量控制、质量保证和质量改进使其实施的全部管理职能的所有活动。"质量管理是通过企业全员的努力、监督来实现的，企业的全员管理又称为全面质量管理（total quality control，TQC），在国际标准ISO 8402—1994中是这么定义的："一个组织以质量为中心，以全员参与为基础，目的在于通过让顾客满意和本组织所有成员及社会受益而达到长期成功的管理途径。"全面质量管理的特点是"全员""全过程"和"全面"。"全员"就是要求企业的全体人员都参加到质量管理工作中来；"全过程"是指质量管理不仅限于生产过程，而是贯穿于质量螺旋模型（图5-1）中的所有过程；"全面"是说产品或服务的质量是由工作质量、工序质量、信息质量、人员质量、系统质量、目标质量、公司质量等构成。

图 5-1 质量螺旋模型图

图5-1质量螺旋模型图体现了如下基本思想：①质量形成于从识别顾客需求到顾客对产品反馈的全过程，而不是仅形成于生产过程，这个全过程中既有外部顾客和供

应商，又有内部顾客和供应商；②质量是靠各个质量职能部门的有机结合努力配合来实现的；③质量是靠人来实现的；④质量是螺旋上升的。

第一节　质量管理组织机构

设立一个有效的质量管理组织机构对于质量监督管理的实施是十分关键的。通过组织机构，有效配置企业资源，保证组织内部的及时交流，明确分配权力和责任，从而使组织整体有条不紊地朝着规范化方向发展。

一、组织机构

质量管理专家朱兰（J.M.Juran）博士认为，要设立一个有效的质量管理组织机构，以下六点必须认真予以考虑：①识别所需进行的一系列活动（这些活动必须由人去完成）；②确定这些活动的职能和责任范围（无论这些活动是内部还是外部的）；③将一系列活动组合成合理的工作岗位（包括一个或多个活动）；④确定每个工作岗位的权利和责任；⑤确定工作岗位之间的关系，包括：a.层次关系，即命令链，b.交流与合作方式，即工作岗位之间的接口形式；⑥协调内、外关系，以最优组合方式达到组织的宗旨。如图5-2所示。

图 5-2　质量管理组织机构图

（一）组织机构与企业组织结构

组织机构是把人力物力和智力等按一定的形式和结构，为实现共同的目标、任务或利益有秩序有成效地组合起来而开展活动的社会单位。

企业组织结构是指为了实现企业组织的目标，在组织结构理论指导下，经过组织设计形成的企业组织内部各部门、各层次之间固定的排列方式或排列关系，是企业组织内部的构成方式。

（二）组织机构的对应性

企业上下级之间应有对应性，一个下级只对一个上级负责，不越级指挥和管理，命令和指挥才存在统一性。同时，既能够让上级了解下属的工作情况，也能够让下属充分理会上司的意图。

各岗位的职责与职权间必须存在对应性。即承担什么样的责任，就应该赋予什么样的权力。比如部门经理承担整个部门管理的职责，就必须给部门经理该部门人员的招聘权、考核权、奖惩权，否则该部门经理难以在部门内建立威信。

（三）企业组织结构设计的原则

1.系统整体原则　系统整体原则要求药品生产企业的组织结构应当系统严密、结构完整、要素齐全。药品生产企业的组织系统应由决策层、职能管理层、执行层及监督层构成，在工作中要求合理分权、有效协调、高效运转。

2.责权对应原则　责权不对应对组织效能的损害很大，常常使组织难以有效运转。制药企业组织结构体系的各个组成部分应当权责对应，并用书面规程和规范，明确规定各部门及其负责人的权力和职责，严格照章执行。

3.统一指挥原则　统一指挥原则是指在正式组织里，无论什么时候，一个下属都应接受且只应接受一个上级的命令并向这个上级汇报工作。统一指挥原则可以防止企业职能交叉混乱，下属无所适从，影响工作绩效。

4.有效管理幅度原则　一个人能力无论多强，也只能有效地直接管理少数人，再由这少数人直接管理下一层的少数人。有效管理幅度对于高效无误地实施企业发展战略具有非常重要的意义。药品生产企业应根据具体的部门、工艺流程和具体工作岗位的情况和特点，选择合理的管理幅度。

5.因事设人原则　组织机构设置应当"因事设人"，而不能"因人设事"。所有机构的设置和人员的任用都要根据实际管理工作需要合理进行设置。"因人设事"不仅会造成机构臃肿，人浮于事，浪费组织的资源，还会降低组织管理的效率，形成拥堵和扯皮现象。

二、质量管理步骤

现代质量管理已由20世纪40年代开始的统计质量管理发展到今天的全面质量管

理。中外诸多专家、学者、企业家对企业的质量管理付诸大量的实践，同时也做出了精辟的论述，正如费根堡姆在《全面质量管理》一书中描述的："全面质量管理是为了能在最经济的水平上，并考虑到充分满足用户要求的条件下进行市场研究、设计、生产和服务，把企业内各部门的研制质量、维持质量和提高质量的活动，构成为一种有效的体系"。中国质量管理协会载文称：企业全体职工及有关部门同心协力，综合运用管理技术、专业技术和科学方法，经济地开发、研制、生产和销售用户满意的产品的管理活动。综合质量专家们的经验方法及相关部门的规定，可以总结出各种质量管理的基本步骤，即策划/实施/考核/修正（进入下一个质量管理循环），如图5-3所示。

图 5-3 质量管理步骤示意图

第二节　质量管理

制药企业质量部门通常包括质量控制体系和质量保证体系，整体归属企业法人直接领导，具体交由质量部门负责人管理，下设质量监控部、质量保证监督部，质检（监）科、化验室，QA（quality assurance）监察、QC（quality control）攻关，兼职技术员、兼职工艺员、兼职卫生员等，人员覆盖整个企业，起到全员控制产品质量，全员监督产品质量的全方位质量安全网络笼罩下的质量安全良性循环受控局面之下。下面分述各职能部门（科室）的义务及职责。

一、质量部门职责

质量监督管理是全员的责任和义务，单靠质量部门的监控是无法实现的，产品的质量体现在生产制造的每一个环节之中，质量管理人员不可能精通所有制药专业知识，无法对制药的全过程进行有效的监控。所以，作为现代企业的质量管理要着力两个体系的建立，一个是职能部门各司其职的质量责任对产品形成阶段的质量形成监控体系；另一个是建立以预防为主的全员质量培训体系。基于此出发点，企业质量部门应负有如下职责：①起草质量方针政策；②确定主要的质量目标；③制订达到质量目标的措施计划，包括一系列控制点、要求、标准、规格等；④设立有效组织，以完成制订的质量计划；⑤建立产品质量评价和质量体系审计系统；⑥进行审计和发布审计报告提交高级管理层；⑦对生产线及其辅助系统中任一环节的检查；⑧对所有员工进行有关质量问题的培训；⑨建立顾客反馈系统，对产品/服务问题进行调查并组织进行质量改进。

二、质量战略策划

质量策划是质量管理的第一步，也是最重要的步骤之一。它是为组织中所有质量管理活动提供指南，拟定质量方针和政策，为组织提供的产品和服务设定质量目标，为实现这一质量目标选择途径和进行组织安排。一般认为，质量策划包括质量管理方向、质量管理战略和设立独立的组织机构三个内容。

（一）质量管理方向

为质量管理确定方向，是保证所有质量管理决策都与这一方向一致，所有质量管理活动都沿这一方向进行。它包括制订质量方针/政策和目标。

任何组织的任何行为或决策，都出于这个组织的宗旨或理念。如果这个组织的决策者只有一人，则这个人将保证他所做的决策不会偏离宗旨和理念，因此也就不需要拟定书面的方针/政策或这个方针已建立在其头脑中。但是对于一个需要很多不同级别的管理者做决策的公司，若要保证所有决策者都支持公司的理念和宗旨，就必须有书面的公司决策指南，这就是公司的方针/政策。

质量管理的方针/政策是一个组织为产品或服务在目前和将来某阶段选择位置，是对产品和服务在本领域以及社会整体经济结构中的定位和愿望。因此，一个组织的质量方针/政策是组织经营的战略之一，是为组织的经营目标服务的，因而其具有如下几个特征。

1.行为准则特征 质量方针是"由组织的最高管理者正式发布的该组织总的质量宗旨和质量方向"（ISO 8402—1994），这意味着它是一个组织实现其经营目标的保证，是组织所有员工的行为准则之一。

2.严肃性和稳定性特征 质量方针是一个中长期的目标，作为其战略之一的质量方针，是一个组织在较长时期内对其经营活动和质量活动的指导原则，具有严肃性和稳定性，它关系到组织的命运，必须是相对稳定和不折不扣地执行。

3.价值观的相对统一 质量方针与组织的价值观要相对统一，一个组织在经营过程中存在各种业务关系，诸如顾客关系、供应商关系、员工关系、业主关系、社会关系。以什么立场和理念去处理这些关系，即构成了一个组织的价值观。有的组织为了盈利，损害顾客利益，这样的组织会很快被绳之以法；有的组织只顾业主和顾客利益，但不管员工和社会利益，给社会造成污染或破坏社会资源，这样的组织也一定不会长久。因为失去了员工的齐心努力，失去了良好的社会环境，也就失去了满足顾客需求的能力，终究会以失败告终。成功的组织应具有的价值观是：兼顾顾客、员工、业主、供应商和社会五个方面的利益。这样的组织才可以顺应历史潮流、立于不败之地。

4.最优方案特性 确定一个组织的质量管理方针应是外部顾客的需求和反馈与内部综合实力（包括管理能力和资金）的最优化方案的选择。

（二）质量管理战略计划

在确定了质量管理的方向和目标后，需解决的问题就是找出通往目标的途径和达到目标所要借助的工具，即质量管理战略计划。

图5-4是质量管理战略计划目标剖析示意图，从图中可以看到，质量管理目标的范围涉及整个组织的每一层次，直到每个人。质量管理的内容涉及组织提供产品或服务的各个方面：产品特性设计、工艺能力、人员操作、设备、原料、过程及最终控制、公用服务系统等。由此可见，质量管理战略计划是一个系统的计划，是自上而下的，每一过程和每一层次的计划，这样一个庞大计划显然不能只由一个部门去完成。

图 5-4 质量管理战略计划目标剖析示意图

一般的做法和趋势是由每个部门的负责人去组织完成每个职能部门的质量职能计划，如果是多部门交叉的质量职能，由一个主要部门制订，其他部门经传阅进行修改，然后指定一个人来统一进行登记、发行、存档等文件管理，所有涉及质量方面的程序、工艺规程等，都由公司的质量管理经理批准生效。

每个部门职能不同，所做的质量计划的内容也不同，那么是否就必须各用一套方法来做质量计划呢？朱兰博士总结了策划质量计划的共同点，开发出一个通用的工具，用作各种不同的质量计划。这个工具就是著名的朱兰质量计划路线图，如图 5-5 所示。

这个程序包括一系列连贯的步骤。每一步都是一个行动/过程，其结果/输出即是下一步行动/过程的输入。这个路线图适于任何一个组织的任何一个过程，大到公司、工厂，从发现顾客及其需求到产品开发、试制、生产及售后服务；小到某个人在某个工作过程的一个环节，都可以使用这个路线图的全部或选择使用某些步骤。

（三）设立独立的组织机构

根据质量管理战略计划将有关质量保证体系的组织管理性的一系列活动（诸如计划、培训、检查、审计、处理产品质量投诉等）组成一个独立的机构，叫作"质量保证（quality assurance，QA）"；将专业技术性强的诸如检验分析的一系列活动组成一个独立的机构，叫作"质量控制（quality control，QC）"或"实验室"。

1.质量保证 质量保证（QA）涵盖影响产品质量的所有因素，是为确保药品符合其预定用途，并达到规定的质量要求所采取的所有措施的总和。具体地说就是为使人们确信某一产品或服务能满足规定的质量要求所必需的有计划、有系统的全部活动。质量保证贯穿于 GMP 的规范化管理之中，并非企业中某一部门的义务，而是所有可能影响产品质量的员工的责任。

图 5-5 朱兰质量计划路线图

（1）质量保证系统的基本要求　确保质量保证系统的基本要求是：①药品的设计与研发体现本规范的要求；②生产管理和质量控制活动符合本规范的要求；③管理职责明确；④采购和使用的原辅料和包装材料正确无误；⑤中间产品得到有效控制；⑥确认、验证的实施；⑦严格按照规程进行生产、检查、检验和复核；⑧每批产品经质量受权人批准后方可放行；⑨在贮存、发运和随后的各种操作过程中有保证药品质量的适当措施；⑩按照自检操作规程，定期检查评估质量保证系统的有效性和适用性，并进行相关知识培训。

（2）质量保证工作的具体内容　GMP的规范化管理条件下的药品生产质量保证的基本要求包括：①制订生产工艺，系统地回顾并证明其可持续稳定地生产出符合要求的产品；②生产工艺及其重大变更均经过验证；③配备所需的资源，至少包括具有适当的资质并经培训合格的人员，足够的厂房和空间，使用的设备和维修保障，正确的原辅料、包装材料和标签，经批准的工艺规程和操作规程，适当的贮运条件；④应当使用准确、易懂的语言制订操作规程；⑤操作人员经过培训，能够按照操作规程正确操作；⑥生产全过程应当有记录，偏差均经过调查并记录；⑦批记录和发运记录应当能够追溯批产品的完整历史，并妥善保存，便于查阅；⑧降低药品发运过程中的质量风险；⑨建立药品召回系统，确保能够召回任何一批已发运销售的产品；⑩调查导致药品投诉和质量缺陷的原因，并采取措施，防止类似质量缺陷再次发生。

上述这些措施分别从原辅料采购、生产工艺变更、操作中的偏差处理、发现问题的调查和纠正、上市后药品质量的持续监控等各个环节保证药品生产质量，及时发现影响药品质量的不安全因素，主动防范质量事故的发生，确保持续稳定生产出符合预定用途和注册要求的产品（药品）。

2.质量控制 质量控制（QC）是企业为保持某一产品过程或服务质量满足规定的质量要求所采取的技术活动。质量控制是质量管理的一部分，具体是指按照规定的方法和规程对原辅料、包装材料、中间品和成品进行取样、检验和复核，以保证这些物料和产品的成分、含量、纯度和其他性状符合已经确定的质量标准的执行机构。

（1）机构设置 质量控制隶属于质量管理的一部分，通常设置一个或多个实验室，包括车间化验室、生产工序控制点、仪器仪表监控站。实验室配置的设施、仪器、设备和足够的人员按照规定的方法和规程对原辅料、包装材料、中间品和成品进行取样、检查、检验和复核，对生产全过程实施监控，并对洁净区环境进行监测，以保证药品的生产质量。

（2）质量监控职责 质量管理部门人员不得将职责委托给其他部门的人员，质量管理部门的职责应以文件形式规定，通常包括以下各项。①制订和修订物料、中间品和成品的内控标准和检验操作规程，应制订取样和留样制度。②制订检验用设备、仪器、试剂、试液、标准品（或对照品）、滴定液、培养基、实验动物等管理办法。③决定物料和中间品的使用。④审核成品发放前批生产记录，决定成品的发放。审核已完成关键步骤的批生产记录和实验室控制记录，确保各种重要偏差已进行过调查并已有纠正措施。⑤审核不合格品处理程序。⑥对物料、中间品和成品进行取样、检验、留样，并按试验原始数据如实出具检验报告。⑦按规定监测洁净室（区）的尘埃粒子数和微生物数。⑧评价原料、中间品及成品的质量稳定性，为确定物料贮存期、药品有效期提供数据。⑨制订和执行偏差处理程序。⑩会同有关部门对主要物料供应商质量体系进行评估，并履行质量否决权。当变更供应商时，质量管理部门应履行审查批准变更程序。⑪根据工艺要求、物料的特性以及对供应商质量体系的审核情况，确定原料药生产用物料的质量控制项目。⑫制订质量管理和质量检验人员职责。

⑬批准和监督由被委托方承担的委托检验。⑭对产品质量情况定期进行回顾及审核。⑮批准工艺规程、取样方法、质量标准、检验方法和其他质量控制规程。⑯确保所需的确认与验证（包括检验方法的验证）以及控制设备的校准都已进行。⑰确保本部门人员都已经过必要的GMP及岗位操作的基础培训和继续培训，并根据实际需要适当调整培训计划。建立召回系统；调查导致药品投诉和质量缺陷的原因等。

三、质量监控实施方法

质量监控是确保质量的重要手段，具体是指对按照法定规定的方法和规程对原辅料、包装材料、中间品和成品进行取样、检验和复核等操作过程进行复核与抽检的过程。以保证这些物料和产品的成分、含量、纯度和其他性状符合已经确定的质量标准。常用的具体方法如下。

1.排列图法　排列图是为寻找影响质量主要原因使用的方法，它是由两个纵坐标、一个横坐标、几个按高低顺序依次排列的长方形和一条累积百分数曲线组成的图，如图5-6所示。

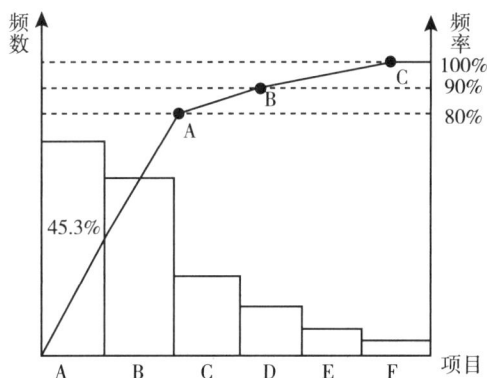

图 5-6　排列图

收集某段时期质量问题数据并按不合格项目进行分类，一般按存在问题的内容进行分类，如质量指标不符合规格的数目，出现的场合，出现的时间（某日、某班、某时）；也可按造成问题的原因进行分类，如使用的原料、设备、人员等。根据分类情况在横坐标上按大小顺序从左到右填写项目名称，左纵坐标是频数坐标，右纵座是累积%坐标，左纵坐标与右纵坐标等高，按项目的频数画出直方并画帕累托曲线，帕累托曲线是将各项目所占的累计百分数与此项直方线交点处标注百分数，并将这些点链接画成曲线得帕累托曲线。从右纵坐标累积百分率为80%、90%和100%处分别向左引一条平行于横坐标的虚线，在三条虚线的下方分别写上A类、B类、C类，通常A类区的项目是引起产品不合格的主要因素；B类区的项目是引起产品不合格的次要因素；

C类区是引起产品不合格的一般因素。在实际应用中这种划分不是绝对，有时要看相邻直方间拉开的距离大小和措施的难易再确定主次因素，因此应根据实际情况灵活运用排列图找出影响质量的主要原因。

2.分层法 把收集的数据按照不同目的加以分类再进行整理的办法称为分层法。这个方法常同质量管理中的其他方法联用，如分层直方图、分层控制图、分层散布图等。它把搜集的质量数据按照与质量有关的各种因素加以分类，把性质相同、条件相同的数据归为一组，把划分的组叫作层。分层的目的是把错综复杂的影响因素分析清楚，以便数据可以更加明确地反映客观实际。分层时的基本原则是同一层内的数据波动幅度尽可能小，而层与层之间的差别尽可能大，通常按以下几个标志对数据进行分层：①操作者，即按不同操作者、年龄、性别、技术水平、班次等分层。②机器，即按设备类型、新旧程度、不同生产线和生产方式等分层。③原材料，即按产地、制造厂、成分、规格、批号、到货日期等分层。④操作方法，即按不同的操作条件、工艺要求、生产速度以及操作环境等分层。⑤测量，即按测量者、测量位置、测量仪器、取样方法和条件等分层。⑥时间，即按年、季、月、日、白天、黑夜等不同时间、不同班次分层。⑦其他方面，即按缺陷部位、不合格品内容、制造地区、使用条件等分层。分层的标志很多，可根据质量管理的需要灵活运用，有时还可以同时用几种标志来分层，以便更准确地找出问题。

3.调查表与因果图法 调查表是用于记录调查原因的一种统计图表，它利用统计图表的形式进行数据搜集和数据整理，并在此基础上进行粗略地分析。调查表可根据不同的调查项目和质量特性制备不同的格式。常用的调查表有不合格项目调查表、缺陷位置调查表、质量分布调查表、矩阵调查表等，如不合格项目调查表是对生产中出现的不合格产品进行分析，在表中可以体现造成废品的项目及这些项目所占比率。表5-1是不合格项目调查表，在表中的日期、操作者、投料量、产量、不合格率项下填写收集的数据，再计算不合格率，并对废品产生的原因进行粗略分析。

表5-1 不合格产品调查表

日期	操作者	投料量	产量	不合格率	不合格项目				
					1	2	3	4	5
合计									

因果图又名特性要因图、石川图、树枝图、鱼骨图，它是表示质量特性与原因关系的图。在因果图的作图过程中应先明确要分析的质量问题、确定需要解决的质量特性，如产品的质量成本、产量、销售量、工作质量等问题。将质量问题写在图的右边，画一条箭头指向右端，确定造成质量问题的大原因。通常人员、机器、原料、方

法、环境五大因素是影响产品质量的主要因素，因此经常见到按五大因素分类的因果图，图中根据具体情况增减把大原因用箭头排列在主干线的两侧，再按各大原因展开分析将中、小原因及相互之间的关系，用长短不等的箭头线画在图上（图5-7）。

图 5-7　因果图

4.对策表法　对策表法是制订措施计划时常用的一种表格形式的方法。在 PDCA 循环方法中分析问题、找出存在的质量问题及主要原因后要制订对策即是改进措施计划，这种用表格表达改进措施的形式为对策表（表5-2）。对策表既是实施的计划又是检查的依据，通常包括以下几方面内容：项目、现状、目标、措施、负责人、完成期限等。此外还有折线图（图5-8）、柱状图（图5-9）、饼状图（图5-10）等表达方式。

表5-2　对策表

序号	项目	现状	目标	措施	负责人	完成期限	备注
1							
2							
3							
4							

图 5-8　折线图

图 5-9　柱状图

图 5-10　饼状图

5.散布图法 散布图也叫相关图，它是表示两个变量之间变化关系的图。在生产中遇到两个有关系的变量时，两个变量之间常存在完全确定的函数关系、非确定性的依赖或制约关系，通常非确定性的依赖或制约关系不能用函数关系来表示，但是可以借助散布图法来描述这种变量之间的关系。散布图是由一个纵坐标、一个横坐标，很多散布的点组成（图5-11），从散布图上的点分布状况，可以观察分析出两个变量之间是否有相关性。在质量管理活动中可以用散布图来判断各种因素对产品质量特性有无影响及影响程度。当两个变量相关程度很大时，则可找出它们的关系式，借助关系式通过一个变量推断出另一个变量，以达到简化和节约的目的。在散布图绘制过程中横坐标应包含最大值和最小值，纵坐标最好等距绘制，再将收集数据按照对应坐标轴位置画点，当数据相同时在点上加圈。

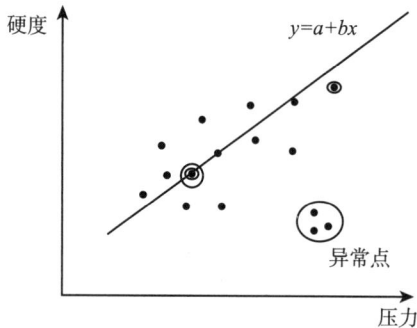

图 5-11 散布图

当x增加，y随之明显增加则称强正相关，如图5-12a所示，表明x与y的关系密切；图5-12（b）所示，当x增加y随之增加但不如5-12a明显则称为弱正相关，表明对y的影响除x外还有其他因素；图5-12（c）所示，当x增加y明显减少称为强负相关，表明x与y的关系也是密切的；图5-12（d）表示当x增加y也随之减少，因它不如图5-12（c）明显，所以称弱负相关；图5-12（e）表示x与y之间没有什么关系则称不相关；图5-12（f）表示x与y之间有关系，但不是线性相关。以上对散布图的判断方法为对照典型图法，它是最简单的散布图判断分析方法。

散布图使用时应注意：①散布图相关的判定只限于画图所用的数据范围之内，不能随意延伸判定范围，如需有延伸应扩大搜集数据的范围，重新作相关图；②散布图绘制时应将具有不同性质的数据分开作相关图，否则将会导致不真实的判定；③散布图中个别偏离分布趋势的点子可能是特殊原因造成，判明原因后可以舍去。此外，散布图可能会出现伪相关现象，应用专业技术对相关分析的结果再加以鉴别。

6.直方图法 直方图是通过数据整理、分析，掌握质量数据分布情况，是估算工序不合格产品率的一种方法。将全部数据分成若干组，以组距为底边，以该组距相应

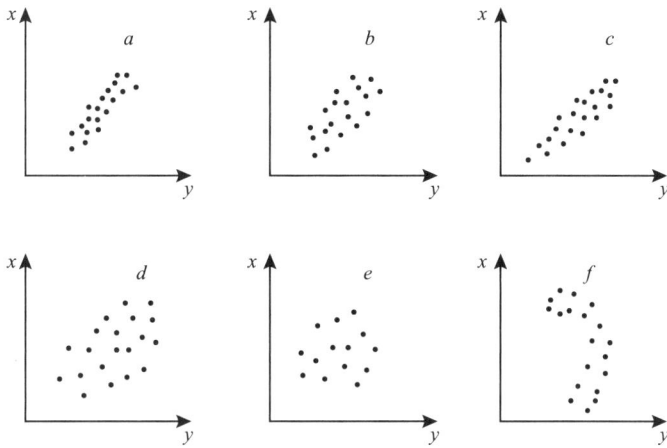

图 5-12　六种典型散布图

的频数为高，按比例绘制矩形得直方图，其基本形式如图 5-13 所示。直方图的绘制主要有三大步骤，即作频数分布表、画直方图、进行有关计算。

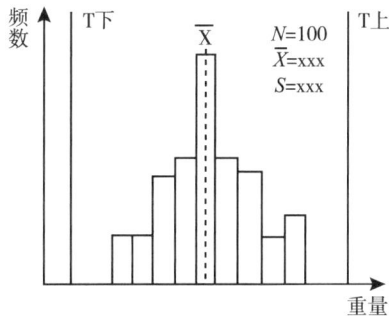

图 5-13　直方图

将数据按大小顺序分组排列，反映各组频数的统计表称为频数分布表，其中频数表示出现的次数。频数分布表可以把大量的原始数据综合起来，以较直观、形象的形式显示分布情况，通常作直方图的数据要大于 50 个，否则误差太大。根据数据情况进行合理分组，组数太少会掩盖各组内的变化情况引起较大的计算误差，组数太多则会造成各组的高度参差不齐难以看清分布的情况。用收集数据中的最大值减去最小值计算极差（R），极差值除以组数可以得组间距，通常以整数倍分组，组距尽量取奇数。为了避免出现数据值与组的边界值重合造成频数计算困难问题，组的边界值单位应取最小测量单位的 1/2，如收集到某中药厂生产的中药注射剂灭菌温度数据 100 个，以 115℃为基数，统计高出 115℃的数据，其中最大值（X_{max}）为 1.7℃，最小值（X_{min}）为 0.3℃，组数 K 为 12，中药的最小计量单位是 0.1℃，则组距（n）=（$X_{max}-X_{min}$）/12=

（1.7−0.3）/12=0.1，第一组下限为：X_{min}−1/2×0.1=0.3−0.05=0.25，第一组上界限值为下界限值加上组距：0.1+0.25=0.35，第二组的下界限值就是第一组的上界限值，第一组的上界限值加上组距就是第二组的上界限值，因此第二组的上界限值为0.35，下界限值为0.45，照此类推定出各组的组界。

直方图绘制时先画纵坐标，再画横坐标，纵坐标表示频数，横坐标表示质量特性，以组距为底，频数为高，画出各组直方。直方图可以形象、直观地反映产品质量的分布情况，通过对图形的观察和分析可以判断生产过程是否稳定，预测生产过程的不合格品率。直方图典型的性状主要包括正常型、孤岛形、偏向型、双峰型、平顶型、断齿型等（图5−14）。正常型又称对称型，它的特点是中间高，两边基本对称，这表明工序处于稳定状态；孤岛形是在远离主分布中心的地方出现小的直方形如孤岛，表明短时间内有异常因素使加工条件发生变化，如原料混杂、操作疏忽或测量工具有误差等；偏向型是直方的顶峰偏向一侧，当计数值或计量值只控制一侧界限时常出现此形状，有时也可因加工习惯造成这样的分布，如孔加工往往偏小，而轴加工往往偏大等。双峰型主要是由两个不同的分布混合形成的图形，即把两个数据混在一起作图，如两个人在加工同一批产品，两台设备加工的产品混为一批等；平顶型是直方呈平顶形，它往往是由于生产过程中有缓慢变化的因素造成，如刀具的磨损、操作者疲劳等，应采取措施控制该因素，使其处于良好水平；断齿型直方图出现大量参差不齐直方，但图形整体看起来还是中间高、两边低、左右基本对称的图形状态，造成这种情况不是生产上的问题，可能是分组过多或测量仪器精度不够，读数有误等原因所致。

图5−14 不同形状直方图

当直方图形状呈现正常型时还需要把直方图与规格标准进行比较，以判定工序满足标准要求的程度，如图5-15所示，其中图中B是实际尺寸分布范围，T是规格标准范围。理想型直方图的B在T的中间，平均值也与公差中心重合，实际尺寸分布的两边与标准的距离约等于T/8。偏心型直方图是分布范围在界限之内但分布中心偏离规格中心，表明控制有倾向性，如工人主观上认为外径大了可以返工，外径小了要报废，于是倾向于往大控制，应调整分布中心使之合理。无富余型直方图是分布在规格范围之内但分布较宽，易超出标准，因此必须采取措施缩小分布范围。瘦型直方图表明规格标准范围过分大于实际尺寸分布范围，这种工艺不会出现不合格产品，但不经济，可考虑改变工艺，放松加工精度或缩小公差，以便有利于降低成本。胖型直方图是实际分布尺寸的范围太大造成超出标准范围，这主要是由质量波动太大、工序能力不足出现部分不合格品，应多方面采取措施，缩小分布。陡壁型是工序控制不好，实际尺寸分布过分地偏离规格中心，造成不合格产品出现。

图 5-15　与标准图比较的直方图

在药品生产中如绘制的直方图比较典型，对照以上各种典型图可以做出判断，但在实践生产中画出来的图形多参差不齐，且由于日常生产条件变化不大、画出图形较为相似，外观上常难以观察出结论，因此用数据对直方图进行定量描述更利于判断，常用的关键数据有平均值和标准偏差。

7.控制图法　控制图是质量管理的主要统计方法，可以在动态的生产过程中直接使用。它是用于分析和判断工序是否处于稳定状态所使用的带有控制界限的图，是对工序进行质量控制的一种统计方法。在生产过程中仅以产品的质量标准控制产品质量上下界限，不能迅速及时地反映动态中的工序状况，使用控制图法可以显示生产过程质量波动状况、控制动态工序质量，起到预防作用。控制图法可以通过图表显示生产随时间变化的质量波动情况，这有助于分析和判断质量波动是由偶然性原因还是系统性原因造成，提醒人们及时作出正确对策，消除系统因素影响，保持工序稳定状态，预防废品产生。

控制图（图5-16）中纵坐标是特性值，横坐标为样本号或时间，上面的虚线为控制上限，用符号UCL表示；下面虚线叫控制下限，用符号LCL表示；中心线叫中间线，用符号CL表示，被控制的质量特性值以点画在图上，根据点的排列情况判定生产过程是否正常。控制线可以通过收集生产稳定状态下的数据计算出来，控制线的范围应该比规格范围狭窄。

图5-16　控制图基本形式图

控制图按照测定值性质不同可分为两类，分别是用于计量值控制图和用于计数值控制图，用于计量值的有 $\bar{x}$-R（平均值与极差）控制图，$\bar{x}$-R_s（单值与移动极差）控制图，$\bar{x}$-R（中值极差）控制图。用于计数值的有 P_n（不合格品数）控制图，C（缺陷数）控制图，P（不合格品率）控制图，u（单位内缺陷数）控制图。

$\bar{x}$-R控制图是把观察平均值 $\bar{x}$ 变化的控制图和观察极差R变化的控制图，上下对应画在一起的综合控制图。其中 $\bar{x}$ 控制图主要观察工序平均值 $\bar{x}$ 的变化，P控制图主要观察工序散差的变化。$\bar{x}$-R图常用于控制长度、重量、时间、张力、纯度等计量特性，可同时观察到各组平均值的变化和整体分布的变化情况，具有信息量多、检验能力强、精度高等优点，是质量管理中十分有效的一种控制图，适用于产品批量较大且稳定的生产过程。在制作$\bar{x}$–R图时先对工序进行分析，收集生产条件较稳定、有代表性的数据（通常50个以上），再计算各组平均值$\bar{x}$和各组极差值R，其中R为组内最大值与最小值之差，再计算$\bar{x}$的平均值$\bar{\bar{x}}$和极差R的平均值$\bar{R}$，最后计算控制界限和中线进行绘图。

$$X = \frac{X_1 + X_2 + X_3 + \cdots + X_n}{n}$$

$$R = X_{max} - X_{min}$$

$\bar{x}$–R_s控制图是单值控制图和极差控制图联通的控制图，它的作用与$\bar{x}$–R图相似，但可以避免在使用单值控制图出现某种偶然原因引起点出界时造成企业调整工艺、耽误生产的问题。P控制图是用于控制对象为不合格品率的情况，如废品率、交货延迟率、缺勤率等差错率。P_n控制图主要用于控制不合格产品数目的情况，当生产过程处于控制状态，不合格品数在很小的范围内变动，用统计方法可以规定一个不合格品数的界限，当超过这个界限就判定生产过程发生了异常变化。C控制图是在一定单位（如一部机器、单位长度、面积等）所出现的缺陷数目固定的情况下，对缺陷数进行质量控制的控制图。当C控制图中单位数不固定时，需要将它换算成标准单位的缺陷数来进行控制，这时就需要应用U控制图。

通过控制图观察生产状态时，当没有超出控制界限的点或连续35个点中仅有一点出界或连续100点中不多于2点出界，且界限内点的排列是完全随机的、没有规律的、也没有排列缺陷时，工序处于控制状态。当连续若干点子超出控制界限或界限内点子呈缺陷性排列时工序发生异常，通常缺陷性排列主要有四种：出现"链"；形成"趋势"；有"周期性"和"靠近控制线"。"链状"缺陷性排列是指在中心线的一侧连续出现7点，连续11点中至少有10点在同一侧，连续14点中至少有12点在同一侧，连续17点中至少有14点在同一侧，连续20点中至少有16点在同一侧，$\bar{x}$–R图出现这种情况通常是由造成分布中心偏移因素所致（图5–17a）。形成"趋势"缺陷性排列是指出现连续上升或下降的排列，7点的连续就可判定异常，这种状况常是由于存在某种趋势因素所致，如原材料过期等（图5–17b）。"周期性"缺陷性排列是指点呈周期性变动，点随时间推移，发生具一定间隔的周期性波动，这可能是存在周期性起作用的因素所致（5–17c）。"靠近控制线"缺陷性排列是指点靠近控制线，把中心线与控制线中间分成三等分，连续3点之中有2点在最外侧的1/3带状的区域内，即为异常状态（图5–17d）。

图 5-17　工序异常控制图

使用控制图时应注意以下事项：①控制线只能根据生产实际的数据计算出来；②对确定的控制对象应有定量的指标，过程必须具有重复性，选择的质量指标应是能代表过程或产品质量的指标；③抽样的间隔时间设置应从过程中系统因素发生的情况、处理问题的及时性等技术方面来考虑；④控制图应在生产现场中及时分析，当生产条件发生变化或使用一段时间须重新核定控制图。

四、质量管控效果

质量管控效果通常是通过某种反馈信息来获得的，作为产品生产者兼经营者的企业，一定要设置自己的信息反馈渠道，即建立内部质量管控机构和外部（市场）产品质量回馈信息体系。只有这样才能确保产品的质量处在受控状况下，将企业做大做强，处于良性发展的正确轨道。

（一）监控的层次机构

质量管理部门的一切活动都是与生产经营活动伴随而行，没有生产经营也就没有其中的质量管理。质量管理的费用最终也要记入生产成本。从短期看，这个费用会增加产品的成本，但作为对产品的回报，它将减少不合格产品造成的损失，减少返工的费用，更重要的是它为一个企业的产品树立或保持品牌形象，赢得更多的顾客。从这个角度讲，质量管理部门是生产经营系统不可或缺的一员。因此，质量管理部门在这个组织中应处于能独立地行使其职权对质量问题做出决定而影响生产经营服务的主导位置。

较大的企业公司或称集团公司，为了使下属各子公司或各生产企业的质量管理水平与总公司的质量方针/政策保持一致，并与国际先进水平保持同步，通常设立三个层次的质量管理机构，如图5-18所示。

图 5-18　三个层次的质量管理机构示意图

集团公司级的质量管理部门通常设在总公司内，这个质量管理部门的经理一般是集团公司的副总裁，直接向集团公司总裁汇报，其职责与作用主要如下。

1.协助集团公司领导层　具体工作表现在制订集团公司的质量方针和政策，组织起草年质量目标，起草质量手册包括根据世界先进水平的法规标准，开发公司内部的质量管理标准和集团公司质量审计计划，并报告至最高领导层。

2.协调集团/地区质量总监　具体工作为咨询服务，例如对全公司范围内的供应商调查与审计，试验方法的标准化以及培训，即利用集团公司的资源为下属各子公司服务，使这一资源发挥最大作用。

3.专业技术服务 为了节省资源，集团公司质量部经常将一些共性的专业问题集中解决、统一使用，如一些规格标准或检验方法。通过会议、参观、资料阅读等收集各子公司的问题，统一在集团公司研究中心解决，通过统一培训和统一的文件，在各子公司中推广执行。

（二）产品质量效果回馈

为了与国际先进的质量管理水平保持同步，集团公司的质量部必须与政府部门、行业法规部门、工业协会、国际标准组织、专家协会等建立密切的联系，以确立本公司的质量政策和所应采用的标准，以使公司的标准与国际先进水平同步。同时集团/地区级的质量管理部门，一般也设在集团公司内，可直接向集团公司的质量总裁汇报。其职责与作用主要如下。

1.领导区内各地质量经理 审阅区内各地质量部门的预算和人员安排，以保证各地质量部门的资源足以完成其年目标的需求，参与各地质量部门关键位置的人员选拔，评价并批准地方质量部门的改变，参加地方质量经理的业绩评估等。

2.信息传递指导 对集团公司方针及政策的进一步解释，指导地区内各质量部门和其他区域质量信息和经验的传递，制订区域内最新法规、营销策略等。

3.支持、协调地方质量经理 帮助地方质量经理进行"独立决策"，提供质量管理工具（如质量审计方案、具体方法），发现潜在质量问题，提供质量改进措施，处理地区同产品质量问题等。

建立了以上两个高层次的质量管理部门，各地的质量管理活动就较容易展开，并与集团公司所采用的管理方法保持一致，便于效果的监控。

质量管理部门的交流是非常重要的，因为质量管理部门的大部分工作是与内外顾客的协作、合作才得以实施完成，因此对于各级质量管理部门与其他职能部门的交流方式通常在组织内以责任或规程约定下来，以保证质量管理部门的职能，通常的交流方式参考图5-19。

图5-19是质量管理部门与其他职能部门的交流方式示意图，首先质量管理部门必须向各职能部门提供尽可能多和最新的质量信息。诸如行业法规要求已开发验证的产品生产规程，内部中间控制要求及最终产品的法规质量标准和内部质量标准，再根据情况给予必要的培训，各职能部门根据这些基本的要求制备出能够让操作者操作的具体操作规程及记录文件。这些文件必须经所有涉及的部门传阅修改后，由质量管理部门批准，经企业负责人终审，然后具体执行。在执行过程中，质量管理部门及有关职能部门按工艺规程及质量文件严格执行。质量控制结果经核对无误后快速反馈于生产及相关职能部门，直至完成规程，QC进行最终产品的检验，QA进行批记录审阅，确认一切操作均符合各项标准或法规要求，由质量管理部门将产品或质量结果发放至顾客（包括内部顾客及外部顾客）。如果这些顾客对产品不满意，他们将意见反馈至

图 5-19 质管部门与其他职能部门的交流方式示意图

质量部，质量部门将意见反馈给有关职能部门并组织调查原因、答复顾客，同时有关职能部门修改规程，进行质量改进。

这种交流方式是由部门的职能及责任的性质决定的。比如质量部门负责批准发放产品，则所有过程中的异常改变，都应属质量部门批准，一切过程的信息最终归档于质量保证部门。

五、质量改进

质量改进是指为使本组织及其顾客更多受益，在整个组织内所采取的旨在提高活动和过程的效益、效率的各种措施。对质量改进的内涵可以用以下五个方面来加以理解：①质量改进是为供需双方提供更多的利益，质量改进既要考虑组织本身利益，又要满足顾客的利益，其结果必须是活动和过程的效益、效率都得到提高。②质量改进是通过过程实现的。组织内的每一项活动或每一项工作都包含一个或多个过程，所以质量改进的范围十分广泛，它贯穿于涉及产品质量的所有过程。③质量改进是一种以追求更高的过程效果和效率为目标的持续活动。从不符合标准到符合标准的活动不能认为是质量改进。④质量改进的性质是创造性的。以创造性的思维方式或措施，使活动或过程获得有益的改变。⑤质量改进是质量管理的灵魂，使顾客和组织都得到更多的利益，也是质量管理体系的目标。

（一）质量改进的机遇与挑战

质量改进的动力来源于企业领导的思维模式、对事物认知态度。只有领导认识到质量改进对企业的生存和竞争的重要性，才能努力为企业开创一个进行质量改进的环境，开展员工培训和组织员工进行质量改进的行动。多年的竞争经验教训使得企业的领导者认识到，质量改进对企业生存和竞争的重要表现在：①日益激烈的质量竞争已成为生活中永久的事实，应年复一年、持续高效的质量改进。②顾客不断要求供应者改进质量。这种要求被传递至整个供应链。并且将他们对产品的质量改进扩大到供应者质量管理系统的改进。③"常规损失"是巨大的，不应再继续下去，因为其严重地影响了企业的竞争性。④质量改进应涉及影响企业绩效的所有方面，包括生产过程和经营过程。⑤质量改进不是零散的积极建议，而应纳入运行系统。⑥若要取得质量的领导地位，高级管理者应亲自参与质量管理。

（二）质量改进的职责

当领导者认识到质量改进对企业生存和竞争的重要性时，就应当动员企业内部一切可用资源，使质量改进成为企业管理的主要组成部分；建立通用的程序，适用于任何质量改进；建立常态化质量改进机制，使其常年持续不断。同时完成：①在组织各层次的工作计划中设立质量改进的目标；②设计质量改进的过程，并建立特殊的组织机制实施这个过程；③将质量改进过程既应用于经营过程，又应用于生产过程；④培训包括高级管理人员在内的所有人员，让大家知道如何去完成各自的质量管理使命；⑤授权现场工作人员加入质量改进；⑥根据改进目标建立测量手段评价改进进展；⑦管理人员包括高级管理人员根据改进目标审阅改进进展情况；⑧广泛表彰成绩获得者；⑨将奖励制度改变为职务提升的动力。

（三）质量改进的方法与工具

当领导者确定质量改进的方针和策略后，采用怎样的改进方法就显得非常重要了，比较成功的也是常用的方法就是PDCA循环法。PDCA循环是质量管理的基本方法，其英文为plan（计划）—do（执行）—check（检查）—action（处理），而PDCA是四个单词第一个字母的缩写。它是质量管理专家戴明发明的，又被称为戴明环。如图5-20所示，质量环的中心思想是每一件事

图 5-20　PDCA 循环

情都应分为四个阶段——计划、执行、检查、处理去做，在这种循环往复的过程中得到改进和提高。质量管理是一个无休止地不断提高的过程，其最终目标是完美无缺。这是一个不断追求而永无止境的目标。PDCA循环在企业实施过程中通常分为4个阶段、8个步骤。

1. P阶段　即计划阶段。①分析现状，找出问题。常用排列图查找原因，用直方图、控制图来进行统计分析。②分析产生的原因，常用因果分析图。③确定主要问题，用排列图、散点图进行分析。④针对主要原因，制订改进计划，应包括5W1H内容（表5-3）。

表5-3　5W1H的说明

5W1H	说明	5W1H	说明
what	要做的是什么，可否取消此任务	when	什么时间做此项任务最合适
why	为什么这个任务必须做	who	什么人做此项工作，可否由他人代替
where	在什么地方做	how	如何做此项工作，用何种方法去做

2. D阶段　即执行阶段。⑤执行计划，严格按计划进度执行。首先应组织员工对体系文件学习理解，培训各相关岗位人员。研究分析实施过程中不可预见因素以及确定对突发性事件将采取的应变措施等。按循序渐进的原则推进实施，对药品生产、储存、销售以及相关的资源和活动均加以控制。

3. C阶段　即检查阶段。⑥检查执行情况，是否达到预期目标。检查环节的重要性体现在为质量体系提供的自我完善、持续改进的机制。检查除对产品检验，还包括对人员、质量体系运作情况和各项改进措施的评价、审核和验证等，是推动PDCA方法不断向前转动的重要环节。应做好如下工作。

（1）检查计划　检查内容主要包括体系、人员和措施，确定检查的准则、方法以及检查的实施方案。检查准则为相关的要求，如规范、法规、体系文件，包括顾客的要求。检查方法包括查（记录、档案）、问（与当事负责人交谈）、看（实际操作情况）、收集客观证据，并将其与检查准则对比评价，以获得检查结果。

（2）体系运行状况的检查　企业最高管理层应每年至少进行一次企业质量体系评审。由各部门准备相关的体系运行情况资料，参加评审会议。对照检查准则评价体系运行是否符合规范要求，是否适合企业运作，是否具备有效性和效率，提出改进的建议和意见，形成决定实施。

（3）人员的检查　根据GMP对企业各层次、各岗位的学历、技能、经验等方面的要求进行人员考核。检查培训计划是否制订和实施以及培训记录的情况审核，评价培训效果，跟踪验证受训人员在岗位的能力状况改善的结果。有条件的企业应结合对员工绩效的管理考核，实施对GMP人员的检查。常用排列图、直方图、控制图进行分析和验证。

4. A阶段 即处理阶段。⑦总结确认"正确的方法、步骤",将改进的方法、步骤重修编制,形成新的标准程序批准执行。⑧遗留问题,转入下一个寻找能够提高各阶段水平的最佳方法。

上述四个过程是一个完整的就PDCA循环,各阶段是紧密相连的,每循环次质量管理就提高一步,反复循环、螺旋上升、持续改进、永无止境(图5-21)。用于质量改进的统计工具和分析工具如表5-4所示。

图 5-21 PDCA 循环上升图

表5-4 用于质量改进的统计工具和分析工具

类别	名称	老七种工具	新七种工具	ISO 9004-4中支撑工具和技术	ISO 9004-1中的分析方法
统计方法	调查表	√		√	
	排列图	√		√	
	直方图	√		√	
	控制图	√		√	
	散布图	√		√	
	矩阵式数据分析法		√		
	故障模式影响分析（FMGA）				√
	分层法	√		√	
	标准法			√	
	各抒己见法			√	
分析工具	因果图	√		√	
	流程图			√	
	树形图			√	
	矢线图		√		
	过程决策程序图（PDPC）		√		
	矩阵图法		√		
	系统图法		√		
	关联图法		√		
	KJ法		√		

除了上述质量改进方法和工具外，还可以通过三个渠道进行识别现行的质量是否需要进行改进。①建立顾客投诉系统：从顾客对产品或服务的反馈识别需要改进的活动或过程。②建立质量审核评价系统：这个系统包括组织内部质量审核和组织外部审核，外部审核又包括官方检查认证及顾客认证机构的审核，从这些审核结论中获得质量改进的诊断信息。③质量经济概念的应用：这是一种对是否需要质量改进的定量分析。

（四）质量改进的组织与程序

图5-22是质量改进的组织与程序图，旨在降低成本的过程。从图5-22可以看出，这是一个涉及企业中各部门和各项活动的质量改进过程的常态化程序工作过程，需有一个强有力的领导支持和一个特殊组织，组织的各成员都认真去履行各自在这个过程中的职责，并积极配合所有过程中涉及的活动，才能使这个过程达到预期目的。因此，成立一个组织是这个过程的关键之所在。下面通过成立这类组织的一般过程来阐明组织的组成过程和各自的职责。

图 5-22　质量改进的组织与程序图

质量改进首先是由财务人员通过财务手段，发现和测量由质量问题导致的成本增加而提出的，这在逻辑上是财务人员的工作。但一般情况下，首先是由企业的质量负责人或其职能部门的负责人从其绩效评价指标发现，有必要对某一过程中的某一环节或系统问题进行改进。财务人员按图5-23、图5-24的质量成本模型进行质量经济分析，但财务人员回答的只是产品成本的增加，不能提出具体是由什么原因增加的成本。只能提供确切不合格品或返工产品造成的经济损失。质量负责人将这些数据提供给企业的管理层，并建议利用质量、财务和有关职能部门的资源共同做一个质量经济分析，确定是否根除这些不该发生的费用，从而降低成本，制订改进行动计划和配备资源。

图 5-23　不良质量成本的构成

图 5-24　质量成本的构成

根据上述过程，进行质量改进的组织及其成员的各自责任可以归纳到表5-5。其中，质量经济分析在质量改进中承担的角色：①发现特定的问题所导致的显著损失，帮助查找特定问题的原因；②量化对特定问题进行改进或补救的有效性，根据质量改进项目组织活动；③定期对改进中或改进后的运行质量成本提供报告，以确定质量改进是否达到计划的目标；④重复不良质量成本分析以评价所有状况，就可以有组织地开展运用质量循环的过程，对质量改进的成果进行评判。

表5–5　运用质量经济概念的组织及相关责任

	组织管理层	质量负责人	人力资源负责人	财务负责人	相关职能负责人
建立质量绩效评价机制	√	√	√		
收集初始数据、提议质量分析	√	√	√	√	√
对质量成本模型细节定义	√	√	√	√	√
收集数据		√		√	√
分析数据				√	
确定质量改进目标、制订计划		√			√
计划批准	√	√			
执行计划		√		√	√

第六章 企业文件管理

企业管理是一个全方位的管理，这种管理不是靠一个人或一个部门就能完成的，也不是几个部门简单的组合就能实现的，而是需要一个包括组织结构、完整程序、全过程和必要的资源在内的完备的管理体系去完成。因此要搞好一个企业的管理，就必须在组织范围内建立一个企业管理体系，而这个体系的显著特点就是"文件化"。所以，企业管理体系最完整的表达形式就是一个组织的文件体系。

第一节 药品生产质量管理规范文件体系

药品生产质量管理规范（GMP）文件体系是由看似不相关的单一文件通过某种规律进行排列、组合而成的有机整体。进而构成了企业的文件体系。目前各管理部门通常是参考国际上通行的标准化管理体系。

一、GMP文件体系构架

企业GMP文件体系是为了制造出合格满意的产品而设定的理论保证措施和遵循的原则，故而各个企业虽然体系框架一致，但在具体执行细节上各有不同，图6-1即为文件体系构架示意图。

二、编写的内容与依据

企业GMP文件体系内容主要包括质量体系概述文件、管理文件、技术文件和验证文件、记录文件。

（一）质量体系概述文件

质量体系概述文件主要根据本组织历史与现状，高层管理者承诺的质量方针与目标，组织机构及目前的文件体系来制订。通常包括组织质量概况、质量方针、组织机构及职责，以及文件体系构架和目录。

图 6-1　文件体系构架示意图

（二）管理文件

管理文件的依据主要是各国的 GMP 和 GMP 指南。根据 GMP 的具体要求，按部门职责判断该要求的内容是属于哪个部门负责，由该部门负责人组织编写，如果这个企业 GMP 的具体要求是关系到多个部门，则由领导者根据各部门力量强弱指定一个部门起草，然后按制备文件规程程序传阅。诸如大型集团或跨国公司就是根据各国 GMP 要求，制订本公司的 GMP 操作规范或 GMP 标准。这些规范只能比主要国家和区域的 GMP 严格，而不允许低于有关国家与区域的 GMP 要求。这就给总公司下属各组织的质量体系建设和文件制订带来很大方便，因为公司 GMP 指南比国家制订得更具体，只要按它的条件，根据本组织的具体设备和设施，稍作改动就可以了。

管理文件并不只意味着规章制度，它是有关生产部门所有通用的管理程序和操作规程。如文件的起草，制订、发布与管理，全员培训制度等都属于综合性管理；仓库的货物接收程序与操作规程，货物状态的标明和其存放区域等都属于物资管理的规程；注射用水系统的消毒操作，空压机的维护保养等都属于设备管理的规程；文件、工艺变更控制、批记录审阅等都属于物资管理；车间的清场、清扫、更衣及配料管理都属于生产管理。它们共同的特征是：不为某具体产品所用，而为同类产品所通用的操作和管理规程，所以是非产品特异性的规程。

（三）技术文件

技术文件主要根据开发或转让的产品工艺的全套资料和本组织具体的人员和设备设施，制订本组织可操作的工艺规程（包括处方、生产与包装），操作指导和中间体/中间过程控制标准，原料、包材和成品的规格标准与检验方法。经过工艺验证后批准，这些规程就成为被控制的执行规程，任何变动必须按变更控制程序去进行，必要时进行再验证。

（四）验证文件

验证文件是用数据证明产品工艺能力或某一个操作方法（比如清洗方法、消毒方法）是否能达到预期的效果。一般都是在一个新产品正式生产的开始或老产品工艺方法或设备环境有变动时做此工作。它包括验证报告批准、验证报告、验证方案所涉及的操作规程和仪器校正规程、验证方法、验证运行记录、验证结果和结果总结等。

（五）记录文件

除质量体系概述文件以外，对其他所有文件规程的执行记录情况的记录资料，就构成了各领域的记录文件。

三、编写原则

制药企业的GMP文件体系虽然内容广泛、层次复杂，但都是遵循基本编写原则，具体如下。

1.**一致性**　制订与本企业质量方针、目标一致的各项规程，该规程必须是能够保证本企业所制订的质量方针与目标的实现，所制订的规程标准不能低于企业质量方针和目标的水平或标准。

2.**适应性**　制订与本企业人员素质相适应的文件语言和详细程度，同时要考虑到本企业所涉及的班组人员的素质与接受培训情况。用于管理层次较高人员的管理规程，可以本着简单清楚的原则。而用于需较细的操作工人的操作规程，力求详细并加以必要的解释，并在执行之前进行培训。

3.**可操作性**　各规程必须根据本部门、本岗位的实际生产条件或运作条件（如通讯、网络、交通、设备、设施的自动化水平、人员素质等）来制订。曾有人认为：最好的规程是执行人员不经培训就能照着规程准确完整地完成整个规程。制订时应避免照搬其他企业的规程。

4.**系统性**　企业应对其质量体系中采用的全部要素、要求和规定，有系统、有条理地制订成程序；所有的文件应按规定的方法编辑成册；各层次文件应分布合理、相互协调、相互印证。

5.协调性 企业体系文件的所有规定应与企业的其他管理规定相协调，与有关技术标准、规范相互协调；体系文件之间应相互协调，并认真处理好各种接口，避免不协调或职责不清。

第二节　质量管理文件

产品的技术质量标准代表一个产品的质量水平，是判断一个产品质量是否合格的科学依据，但是所有产品的技术标准只能反映产品的某些可测的质量特性。由于一些产品的高科技含量和生产的复杂性，很多决定产品质量的因素无法或没能够体现在产品的技术标准中。

例如一个药品在其生产全过程中和其目的质量要求设计中都没有某种剧毒品（氰化钾、砒霜等）的介入，因此在其质量标准设定中，就没有对某种剧毒品的检测项目。但是如果在这个药品的生产过程中，原料生产厂家或在原料的运输、产品生产工艺的某一环节中，意外地污染上微量的某种剧毒品，当该药品用于人体时，就会导致死亡事故。而这时，按该药品的技术质量标准检测的结果仍然是合格的。

再如，在一个大批量的无菌原料药的包装过程中，如果一根2mm（或更短）长的头发掉入这个原料药中，对其检测取样时，在几百公斤的原料药中取到这根头发的概率是非常小的。因此按质量标准检测结果可以是合格的。这根头发会在接下来的分装过程中被装入西林瓶。而在几十万支西林瓶中，取到这个有头发西林瓶的概率更是微乎其微。这支粉针就会被当合格品发放，最终进入医疗机构，很有可能被注入人体，给患者带来不必要的麻烦或危害。类似例子不胜枚举。

由此看出，只按质量标准检测的手段是不足以保证产品质量的。在第一个例子中，若要防止药品的污染，就必须从原料厂家的生产环节到包括产品包装、储存在内的全部生产过程的每一环节进行预防管控；在第二个例子中，若要防止头发对产品的污染，就要严格更衣制度，所有在药品暴露场所工作的人员必须严格执行更衣规程，不允许有任何毛发暴露在工作场所。

综上所述，充分保证一个产品符合设计时的质量要求，不仅需要通过技术手段对各环节进行检测和控制，还需要对包括供应厂家、包装、储存、运输在内的全部生产过程和销售使用过程的各环节进行系统的预防管理和质量改进。

为了证明产品的质量，生产组织必须按合同要求，不但要向顾客提供产品的技术标准及其检验结果，而且还要提供其他对生产全过程的系统管理的证据，通常包括：①正式的产品质量计划，包括从设计和对供应商的检查到产品最终检验后的储存、运输维护和使用全过程的管理和控制；②审阅系统，这个系统能够确认如果计划被执行，产品能够达到指定的质量标准；③检查系统，这个系统能够证明这个质量计划被正确执行；④提供质量数据的系统。

以上所有的活动，称为上游生产组织向下游生产组织提供的质量保证，体现在质量管理文件上，这些相关质量管理文件是有据可查的，同时也一定是符合行业规范化的正规文件，同样是系统化、规范化的。

一、管理文件的作用

企业管理文件的作用就是保证最终产品的高质量。它是通过生产组织中的每一层次、每一个操作规范化与管理程序化来实现的。所以，企业内的管理文件就是为这些高质量的操作和管理提供文字依据，当它们被执行并被记录后，又是高质量产品的证据。

二、管理文件撰写程序

为了能够使大量的通用性管理文件真正系统化、条理化，避免脱节、无谓重复和矛盾，并使每个文件之间有机结合，成为一个有机整体，就必须对文件的系统、制订程序、范围、批准、修改发布、使用管理等实施严格控制。

图6-2为某企业制订文件的程序，该程序强调了相关部门的参与。如果某部门建议或认为需要起草和修改某规程，该部门有关人员起草后，必须将草稿传递到相关部门传阅，相关部门将自己对该规程的修改意见写到草稿中，并在传递记录表中签字。当所有相关部门传阅并签字后，最后是质量部经理和总经理传阅签字。目的是当部门

图 6-2　管理文件制订程序示意图

之间的意见有冲突时，质量部经理从质量的角度给出意见，总经理从整体的角度去做出最后决定。然后起草人根据这些意见和决定修改草稿，再进行第二轮传阅，使所有有关部门充分发表意见，最后由质量部经理批准，总经理终审。

这种制备管理文件的过程，对于保证整个文件成为有机的系统非常重要，因为相关部门参与过程就是注重了部门之间衔接，如果没有合适的衔接，规程的执行就会因为没有周边环境的支持而受到阻碍，这个规程与其他所有的规程相互连接才称其为系统，才成为有机体，这个系统才能有效运行。

三、管理文件的系统编号

根据GMP的要求，文件的标题应能说明文件的性质，其标题、类型、目的、原则应有清楚地说明，便于和其他文件区别开来；文件文字应条理清晰、简练易懂，可操作性强，指令性内容以命令的方式给出，不能模棱两可；各类文件应有便于区别其文本、类别的系编码和日期、该文件的使用方法、使用人数等，文件应分类存放、条理分明，便于查阅；文件在文字样式上应力求统一，文件不得手写，坚决不允许使用手抄本，文件的起草、修订、审核、批准均应由适当的人员签名并注明日期。若要将药品管理、生产中所有部门涉及的GMP所有方面的规程纳入到一个系统中，为了使这个系统条理化、不重复，必须给每一个文件一个独立的编号，以表示其在系统中的某方面某个具体"岗位"，这就是"系统编号"。考虑到这个编号有利于计算机的联网使用，编号代码应选用数字。将全厂所有的部门用一个数码编号，作为系统编号的第一位。再将每个部门管理所涉及的所有内容用一个数码编号，作为系统编号的第二位，留出三位数码作流水号，这样生产组织文件系统编号共五位数码，具体如表6-1所示。

文件有了系统编码后，就使多部门在多方面管理的杂乱零散的文件条理化和系统化，对管理者管理、使用者使用都非常方便、可行。

四、管理文件的格式

为了使文件能够符合GMP要求，即保证履行批准程序，统一文件的执行日期，不会造成使用和记录的混乱，确保文件系统的完整性和即时性，必须规定所有管理文件用一个格式。此格式包括公司名、规程名、系统编号、版本号、生效日期、前版号、制订者、校正者、批准者及终审者的签名。在内容的格式中规定目的、范围、责任人、设备工具、附表等。这些内容格式规定了制订一个规程必须回答4个W和一个H。即为什么制订此规程（why），在什么范围内适用（where），谁负责（who），负责什么（what），以及必须有具体的步骤规定如何来做（how），如表6-2所示。

表6-1 管理文件的系统编号

××制药有限公司 企业操作规程			
标题： "企业操作规程"的起草、发布和修改	拟稿：		编号：34018 Rev.4
	校对：		生效日：2018年10月1日
	批准：		前版发布时间：2017年12月1日
	终审：		页数：（总9页）

企业规范的编号系统

"规程"的编号为5位数字

第一位数字为"规程"的部门编号

第二位数字为"规程"的类别编号

最后三位数字为"规程"编号

Rev.X为修改版本号

"规程"的部门编号和"规程"的类别编号如下：

部　门	类　别
1.工厂	1.安全
2.质量	2.工艺
3.工程	3.清洗
4.有机合成	4.设备
5.制剂	5.培训

例：规程编号34018 Rev.4为工程部设备类的第18号规程，第四次修改版本。

如果一种类别内的"规程"很多，各部门可将该类别划分为亚类别。"规程"的第三位将标明该"规程"的亚类别。

表6-2 管理文件的标准格式

××制药有限公司 企业操作规程		
标题： "企业操作规程"的起草、 发布和修改	拟稿：	编号：17098 Rev.8
	校对：	生效日：2018年10月1日
	批准：	前版发布时间：2017年12月1日
	终审：	页数：（总9页）
目的：建立一个统一、完善的制度以指导"企业操作规程"的起草、发布和修改 总则："企业操作规程"以中文发布，附有规程编号 责任：生产部的各位总监、经理和督导 材料/设备（略） 附件/附表（略） 规程：		

如果一个企业使用没有规定格式的规程，而只在封面上标有企业名称和日期，上面仅有一些工程师、主任的盖章，那么去掉封面，换上带有另一个企业名称的封面，本企业就无法确定该规程的归属。另外企业的规程如果没有文字规定的批准程序，对于什么样的规程需哪一级批准、哪一级终审不明确。在执行了某一个错误规程造成损失时，就没有任何人对该项失误及其造成的损失负责，也不便于发现错误后及时纠正。如果一个企业在规程中没有回答为什么、谁来做、做什么、在什么范围做和如何做，而是些类似于"不得...."或者"必须...."这样强硬的词句，没有人来负责保证按照这些规章制度操作，则大部分规章制度都会流于形式。可见，制药企业中合适的规程格式为明确责任、避免上述问题的发生提供了依据和基础。

五、文件发布与收回管理

为了符合GMP关于"已撤销的或旧版文件除留档备查外，不得在工作现场出现"这一规定，避免企业内部因文件的不统一而造成混乱，必须建立一整套完善的管理文件的复印、发放、收回等管理规程。

1.指定专人负责 文件的复印、发放、收回、销毁工作应指定专人集中负责处理；

2.以旧换新 在发放当前文件之前，负责人应将发放记录表格填写好，其中包括待发文件的编号、发给哪些相关部门、各发多少份等，在发放的同时请这些部门接收人员在领取处签字；当该文件（修改版）的修改稿批准、生效、发放时，负责人必须将该文件（修改前，已经发放的上版文件）从这个程序发放记录表找出，查出上版已发放的份数，在发放新版（文件）同时必须将所有旧版本文件收回，除留一份加"作废"标识存档外，其余全部销毁，并留有销毁记录。

3.定期发布 定期发布新版本文件目录。

4.文件管理 所有管理文件、生产文件、质量文件等系统文件只有原件保存于技术管理办公室，其他均为复印件，复印件的每页必须带有标识，需要更多的复印件时，必须有部门内对于复印件的使用、收回等方面的管理规程，以保证在新版文件发布时，回收所有岗位上使用的旧版文件。

六、记录表格

有了规程只是"有章可循"，这仅是建立质量体系的第一步。为了"有案可查"大部分规程后附有必要的执行这项规程的记录表。在"操作规程的起草、发布与修改"中明确规定了记录表格应：①"岗位"上的记录表格必须附于其规程文件；②表格编号格式为：表+（规程号+顺序编号）+月/年+修改号，比如"表17098（10/18）

Rev.1"表示用于记录规程17的第098份表格，2018年10月生效，第一次修改。

第三节 技术文件

技术文件是指某一具体产品的工艺专论，包括处方（投料单）、设备、工艺规程、操作指导、收率、包装材料以及中间体/中间过程的控制规格标准、原料成品的规格标准、检验方法、稳定性数据等。它们共同的特点是：只为某一具体产品所用，而不能用于任何其他产品，所以是产品特异性规程。

一、技术文件的组成

技术文件的组成是由原料药工艺规程和制剂工艺规程两部分构成的，而这两部分又分别由各自的生产管理文件、质量保证文件、产品注册文件、批生产及操作指导书、生产前/后记录及操作指导书等构成，如图6-3所示。

图6-3 技术文件的组成图

二、原料药工艺规程

原料药工艺规程是企业研发技术人员依据原料药原始开发研制人员提供的开发/转让资料，经过中试和生产验证、试生产，后经由企业质量部经理、总工程师批准后生效的技术文件。

1.格式 每一页都有固定的格式。包括工艺名称、编号、生效日、版本、批准等，如表6-3所示。

2.内容 该类工艺规程的内容通常包括：①产品的概述（product description）；②工艺概述（process description）；③工艺来源（source of process）；④工艺能力（process performance）；⑤工艺设备流程图（process/equipment flow sheet）；⑥设备目录及描述（equipment list an description）；⑦操作指导（operating instruction）；⑧工艺参数表（table of process parameters）；⑨工艺控制（in process control）；⑩工艺周期及生产能力（process time cycle and plant capacity）；⑪标准批生产数据（standard process batch data）；⑫原料标准（raw material specifications）；⑬中间体和产品规格（intermediate & finished product specification）；⑭安全（safety）。

三、批生产操作指导书

制药生产中，对每一次接收的原料、辅料、包装材料和拟生产的每一批产品都必须给定专一性批号。对于该批原料、辅料、包装材料的制药过程要有一个具体的生产操作指导书。

1.格式 每一页需应用固定格式。包括名称、编号、批号、工艺规程号、前版号、生效日期及批准等，如表6-4所示。

2.内容 包括如下4项内容。

（1）投料单。

（2）安全及注意事项。

（3）紧急处理。

（4）准备 ①检查溶酶试车结果（如果是连续生产的第一批）；②洗涤塔是否处于工作状态（用记录表）；③无用的物料是否已撤离生产区；④配好的原料是否有绿标签，投料单是否已批准；⑤取样、加料用具是否无任何污染。

四、生产前/后操作指导书

对于产品的批操作设定了指导书，同样对于生产前/后操作亦应设定指导书，其格式与操作指导书相同，只是题目有所变化。由"批生产操作指导书"变为"生产前/后操作指导书"。

其内容主要是更换品种或维修、大修而停止生产时的工作指导。

表6-3 ××产品工艺规程

题目： ××产品工艺规程	日期： 2017.5.8	页数： 总22页 第2~8页
	前版标准号： QB CFD R5	工艺规程号： PM CFD R5-1

产品：
原始材料（初始原料）：
中间产品：
提供厂商：

准备：
车间主任：_____   日期：_____

质量部经理：_____   日期：_____

生产部总监：_____   日期：_____

质量部保证总监：_____   日期：_____

备注：

表6-4 ××产品批生产操作指导书

记录及操作指导书				编号：		生效日期：
				替换：	批号：	页：
日期	时间		操作指导	SOP号	加料记录	签名
	开始	结束				
			（一）引言 1.按照SOP 34-502对生产区域进行清理，对相关设备和器具进行清洗，并做好记录 2.最后一批产品从F-1设备卸下后，按照SOP 34-516操作 （二）Z-12B处理 3.通过Z-12B管路的中间体，按照SOP 34-518操作	34-502 34-516 34-518	去离子水：_____ 流量计始读数：_____ 流量计终读数：_____ 净体积：_____	
拟稿		校对	批准		终审	
日期		日期	日期		日期	

1.更换品种

（1）生产前水试车　水试车的目的是清洗和检漏，所以在水试车前，除规程规定的清洗工艺外，还需按SOP检查各阀门及主要接口并按设计的表格记录。

（2）生产前溶酶试车　溶酶试车是在正常工艺的操作前按有关SOP检查并记录下列事项：①确定温度、压力、流量计在交验期内；②称量工具的校准记录（用标准砝码）；③管道连接确认记录；④所有原料是否已贴绿标签，投料单是否批准。

2.维修或大修　

生产后的清洗需按所规定的规程操作进行，同时必须按照有关SOP的操作并记录以下内容：①洗涤塔工作正常与否；②清场记录，所有剩余的物料称重后返库；③不在线设备及器具的清洗记录，如表6-5所示。

表6-5　××设备器具清洗记录表

时间	内容	标准值	检测值	操作者	备注
	干燥器清洗				
	F-2清洗				
	取药匙				
	铲子				
	加料斗				
	反应罐				
	泵				

五、制剂工艺规程

制药企业生产通常划分为原料药生产和制剂生产，制剂工艺规程则指制剂生产中的相关文件，包括生产文件、质量保证文件、产品注册文件等。

1.生产文件　

生产文件包括生产处方、生产规程、分装处方、分装规程等，它们的文件格式和批准程序如表6-6、表6-7、表6-8所示，其内容包括产品名称、批号、标准批量、在产品号、失效日期等。此处方（规程）需由物资管理部经理、生产经理、质量管理部经理及生产负责人批准。在准备批生产时，处方必须有处方编号、实际批量、制备人、审批、仓库分发人、车间接收人等必要的生产信息。

表6-6　生产处方

产品名称	批号		标准批量		在产品号		标准页数
	实际批量	生产指导书号		执行日期	生效日		修正号
	物资管理部经理		生产车间主任		质量部经理		厂长

处方号		制备		审批		称量		称量复核		接收

序号	原辅料号	材料名称	规格	检验号	称量		再检日期	复核		备注
					标准量	实际配料量		称量	复核	
	批总含量		估计收率		合计	总量			实际收率	

表6-7　生产规程

产品名称	批号		批量		在产品号		标准页数	
	实际批量		生产指导书号		执行日期	生效日	修正号	
制备	物资管理部经理		生产车间主任			质量部经理	厂长	
规程	开始		结束		操作者签字			
	日期	时间	日期	时间				
备注								

表6-8　分装处方

产品名称	批号	生产指导书号	执行日期	在产品号	标准页数
	失效日期	生产日期	有效期	生效日	修正号
	标准批量	物资管理部经理	生产车间主任	质量部经理	厂长

处方号	实际批号	制备	审批	仓库分发	接收

原辅料号	包装原辅料号	标准量辅料	实际批用量	检验号	发放量		追加量		退回量		使用量	
					发放量	复核量	追加量	复核量	退回量	复核量	使用量	复核量

2.质量保证文件 质量保证文件主要是生产实际运行中的实时监控，使用的各种原料、中间体/中间控制过程及产品，内控标准及其检验方法，还包括一年三批长期（生产10批以上）的稳定性数据。文件格式和批准人如表6-9所示。

表6-9 产品质量保证文件

产品名称		标准号	主文件号	批号		批量	第 页
		原文生效日	现行文件生效日		前版生效日		版本号
本批签发/日期		质量部经理批准/日期			生产总监批准/日期		

产品概述：

生产阶段：

检验项目		方法		规格	结果	检验频次	签字

检验开始时间	检验完成时间
检验号	批准
生产日期	有效期

质量保证部门（QA）终审

生产和检验的文件已经全部核实，
本批将被   发放/拒收

签字/日期
质量保证督导

3.产品注册文件 这部分文件适用于产品在国家药品监管部门申报注册，以得到生产批件和产品的批准文号。注册文件中与药品生产有关的文件包括处方、生产方法、注册标准和稳定性数据总结等。

第四节 验证文件

如质量体系文件在质量管理中的地位和作用一样，验证文件在验证活动中起着十分重要的作用。它是实施验证的指导性文件，也是完成验证、确立生产运行各种标准的客观证据。

一、验证文件设计

验证文件主要是为体系或某一工序提供正常有序工作的规范/标准操作的客观证据。所以验证文件的设计应符合被考核/验证的体系/工序。通常包括验证总计划（验证规划）、验证计划、验证方案、验证原始记录等（图6-4）。

图6-4 验证计划文件

二、验证总计划

验证总计划,又称作验证规划计划。它是指导一个项目或某个新建工厂进行验证的纲领性文件。企业的最高管理层须用验证总计划为企业质量定位。执行什么样的GMP规范,就有什么样的水平。GMP是制订验证总计划的最低标准,企业应当根据GMP的标准,参照世界卫生组织(World Health Organization,WHO)的要求,结合本企业产品的特殊要求制订验证总计划,这将直接决定企业的总体水平。验证总计划包括了与药品生产及质量控制相关的各个方面。为了适应不同企业的不同验证要求,它通常需将企业所属的系统,按其与产品质量的相关性分为两个大系统,与产品质量直接相关的列入主系统;其他的则列入辅助系统。验证总计划一般包括如下内容。

1.企业简介 对项目/工厂的概述,包括项目的总投资、建筑面积、生产能力和产品等内容。一个新建的大容量注射剂生产厂的项目通常包括以下系统。

(1)厂房及平面布局 包括仓库及称量间。

(2)能源动力系统 包括①氮气系统;②加热蒸气系统;③制备系统(配液);④净化空调系统;⑤灌装系统;⑥冷冻系统;⑦压缩空气。

(3)制水系统。

(4)灭菌柜。

(5)计算机控制系统。

(6)变电房。

(7)包装线等。

2.验证的目标及合格标准 即GMP和其他法规要求,以及企业产品及工艺的特殊要求。

3.组织机构及其职责 验证组织机构的人员组成以及各个人员的职责权限。

4.验证的原则要求 包括对安装确认(instalation qualification,IQ)、运行确认(operational qualification,OQ)、性能确认(performance qualification,PQ)等一般验证活动的概述、验证文件的管理,偏差及漏项的处理原则等。

5.验证范围 结合图文对项目的各个需验证的系统及相关验证项目做出的原则性说明。

6.相关文件 列出项目验证活动所涉及的相关管理及操作规程的名称和代号,如"人员培训""厂房验证指南""制药用水系统验证指南""湿热灭菌程序验证指南""变更管理"等,它们是项目验证的支持系统。

7.验证进度计划。

8.附录 平面布置图、工艺流程图、系统图以及其他各种图表等。

三、验证方案

从本质看，验证方案的起草是设计检查及试验方案的过程。因此，它是实施验证的工作依据，也是重要的技术标准。验证的每个阶段，如IQ、OQ、PQ等都应有各自的验证方案，实施验证活动以前，必须制订好相应的验证方案。

验证方案遵循"谁用谁起草"的原则，如生产设备由生产车间起草，公用程序由工程部人员起草，检验方法由QC起草等。在形式上，方案一般由验证小组组长起草，并由主管经理部门审核，必要时应组织有关职能部门进行会审。如生产工艺的验证方案可由来自生产部门的主管负责起草，生产经理负责审核。验证方案只有经批准后才能正式执行。与产品质量直接相关的验证方案均须由质量经理批准。其他情况下也可采用相关部门经理批准，质量部门会签的办法。

验证方案一般包括简介、背景、验证范围、实施验证的人员、试验项目、验证实施步骤、合格标准、漏项与偏差表及附录。

四、验证原始记录

验证按预先制订并批准的方案实施。验证方案包括指令及记录两大部分，即除了规定应当如何做、达到什么标准以外，还规定应当完成的记录。指令有时只有文件编号，如清场的标准操作规程，其内容需要从相应的规程中查阅。验证的记录应及时、清晰并有适当的说明。

验证过程中必然会出现一些没有预计的问题、偏差，甚至出现无法实施的情况，这种情况称为漏项。它们均应作为原始记录在记录中详细说明。这部分的内容可作为验证方案的附件，附在验证报告中。

原始记录中还有一些是设备的自动记录。这类记录只有实施验证的人员在记录上做出必要的说明，签名并签注日期后，才能成为文件，并入原始记录。

五、验证报告及小结

某一系统所有验证活动完成后，应同时完成相应的验证报告。这同生产作业一样，每一工序生产作业完成，就得到该工序的批生产记录。验证各个阶段的工作全部完成后，应准备一份验证小结，对所有相关的验证报告进行总结，应包括以下内容。

1.简介 概述验证总结的内容和目的。

2.系统描述 对所验证的系统进行简要描述，包括其组成、功能，以及在线的仪器仪表等情况。

3.相关验证文件　将相关的验证计划、验证方案、验证报告列一索引，以便必要时进行追溯调查。

4.人员及职责　说明参加验证的人员及各自的职责，特别是外部资源的使用情况。

5.验证合格标准　标准应用数据表示，如系法定标准、药典标准或规范的通用标准，如洁净区的级别。应注明标准的出处，以便复核。

6.验证实施情况　预计要进行哪些试验，实际实施情况如何，如有些系统的自动控制系统作为计算机验证单列，有的则作为系统功能的组成部分在系统验证过程中完成。又如包装线的验证，只需做到性能确认，不必进行所谓的产品验证。这些均可在此项中做出简要说明。

7.验证实施结果　各种验证试验的结果，必要时应有一汇总表，如以灭菌程序的验证为例，可列出各个产品灭菌程序的挑战性试验结果，试验进行次数，标准灭菌时间，值的上限与下限。有时此项也可以与上一项合并。

8.偏差及措施　阐述验证实施过程中所发现的偏差情况及采取的措施。将验证过程中观察到的各种问题及解决办法记录在案，对今后的设备维修及生产运行十分重要。那些对产品质量有直接影响的因素，应予以充分注意，它们是制订常规生产操作规程的重要背景资料。在验证小结中，务必不要遗漏这些内容。验证完成后，人员工作发生了变动，临时参与验证工作的人员从事其他工作，而系统或设备的使用者对整个验证过程未必都很清楚，实际工作中往往使人难以有足够的时间再去看成堆的原始记录，因此应当将小结作为验证的结晶，切实写好，它是使文件转化为生产力的重要途径。例如，某纯水系统用自来水作为源水，源水的氨氮一般不超过百万分之一，验证过程中（通常要一年时间来考察季节变化的影响）有一段时间超过百万分之十，此后离子交换树脂的能力突然下降，而且无法恢复。这种问题很容易与源水的污染联系起来，故分析偏差时，原以为是树脂中毒，需要更换。但最后请有关专家通过多种试验查明，树脂交换能力突然下降的原因，仅是阳离子树脂床及阴离子树脂床间的隔离网局部破损，但少量的阳离子树脂流入了阴离子树脂床对降低阳床的交换能力尚不是个严重问题。然而，在阴离子树脂再生时，混入阴床的阳离子在强碱作用下，由氢型转化成钠型，并在运行中不断释放出阳离子，而出水质量是以电导值控制的，电导值超标时，整个离子交换柱就无法正常运行，给人以离子交换树脂中毒、无法再生的假象。后将隔离网更换，问题很快就解决了。上述偏差、调查的结论及采取的措施应列入验证小结其对系统运行中故障分析有极大的参考价值。

9.验证的结论　明确说明被验证的子系统是否通过验证并能否交付使用。

六、验证总结报告

在整个工程项目验证全部结束后，验证经理应对项目验证进行总结，对各验证小结做出评价，说明验证完成的情况、主要偏差、措施及总结评估意见。项目验证总结的内容一般包括：概述、背景、范围、验证小结报告的要点、结论意见和验证文件清单。

质量管理部的验证主管负责验证文件的文档管理，验证完成后，有关文件的复印件应交付有关设备的使用部门作为设备档案（历史文件）的重要组成部分。

七、回顾性验证文件

在企业的验证实践中，往往存在两个具体问题：一是仅依据三批产品的验证试验来证明工艺过程的可靠性及稳定性往往是不充分的；二是许多企业在长期的生产运行中摸索改善并在事实上掌握了稳定生产的工艺条件，但文件资料却不十分完善，即缺乏确立工艺条件的系统资料。在这两种情况下，需要进行同步验证或回顾性验证，以获得必要的回顾性验证文件。

第一种情况通常与新产品、新工艺或新设备的采用相关。应当将三批产品验证达标看作是验证的最低要求，企业有必要在这个基础上开展同步验证，设计适当的取样方案，对那些影响质量的因素进行更长时间的考察，以确认工艺条件。第二种情况则主张在有较充实的原始数据资料的情况下（通常是有较长生产历史的企业），可以根据一年或半年连续批的数据进行回顾，审核工艺条件对保证产品质量的可靠性。

八、例证

现以制药生产中的清洁验证为例，说明验证的工作阶段和过程。在药品生产的每道工序完成后，对制药设备进行清洗是防止药品污染和交叉污染的必要手段。产品生产后，与产品相接触的制药设备总会残留若干原辅料并有可能被微生物污染。微生物在适当的温湿度下以残留物中的有机物为营养可大量繁殖，进而产生各种代谢物。显然，如果这些残留物和微生物进入下批生产过程，必然对下批的产品质量产生不良影响。因此，必须通过清洗将这些污染源从药品生产的循环中除去。严格地讲，绝对意义上的、不含任何残留物的清洁状态是不存在的。在制药工业中，清洁的概念就是设备中残留物（包括微生物）的量不影响下批产品规定的疗效、质量和安全性的状态。通过有效的清洗，可将上批药品残留在生产设备中的物质减少到不会影响下批产品疗效、质量和安全性的程度。在液体制剂生产中，清洁除去了微生物繁殖需要的有机物，从而创造了不利于微生物繁殖的客观条件，便于将设备中的微生物污染控制在最低的污染水平。设备的清洁程度，取决于残留物的性质、设备的结构、材质和清洗的方法。对于确定的设备和产品，清洁效果取决于清洗的方法。书面的、确定的清洗方法即所谓的清洁规程，它包括清洗方法的所有方面，如清洗前设备的拆卸、清洁剂的种类和浓度、清洗的次序和温度、压力、pH等各种参数。设备的清洗必须按照清洁规程进行，各种版本的GMP都规定必须对清洁规程进行验证。清洁验证就是通过科学的方法采集足够的数据，以证明按规定方法清洁后的设备，能始终如一地达到预定的清洁标准。

科学、完整的清洁验证一般可按以下几个工作阶段依次进行：①选定清洁方法，根据经验及设备情况制订清洁规程草案；②制订验证方案，包括确定最难清除的物质和最难清洁的设备（部位），确立合格标准，制订取样和检验的方法；③按书面的验证方案开展试验获取数据，评价结果，得出结论，确立规程；④如验证的结果表明初定的清洁程序难以达到预定标准，则需修改程序，重新验准，直至最终确定清洁程序。

（一）清洁方法的选定

工艺设备的清洁通常可分为手工清洁、自动清洁或两种方法的结合。手工清洁方法特征主要是由人工持清洁工具清洗设备，常用的清洁工具一般有能喷洒清洁剂和淋洗水的喷枪、喷淋球，刷子、高压水枪、尼龙清洁块等。清洗前通常需要将设备拆卸到一定程度，并转移到专门的清洗场所。自动清洁的特点是由自动的专门设备按一定的程序自动完成清洗过程的方式。通常只要将清洗装置同待清洗的设备相连接，由清洗装置按预定的程序完成整个清洁过程。生产实践中这两种方式均有采用。清洁方式的选定必须全面考虑设备的结构与材质、产品的性质以及设备的用途。如果设备体积庞大且内表面光滑无死角；生产使用的物料和产品易溶于水或一定的清洁剂，则宜采用自动或半自动的在线清洗方式：清洁剂和淋洗头在泵的驱动下以一定的压力、速度和流量流经待清洗设备的管道，或通过专门设计的喷淋头均匀喷洒在设备内表面达到清洗的目的，大容量注射剂的配制系统往往采用这种方式。如果生产设备死角较多，或生产的产品易黏结在设备表面、易结块等情况，则需要进行一定程度的拆卸，并用人工或专用设备清洗。固体制剂的生产设备如制粒机、压片机等大多采用人工清洗方式。

不管采取何种清洁方式，都必须根据设备说明书的要求、所生产的品种及工艺条件制订一份详细的书面规程，规定每一台设备的清洗程序，从而保证每个操作人员都能以可重复的方式对其清洗，并获得相同的清洁效果，这是进行验证的前提。

（二）清洁规程的制订

清洁规程至少包括以下内容：①清洁开始前对设备必要的拆卸要求和清洁完成后的装配要求；②使用清洁溶液的浓度和数量；③清洁剂的名称、成分和规格；④配制清洁溶液的方法；⑤清洁溶液接触设备表面的时间、温度、压力、流速等关键参数；⑥淋洗要求；⑦生产结束至开始清洁的最长时间；⑧设备连续使用的最长时间；⑨已清洁设备用于下次生产前的最长存放时间。以下简述清洁设备所需关注要点。

1.拆卸 应规定清洁一台设备需要拆卸的程度。大多数设备，如大容量注射剂的灌装机、固体制剂的制粒机、压片机接触产品的许多部件都要在清洁前需要预先拆卸到一定程度。应有书面的、内容清晰完整的拆卸指南，最好结合图表和示意图以使操作人员容易理解。

2.预洗/检查 预洗的目的是除去大量的（可见的）残余产品或原料，为此后的清洁创造一个基本一致的起始条件。由于清洁规程往往不是专用的，它需要适用于生产多种产品和浓度规格的通用设备，以简化管理及操作，进行预洗是有必要的。它可为按通用清洁规程进行的清洗作业提供一个相对一致的起始点，因而有助于提高随后各步的重现性。

预洗所使用水质不必苛求，通常饮用水或经一定程度净化（如过滤）的饮用水即可。使用水管或手持高压喷枪以新鲜的流水冲洗设备除去残留物。在残留物物理性质差异较大的情况下，有的企业希望制订一份产品预洗参数如水温、压力、时间等一一对应的对照表，由操作人员按实际产品选择参数。这种方法在实施时并不理想。由于操作人员的素质及习惯，从一大堆方案中去选择应当采用的方案反而容易造成差错。比较简单而切合实际的方法是让操作者检查是否还有可见的残留物，让他们持续喷淋设备直至可见残留物消失，以此作为预洗的终点。因此，操作者判断预洗完成与否的标准必须尽量明确，特别是应检查的部位。例如，可在规程中做出这样的规定：用热的饮用水持续喷淋机器的所有表面，使所有可见的残留颗粒消失，特别注意检查不易清洁的部位。

3.清洗 此步操作的目的是用清洁剂以一定的程序（如固定的方法、清洗时间等）除去设备上看不到的产品、这种一致性是进行验证的基础。

在预洗后，下一步即对设备或部件进行实际的清洗。如果清洁程序中要使用专用的清洁剂，即在本步使用。为获得稳定的结果，减小偏差的发生，必须明确规定清洁剂的名称、规格和使用的浓度，以及配制该清洁溶液的方法。应明确清洁剂的组成，以便验证时检查是否有残留的清洁剂。

从本质上看，这一步的清洁是溶剂对残留物的溶解过程，而溶解往往随温度的升高而加快制，因此，温度是这一过程的重要的参数，必须规定温度控制的范围、测量及控制温度的方法。为提高清洗效率，可采用多步清洗的方式。在这种情形下，两步清洗之间可加入淋洗操作。配制清洁溶液的水可根据需要，采用饮用水或纯水。

4.淋洗 用水以固定的方法和固定的淋洗时间淋洗设备表面，以除去设备上看不到的清洁剂是本操作的目的。

清洗步骤通常溶解了大部分残留物，但设备上残留的清洗液中含水、清洁剂和残留的产品或原料。本步骤用水对其进行充分的淋洗使残留物的浓度降至预定限度以下，从而避免造成新的潜在污染。为提高淋洗效率，宜采用多次淋洗的淋洗方法。

在淋洗阶段，GMP对水质有明确的要求。应根据产品的类型采用符合药典标准的纯水或注射用水。当然淋洗最初阶段，可以使用质量较低的水如饮用水。如由电脑按预定程序自动执行的淋洗程序进行淋洗，淋洗的结果比较安全可靠。从确保淋洗效果出发，应尽可能避免人工操作对不同水质的切换——由操作者根据淋洗步骤选择水质的方式。

由于本步骤的目的是除去已溶解的低浓度的残留物，并使残留在设备上的水具有尽可能高的质量（最小的可溶性固体，最低的微生物污染水平），在淋洗水的压力、流速、淋洗持续时间及水温等诸影响因素中，水温的重要性相对下降。当然，较高的温度有助于残留水的挥发，并兼有一定的消毒作用。

5.干燥 根据需要决定是否进行干燥。除去设备表面的残留水分可防止微生物生长，由于水膜有可能掩盖残留物，一定程度上有碍检查，因此对于须暴露保存的设备，应进行干燥。但对于经过验证的清洁程序，如果设备淋洗后要进行灭菌处理，或是采用高温、无菌的注射用水淋洗后并保持密闭的设备则不一定要进行干燥处理。

6.检查 通常经过验证的清洁程序应保证清洁后的设备不残留可见的残余物。进行目检可在发生意外时，仍能及时发现而采取补救措施，不得有残余物。如发现残余物，向工段长汇报以采取纠偏措施。

7.储存 规定已清洁设备和部件的储存条件和最长储存时间，以防止再次污染。

8.装配 应规定将被拆卸部件重新装配的各步操作，附以图表和示意图以利于操作者理解。此外，要注意装配期间避免污染设备和部件。

9.清洁剂的选择 清洁剂应能有效溶解残留物，不腐蚀设备，且本身易被清除。随着环境保护标准的提高，还应要求清洁剂对环境尽量无害或可被无害化处理。根据这些标准，对于水溶性残留物，水是首选的清洁剂。不宜提倡采用一般家用清洁剂，因其成分复杂，生产过程中对微生物污染不加控制，质量波动较大，且其供应商不公布详细组成。使用这类清洁剂后，还会带来另一个问题，即如何证明清洁剂的残留达到了标准。应尽量选择组成简单、成分确切的清洁剂。根据残留物和设备的性质，企业还可自行配制成分确切的清洁剂，如一定浓度碱溶液等。企业应有足够灵敏的方法检测清洁剂的残留情况，并有能力回收或对废液进行无害化处理。

（三）清洁验证方案

清洁验证方案必须符合一般验证方案的共性要求。验证方案中最关键的技术问题为如何确定最难清洁物质、最难清洁部位和取样部位、最大允许残留限度和相应的检测方法。

1.最难清洁物质 一般药品都由活性成分和辅料组成，复方制剂则含有多种活性成分。所有这些物质的残留物都必须除去。在清洁验证中为所有残留物都制订限度标准并一一检测是不切实际且没有必要的。由于相对于辅料而言，活性成分的残留物对下批产品的质量、疗效和安全性有更大的威胁，通常的做法是将残留物中的活性成分确定为最难清洁物质。如果某种辅料的溶度非常小，则应根据具体情况决定是否也应将该辅料列为最难清洁物质进行考察。如存在两个以上的活性成分时，其中最难溶解的成分即可作为最难清洁物质。以复方氨基酸注射液为例，它有18种氨基酸均为活性成分，其中最难溶解的为胱氨酸，仅微溶于热水，因此可将其作为最难清洁物质。

2.最难清洁部位和取样部位 在如何确定最难清洁部位前，首先应当对清洗过程的机制有所了解。除手工擦洗主要依靠机械摩擦力将附着在设备表面的残留物除去外，常规的清洗主要依靠溶剂对残留物的溶解作用，以及流动的清洁剂对残留物的冲击。而溶解的速度取决于单位时间内由溶质表面进入溶液的溶质分子数与从溶液中回到溶质表面的分子数之差。一旦差值为零，表面溶解过程达到动态平衡，此溶液即为饱和溶液。溶解过程中溶质表面很快形成薄层饱和溶液，饱和溶液中的溶质分子不断向溶液深处扩散，形成从溶质表面到溶液深处的一个递减的浓度梯度。如果处于饱和层的溶质分子不能迅速进入溶液深处，就会降低溶解的速度，因此可以观察到即使是溶解度很大的物质，静止状态下的溶解过程是非常缓慢的。提高溶解速度的方法是使溶液流动以迫使溶质表面的饱和层离开。

在清洗过程中，必须使清洁剂在运动中与残留物接触。清洁剂与残留物的相对运动从宏观上可分解为垂直方向和水平方向的运动。相对垂直的运动可将已溶解的物质迅速带离溶质表面，而水平方向的相对运动根据流体力学的基本原理，又可分为层流和湍流两类情况。

如果清洁剂在待清洗设备中形成层流，会很迅速地在残留物表面形成一稳定的饱和溶液层，残留物的溶解速度会急剧下降，这与静止状态下的溶解过程非常相似，从而清洁效率也随之明显下降，因此在清洁中应避免层流的产生。

流体以湍流形式流动时，总有部分质点的运动方向相对垂直于管轴或管壁。这样残留物表面不会形成稳定的饱和层，溶解的速度大大提高，清洁的效率也随之提高。因此，在清洗过程中，必须保证清洁液以湍流形式流动。

此外，切不可忽视那些似乎不直接接触产品的部位，如复方氨基酸注射液配置系统一般需安装防爆安全阀（膜）的歧管、降气管、充氮管、抽真空管等，这些管道或由于投料时物料微粒的飞扬，或由于配制罐内雾化的小液滴随充氮、抽真空等工艺过程四处飘散而可能被污染。有时这种污染很轻微，但如果清洁程序未能考虑这些管路，日积月累可能产生严重的后果。

综合而言，凡是死角、清洁剂不易接触的部位（如带密封垫圈的管道连接处，压力、流速迅速变化的部位如有歧管或岔管处、管径由小变大处），容易吸附残留物的部位（如内表面不光滑处）等，都应视为最难清洁部位。

3.残留量限度的确定 如何确定残留物限度是个相当复杂的问题，但也是验证方案无法回避，必须解决的问题。《药品GMP指南》中指出：如何确定残留物限度是个相当复杂的问题，但也是验证方案中的最关键技术问题。残留物的限度应当是切实可行的、可检测的，并由最有害的残留物来确定。企业应当根据其生产设备和产品的实际情况，制订科学合理的，能实现并能通过适当的方法检验的限度标准。FDA在其《清洁规程验证检查指南》中指出："FDA不打算为清洁验证设立一个通用方法或限度标准。那是不切实际的，因为原料和制剂生产企业使用的设备和生产的产品千差万别，确立残留物限度不仅必须对所有有关物质有足够的了解，而且所定的限度必须是现实的，能达到和可被验证的"。也就是说，鉴于生产设备和产品性质的多样性，由药品监督机构设立统一的限度标准和检验方法是不现实的。企业应当根据其生产设备和产品的实际情况，制订科学合理的，能实现并通过适当的方法检验的限度标准。

目前企业界普遍接受的限度标准基于以下原则：①分析方法能达到的能力，如浓度限度为百万分之十；②生物活性的限度，如正常治疗剂量的1/1000；③以目检为依据的限度，如不得有可见的残留物（为定性标准，是定量标准的补充）。

4.微生物含量限度 微生物污染水平的制订应满足生产和质量控制的要求。GMP一般明确要求控制生产各部的微生物污染水平，尤其对无菌制剂、产品最终灭菌或除菌过滤前的微生物污染水平必须严格控制。如果设备清洁后立即投入下批生产，则设备中的微生物污染水平必须足够低，以避免产品配制完成后微生物项目超标。微生物的特点是在一定环境条件下会迅速繁殖，数量急剧增加，且空气中存在的微生物能通过各种途径污染已清洁的设备。设备清洗后存放的时间越长，被微生物污染的概率越大。因此企业应综合考虑其生产实际情况的需求，自行制订微生物污染水平控制限度，及清洗后到下次生产的最长贮存期限。

（四）取样

成批的产品要想逐件进行检查是无法做到的，因此只能取很少一部分产品去检验，这就是被称为"取样"，取样是要按照一定的规定和大家都认可的方法进行的，下面列举了验证规范认可的方法。

1.最终淋洗水取样 本法为大面积取样方法，其优点是取样面大，对不便拆卸或不宜经常拆卸的设备也能取样，因此适用于擦拭取样不宜接触到的表面，尤其适用于设备表面平坦、管道多且长的液体制剂的生产设备。

淋洗水取样的缺点是上述溶解与流体力学原理，当溶剂不能在设备表面形成湍流进而有溶解残留物时，或者残留物不溶于水"干结"在设备表面时，淋洗水就难以反映真实的情况。

取样的方法为：根据淋洗水流经设备的线路，选择淋洗线路相对最下游的一个或几个排水口为取样口。分别按照微生物检验样品和化学检验样品的取样规程收集清洁程序最后一步淋洗即将结束时的水样。也可以在淋洗完成后在设备中加入一定量的工艺用水，用量必须小于生产用量，使其在系统内循环后在相应位置取样。如在验证试验中采用后一方法，其结果的可靠性要好一些，这是可以预见的。

对淋洗水样一般检查其残留物浓度和微生物污染水平，如生产有澄明度与不溶性微粒要求的制剂，通常还要求淋洗水符合相关剂型不溶性微粒和透明度的标准。

2.擦拭取样 擦拭取样优点是能对最难清洁部位直接取样，通过考察有代表性的最难清洁部位的残留物水平评价整套生产设备的清洁状况。通过选择适当的擦拭溶剂、擦拭工具和擦拭方法，可将清洗过程中未溶解的，已"干结"在设备表面或溶解度很小的物质擦拭下来，能有效弥补淋洗取样的不足。检验的结果能直接反映出各取样点的清洁状况，为优化清洁规程提供依据，擦拭取样的缺点是很多情况下须拆卸设备后方能接触到取样部位。

（1）擦拭工具和溶剂 擦拭取样时应注意擦拭工具和溶剂对检验的干扰。常用的擦拭工具为药签，即在一定长度的尼龙或塑料棒的一端缠有不掉纤维的织物。药签应耐一般有机溶剂的溶解。棉签容易脱落纤维，故在使用前先用取样用的溶剂预先清洗，以免纤维遗留在取样表面。

溶剂用于擦拭时溶解残留物，并将吸附在擦拭工具上的残留物萃取出来以便检测，用于擦拭和萃取的溶剂可以相同也可不同。一般为水、有机溶剂或两者的混合物，也可含有表面活性剂等以帮助残留物质溶解。

选择溶剂的原则：不得在设备遗留有毒物质；应使擦拭取样有较高的回收率；不得对随后的检测产生干扰。

药签的选择原则：能被擦拭溶剂良好地润湿；有一定的机械强度和韧性，足以对设备表面施加一定的压力和摩擦力，并不易脱落纤维；能同擦拭溶剂和萃取溶剂相兼容，不对检测产生干扰。

（2）擦拭取样操作规程

①计算所要擦拭表面的面积，每个擦拭部位擦拭的面积应以获取残留物的量在检测方法的线性范围内为原则，通常可取25cm^{2}或100cm^2。

②用适宜的溶剂润湿药签，并将其靠在溶剂瓶上挤压除去多余的溶剂。

③将药签头按在取样表面上，用力使其稍弯曲，平稳而缓慢地擦拭取样表面，在向前移动的同时将其从一边移到另一边。擦拭过程应覆盖整个表面，翻转药签，将药签的另一面也在取样表面上擦拭，但与前次擦拭移动方向垂直（图6-5）。

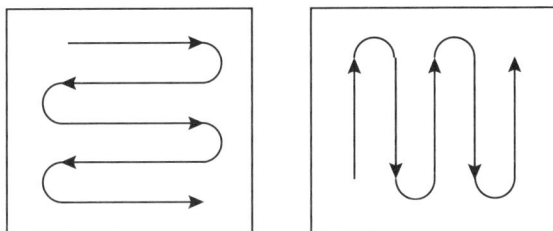

图 6-5　药签擦拭取样示意图

④擦拭完成后，将药签放入试管，并用螺旋盖旋紧密封。

⑤按照下述方法制备对照样品：按步骤将药签直接放入试管并旋紧密封，将该样品与其他样品一起送至实验室。

⑥取样完成后应在试管上注明有关取样信息。

擦拭取样也可用于微生物取样，此时应使用无菌的擦拭棒，按取表面微生物样本的要求取样。

（3）检验方法　检验方法应经过验证，除要求检验方法对待检测物质应有足够的专属性和灵敏度外，验证还包括精密度、线性范围和回收率试验。对用于清洁验证的检验方法的定量要求不必像成品质量检验那样严格：一般要求其线性范围达到残留物限度的50%~150%，代表精密度的相对标准差小于10%即可，检验方法的回收率可与取样的回收率结合进行。

（4）取样验证　取样过程需经过验证，通过回收率试验验证取样过程的回收率和重现性，要求包括取样回收率和检验方法回收率在内的综合回收率不低于50%，体现重现性的多次取样回收率的相对标准差不大于20%。

取样过程的验证实际上是对药签、溶剂的选择，取样人员操作、残留物转移到药签和样品溶出（萃取）过程的全面考察。验证的具体方法如下。

①准备一块500mm×500mm的平整光洁的不锈钢板。

②在钢板上用钢锥划出400mm×400mm的区域，每隔100mm划线，形成16块100mm×100mm的方块。

③配制含待检测物浓度为0.016%的溶液，定量装入喷雾器。

④将约10ml溶液尽量均匀地喷在400mm×400mm的区域内。

⑤根据实际喷出的溶液体积计算单位面积的物质量（约1μg/cm²）。

⑥自然干燥或用电吹风温和地吹干不锈钢板。

⑦用选定的擦拭溶剂润湿擦拭工具，按前述擦拭取样操作规程擦拭钢板，每擦一个方块（100cm²）换一根擦拭棒，共擦6~10个方块。

⑧将擦拭棒分别放入试管中，盖上试管盖，加入预定溶剂10ml，加塞，轻摇试管，并放置10分钟，使物质溶出。

⑨用预定的检验方法检验，计算回收率和回收率的相对标准差。

（五）清洁方法的优化及验证

在实际生产中，一台（组）设备用于多种产品的生产是非常普遍的现象，有时各种产品的物理、化学性质有很大差异。清洁规程的制订者是否要为每个产品分别制订清洁规程？实践经验证明，为一台（组）设备制订多个清洁规程并不可取。这不但由于为每个规程进行验证的工作量过于庞大，更主要的是操作者要在多个规程中选择适当的清洁方法很容易造成差错。比较可行的方法是：在所有涉及的产品中，选择最难清洁的产品为参照产品，以所有产品/原料中允许残留量最低的限度为标准（最差条件），优化设计足以清除该产品/原料以达到残留量限度的清洁程序。验证就以该程序为对象，只要证明其能达到预定的要求，则该程序就能适用所有产品的清洁。当然，从环保和节约费用的角度考虑，如果实践证明该清洁程序对大多数产品而言过于浪费，也可再选择一个典型的产品进行上述规程制订和验证工作。这时，在规程中必须非常明确地规定该方法适用于哪些产品，还须明确为防止选择时发生错误所需要采取的必要的措施。

参照产品的选择原则如下：①确认所有产品列表；②确定产品的若干物理、化学性质为评价项目；如主要活性成分的溶解度、黏度、吸附性等，其中最主要的性质为溶解度；③对每个产品的评价项目打分，如将溶解度分为1级、2级、3级、4级，依次表示难溶、微溶、可溶、易溶；④根据经验和产品性质，拟定适当的清洁剂种类；⑤计算各产品的最大允许残留限度；⑥将表格按照溶解度由小到大排序，选择溶解度最小的产品作为参照产品；⑦表格中使用的清洁剂可分为水或水溶性清洁剂（包括酸、碱溶液）和有机溶剂两类，分别选择一种参照产品；⑧将表中允许残留限度最小的数值确定为验证方案的允许残留物限度标准；⑨将与参照产品对应的清洁剂确定为清洁方法使用的清洁剂。

根据设备的情况、已确定的清洁剂和残留限度，设计清洗方法。在生产后依法清洗并验证。清洁验证试验至少进行三次，每批生产后按清洁规程清洁，按验证方案检查清洁效果、取样并化验。重复上述过程三次。三次试验的结果均应符合预定标准。如果出现个别化验结果超标的情况，必须详细描述调查原因。如果有证据表明结果超标是由取样、化验失误等原因造成，可将此数据从统计中删除。否则应判验证失败，不得采用重新取样再化验直至合格的做法。验证失败意味着清洁规程存在缺陷，应当根据化验结果提供的线索修改清洁规程，随后开展新一轮的验证试验。

在发生下列情形之一时，须进行清洁规程的再验证：①清洁剂改变或清洁程序做重要修改；②增加生产核对更难清洁的产品；③设备有重大变更；④清洁规程有定期再验证的要求。

第七章　新产品开发

企业的经营主要是围绕着产品（包括实体产品和无形产品）展开的活动，产品是企业面对社会、市场最重要也是最基本的因素。与其说是企业在应对社会的发展，不如说是产品在迎接市场的挑战。新产品开发决定了企业的战略地位，并且推动着企业的战略方向，因此新产品的开发对于一个企业来说尤为重要，同样新药的研发对于药企至关重要，它决定着药企的发展方向和前景，是药企成功的关键因素。

第一节　新药研发概述

药品作为一种特殊的商品，与人民生命健康息息相关，历来受到世界各国的重视。医药产业作为对国家经济发展和社会进步具有重要影响的高技术产业，是国家创新体系的重要组成部分。

医药制造业是保障国民健康的朝阳行业，并处于整个医药产业链的上游，对整个医药行业的发展有着至关重要的作用，而新药研发是医药制造业发展过程中最为关键的环节。随着全球经济的发展，越来越多的活性化合物被发现、药物作用靶点研究越来越明确，仿制药市场蓬勃发展，世界各国对新药研发的重视程度逐步提高。近年来，我国医药产业发展迅速，已成为培育发展战略性新兴产业的重要领域。

一、我国新药研发的现状

我国的新药研发跟发达国家相比还有很大的差距。但是，通过多年来持续不断的努力，特别是在国家宏观政策的鼓励下，我国的药物研发能力有了显著提升。

1949年以来，我国的医药产业经历了三个发展阶段。第一个阶段是从中华人民共和国成立到20世纪90年代中期，我国药物研究主要是仿制国外的药物，缺乏系统性的创新能力。20世纪90年代到现在为模仿创新阶段，我国的药物创新技术平台体系建设取得长足进步，一批具有自主知识产权的新药研发成功。从现在开始，我国正处在由模仿创新走向原始创新的转变期。随着我国经济、科技实力的增长，我国新药研究和医药产业发展将逐步实现新的历史转变，从"跟跑"逐步向"并跑"以及在某些方面"领跑"跨越。

我国高度重视医药创新，《国家创新驱动发展战略纲要》《"十三五"国家科技创新规划》《医药工业发展规划指南》等规划指南均提出有关创新药发展的目标，并设立了专项以推动新药研发。2008年以来实施的"新药创制"重大专项在创新药研发方面取得丰硕成果。通过重大专项的推动，我国创新药物的研发和产业化能力大大加强，解决了过去很多临床急需药品空缺的难题，为保障临床医疗和应急需求做出了贡献。此外，国家药品监督管理局将鼓励创新作为重点改革方向，创新药物的政策环境不断优化，创新活力不断释放。

2021年，我国创新药物研究与发展经费支出已达27864亿元，同比增长14.2%。从新药审批数量来看，近年来创新药的申请数量和获批数量出现大幅增长。2019年，受理国产1类新药注册申请528件，国产1类新药上市10个；2020年，受理1类新药注册申请1062件，国产1类新药上市14个；2021年，受理创新药注册申请1886件，国产1类新药上市26个；2022年，受理创新药注册申请1794件，国产1类新药上市21个。

我国新药的研发主体以制药企业、科研院所和高校为主，大致可分为三类：①大型创新药研发企业：这类企业早期通过与科研院所、高校合作开发新药，由仿制向仿创、逐步向创新过渡，企业重视研发团队建设，新药研发投入大，在化学药和生物药领域均有布局，现阶段企业的创新药管线已初具规模的代表企业有恒瑞医药、东阳光药业、豪森药业、正大天晴、复星医药、石药集团等。②中小型创新型企业：专注于某一治疗领域，以抗肿瘤药物为主，研发能力一流，研发团队成员具有海外科研背景或者跨国制药企业背景，新药研发经验丰富。通过金融市场获得资金支持，以自主研发、引进开发、合作外包等多种方式开发新药。代表企业有和记黄埔、百济神州、卡南吉、再鼎医药等。③科研院所和高校：中国科学院上海药物研究所、中国医学科学院药物研究所、上海医药工业研究院、中国药科大学、沈阳药科大学、四川大学等单位研发活力较强，通常与企业共同进行创新药开发。

二、我国新药研发的趋势

当今时代，科学技术日新月异，新方法、新技术层出不穷，生命科学和生物技术飞速发展，物理、化学、计算机和信息科学等学科与新药研究的交叉和融合不断加强，深刻地改变着药物研究的面貌，推动药物研究和医药产业发展进入了一个革命性变化的时代。从科技发展进步的历史来看，新药创制总是在第一时间吸收和应用生命科学与物质科学的最新知识、方法和技术，多种学科的交叉和融合总是有力地促进着药物研究高新技术变革。当前我国正处于由"制药大国"向"制药强国"跨越的关键时期，新药的发展趋势主要有以下几点。

1.以临床价值为导向 我国疾病谱由急性传染病转变为慢性非传染性疾病（慢性病），心脑血管疾病、恶性肿瘤、慢性呼吸系统疾病等成为主要死因。近年来，我国慢性病发病率呈上升趋势，据国家卫生健康委统计信息中心发布的《全国第六次卫生服务统计调查专题报告》，心脑血管疾病、糖尿病和癌症等重大慢性病占我国疾病经济负担超90%；我国55岁至64岁人群慢性病患病率达48.4%，65岁及以上老年人发病率达62.3%。因此，从临床需求来看，未来我国的创新药研发将主要集中在恶性肿瘤、心脑血管疾病、糖尿病等慢性病领域，同时抗感染药仍将保持一定比例。

2.呈现多学科交叉融合的特点 2020前10位中，有5个为生物大分子药物，生命科学、生物技术的迅猛发展推动了生物药的发展。继分子生物学、基因组学引发的两次生命科学技术革命之后，将由生命科学、物理科学、工程学、信息科学等学科间的交叉融合、汇合发展引发，创新模式将呈现网络化和全球化发展的特点。基因编辑技术、肿瘤免疫疗法、大数据、人工智能、3D打印技术等多领域交叉融合将进一步推动新药研发。

3.开放式创新成为主流 开放式创新成为医药研发的主流趋势。制药企业从外部获得互补性资源（资金、新药研发技术、新药研发平台、生产产地等），缩短研发时间，降低研发和生产成本，加速创新药进入市场。比如在生产环节，在上市许可持有人（marketing authorization holder，MAH）制度试点下，制药企业可以委托生产企业负责创新药的生产，如和记黄埔的呋喹替尼、歌礼药业的丹诺瑞韦均委托明康德子公司上海合全药业来负责生产，省去了自建厂房和生产线的资金投放以及时间，从而加速新药上市。另外，制药企业、高校、科研院所、合同研究组织（contract research organization，CRO）之间的合作开发，通过风险分担后可降低创新药研发风险和成本。

第二节　制药企业研发人员职责

创新药物研发是一项技术、知识、人才和资金高度密集的创新活动，其本质是知识的创新。研发人员需要凭借自身所拥有的专业知识，发挥主观能动性，展开创造性思维，通过不断的综合、分析、判断形成新的知识成果。创新人才是新药研发的技术保证，也是提高医药产业国际竞争力的核心要素。

创新药物研究越来越呈现多学科交叉融合的特点，药学领域中基础研究、应用基础研究和应用研究的结合日益紧密，转化显著加快。药物化学、药理学、信息科学、技术科学等学科之间的界线日益模糊，多学科综合集成的趋势不断增强。当前，我国医药产业总体创新能力不足，创新效率相对低下，要实现我国医药产业的跨越式发展，组建合理的研发团队是提升药物研发创新能力的重要基础。制药企业研发人员一般包括研发部经理、研发主管、研发工程师、研发信息情报员、知识产权管理员等。其岗位职责如下。

一、研发部工作职责

研发部的主要工作职责是负责新产品开发和研制工作，为企业不断提供新技术、新产品，以保持企业竞争力。

1.参与研发管理　提出对企业发展需要的新产品立项建议；制订产品开发计划、费用预算并组织实施；组织与实施新产品的工艺研发；负责新产品与合作单位研发过程的跟踪管理工作；负责技术档案的管理工作。

2.提供技术支持　负责企业新产品的生产批文与企业科技项目申报工作；负责企业引进技术的衔接、试验工作；组织起草有关研发、技改及工艺技术优化等相关技术资料；协助质保部开展质量事故调查、分析、处理等质量管理工作，审核工艺规程等技术性文件。

3.信息情报搜集　负责新药研发动态的信息收集；根据企业的发展规划，积极参与市场调研，掌握医药行业的发展动态，制订切实可行的新产品开发研究的长、短期计划；组织收集、整理有关新产品的信息、技术资料，建立新产品及技术档案，并执行技术档案管理制度；负责有关技术资料征订管理工作；负责组织参加专业部门组织的有关技术活动。

4.知识产权管理　负责企业新产品的专利检索、专利申请以及专利纠纷处理等专利事务工作（包括国内专利、国外专利、行政保护）。

二、研发部经理岗位职责

研发部经理主要负责组织企业有关新产品研发计划指定、新产品的注册和引进、企业技术改进和内部组织管理工作。

1.制订新产品研发计划　负责根据企业的发展规划要求，掌握医药行业的发展动态，制订切实可行的新产品研发的长、短期计划。

2.新产品的注册和引进　按药品注册相关要求组织新产品的研制工作，并按药品注册相关要求组织申报；负责新项目、新产品的引进、注册工作，并提供技术服务；负责组织科研项目及产品的申报、验收、结题、鉴定；承办相关成果及相关知识产权的申报工作。

3.企业技术改进　有计划地组织技术人员起草有关研发、技改及工艺优化等相关技术资料，参与编制、建立健全和修订相关技术规程，协助质保部审核工艺规程等技术性文件；组织收集、整理技术资料、技术情况和工艺文件，建立工艺技术档案，执行技术档案管理制度，保证文件完整、正确、清晰，实行技术档案的统一管理；参与技术改造、生产工艺条件的确定工作；参加产品工艺改进试验，会同有关人员进行新产品试产工作。协助产品注册质量标准的修订和提高工作。

4.内部组织管理 制订和完善研发管理的各项制度，监督检查执行情况；指导和培训下属岗位人员的业务工作；负责协调本部门与其他部门间的关系；负责本部门预算方案的编制。

三、研发主管岗位职责

研发主管的主要职责是在研发经理的领导下，负责新产品开发、产品改进的组织实施及产品技术标准的制定，确保企业产品的开发工作满足市场需求。其具体职责如下。

1.指导研发方向 协助上级制订研发工作计划，并组织实施。根据研发工作计划制订产品开发方案。监督指导部门人员按照开发方案开展工作。组织部门人员进行新产品开发立项调研、方案论证，并对开发项目进行分工。

2.研发过程控制 按规定对产品开发过程进行监督、控制，确保产品开发过程符合技术质量要求，对产品研发过程进行组织协调。组织新产品鉴定和专利、产品认证的申请报批工作。组织相关部门统筹、规划、编制的有关标准，并组织实施。负责对产品开发的进度进行合理控制，按时、保质、保量完成产品开发任。

四、研发工程师岗位职责

研发工程师参与新产品的试制及工艺改进，整理生产技术档案，并对技术档案进行统一管理。研发工程师应负责本企业科研项目和新产品研制开发，根据新产品研制计划，合理制订采购计划；按规范做好各项试验记录，建立并完善相关技术档案；参与新产品的中试放大试验以及产品工艺改进试验并移交相关资料；正确使用各种仪器和设备，根据工作情况进行保养；及时了解和掌握生产中的技术和产品质量问题，参与研究解决；负责知识产权的相关工作。

五、研发信息情报员岗位职责

研发信息情报工作是影响研发决策的重要环节，所提供的信息资源是否准确及时可靠，直接影响了新药研发决策的效果，是进行新药研发的重要导向。研发信息情报员主要负责调研国内外新药研发动态，对在研的各类新药开发及注册现状进行信息情报跟踪、汇总和总结；通过对信息情报的分析，根据企业的研发策略，寻找有潜力的项目进行评估论证，并形成报告；负责对拟立项项目的国内外开发情况、市场情况、专利情况等进行初步的分析及报告；参与外部项目引进，包括与外部合作方的沟通和跟进项目进度等；负责对外事务，包括与科研院所、当地政府等机构进行有关项目合作、项目支持和人才政策等方面的交流；负责项目检索调研资料的归档管理；负责有关技术资料征订管理工作以及情报相关数据库的管理与维护；负责组织参加专业部门组织的有关技术活动。

六、知识产权管理员岗位职责

知识产权管理员的岗位职责是除了负责完成公司知识产权日常管理工作外，同时还要完成下述具体任务。

1.专利管理　知识产权管理员负责制订并完善专利管理制度，将其纳入企业经营发展规划中；负责对员工进行《专利法》和专利知识的宣传培训；鼓励员工开展发明创造活动，为职工提供有关专利事务的咨询服务；办理本企业专利申请、专利资产评估、专利合同备案、认定登记和专利权质押合同登记以及专利广告证明等事宜；保护企业专利权和防止侵犯他人的专利权，办理有关专利纠纷、专利诉讼事务；管理企业专利资产，防止专利资产的流失；组织专利技术实施，管理专利实施许可贸易；管理、利用与本企业有关的专利文献和专利信息，为科研、生产、贸易经营全过程服务；研究制订企业的专利战略，为经营决策服务；做好技术和产品进出口中有关的专利工作；依法办理对职务发明创造的发明人或者设计人的奖励与报酬；筹集和管理企业的专利发展专项资金。

2.商标管理　知识产权管理员负责制订和完善本企业商标管理的规章制度；负责企业商标的申请、注册、续展、转让、评估、异议、变更、使用许可的审核及办理；负责对印制前的商标标识的样板进行审批；指导或参与解决本企业商标侵权纠纷；指导和监督企业的商标使用工作，以核准注册的文字、图形或其组合为准；负责企业商标的档案管理、信息处理；向企业有关人员提供商标专业知识咨询、宣传与培训；负责与政府商标行政管理部门的联络工作。

第三节　新药研发风险

新药研发具有高投入、高风险、周期长等特点，研发项目中充满了不确定性和多因素风险，因此新药研发的风险控制有着至关重要的作用。新药研发的风险控制是研发项目不可或缺的重要组成部分，是一个主动、系统的管理过程。

一、风险识别

风险控制首先要对药品研发进行风险识别，需要从事新药研发的项目管理者和专家的参与，充分发挥专家委员会的作用。可以运用系统分解法、流程图法、头脑风暴法、情景分析法等来分析药品研发风险有多大，从不同角度看会有不同的风险。

1.药品研发阶段角度 新药研发阶段分为靶标研究、发现研究、临床前研究、临床研究和产业化研究五个阶段，其中每个阶段都含有众多风险因素，如图7-1所示。

图 7-1 药品研发阶段风险构成

2.研发项目要素角度

（1）市场风险 如客户对新技术所带来新性能的认识风险，进入新市场的风险、对潜在市场容量和商业模式的认识风险。

（2）技术风险 ①技术不成熟，失败可能性增加；②技术不先进，不具经济上的可行性；③技术难度与复杂性；④技术能力和所需互补能力的可获得性，互补技术可能并不成熟；⑤性能指标可实现性，一项技术能否实现预期目标，在项目开始之前或研究过程中是不能肯定的；⑥技术效果的不确定性，研发项目在研究过程中还难以估计其最终技术效果，如因毒副作用而召回的药品等；⑦技术寿命的不确定性，技术更新的周期越来越短。

（3）政策法规风险 注册管理办法、技术指导原则、标准，新技术和产品的审评尺度、申报审批时间、注册流程等。

（4）知识产权风险 专利问题、行政保护、中药品种保护、新药保护、过渡期、监测期。此外，还有资金风险和管理风险等。

3.研发主客观原因角度

（1）客观原因引起的风险　科研固有风险、政策法规导向、新药项目合作者等。

（2）主观原因引起的风险　缺乏风险管理体系、项目团队管理不利、项目沟通不畅、专利意识不足、工作疏漏和失误、人员经验不足等。

二、风险控制策略

药品研发过程中面临诸多风险，为确保新药研发的成功，必须科学识别、评估研发风险，制订相应的风险管理规划，采取有针对性的风险控制措施，并实施连续性的风险监控，最大程度地降低研发风险，提高风险控制水平，以提高药品研发的成功率，促进制药企业的可持续健康发展。

1.新药基础研究阶段的风险控制　化合物活性筛选是创新药物研发的基础性工作。准确定位研究目标，化学结构的大量筛选工作就显得尤为重要。但研究人员对新化学实体的具体情况难以准确预测，一般情况下，研究人员平均需要筛选5000~10000个化合物才能筛选出一个新化合物获得批准上市。因此，为加强基础研究阶段的风险控制，一方面应进一步加强对化合物活性筛选的广度和力度，增加可预先排除的药物结构，提高筛选的科学性。另一方面应做好药物合理设计与筛选工作，将药物设计、化学合成、生物筛选三者密切结合形成一个有机整体，以减少化学合成和生物筛选的工作量，提升成功概率。但目前我国新药设计和筛选的基础仍然比较薄弱，为改变这一现状，建议采用"仿创结合的方法"，在科学分析利用已知药物的化学结构、作用机制和构效关系的基础上，进行该药物的衍生物、结构类似物和结构相关化合物的研究，以提高研发成功率。

2.新药临床前研究阶段的风险控制　新药疗效、新药安全、新药质量、新产品和技术的出现等因素都增加了新药研发临床前研究阶段的风险。为加强新药临床前研究阶段的风险控制，应从以下几个方面贯彻落实。

（1）利用新技术改造　研究人员应充分利用新技术实现传统的药物工艺改造，借助药代动力学进行新型制剂开发，重视药品研发的先进性、科学性、适用性、经济可行性等，有效提升药品质量，降低治疗周期成本，最大程度地减少或避免药物不良反应，以提升新药的竞争力。同时时刻关注新药研发的相关学术信息和竞争信息以及医药同行的研发进展，以有效地规避新药研发技术风险。

（2）建立和完善风险评估控制体系　评估的内容主要包括所使用原料及辅料、工艺流程及参数对产品关键质量特性的影响；设备及生产场地；市场分析；成本分析；临床研究的可行性；专利是否侵权以及预期的专利保护分析；药物工艺流程中是否有环境污染和职业健康危害的风险及控制措施。以上评估内容应确定相应的风险系数，利用以上风险评估表，对药品研发的立项阶段、小试完成阶段、中试完成阶段进行风险评估，评估后的分值可作为准入下一阶段研发的重要参考依据，一般建议遵循"宽进严出"的原则，即在立项阶段的准入分值上限最高，接着依次为小试完成阶段、中试完成阶段。

（3）降低研发风险　药品研发过程中，由于各种因素的影响，很容易出现研发过程变更的情况，即新药研发偏离原定的试验设计。在此情况下，有必要科学地分析变更引起的影响，并对其进行风险分析，将后续的研发风险降到最低。

3.新药临床试验阶段的风险控制　虽然新药在进入临床试验前，研究人员经过了多项试验和验证，且药品管理部门对新药的有效性、安全性和质量可控性也做了严格的把关，但由于人体试验的不可预知性，新药的不良反应无法预测，新药临床试验阶段仍然存在一定的风险。因此，应加强新药临床试验阶段的风险控制，密切观察新药有无可疑不良反应的发生，如出现严重不良反应，应果断停止试验，减少后续费用的产生。另外，可借鉴国际人用药品注册技术协调会（International Conference for Harmonization，ICH）的研发阶段安全性更新报告（development safety update report，DSUR）制度，即要求临床试验方提供一份年度报告，其内容主要包括以下几个方面：①总结目前对新研发药物的观点及对单体及潜在风险的管理；②描述可能影响临床受试者安全的新因素；③验证之前有关药品安全性的认知与所收集的安全性信息是否一致；④对临床研究和发展提供更新计划。这一制度始终贯彻"风险管理及评价"的思想理念，要求试验者以报告为基础对试验计划及安全性评价进行更新，可对新药临床试验阶段的风险控制体系起到很好的补充作用，有利于加强新药临床试验阶段的风险控制。

4.新药上市阶段的风险控制　医药企业花费大量的资金进行新药研发，其意义和终极目标就是要占领市场，从市场中获取高额回报。但如果医药企业进行新药研发前未能清楚地明确拟研发新药的市场定位，未能准确估算拟研发新药的市场竞争力、拟占有的市场容量，未能准确掌握新产品的生命周期，导致新药上市后缺乏竞争优势，不能很好地占领市场，直接导致医药企业失去获利机会，甚至连投资成本也难以收回。因此，在新药研发时，及时分析、识别可能出现的市场风险并加以回避、控制，对于从事新药研发的企业来说意义重大。应对市场风险主要有如下策略。

（1）价格风险规避　适宜的价格是新药销售获得成功的关键。医药企业要为新药制订适宜的市场价格，就必须严格估算新药研发各阶段可能发生的费用，调查相似药品的定价状况，详细分析新药市场开发潜力与投资回报率。并在关注新药有效性与安全性的同时，运用"成本–效果分析""成本–效用分析""成本–收益分析"等一些药物经济学方法充分论证新药的经济性。研发主体若能推出疗效好且价格相对惠民的新药，则更有可能赢得消费者的认可，从而扩大市场占有率。

（2）尽可能地延长药品专利保护期　一些专利药品上市销售前，在实验室研究、临床研究、新药审批期间花费了较长时间，使得新药真正获得专利保护的时间严重缩短，专利保护时间缩短就意味着新药上市销售的垄断期变短。专利保护期一结束就会被其他企业仿制，新药的生命周期就会提前结束，医药企业想依靠专利药品回收研发资本、获益的难度就会大大增加。因此，医药企业应在申报专利前对拟报内容先采用其他方式（如商业秘密）进行保护，对拟申请专利保护的产品制订合理的专利申请方案（选择好专利申报时机、申报内容、申报区域等），并充分做好新药审批申报前的各项准备工作，尽可能地延长专利的实质保护期。

（3）准确定位市场　充分认识市场的需要，不同国家地区，不同年龄、人种、性别的人群所患疾病存在较大个体差异，对药品的需求也会存在较大差别，故而需要准确定位市场。一种新药要想占有非常理想的市场容量，就必须充分考虑不同消费人群的市场需求问题。规避市场容量风险的一个重要方法就是提前做好市场调研与预测分析，详细、准确的市场调研与分析是新药研发成功的关键。

医药研发企业应充分了解疾病的发生、演变规律，了解患者的群体特征，了解所研品种在治疗方案中的地位，了解相关药品市场的现状及发展趋势，了解国内外同行业竞争对手的发展状况。只有在这种条件下进行的新药研发才能更具针对性，研发出来的产品才能更具市场竞争力。

（4）合理降低产品自身风险　合理降低产品自身风险可以从以下三点加以考虑：

①系统研究新药的各种适应证、确保新药疗效。由于消费市场顾客接受能力难以准确预测，新药上市后的前景存在很多不确定因素。研发主体若想降低产品自身风险，需系统地研发此新药的各种适应证，以适应多变的市场需求，确保新药的疗效。安进（Amgen）公司原本针对严重肾功能衰竭患者研制出促红细胞生成素（Erythropoietin, EPO），后来发现EPO还可以治疗癌症、风湿性关节炎、贫血等疾病，并且疗效显著，而最后用于癌症、风湿性关节炎、贫血等疾病的治疗却成了EPO的主要适应证。

②严格控制药品质量，建立新药不良反应的监督管理机制。医药企业应通过一些必要的手段来保证研发阶段的质量控制水准，之后还要针对研发出来的新药建立一套专门的药品不良反应监管机制。保证药品的高质量，需要企业拥有相对完备的资源（包括人才、技术、设备等），在研发过程中，企业应聘请高素质的科研人员、引进齐全的设备来严格监控药品质量。在药品投放市场后，企业应继续进行临床Ⅳ期的研究，时刻关注药品的安全性、有效性，一旦发生了不良反应，应及时启动应急机制来应对。如果查明是由于技术或生产等企业方面的原因造成不良反应发生时，应及时召回所销售的药品，停止该药品的生产，并给予受害人相应的赔偿，尽最大努力挽回企业的经济损失和声誉。

③要尽量延长产品生命周期。制药企业应针对药品生命周期各个阶段的特点，根

据自身实际情况着手制订一套行之有效的市场营销策略，以延长产品生命周期。例如，在导入期，药品开始引入市场，销售量缓慢增长，制药企业可以根据商品市场容量、药品适应证、消费者对商品的了解程度，以及潜在的竞争等情况，采用不同的促销策略；成长期产品被市场迅速接受、利润大幅增加，制药企业要制订一套适宜产品发展的价格策略、渠道策略及促销策略；成熟期的药品已被大多数的潜在购买者所接受，销售成长减慢，企业应适时地做市场及营销组合的调整；衰退期的销售及利润下降的趋势进一步加强，企业应根据情况，选择维持、缩减或撤市的策略。

（5）降低研发成本　在新药研发前，制药公司需对研发过程的每一环节进行成本及风险评估，将评估结果作为研发决策和项目选择依据。全面考虑每个阶段的费用支出，做出详细、合理的预算。在研发时，要对资金合理运用，严格控制每个环节的成本，做到有计划的投入。许多制药公司为了缩短新药上市时间、减轻资金上的压力，开始寻求、整合优越的外部资源，将新药研发中的部分甚至全部工作以合作的方式委托、外包给专业的研究组织和机构进行运作。

昆泰（Quintiles）公司，在全球100个国家开展业务，通过其庞大的网络帮助它与监管机构打交道，找到患者参加试验，聘请医师进行监控，这种方式的运用极大地减少了药物试验成本。欧洲最著名的风险投资公司 Index Ventures 投资的制药企业每家只有少数员工，这些员工仅负责监督药物的开发，而其大部分工作则由雇用的外部实验室和制造商来完成。由于在固定基础投资中沉淀的资金较少，当发现拟研发的药品前景不甚乐观时，公司的管理者则更有可能较早地放弃，将资源转移至更有前途的品种。

第四节　药品知识产权保护

知识产权是21世纪知识经济时代知识竞争的核心要素和经济发展的重要推动力，作为以高科技、创新性为主要特征的医药产业，其知识产权的保护具有重要的意义。2001年中国加入世界贸易组织（WTO）后，药品的知识产权保护将在增强我国医药产品竞争能力，促进药品国际贸易的发展方面发挥愈加重要的作用。

一、知识产权的概念及范围划分

知识产权（Intellectual Property）又称"智慧财产权""智力财产权"，是对包括著作权、专利权、商标权、发明权、发现权、商业秘密、商业标记、地理标记等科学技术成果权在内的一类民事权利的统称。概括地说，知识产权是指公民、法人和其他社会组织依照法律的规定，对其在科学、技术、文化、艺术领域从事智力活动而创造的智力成果所享有的专有权利。受世界各国社会、经济、文化和科学技术发展的具体情况影响，不同国家、地区及国际组织对知识产权的理解和界定范围不尽相同。

（一）传统的知识产权划分

国际上最早对知识产权范围加以界定的是1883年签订的《保护工业产权巴黎公约》（1979年修正，以下简称巴黎公约）和1886年签订的《保护文学和艺术作品伯尔尼公约》（1971年修订，以下简称伯尔尼公约）。根据这两个公约，知识产权包括了工业产权（Industrial Property）和著作权（Copyright）两大部分。其中工业产权包括专利权、商标权、禁止不正当竞争权等。著作权又称版权，包括作者的人身权（精神权利）、财产权（经济权利）和传播者权（邻接权）。

（二）世界知识产权组织对知识产权的划分

1967年签订的《建立世界知识产权组织公约》（1979年修订）首次将"知识产权"作为一个法律术语确定下来。该公约在《巴黎公约》和《伯尔尼公约》中，对知识产权采取了较为广义的划分方法，即知识产权应包括下列权利：①与文学、艺术及科学技术作品有关的权利，即著作权；②与表演艺术家的演出、录音和广播有有关的权利，即邻接权；③与在一切领域中因人的努力而产生的发明有关的权利，主要指专利发明及非专利发明享有的权利；④关于科学发现的权利；⑤关于工业品式样的权利；⑥关于商品商标、服务商标、厂商名称和标记的权利；⑦关于制止不正当竞争的权利；⑧在工业、科学及文学艺术领域的智力创作活动所产生的权利。这一范围的划分，尤其是将第八项权利纳入知识产权的范围，为适应科学技术的迅速发展及对知识产权产生的可能影响提供了便利。

（三）世界贸易组织对知识产权的划分

世界贸易组织在其1994年签署的重要文件《与贸易有关的知识产权协定》（2017年修正）中，从国际贸易的角度确定其所管辖的知识产权范围，包括版权、商标权、地理标志权、工业品外观设计权、专利、集成电路的布图设计权、未披露信息（主要指商业秘密）的保护权。由于世界贸易组织在当今国际经济贸易发展中具有举足轻重的地位，世界贸易组织关于知识产权的划分已被愈来愈多的国家和地区接受。

随着科学技术和社会经济文化的迅速发展，知识产权的内涵在不断丰富和更新。高新技术智力成果的不断出现，也将逐渐扩展知识产权保护客体的范围。

二、知识产权的特征

作为一种财产权，知识产权属于民事权利的范畴，但与其他民事权利相比，知识产权具有以下不同的特征。

1.无形性 知识产权区别于其他有形财产权的最根本特征在于知识产权的无形性。它是人们对无形的智力成果所拥有的权利，其贸易的标的物只能是无形财产的使用权，而不能是有形商品的使用权和所有权。正是知识产权的无形性，使得法律上有关知识产权的保护、侵权认定和贸易较有形财产更为复杂。

2.法定性 知识产权是法律授予的一种权利，必须严格依法申请、审批，依法产生，才能够依法得到保护。

3.专有性 知识产权的无形性决定了它有可能为多数人同时拥有，并为多数人同时使用而获得利益。因此必须通过法律对智力成果的所有人授予专有权，以有效保护其所有权，这就是知识产权的"专有性"特点。知识产权的专有性表现为独占性和排他性，即知识产权只能授予权利人一次专有权，权利人只能有一个，只有权利所有人本人才能享有法律保护，未经权利人许可，他人不得利用此知识产权。

4.有限性 即时间和地域的有限性。知识产权是依据一个国家的法律确认和保护的，因此一般只在该国领域内具有法律效力，在其他国家原则上不发生效力，这就是知识产权的地域性。知识产权所有权人对其智力成果的专有性也不是无限期存在的，即知识产权仅在一个法定期限内受到保护，超过这一期限，专有权利即终止，其智力成果即可进入公有领域，为人类所共享，这就是知识产权的时间性。

5.可复制性 知识产权作为智力劳动的成果，必然通过一定的有形物，即载体表现出来，如作家构思形成的手稿，根据专利技术生产的产品，知识产权作为财产权的性质，就是通过利用其生产和复制的产品、作品或其他物品体现出来的。因此知识产权具有可复制性，并通过这种复制进一步表现知识产权的财产和价值，这是知识产权与一般科学理论的主要区别所在，也是知识产权易被侵权的主要原因之一。

三、知识产权的法律保护制度

所谓知识产权的法律保护，是指以一国的知识产权立法为核心，通过司法体系、行政执法体系和有关协调机构的有机结合，形成有效运作执法系统，进行知识产权的保护，这是知识产权保护的主要手段。目前世界各国知识产权保护制度主要有三大体系，即专利制度、商标制度和版权制度。

1.专利制度 专利制度是知识产权保护最主要的制度。它是一种利用法律、行政与经济手段保护和鼓励发明、创新的管理制度。其基本内容是：根据《中华人民共和国专利法》（简称《专利法》），对申请专利的发明创造经过审查和批准，授予专利权；同时通过司法、行政和民事途径对确认的专利权予以保护，对侵权予以打击。《专利法》是专利制度的法律基石和核心内容，但一个完善的专利制度不仅包括立法体系，还包括相应的专利代理体系、专利文献服务体系、专利管理体系和专利实施体系。

2.商标制度 所谓商标制度，是指以商标法为核心，对工商业的商标进行法律保护和管理的制度。其基本内容包括商标的选择、使用和保护，以及商标的注册、变更、转让和续展许可等。

3.版权制度　版权（著作权）制度是指利用著作权法及其他相关行政规章、国际公约对著作权进行保护的管理制度。其宗旨在于依据保障版权所有者的利益，通过独占权、特许权的授予和对侵权行为的惩处，鼓励和保护人们的创作活动。

四、知识产权的国际保护制度

20世纪以来，随着世界经济、科技一体化进程的加快，知识产权在国际贸易和文化交往中的地位日益突出；但由于知识产权的保护具有"地域性"特点，人们的智力劳动成果很难在本国以外得到保护，因此通过成立国际组织以及签订国际条约等方法进行知识产权的国际保护，成为知识产权保护的另一重要途径。

知识产权国际保护制度的建立始自《巴黎公约》和《伯尔尼公约》。经过130余年的发展，知识产权的保护制度已日趋完善，保护内容趋于合理公正，知识产权保护的对象和范围进一步扩大，越来越多的国家及国际组织参与到知识产权的国际保护行列。目前对国际社会影响较大的知识产权保护公约和国际组织有以下几个。

1.世界知识产权组织　世界知识产权组织（World Intellectual Property Organization，WIPO）是目前国际社会中处理国际性知识产权问题的唯一管理机构，隶属于联合国，根据1967年7月14日由51个国家在斯德哥尔摩签署的《建立世界知识产权组织公约》成立。WIPO的主要宗旨是通过国与国之间的合作和与其他国际组织的合作，促进全世界对知识产权的保护。WIPO的成立后在知识产权领域的国际合作中发挥了极其重要的作用。

2.知识产权国际公约　目前国际社会缔结的知识产权保护公约、条约、协定有20余个，其中比较重要的公约具体如下。

（1）《巴黎公约》于1883年3月20日在巴黎签订，是保护工业产权最早，也是主要的国际公约，截至2022年7月6日，已有179个公约成员国。《巴黎公约》的实质性内容主要是在国民待遇、优先权待遇、专利和商标的独立性、共同规则强制许可等方面达成共识。

（2）《伯尔尼公约》与《世界版权公约》《伯尔尼公约》于1886年9月9日在瑞士首都伯尔尼缔结，2018年已有176个成员国。《伯尔尼公约》的宗旨是尽可能有效、尽可能一致地保护作者对其文学和艺术作品所享有的权利。《世界版权公约》于1952年9月6日在瑞士日内瓦缔结，由联合国教科文组织管理其日常工作。《世界版权公约》保护的权利主体较《伯尔尼公约》广泛，包括作者及其他版权所有者，但保护水平较后者低。

（3）《商标国际注册马德里协定》　该协定于1891年4月在西班牙马德里签订

（1967年修订），其主旨是解决商标的国际注册问题，主要内容包括商标国际注册的程序、国际注册的效力、国际注册的有效期。

（4）《专利合作公约》《专利合作公约》（Patent Cooperation Treaty，PCT）于1970年6月19日在美国华盛顿签订，1978年1月1日正式生效，是继《巴黎公约》之后又一个重要的国际性专利，该条约于2021年进行了修订，截至2023年，专利合作条约的缔约国已有157个。专利合作公约的宗旨是为简化申请国际注册专利的手续，加快信息传播，加强对发明的法律保护，促进缔约国的技术进步和经济发展。

3.世界贸易组织　世界贸易组织（World Trade Organization，WTO）于1995年1月1日建立。WTO是世界各国、地区间管理贸易政策的国际机构，在商品、服务以及知识产权等的国际贸易、交流与协作方面发挥着经济联合国的作用，是20世纪以来新的世界性多边贸易体制的典型体现。截至2023年，WTO已有164个成员国家或地区。

《与贸易有关的知识产权协定》（TRIPS）（Agreement on Trade-Related Aspects of Intellectual Property Rights，TRIPS）草案于1991年在《关税与贸易总协定》缔约国的乌拉圭回合谈判中获得通过。WTO正式成立后，专门成立知识产权理事会监督和管理该协定的实施，使其成为世界知识产权组织外另一个管理知识产权的国际经济贸易组织。《与贸易有关的知识产权协定》作为建立世界贸易组织马拉喀什协议的一个部分，于1995年1月1日起生效。《与贸易有关的知识产权协定》的目标和宗旨是：减少对国际贸易的扭曲和阻塞，促进对知识产权国际范围内更充分、有效的保护，确保知识产权的实施及程序不会对合法贸易构成壁垒。因此与其他国际公约相比，《与贸易有关的知识产权协定》的内容涉及更广，几乎涉及知识产权的各个领域，保护水平更高，并且强化了知识产权的执法程序和保护措施，强化了协议的执行措施和争端解决机制，把履行协议保护产权与贸易制裁紧密结合在一起。

由于WTO管辖的范围及对各成员国的约束和影响较其他国际经济组织及公约更宽、更严、更深，TRIPS的签订和实施不仅强化了知识权与贸易的关系，而且使知识产权国际保护体系从以往以世界知识产权组织管理的众多国际公约为核心，转变为以TRIPS为核心；另外还改变了知识产权国际保护与国内保护两种方式的关系，使知识产权的国际保护带有了更多的强制性，将知识产权保护按国内立法实施的传统原则让位给优先按国际法实施的新规则。

五、专利权人的权利和义务

有权申请专利和取得专利权，并承担相应义务的自然人和法人被称为专利权人。根据《专利法》规定，职务发明创造的专利权人为单位；非职务发明创造的专利权人为自然人或设计人。

1.**专利权人的权利** 依据《专利法》，专利权人对其专利拥有独占实施权、转让权、许可权和标记权。专利权人的权利受法律保护。

2.**专利权人的义务** 专利权人在享有权利的同时，负有实施其专利发明创造的义务和缴纳年费的义务。为保证发明创造能够得到及时实施和应用，《专利法》中规定了"强制实施和应用"和"特别许可"的制度。专利权人未以合理的条件在合理的时间内许可他人实施其专利时，国务院专利行政部门可给予实施专利的强制许可。在国家出现紧急状态或非常情况时，或为了公共利益的目的，国务院专利行政部门可给予实施专利的强制许可。一项专利较以前的专利具有显著经济意义的重大技术进步，其实施有赖于前一专利的实施，国务院专利行政部门可根据后一专利权人申请对前者实施强制许可。国有企事业单位的发明专利，对国家利益或公共利益具有重大意义时，经国务院批准，可在批准范围内推广使用，允许指定单位实施。

六、医药知识产权保护的意义

作为高新科技和信息技术运用最为广泛的领域之一，医药行业不仅是绝大多数国家重要的工业产业支柱，也是无形资产集中的主要领域。因此，世界各国对医药领域的知识产权保护问题都十分重视。医药领域知识产权保护的意义主要体现在以下几个方面。

1.**鼓励医药科技创新** 新药的研究开发是一项高投入、高风险、费时长的复杂系统工程，需要进行新药的设计与筛选、临床前研究、临床研究、生产工艺优化、申报、审批及市场开发等大量、长期的工作。发达国家成功研制一种创新药品，平均需历时10~12年，耗资5亿~10亿美元。高额投入的回报是新产品所带来的巨大经济利益，但其前提必须是对新产品的有效保护，避免其他企业无偿仿制造成的市场和利润的损失。只有通过《专利法》等法律或行政手段有效实施知识产权保护，才能保护研究开发者的积极性，保证医药科技创新的不断发展。

2.**推动医药科技产业化发展** 由于知识产权的无形性和可复制性特点，医药科技创新必须及时转化为产品，才能创造财富和价值。发达国家往往将其药品销售额的15%~20%用于新药的研究与开发，其目的正是新药研制产业化后的高额利润。知识产权保护制度的实施，可以从法律和行政等各方面促使高新技术转化为生产，有利于加强科研与生产管理，解决科研与生产相脱离的问题。

3.**加强医药国际交流与贸易** 我国已经加入大多数主要的知识产权保护国际公约，知识产权保护的法律体系也基本完善。良好的知识产权保护氛围可以吸引更多的国家和企业在我国进行医药开发的技术投资与科研合作，也有利于我国医药产品与技术，尤其中医药产品的对外出口与贸易。

4.**提高企业竞争意识与能力** 中国加入世界贸易组织后，医药知识产权保护将得到更加严格的实施，我国长期以来以仿制无自主知识产权药品为主的绝大多数医药企业会面临更加严峻的竞争形势。医药企业能否在残酷的国际与国内竞争中立于不败之地，很大程度上将取决于是否拥有更多的医药知识产权。

七、医药知识产权的种类

医药知识产权是人们对在医药领域中所创造的一切智力劳动成果依法享有的权利的统称。按照知识产权的范围划分，医药知识产权大致有以下几种。

1.发明创造类

（1）医药专利 包括依法取得专利权的新医药产品、生产工艺、配方、生产方法，以及新剂型、制药装备、医疗器具和新颖的药品包装、药品造型等。

（2）未申请专利的新药及其他产品 主要是指依据新药保护有关规定和中药品种保护有关规定取得行政保护的新药和中药品种等。

2.商标类 主要是已注册或已经依法取得认定的医药品商标、原产地名称、计算机网络域名等。

3.版权类 医药领域涉及的版权主要是由医药企业或人员创作或提供资金、资料等创作条件或承担责任的医药类百科全书、年鉴、辞书、教材、摄影、录像等作品的著作权和邻接权；以及医药计算机软件或多媒体软件，如药物信息咨询系统、药厂GMP管理系统、药事管理学教学课件等。

4.商业秘密 根据《反不正当竞争法》（2019年修正）规定，商业秘密是指不为公众所知悉、具有商业价值并经权利人采取相应保密措施的技术信息、经营信息等商业信息。如中药复方制剂的秘方、制药企业的商业情报等。

八、医药专利的类型

我国药品专利保护起步较晚，1985年开始实施《专利法》，1993年才开始有实质性的药品专利保护。《中华人民共和国专利法》（2020年修正）规定，专利包括发明、实用新型和外观设计三类。发明是指对产品、方法或者其改进所提出的新的技术方案，包括产品发明和方法发明两类；实用新型指对产品的形状、构造或其结合所提出的适于实用的新的技术方案；外观设计指对产品的整体或者局部的形状、图案或者其结合以及色彩与形状、图案的结合所作出的富有美感并适于工业应用的新设计。医疗领域的专利包括以下类型。

1.医药发明专利 医药领域可授予专利权的发明主要有合成药及合成方法发明，药物制剂及制备工艺、配方发明，生化药及生物技术发明，天然药物及提取方法发明，以及医药设备发明等。按照一般发明专利的划分，可分为下面两大类。

（1）产品发明 产品发明指人工制造的各种有形物品的发明，是人们通过研究开发出来的关于各种新产品、新材料、新物质等的技术方案。医药产品发明包括：①新物质，包括有一定医疗用途的新化合物；新基因工程产品（生物制品）；用于制造药品的新原料、新辅料、中间体、代谢物和药物前体；新的异构体；新的有效晶型；新分离或提取得到的天然物质。②已知化合物，包括首次发现其有医疗价值，或发现其有另外医疗用途者。③药物组合物，由两种或两种以上物质组成，至少一种是活性成分，组合后具有协同作用或增强疗效作用者，主要是复方制剂和药物新剂型。④微生物及其代谢产物，当其经过分离成为纯培养物，并且具有特定工业用途时，可申请产品发明专利。⑤制药设备及药物分析仪器、医疗器械等。

（2）方法发明 方法发明包括方法发明所利用自然规律的方法，是人们对制造产品或解决某个技术课题而研究开发出来的操作方法、制造方法及工艺流程等技术方案。方法发明可分为制造方法和操作使用方法两种类型。医药方法发明主要有两类：①制备方法、生产工艺：如上述产品的合成、制备、提取、纯化等方法。现实领域中，医药企业和科研机构往往在申请产品专利的同时申请其制备方法的专利。②药物新用途药物的新适应证等。

2.实用新型专利 医药领域的实用新型专利主要是某些与功能有关的药物剂型、形状、结构的改变，如新的药物剂型；诊断用药的试剂盒与功能有关的形状、结构；某些药品的包装容器的形状、结构；某些医疗器械的新构造等。

3.外观设计专利 外观设计专利主要是指药品外观或包装容器外观等，包括有形药品的新造型或其与图案、色彩的搭配与组合；新的盛放容器，如药瓶、药袋、药品瓶盖等；富有美感和特色的说明书、容器等；包装盒等。

九、医药专利的授予条件

授予专利权的发明和实用新型应具备新颖性、创造性和实用性，这是《与贸易有关的知识产权协定》中以及各国《专利法》公认的授予专利权的必要条件。

新颖性指在申请日期以前没有同样的发明或者没有在实用新型国内外出版物上公开发表过、在国内公开使用过或者以其他方式为公众所知，也没有同样的发明或者实用新型由他人向国务院专利行政部门提出过申请并且登记在申请日期以后公布的专利申请文件中。新颖性一般以申请日为准，凡在申请日以前已经公开的发明创造，就成为现有技术的一部分，不能再取得专利权。但我国《专利法》规定，申请专利的发明创造在申请日以前六个月内，有下列情形之一的，不丧失新颖性：①在中国政府主办或承认的国际展览会上首次展出的。②国务院有关主管部门或者全国性学术团体组织召开的学术会议或者技术会议上首次发表的。③他人未经申请人同意而泄露其内容的。

创造性是指同申请日以前已有的技术相比，该发明有突出的实质性特点和显著的进步，该实用新型有实质性特点和进步。

实用性指该发明或者实用新型能够制造或者使用，并且能够产生积极效果。

授予专利权的外观设计应同申请日以前在国内外出版物上公开发表过或国内公开使用过的外观设计不相同和不近似，并不得与他人在先取得的合法权利相冲突。

对于科学发现、智力活动的规则和方法、疾病的诊断和治疗方法、动物和植物品种以及用原子核变换方法获得的物质等，不授予专利权。但动物和植物品种的生产方法可依照《专利法》规定授予专利权。

十、医药专利的申请原则

《专利法》中专利的申请应遵循以下基本原则。

1.书面原则　即办理专利申请手续时，必须采用书面形式。

2.申请单一性原则　即一件专利申请只限于一项发明创造。属于一个总的发明构思的两项以上的发明或者实用新型，可以作为一件申请提出。用于同类别并且成套出售或者使用的产品的两项以上的外观设计，可以作为一件申请提出。

3.先申请原则　即两个或两个以上申请人就同样的发明申请专利时，专利权授予最先申请的人，判断申请先后的标准为申请日。我国《专利法》规定，国务院专利行政部门收到专利申请文件之日为申请日。如果申请文件是邮寄的，以寄出的邮戳日为申请日。

4.优先权原则　即申请人自发明或者实用新型在外国第一次提出专利申请之日起十二个月内，或者自外观设计在外国第一次提出专利申请之日起六个月内，又在中国就相同主题提出专利申请的，依照该外国同中国签订的协议或者共同参加的国际条约，或者依照相互承认优先权的原则，可以享有优先权。申请人自发明或者实用新型在中国第一次提出专利申请之日起十二个月内，又向国务院专利行政部门就相同发明或者实用新型提出专利申请的，可以享有优先权。优先权须以书面形式提出。

十一、医药专利的申请与审批

1.医药专利的申请　申请医药发明或实用新型专利的，提交请求书、说明书及其摘要和权利要求书写等文件；申请外观专利设计的，应当提交请求书以及该外观设计的图片或者照片等文件，并且应当写明使用该外观设计的产品及其所属类别。关于当前很多医药专利涉及的国际申请，我国《专利法》规定，中国单位或者个人将其在国内完成的发明创造向外国申请专利的，应当先向国务院专利行政部门申请专利，委托其指定的专利代理机构办理，并遵守有关保密的规定。

2.医药专利的审批　依据《专利法》，发明专利申请的审批程序包括受理、初审、公布、实审以及授权五个阶段。实用新型或者外观设计专利申请在审批中不进行早期公布和实质审查，只有受理、初审和授权三个阶段。

十二、医药专利权的保护范围、期限、终止和无效

1.专利权的保护范围　与其他专利一样，医药发明或者实用新型专利权的保护范围以其权利要求的内容为主，说明书及附图可用于解释权利要求；外观设计专利权的保护范围以表示在图片或者照片中的该外观设计为准。

2.专利权的期限　医药发明专利权的期限为20年，实用新型专利权和外观设计专利权的期限为10年，自申请之日起计算。

3.专利权的终止　专利权在期限届满时终止。没有按规定缴纳年费的，或专利权人以书面声明放弃其专利权的，专利局可在期限届满时终止其专利权。

4.专利权的无效　自国务院专利行政部门公告授予专利权之日起，任何单位或个人认为该专利权的授予不符合《专利法》有关规定的，可请求专利复审委员会宣告该专利权无效。专利复审委员会对请求及时审查，做出决定，并公告专利权无效的决定，由国务院专利行政部门登记公告。宣告无效的专利权视为自始即不存在。

第五节　新药研发的协调配合与推广

新药研发是医药企业根据自身生产经营情况、所处的环境以及可获取的资源，为实现企业持续生存和长期稳定发展所开展的研究工作。新药研发的不确定性因素多、投入成本高、技术难度大，各方面的因素又经常相互变化、相互左右，所以新药研发要保持灵活性原则。新药研发虽然主要由研发部门完成，但是其上下游关联着生产、营销、人力资源、售后服务等各个部门，因此新药研发需要由研发部门牵头、企业高层支持、各个部门协同参与。

一、新药研发的协调配合

新药研发应由企业最高层的管理人员积极介入领导，具体的研发可集中于产品研发部门，通过新产品开发项目组的形式进行负责和工作协调。高层管理委员会负责审核新产品建议，并根据不同产品类型，制订相应产品开发标准。高层领导在每个阶段根据审查标准判断该项目能否进入下一阶段。研发部重点在新产品开发和研制工作，增强新产品开发和推广工作；项目经理专职负责不同的新产品开发组工作，对完成项目具有首要的责任，项目经理有权力协调不同职能部门的小组，各相关职能经理对

项目中他们负责的部分拥有职责和权利，项目经理对项目每个阶段的工作成果进行总结，以提供给高层领导进行审核。

除了高层领导与研发部门以外，其他部门也应该积极参与新药研发的每个步骤，并明确各部门的责任。采购部负责按设计人员对关键原辅材料的要求，寻找合适的供应商；财务部参与产品成本核算、投资回报、可行性分析和风险评估；设备部负责为试产和正式投产准备相应的生产设备；生产部负责保证设计的可生产性，根据同类产品的生产情况提出设计建议；市场部负责行业分析、竞争对手分析、分析市场发展趋势、寻找目标市场和目标客户；销售部负责客户反馈、了解消费者需求、提供促销方案。通过整合产品研发、生产、工艺、市场和销售各方面的力量，使研究开发不再孤立地局限在研发部门，有利于最终开发出可生产、低成本与市场竞争力强的产品。

二、新药的推广

新药研发成功后就要考虑新药的上市时机，市场策划时机不对，产品再好，其前景也要打个折扣。按传统的思维，产品越早上市越好，但药品的最终消费者是患者，需要经过医生推荐环节，对于某类疾病的治疗方案，医生有着明确的治疗原则和药物选择。医生对某一种药物的认可，是其长期习惯和坚持的结果，除非此药有明显的不良反应或是有更好的替代产品。否则，在效益相差不大的情况下，强行推广药品需要付出昂贵的成本，且效果未必好。

2005年底，百时美施贵宝公司的抗乙肝新药恩替卡韦片（"博路定"）获得国家食品药品监督管理局批准，该药于2006年第一季度在中国上市。在此之前，葛兰素史克在抗乙肝病毒治疗领域可谓一家独大，其产品占领了相当的市场份额和医生处方。然而随着其产品的逐步使用，治疗的耐药性也逐步显现出来。此时，临床医生已经有了获取更优良产品的需求，随着这种需求成为一种普遍的呼声以后，博路定上市时机就来到了。其后也证明，这个时机选择是正确的，博路定没有费太大周折就迅速为临床所认可。

药品营销模式从操作手法上的不同可以分为学术营销模式、专科营销模式、品牌营销模式、数据营销模式、流通营销模式、新闻营销模式、公益营销模式等。

1.学术营销模式 学术推广是新药营销的主流模式，这种模式始于德国拜耳公司，该公司于1920年开始设立专业医药代表，针对医生进行药品推广工作。在临床上，临床医生由于没有使用过刚研发的新药药品，也难以认识到该药品在临床上的使用效果和不良反应。如果缺乏有效的沟通，医生很难主动开出该药品。医药代表的主要工作就是以个性化、专业化的学术推广方式去说服医生在最大程度上接受自己的产品。

2.专科营销模式 专科营销模式是从医院营销中细分出来的一种营销模式，它是针对特定专科医院、特定病种、特定患者而采取的新药推广销售模式。由于专科医院无论是在人员上、技术上还是设备上均无法与大中型医院相比，在市场竞争中处于下风的地位。为立足于激烈的市场竞争之中，它们费尽脑汁来打造自己的核心竞争力。独特的诊疗技术和品质优秀的新药是它们常用的武器。每当一种适合专科医院（如肝药、结核药、抗菌药、疫苗、皮肤药等）的新特药出现，它们都迫切希望能在专科门诊中得到运用，以满足患者的需要。

3.品牌营销模式　在新药推广中可以通过品牌的手段促成产品的销售，在医院中建立品牌，通过医生把品牌渗透到患者。新药要形成品牌首先要获得医院专家的认可，借助专家的影响力来传递新药品牌，让更多的医生认知、认可，这需要与医院专家进行充分的交流与沟通。

4.数据营销模式　数据营销模式是依托数据资源，针对特定患者直接进行个性化营销，是一种重要的新药营销模式。该模式针对性强，有较为充分的时间与患者沟通，最终促成药品的销售。目前不少医药企业都在进行数据库营销，特别是针对慢性病的医药保健品都适合采用数据库营销。

5.流通营销模式　流通营销模式就是通过医药流通企业把新药批发到各地，这对于缺乏实力和市场网络的制药企业而言，可以借助大流通公司平台进行新药推广。但采用流通营销模式存在一定的市场风险，一是流通企业缺乏专业的临床推广人员，无法进行临床推广；二是流通企业往往看重产品价格，可能会对新药实施降价，加快了新药向普药的转化速度，从而影响到制药企业的利润。因此，一些已接近普药并可在药店销售的新药更适合采用这种模式。

6.新闻营销模式　新闻营销模式是通过新闻事件对新药进行辅助推广，辉瑞制药的西地那非（"伟哥"）是利用新闻模式成功推广的经典案例。"伟哥"在进入中国市场之前，首先报道了一个动人的故事，故事讲的是该产品原先并不是治疗男性勃起功能障碍的药物，只不过是在临床中的一个偶然让其男性勃起功能障碍治疗功能被人们所认识。在进入中国市场之时，一方面通过新闻媒体反复报道药品进入中国市场的消息，另一方面也通过上述故事加深读者对该产品的印象，加上其与中国多家制药企业之间的专利纠纷，引起了大量媒体的报道，在这样的全方位、多角度、免费的报道中，"伟哥"在中国上市后即大获成功，销售额不断上升。

7.公益营销模式　公益营销模式主要是通过赞助、捐赠等公益手段对企业和产品的社会公众形象进行商业推广的营销方式，该模式容易被患者接受。其实质上是一种软广告，只是商业性及功利性不像硬广告那么明显，因此被众多制药企业广泛采用。

第八章　企业计量标准化管理

企业计量标准化管理系统是以企业的目标、方针为中心，以国家的法律、法规及国家标准、行业标准为依托，以技术标准为主体，以管理标准为支持，以工作标准为保障的系统组成。制药企业作为与人民日常生活息息相关的企业，实施企业标准化管理是必不可少的。制药企业实施企业标准化管理是对全民负责的表现，有利于树立制药企业的威信，赢得人民的支持，无形中从同行竞争中脱颖而出。制药企业实施企业计量标准化管理，对于促进制药企业技术全面进步，提升制药企业管理水平，提高产品质量和档次，增强制药企业市场竞争力和产品市场占有率等方面具有极其重要的作用。制药企业推行企业标准化管理体系有利于规范制药企业内部的管理行为，降低生产成本、提高产品质量、提升生产效益。制药企业通过一系列的标准来规范操作行为和作业流程，从而控制各种影响质量的因素，以减少或消除质量缺陷的产生；一旦发现质量缺陷，也能及时发现并采取纠正措施。

第一节　计量管理

计量，这一词源于商品交换，由于人们生活中迫切需要测量长度、容积和质量，所以在古代中国，人们把计量称为度量衡。随着生产、科学技术和社会的不断发展，计量的范围逐渐扩大，内容不断充实，已远远超出度量衡的范畴。它包括各种物理量、化学量以及工程量的计量测试。近年来，计量的发展尤为迅速，以至囊括了生理量和心理量等的计量测试。计量同国家法规和行政管理紧密结合，这在其他学科中是少有的，是其最显著的特点。

一、计量的概念

根据国家计量技术规范 JJF 1001—2011《通用计量术语及定义》，计量定义为"实现单位统一、量值准确可靠的活动"。人类为了生存和发展，必须认识自然、利用自然和改造自然，而自然界的一切现象、物体或物质，是通过一定的"量"来描述和体现的。因此，要认识大千世界和造福人类社会，就必须对各种量进行分析和确认，既要区分量的性质，又要确定其量值。而在不同时间、地点，由不同的操作者用不同仪器所确定的同一个被测量的量值，应当具有可比性。只有当选择测量单位遵循统一的准则，并使所获得的量值具有必要的准确度和可靠性时，才能保证这种可比性。显然，对测量的这种要求不会自发地得到满足，必须由社会上的有关机构、团体包括政府进行有组织的活动才能达到。这些活动，主要包括进行科学研究，发展测量技术，建立计量基准、标准等用于保证测量结果具有溯源性的物质技术基础，以及制订计量法规，开展计量管理等。

二、计量的分类

计量学包括专业较多，应用十分广泛。如按专业划分可以分为几何量、温度、力学、电磁学、时间频率、光学、声学、化学（含标准物质）、电子和电磁辐射等十大类。国际法制计量组织（International Organization for Legal Metrology，OIML）根据应用领域将计量学分为工业计量学、商业计量学、天文计量学和医用计量学等。就学科而言，根据任务性质分为科学计量、工程计量和法制计量三类。

科学计量是指基础性、探索性、先行性的计量科学研究。通常用最新的科技成果来精确地定义与实现计量单位，并为最新的科技发展提供可靠的测量基础。科学计量通常是计量科学研究机构，特别是国家计量科学研究机构的主要任务，包括计量单位与单位制的研究、计量基准与标准的研究制订、物理常量与精密测量技术的研究、量值溯源与量值传递系统的研究、量值比对方法与测量不确定度的研究等。

工程计量也称工业计量，是指各种工程、工业企业中的应用计量。例如有关能源或材料的消耗、工艺流程的监控以及产品质量与性能的测试等。随着产品技术含量的提高和复杂性的增大，工程计量涉及的领域越来越广泛。为保证经济贸易全球化所必须的一致性和互换性，工程计量已成为生产过程控制不可缺少的环节。

法制计量是为了保证公众安全、国民经济和社会发展，根据法制、技术和行政管理的需要，由政府或其授权机构进行强制管理的计量，包括对计量单位、计量器具、测量方法及测量实验室的法定要求等。

三、计量的特点

由于制药企业的计量与人民生活的各个方面有着密切的关系，所以必然对计量单位统一、量值准确可靠提出越来越高的要求。因此，计量具有准确性、一致性、溯源性、法制性四个特点。

1.准确性 准确性是制药企业计量的基本特征，是计量科学的命脉，计量技术工作的核心。经检定、校准确定计量的准确性，以误差、不确定度为考核指标，来反映计量结果与被测量真值的接近程度。

2.一致性 一致性是制药企业计量学的本质特性，它不仅对单位统一，还对量值的准确可靠要求统一，也就是要求计量活动结果应符合规定的技术指标。计量的一致性不仅限于国内，也适用于国外。

3.溯源性 为了使制药企业计量结果准确可靠，任何量值都必须溯源于该量值的基准（国家基准或国际基准）。也就是任何量值均能追溯到"源"头。量值的基准是确保计量活动结果能满足量值准确可靠和统一的基础。

4.法制性 为实现单位统一、量值准确可靠，不仅要有一定的技术手段，还要有相应的法规和行政管理等法制手段来保障。我国计量以《中华人民共和国计量法》为准则，所有的计量活动均应符合其规定。例如，必须使用法定计量单位；对社会公用计量标准器具，部门和企业、事业单位使用的最高计量标准器具，以及用于贸易结算、医疗卫生、安全防护、环境监测等方面的计量器具实行强制检定等。对法定计量检定机构设置、计量标准建立、计量器具监督检查以及产品质量检验机构的计量认证等各个环节都必须有法律保障。

四、计量研究的内容

计量研究的内容主要有：量和单位；计量器具（包括计量基准、标准及工作计量器具）；量值传递与量值溯源；测量误差、测量不确定度与数据处理以及计量管理等。

（一）常见医药行业计量检测类型及项目

药品生产企业主要的计量检测包括仪器设备的计量校准、厂房设施验证、工艺验证、冷链验证等。

1.仪器设备的计量校准 对尘埃粒子计数器、液相/气相色谱仪等理化类仪器，温度表、湿度表等热工类仪器，电子天平、压差表等力学类仪器等进行计量校准。

2.厂房设施验证 依据GMP及现行的各种技术法规，可对平面图及设计说明书进行审查和确认，以便使GMP的要求及生产对厂房建筑的特殊要求在施工中充分得到满足。可验证项目有：静压差、照度、高效过滤器检漏、风速、风量、气流流型、换气次数、洁净度等级、洁净工作台、自净时间、传递窗、环境温湿度、噪音。

3.工艺验证 为了更好地确保特定的工艺始终可以生产出符合规格和质量标准的产品，可提供工艺验证，以保证生产出来的产品安全有效，符合法律法规的要求，同时降低生产成本，优化工艺水平。可验证项目：灭菌工艺（灭菌器、灭菌柜、培养箱、隧道烘箱）、清洗工艺（铝盖、胶塞清洗机的验证）、冻干工艺（冷冻干燥机的验证）。

4.冷链验证 提供符合新修订《药品经营质量管理规范》（Good Supply Practice，GSP）要求的第三方药品冷链验证服务，科学有效地采集温湿度情况，专业系统地对采集的数据进行分析，验证冷链在正常工作状态下是否符合规定，找出不符合或有隐患的偏差，予以纠正，从而规避药品储存、运输风险。可验证项目有：冷库验证、冷库车验证。

（二）制药企业GMP认证中的计量保证

计量工作是一项科学技术性和法制性都很强的工作，是企业生产和管理的一项重要基础工作。1999年国家为了保证药品生产企业的质量，颁布并实施了《药品生产质量管理规范》，并列入强制性认证的范围。2010年10月19日经卫生部部务会议审议通过《药品生产质量管理规范（2010年修订）》，自2011年3月1日起施行。由此可见，GMP认证是全面质量管理在制药行业的具体体现。作为企业质量管理的子系统，计量保证体系是GMP所有验证工作中不可缺少的重要环节。

（三）制药企业计量管理

计量管理工作要突出合理、科学、准确，要贯穿于企业生产经营全过程。使计量工作帮助企业改善经营管理，推进技术进步，提高产品质量和企业经济效益。强调统一管理，做好上承下达，即企业的计量工作要接受上级计量管理部门的监督指导；同时要对企业内部的计量工作实施统一管理。具体措施如下。

（1）宣传贯彻国家计量法令、法规、方针和政策。

（2）结合制药企业实际情况，制订有关计量管理制度、办法，做到各项计量工作有章可循。

（3）制订本企业年度计量工作计划和计量工作近远期规划。

（4）统一管理全公司的计量器具。制订量值传递系统表和计量器具周期检定计划表，组织计量器具检定工作，保证各种计量器具的单位统一和量值准确。

（5）根据生产经营需要，制订计量器具购置计划。做好计量器具的入库、流转、使用、降级、报废等工作，防止不合格计量器具流入生产过程。

（6）参与企业科研、生产、经营和能源管理，管好计量数据，使准确可靠的计量数据为企业生产经营决策提供依据。

（7）普及宣传计量知识。

（8）统一组织计量人员的培训和考核。

（9）统一监督全公司的计量工作，并代表本公司负责企业内外计量纠纷的处理。

五、计量的法规

2018年10月26日全国人民代表大会常务委员会表决通过了修正的《中华人民共和国计量法》（简称《计量法》）。《计量法》是国家管理计量工作的基本法律，是实施计量监督管理的最高准则。制药企业遵循的计量法规以《计量法》为准。

（一）《计量法》简介

《计量法》共六章三十四条，立法的宗旨是为了加强计量监督管理，保障国家计量单位制的统一和量值的准确可靠，有利于生产、贸易和科学技术的发展，适应社会主义现代化建设的需要，维护国家、人民的利益。立法的原则是统一立法，区别管理。中华人民共和国境内，所有国家机关、社会团体、中国人民解放军、企事业单位和个人，凡是使用计量单位，建立计量基准、计量标准，进行计量检定，制造、修理、销售、使用计量器具和进口计量器具，开展计量认证，实施仲裁检定和调解计量纠纷，进行计量监督管理方面所发生的各种法律关系，均为《计量法》适用的范围。其主要内容归纳如下。

1.法定计量单位　国家实行法定计量单位制度。国际单位制计量单位和国家选定的其他计量单位为国家法定计量单位。

2.计量基准　国务院计量行政部门负责建立各种计量基准器具，作为统一全国量值的最高依据。

3.计量标准　县级以上地方人民政府计量行政部门，根据本地区需要，建立社会公用计量标准器具，经上级人民政府计量行政部门主持考核合格后使用。社会公用计量标准是统一本地区量值的依据，在社会上实施计量监督具有公正作用，其数据具有权威性和法律效力。国务院有关主管部门和省、自治区、直辖市人民政府有关主管部门，根据本部门的特殊需要，可以建立本部门使用的计量标准器具，其各项最高计量标准器具经同级人民政府计量行政部门主持考核合格后使用。

4.强制检定　是指计量标准或工作计量器具必须定期定点地由法定的或授权的计量检定机构检定。县级以上人民政府计量行政部门对社会公用计量标准器具，部门和企事业单位使用的最高计量标准器具，以及用于贸易结算、安全保护、医疗卫生、环境监测方面的列入强制检定目录的工作计量器具，实行强制检定。未按照规定申请检定或者检定不合格的，不得使用。实行强制检定的工作计量器具的目录和管理办法，由国务院制订。非强制检定的计量器具使用单位应当自行定期检定或者送其他计量检定机构检定。计量检定工作应当按照经济合理、就地就近的原则进行。

5.国家计量检定系统表和计量检定规程　计量检定必须按照国家计量检定系统表进行。国家计量检定系统表由国务院计量行政部门制订。计量检定必须执行计量检定规程。国家计量检定规程由国务院计量行政部门制订。没有国家计量检定规程的，由国务院有关主管部门和省、自治区、直辖市人民政府计量行政部门分别制订部门计量检定规程和地方计量检定规程。

6.制造、修理计量器具　制造、修理计量器具的企事业单位必须对制造、修理的计量器具进行检定，保证产品计量性能合格，并对合格产品出具产品合格证。

7.计量监督 县级以上人民政府计量行政部门应当依法对制造、修理、销售、进口和使用计量器具，以及计量检定等相关计量活动进行监督检查。有关单位和个人不得拒绝、阻挠。县级以上人民政府计量行政部门可以根据需要设置计量检定机构，或者授权其他单位的计量检定机构，执行强制检定和其他检定、测试任务。执行检定、测试任务的人员，必须经考核合格。

8.计量纠纷的处理 处理因计量器具准确度所引起的纠纷，以国家计量基准器具或者社会公用计量标准器具检定的数据为准。为社会提供公证数据的产品质量检验机构，必须经省级以上人民政府计量行政部门对其计量检定、测试的能力和可靠性考核合格。

9.违反《计量法》应承担的法律责任 ①有如下行为的没收违法所得，可以并处罚款。制造、销售未经考核合格的计量器具新产品的，责令停止制造、销售该种新产品；制造、修理、销售不合格计量器具；属于强制检定范围的计量器具，未按照规定申请检定或者检定不合格继续使用的，责令其停止使用；使用不合格的计量器具或者破坏计量器具准确度，给国家和消费者造成损失的，责令其赔偿损失，没收其计量器具。以欺骗消费者为目的制造、销售、使用计量器具的，没收其计量器具。情节严重的并对个人或者单位直接责任人员依照刑法有关规定追究刑事责任。②计量监督人员违法失职，情节严重的，依照刑法有关规定追究刑事责任；情节轻微的，给予行政处分。

（二）其他计量法规

《计量法》是国家管理计量工作的基本法。由于它只对计量工作中的重大原则问题做了规定，因此实施计量法还必须制订具体的计量法规，以便将《计量法》的各项原则规定具体化，形成一个以计量法为基本法的计量法规体系。计量法规包括计量管理法规和计量技术法规两大部分。

计量管理法规是指国务院以及省、自治区、直辖市等的人民代表大会及其常委会为实施计量法制订颁布的各种条例、规定或办法。计量管理规章是指国务院计量行政部门以及省、自治区、直辖市和国务院批准的较大的市的人民政府制订的办法、规定、实施细则等。

计量技术法规包括计量检定系统表、计量检定规程和计量技术规范。计量检定系统表亦称计量检定系统，是国家法定技术文件，它用图表结合文字的形式，规定了国家基准、各级标准至工作计量器具的检定主从关系。检定规程是检定计量器具时必须遵守的法定技术文件。计量技术规范是进行有关检定、检验、测试时，在样机资料、计量性能、检查方法、技术条件、结果处理等方面必须遵守的规范性文件。

与计量检定工作有关的我国计量管理的法规及文件有三十几个，最主要的有：《中华人民共和国计量法实施细则》（2022年修订）、《计量违法行为处罚细则》（2015年修订）、《实施强制管理的计量器具目录》（2020年10月26日国家市场监督管理总局调整）。

第二节　计量检定

计量检定是一项法制性很强的工作。它是统一量值，确保计量器具准确一致的重要措施；是进行量值传递或量值溯源的重要形式；为国民经济建设提供计量保证的重要条件；是对计量实行国家监督的手段。它是计量学的一项最重要的实际应用，也是计量部门一项最基本的任务。

一、计量检定的术语

计量检定是指评定计量器具的计量特性，确定其是否符合法定要求所进行的全部工作。检定是由计量检定人员利用计量标准，按照法定的计量检定规程要求，包括外观检查在内，对新制造的、使用中的和修理后的计量器具进行一系列的具体检验活动，以确定计量器具的准确度、稳定度、灵敏度等是否符合规定、可供使用，计量检定必须出具证书或加盖印记及封印等，以标志其是否合格。计量检定有以下特点：①检定对象是计量器具；②检定目的是判定计量器具是否符合法定的要求；③检定依据是按法定程序审批发布的计量检定规程；④检定结果是检定必须做出是否合格的结论，并出具证书或加盖印记（合格出具"检定证书"，不合格出具"不合格通知书"）；⑤检定具有法制性，是实施国家对测量业务的一种监督；⑥检定主体是计量检定人员。

与计量器具的检定类似的计量检定术语有校准、测试、计量确认等，必须正确理解它们的含义并加以区分。

1. 校准　校准是指在规定条件下，为确定测量仪器或测量系统所指示的量值，或实物量具或参考物质所代表的量值，与对应的由标准所复现的量值之间关系的一组操作。校准结果既可赋予被测量以示值，又可确定示值的修正值。校准还可确定其他计量特性，如影响量的作用；校准结果可出具"校准证书""校准报告"。

从该定义中可看出，校准与检定一样，均属于量值溯源的一种有效合理的方法和手段，目的都是实现量值的溯源性，但二者有如下区别。

（1）检定是对计量器具的计量特性进行全面的评定；而校准主要是确定其量值。

（2）检定要对该计量器具做出合格与否的结论，具有法制性；而校准并不判断计量器具的合格与否，不具有法制性。

（3）检定应发检定证书、加盖检定印记或不合格通知书，作为计量器具进行检定的法定依据；而校准是发给校准证书或校准报告，只是一种无法律效力的技术文件。

2.测试　测试是指具有试验性质的测量。一般认为，计量器具示值的检定或校准有规范性的技术文件可依，可以通称为测量或计量，而除此以外的测量，尤其是对不属于计量器具的设备、零部件、元器件的参数或特性值的确定，其方法具有试验性质，一般就称为测试。

3.计量确认　计量确认是指为确保测量设备处于满足预期使用要求的状态所需的一组操作。计量确认一般包括校准或检定，各种必要的调整或修理及随后的再校准，与设备预期使用的计量要求相比较以及所要求的封印和标签。只有测量设备已被证实适合于预期使用并形成文件，计量确认才算完成。预期使用要求包括：量值、分辨率、最大允许误差等。从定义中可以看出，计量确认概念完全不同于传统的"检定"或"校准"，它除了有校准含义外，还增加调整或修理、封印和标签等含义。

二、计量检定的分类与管理

计量检定是一项法制性、科学性很强的技术工作。根据检定的必要程序和我国对依法管理的形式，可将检定分为强制检定和非强制检定。按管理环节分为：出厂检定、进口检定、验收检定、周期检定、修后检定、仲裁检定等。按检定次序分为：首次检定、随后检定。按检定数量又可分为：全量检定、抽样检定。

我国计量立法的基本原则之一是"统一立法、区别对待"。这一原则体现在计量检定管理上，就是要从我国的具体国情出发，根据各种计量器具的不同用途以及可能对社会产生的影响程度，加以区别对待，采取不同的法制管理形式，即强制检定和非强制检定。

（一）强制检定

计量强制检定是指由政府计量行政主管部门所属的法定计量检定机构或授权的计量检定机构，对社会公用计量标准器具、企业的最高计量标准器具以及用于贸易结算、安全防护、医疗卫生、环境监测等列入国家强制检定目录的工作计量器具必须实行的定点定期检定。其特点是由政府计量行政部门统管，指定法定或授权的技术机构具体执行；固定检定关系、定点送检；检定周期由执行强制检定的技术机构按照计量检定规程来确定。

强制检定由政府计量行政部门强制实行。任何使用强制检定计量器具的企业或者个人，都必须按照规定申请检定。不按照规定申请检定或者经检定不合格继续使用的，由政府计量行政部门依法追究法律责任，给予行政处罚；强制检定的检定执行机构由政府计量行政部门指定。被指定单位可以是法定计量检定机构，也可以是政府计量行政部门授权的其他计量检定机构；强制检定的检定周期由检定执行机构根据计量检定规程，结合实际使用情况确定；对强制检定范围内的计量器具实行定点定周期检定。

强制检定的标识为CCV（Compulsory Verification of China）。《中华人民共和国计量法》对强制检定的规定不允许任何人以任何方式加以变更和违反，当事人和单位没有任何选择和考虑的余地。

（二）非强制检定

计量非强制检定是指由计量器具使用单位或自己委托具有社会计量标准或授权的计量检定机构依法进行的一种检定。

非强制检定是由企业对强制检定范围以外的其他依法管理的计量器具自行进行的定期检定。

（三）非强制检定与强制检定的主要区别

强制检定由政府计量行政部门实施监督管理；而非强制检定则由企业自行依法管理，政府计量行政部门只侧重于对其依法管理的情况进行监督检查。强制检定的检定执行机构由政府计量行政部门指定，企业没有选择的余地；而非强制检定由企业自己执行，企业自己不能检定的，可以自主决定委托包括法定计量检定机构在内的任何有权对外开展量值传递工作的计量检定机构检定。强制检定的检定周期由检定执行机构规定；而非强制检定的检定周期则在检定规程允许的前提下，由企业自己根据实际需要确定。

（四）强制检定计量器具的范围

根据计量法第九条第一款《中华人民共和国强制检定的工作计量器具检定管理办法》和《实施强制管理的计量器具目录》（以下简称《目录》），我国实行强制检定的计量器具的范围如下。

（1）社会公用计量标准器具。

（2）企业使用的最高计量标准器具。

（3）用于贸易结算、安全防护、医疗卫生、环境监测等四个方面，并列入《目录》的工作计量器具，共计40项62种。

（4）用于行政执法监督用的工作计量器具。

（5）随着国民经济和科学技术的发展，国家明文公布的工作计量器具，如电话计费器、棉花水分测量仪、验光仪、验光镜片组、微波辐射与泄漏测量仪等。

贸易结算方面强制检定的工作计量器具，是指在国内外贸易活动中或者单位与单位、单位与个人之间直接用于经济结算、并列入《目录》的计量器具。安全防护方面强制检定的工作计量器具，是指为保护人民的健康与安全，防止伤亡事故和职业病的危害，在改善工作条件、消除不安全因素等方面直接用于防护监测，并列入《目录》的计量器具。医疗卫生方面强制检定的工作计量器具，是指为保障人民身体健康，在疾病的预防、诊断、治疗以及药剂配方等方面使用，并且列入《目录》的计量器具。环境监测方面强制检定的工作计量器具，是指为保护和改善人民的生活、工作环境和自然环境，在环境质量因素的分析测定中使用，并且列入《目录》的计量器具。

企业使用的最高计量标准器具，以及用于贸易结算、安全防护、医疗卫生、环境监测方面列入强制检定目录的工作计量器具，应当进行强制检定。未按照规定申请检定或者检定不合格的，企业不得使用。

（五）非强制检定的计量器具的范围

企业使用的非强制检定计量器具，是指除企业最高计量标准器具以及用于贸易结算、安全防护、医疗卫生、环境监测方面的列入强制检定目录以外的其他计量标准器具和工作计量器具。非强制检定计量器具的检定周期由企业根据计量器具的实际使用情况，本着科学、经济和量值准确的原则自行确定。非强制检定计量器具的检定方式，由企业根据生产和科研的需要，可以自行决定在本单位检定或者送其他计量检定机构检定、测试，任何单位不得干涉。

（六）强制检定的实施

强制检定的实施可分为监督管理和执行检定两个方面。监督管理是按照行政区划由县级以上政府计量部门在各自的权限范围内分级负责；检定任务是采取统一规划、合理分工、分层次覆盖的办法，分别由各级法定计量检定机构和政府计量部门授权的其他检定机构承担。

各级政府计量行政部门在组织落实检定机构时应当遵循的基本原则是"经济合理、就地就近"，既要充分发挥各级法定计量检定机构的技术主体作用，保证检定和执法监督工作的顺利进行，同时也要调动其他部门和企业、事业单位的积极性，打破行政区划和部门管辖的限制，充分利用各方面现有的计量技术条件，创造就地就近检定的条件，方便生产和使用。

（七）非强制检定管理的基本要求

非强制检定的计量器具是企事业单位自行依法管理的计量器具。根据计量法律、法规的规定，加强对这一部分计量器具的管理，做好定期检定（周期检定）工作，确保其量值准确可靠，是企业计量工作的主要任务之一，也是计量法制管理的基本要求。为此，各企业应当做好以下基础工作。

1.明确职能机构 明确企业负责计量工作的职能机构，配备相适应的专（兼）职计量管理人员。

2.明确计量器具管理 明确规定企业管理的计量器具明细目录，建立在用计量器具的管理台账，制订具体的检定实施办法和管理规章制度。

3.配备相应人员 根据生产、科研和经营管理的需要，配备相应的计量标准、检测设施和检定人员。

4.保证定期送检 根据计量检定规程，结合实际使用情况，合理安排好每种计量器具的检定周期，对企业不能检定的计量器具，要落实送检，按时送检或申请来现场检定，保证定期检定。

5.完成自检任务 对由企业自行检定的计量器具，要制订周期检定计划，按时进行检定；杜绝任何未经检定的、经检定不合格的或者超过检定周期的计量器具流入工作岗位。

三、国家计量检定系统

国家计量检定系统是国家检定系统表的简称。曾称之为量传系统，在国际上则称为计量器具等级图。它是国家统一量值的一个总体设计，是国务院计量行政部门统一组织制订颁布的有关检定程序的法定技术文件。我国计量法规定，计量检定必须按照国家计量检定系统表进行，明确了其法律地位。

制订检定系统的根本目的是保证工作计量器具具备应有的准确度。在此基础上，考虑到我国国情，量值传递应符合经济合理、科学实用的原则，它既能为各级计量部门在机构设置、设备分配和人员配备等方面提供依据，也能为研制标准和精密仪器、生产规划和计划提供指导。而且可以指导企业编制科学合理的检定系统并安排好周期检定。编制好计量检定系统，可用最少的人力、物力，实行全国量值的统一，发挥最大经济效益和社会效益。

四、计量检定规程

计量检定规程属于计量技术法规。它是计量监督人员对计量器具实施监督管理、计量检定人员执行计量检定的重要法定技术检测依据，是计量器具检定时必须遵守的法定文件，所以计量法第十条作了明确规定："计量检定必须执行计量检定规程"。

计量检定规程是指评定计量器具的计量特性，由国务院计量行政部门组织、制订并批准颁布，在全国范围内施行，作为确定计量器具法定地位的技术文件。其内容包括计量要求、技术要求和管理要求，即适用范围、计量器具的计量特性、检定项目、检定条件、检定方法、检定周期以及检定结果的处理和附录等。

计量检定规程的主要作用在于统一检定方法，确保计量器具量值的准确一致。它是协调生产需要、计量基准（标准）的建立和计量检定系统三者之间关系的纽带。这是计量检定规程独具的特性。从某种意义上说，计量检定规程是体现计量定义的保证，不仅具有法制性，而且具有科学性。因此，我国在2010年修订通过了JJF 1002—2010《国家计量检定规程编写规则》，作为统一全国编写计量检定规程的通则。

部门、地方计量检定规程是在无国家检定规程时，为评定计量器具的计量特性，由国务院有关主管部门或省、自治区、直辖市计量行政主管部门组织制订并批准颁布，在本部门本地区施行，作为检定依据的法定技术文件。部门、地方计量检定规程如经国家计量行政主管部门审核批准，也可以推荐在全国范围内使用。当国家计量检定规程正式发布后，相应的部门和地方检定规程应即行废止。

五、企业计量检定的其他内容

首先是人员的配备和管理，其次是完善的管理制度体系，第三是适当的环境作为实现的基础条件，满足以上三点才能确保该项工作顺利进行，达到预期目标。

（一）企业计量标准管理

企业计量标准管理要严格执行建立计量标准中规定的现行有效的计量检定规程的规定，选取计量标准主标准器及主要配套设备。一般选取计量标准器具设备的综合误差（测量不确定度）应为被检计量器具允许误差的1/10~1/3。

计量标准主标准器及主要配套设备均要经有关法定计量检定机构或授权检定机构检测合格，即不得超期使用或不送检。使用过程中，有条件的必须做好"检查"，以确保量值准确、可靠一致。计量标准主标准器及主要配套设备经检定或自检合格，分别贴上彩色标志。如合格证（绿色）、准用证（黄色）和停用证（红色）。

（二）企业检定环境条件

计量检定环境条件应符合现行有效的计量检定规程或技术规范中的要求。也就是按照《计量标准考核办法》（2020年修订）中考核内容和要求的规定，应具有计量标准正常工作所需要的温度、湿度、防尘、防震、防腐蚀、抗干扰等环境和工作场所。不仅要有正常工作的环境条件和工作场所，还必须符合建立标准中配备的检定规程要求。

（三）企业检定原始记录

检定原始记录是对检测结果提供客观依据的文件，是检定过程及检定结果的原始凭证，也是编制证书或报告必要时再现检定的重要依据。因此，计量检定人员要在检定过程中应如实记录检定时测量的实际数据。

检定原始记录由检定人员按一定数量或一定时间，汇集分别装订后，分类管理，由计量管理人员统一保管。计量检定原始记录应保存不少于三个检定周期，即符合"计量标准证书"中有效期内要求，以便用户查询及为计量标准复查过程提供必要的检定原始记录。原始测量数据对企业来说尤为重要，测量数据的准确可靠是重中之重，必须严格检定。

（四）计量检定印、证

计量检定印、证按《计量检定印、证管理办法》中有关规定执行。计量器具经检定机构检定后出具的检定印、证，是评定计量器具的性能和质量是否符合法定要求的技术判断和结论，是计量器具能否出厂、销售、投入使用的凭证。

计量检定印、证的种类有：检定证书、不合格通知书、检定印记、检定合格证和注销印。

（五）计量检定周期的确定和调整

为了保证计量器具的量值准确可靠，必须按国家计量检定系统表和计量检定规程，对计量器具进行周期检定。

在计量器具检定规程中，一般对需要进行周期检定的计量器具都规定了检定周期，对于不需进行周期检定的计量器具，如体温计、钢直尺等可以在使用前进行一次性检定。

经检定不合格（含超期未检）的计量器具，企业不得使用。

第三节　标准化管理

标准化管理是企业工作的支撑，是企业发展的必然需求。标准化管理要求在企业管理中，针对管理组织分工、管理方式方法、岗位规范职责等制订人性化的、科学化的标准。它使企业可以按照规章制度工作、形成统一的思想和行为，使企业更加便于管理。严格按照标准执行，可以更好地指导工作。随着技术的进步，对制药生产流程、质量监管、设备管理的要求也越来越高，因此认真贯彻标准化，成为制药企业如何在优胜劣汰中生存的永久话题。建立健全制药企业的标准化管理机制，可使制药企业在生产安全有效药物的前提下，获得最佳的经营秩序和经济效益，从而使制药企业更加完善、更加有秩序地升级。

一、标准与标准化的含义

我国国家标准GB/T 3935.1—1996《标准化和有关领域的通用术语 第1部分：基本术语》把"标准"表述为："为在一定的范围内获得最佳秩序，对活动或其结果规定共同的和重复使用的规则、导则或特性的文件。该文件经协商一致制订并经一个公认机构的批准。"

我国国家标准GB/T 20000.1—2014《标准化工作指南 第1部分：标准化和相关活动的通用术语》把"标准化"表述为："为了在既定范围内获得最佳秩序，促进共同效益，对现实问题或潜在问题确立共同使用和重复使用的条款以及编制、发布和应用文件的活动。"上述活动主要包括编制、发布和实施标准的过程。

（1）标准化是一项有组织的活动过程。其主要活动内容就是制订标准，发布与实施标准，而非对标准的实施进行监督检查，进而再修订标准，如此循环往复不断改进，螺旋式上升，每完成一次循环，标准化水平就提高一步。

（2）标准化是一个包括制订标准、组织实施标准和对标准的实施进行监督或检查的过程，标准是标准化活动的成果，标准化的效能和目的都要通过制订和实施标准来体现。

（3）将标准大而化之、广而化之的行动就是标准化。标准化的效果，只有在标准付诸共同与重复实施之后才能表现出来。标准化的全部活动中，"化"即实施标准是十分重要不容忽视的环节。

（4）标准化的对象和领域在随着时间的推移不断地发展。如过去只制订产品标准、技术标准，现在又要制订工作标准、管理标准；过去主要在工农业生产领域，现在已扩展到安全、卫生、环保、人口普查、行政管理等领域；过去只对实际问题进行标准化，现在还要对潜在的问题实行标准化。

（5）标准化是为了在一定范围内获得最佳秩序。即追求效益最大化，通过建立最佳秩序来实现效益最大，使最佳秩序的实施范围最广。标准化活动不能局限于一时一地的需求，而要追求其成果最大化。

二、标准化的发展

人们对标准化工作的认识和重视，是通过长期社会实践活动逐步发展和深化的。早在远古时代，根本没有标准或标准化可言。但是，随着生产的发展和社会的进步，人们就自觉地对一些广泛和重复出现的事物产生了制订统一规范的要求。秦始皇统一中国后，规定"书同文、车同轨"，统一了货币、文字和度量衡，这是一次典型的全国范围内大规模推行标准化的活动。

近代标准化是在大机器工业基础上发展起来的。1906年，在各国电器工业迅速发展的基础上成立了世界上最早的国际标准化团体——国际电工委员会（IEC），以协调各国电工电器产品的生产；1926年国家标准化协会国际联合会（ISA）成立；1947年2月国际标准化组织（ISO）成立；1956年国务院决定由国家科学技术委员会（简称国家科委）负责主管全国标准化工作，截至1958年底，共颁布了国家标准124个。1963年国家科委组织召开了第一次全国标准化工作会议，这次会议制订了我国1963~1972年标准化发展的十年规划，成立了标准化综合研究所和技术标准出版社，从而切实加强了我国的标准化管理工作。

十一届三中全会后，我国的标准化工作进入全面发展阶段。1979年7月国务院批准颁发了《中华人民共和国标准化管理条例》，1989年国务院重新组建国家技术监督局，主管全国的标准化工作。1988年12月《中华人民共和国标准化法》的颁布使我国标准化工作的文件达到了完善的程度。截至1993年底，全国从事标准化的专业队伍达到23000多人（不包括企业），制订出包括国家标准、行业标准、地方标准以及企业标准在内的各类标准共14万多个。

至此，我国的标准化工作进入到正常发展的、实行法制化管理的、与国际接轨的新阶段。

三、标准化的作用

ISO/IEC第2号指南在"标准化"术语的注解中明确提出，标准化的主要作用在于改进产品、过程和服务的适用性，以便于技术协作，消除贸易壁垒。此外，还可以实现品种控制、兼容互换、安全健康、环境保护和提高经济效益等目的。具体地说，企业标准化的主要作用表现在以下几个方面。

（一）标准化促进制药装备产品开发

标准化的精髓可理解为是一种优化了的思维或优化了的方法的实践活动。机械产品的研究、设计、制造中都要应用大量的标准化成果以保证产品的研制水平。设计人员具备标准化素质会使产品设计周期缩短、零件通用性提高、图纸量减少、引用成熟技术多、功能得到优化、成本降低、投产快、经济效果好，易形成技术、生产、服务和质量的竞争优势。而制药装备行业是一个特殊的行业，制药机械产品集制药工艺、化工机械、自动控制、制造技术等专业于一身，又必须符合GMP的要求，并且紧密联系最新的科学技术。制药装备的研发思路就是要将这些相关专业、技术及规范贯穿于整个设计创新过程中，而先进设备的研发过程就是各专业中的高新技术转化和应用的过程。如此，标准化工作在制药装备产品开发中势必成为引用成熟技术、功能优化、技术创新、降低成本、增强竞争优势的载体。

（二）标准化促进制药装备产品技术进步

制药装备行业标准的发展相对制药装备产品的发展较为缓慢，标准不被企业重视是主要原因。然而，随着近年世贸组织和贸易技术壁垒及市场竞争转向技术型竞争的影响，标准已不再看作是原先单纯的质量标准，标准已融入到了市场竞争中，开始受到企业的格外关注。事实上，制药装备激烈的市场竞争在警示和教育着企业。随着标准作用在市场竞争领域和范围的延伸，标准不再可有可无，标准要成为制约落后技术、工艺和产品的有力手段，要代表先进的产品和技术，这样标准就必然成为领军企业争相制订的目标。而在积极制订标准的过程中，涉及产品很多技术方面的、生产方面的、管理方面的问题也将被贯穿进来，产生了较大的市场竞争优势，与此同时，也会使一些同类产品企业相对形成了产品竞争中的劣势，而产品标准的一个小小的变化也都可能会引起诸多制药装备企业产品生产的一系列变动。正因如此，制药装备标准化就必然地促使制药装备生产企业思考如何用更先进的技术超过别人，如何使自己的产品性能好、投入小，以符合甚至超越行业标准的技术指标赢得用户的青睐。

随着制药装备生产和使用企业对产品标准重要性认识的提高，标准的"要求"也越来越多、越来越细、越来越高，这对快速提升行业产品水平非常有利，因为产品新功能的出现、新工艺的改变、新原理的运用、节能指标、安全性能等都将会作为标准修订的理由，标准的更新速度将加快，标准将会成为制药装备企业促进产品技术进步的催化剂。

（三）标准化提升企业经营管理水平

标准是从事生产、建设等各项工作的一种共同的技术依据，是在一定范围内共同遵守的技术规定，是新技术信息源、科技成果的结晶、公认统一的质量水准、合同缔约的要素、法律仲裁的依据、市场竞争的条件。所以，在企业运行和发展中，标准制订及实施具有事半功倍的工作效果，是管理企业的最好手段。重视与运用标准化会给企业和社会带来更多的利益，因为标准化直接为企业的各项生产、经营活动、质量监控等各方面提供了共同遵循和重复使用的准则，是企业从全局的利益出发，以实现最佳经济效益为目标，有组织地制订修订和贯彻各种标准的整个活动过程。因此，标准化工作是企业组织生产、管理生产的保证，是企业发展的一项重要的基础工作，特别是在增强自主创新能力中，更具有重要的地位和作用。标准就像我们常说的"规矩"，没有规矩不成方圆，事物按照一定的"规矩"发展，才能有良好的秩序，有协调、优化、高效的局面。标准化与企业经营是相辅相成、互相依托的，企业不能脱离了标准去谈质量、谈竞争、谈发展。标准作为联系企业内各部门的纽带，它使企业的各种产品、各项管理、各类人员都有"标准"可循，使整个生产过程按照科学的规律进行运行，同时为企业建立起系统的、符合客观经济规律和行为科学的最佳秩序，实现企业科学的、体现"全员、全程、全面"的三全质量管理，因为"三全"管理就是以标准化工作为基础的，是以技术标准、管理标准和工作标准为依据的。所以，标准化工作能使企业的整体素质得到提高，使企业从传统的管理水平提高到现代化的管理水平，构建起以人为本的管理理念，将企业的目标转化为员工的自觉行动，实现员工目标和企业目标的高度一致，使企业能进行高效率生产，降低产品经营成本，提高生产效益和经济效益，确保企业快速稳定发展。

（四）标准化是提高产品质量，保障安全、卫生的技术保证

产品质量是指产品适合一定用途并能满足国家建设和人民生活需要所具备的质量特性。这些特性包括使用性能、寿命、可靠性、安全性和经济性五个方面。标准就是衡量这些质量特性的主要技术依据。没有了标准，或者有了标准不认真实施，产品质量往往得不到保证。

安全、卫生、环境保护方面的标准化工作虽然起步较晚，但已对人类的身体健康产生了显著影响。《中华人民共和国环境保护法》（2014年修订）、《中华人民共和国食品安全法》（2021年修正）等安全、环保和卫生方面的法律法规的实施过程就是强制执行环保标准和食品卫生标准的标准化过程。

（五）标准化是推广新工艺、新技术、新科研成果的桥梁

标准化是科研与生产之间的桥梁。任何一种科研成果，只有当它被纳入标准贯彻到生产实践中之后，才会得到迅速的推广和应用，否则就不能发挥应有的作用。当然还应通过引进先进标准大力推广先进技术。标准本身是各种技术和经验的结晶，采用和推行先进标准是难得的"技术转让"，国际标准中包含了许多先进技术，采用和推广国际标准是世界上一项重要的"技术转让"。这些先进标准起到了推广先进技术的桥梁作用。

（六）标准化可以消除贸易障碍，促进国际贸易的发展

在国际贸易中，一种很重要的贸易壁垒就是技术壁垒，它主要是以商品质量标准和商品生产企业质量体系限制不需要的商品进口和限制销售。我国可以通过高标准及其生产企业质量体系标准筑起技术壁垒，限制不合格商品进口，保护我国利益；还可以通过采用国际标准和国外先进标准打破国外的技术壁垒，开拓我国商品销售的国际市场。

四、标准的分类

标准的分类与分级是科学管理和信息交流所要求的。因为标准的类别较繁杂，不能只用一种分类法对所有的标准进行分类。所以可以按标准的目的和用途分类，也可以按层次和属性分类。

按标准审批权限和作用范围对标准进行分类的方法叫层级分类法。国际上有两级标准即国际标准和区域性标准。根据2018年1月1日实施的《中华人民共和国标准化法》（简称《标准化法》）的规定，我国的标准化体系分为国家标准、行业标准、地方标准和团体标准、企业标准等，在每一级中，根据标准的约束性又分为强制性标准和推荐性标准两种类型。

此外，根据标准的对象和性质，还可以将标准分为技术标准、管理标准、工作标准、行为标准（准则）等。

现将我国《标准化法》中对国家标准、行业标准、地方标准和团体标准、企业标准的分类方法介绍如下。

（一）国家标准

根据《标准化法》的规定，对需要在全国范围内统一的技术要求，应当为国家标准。国家标准是我国标准体系中的主体，由国务院标准化行政主管部门制订。国家标准一经批准发布实施，与国家标准的行业标准、地方标准即行废止。

《国家标准管理办法》（2022年修订）对可以制订国家标准（含国家标准样品）作了如下明确规定：

（1）通用的技术术语、符号、分类、代号（含代码）、文件格式、制图方法等通用技术语言要求和互换配合要求；

（2）资源、能源、环境的通用技术要求；

（3）通用基础件，基础原材料、重要产品和系统的技术要求；

（4）通用的试验、检验方法；

（5）社会管理、服务，以及生产和流通的管理等通用技术要求；

（6）工程建设的勘察、规划、设计、施工及验收的通用技术要求；

（7）对各有关行业起引领作用的技术要求；

（8）国家需要规范的其他技术要求。

《强制性国家标准管理办法》规定，对保障人身健康和生命财产安全、国家安全、生态环境安全以及满足经济社会管理基本需要的技术要求，应当制订强制性国家标准。

强制性国家标准必须执行。不符合强制性国家标准的产品、服务，不得生产、销售、进口或者提供。推荐性国家标准鼓励采用，在基础设施建设、基本公共服务、社会治理、政府采购等活动中，鼓励实施推荐性国家标准。

下列国家标准属于强制性国家标准。

（1）药品标准、食品卫生标准、兽药标准。

（2）产品及产品生产、储运和使用中的安全、卫生国家标准，劳动安全、卫生国家标准、运输安全国家标准。

（3）工程建设的质量、安全、卫生国家标准以及国家需要控制的其他工程建设国家标准。

（4）环境保护的污染物排放国家标准和环境质量国家标准。

（5）重要的通用技术术语、符号、代号和制图方法。

（6）通用的试验、检验方法国家标准。

（7）互换配合国家标准。

（8）国家需要控制的其他重要产品国家标准。

国务院标准化行政主管部门统一管理国家标准制订工作，负责强制性国家标准的立项、编号、对外通报和依据授权批准发布；负责推荐性国家标准的立项、组织起草、征求意见、技术审查、编号和批准发布。

（二）行业标准

行业标准为推荐性标准，由国务院有关行政主管部门制订、审批、编号和发布，是对没有国家标准而又需要在全国某个行业范围内统一的技术要求所制订的标准。行业标准一般为基础性、通用性较强的标准，是我国标准体系中的主体，是专业性强的标准。行业标准不得与有关的国家标准以及相应的国家法律相抵触，一旦有相应的国家标准实施，该行业标准即予以废止。

需要在行业内统一的下列技术要求，可以制订行业标准（含标准品的制作）。

（1）技术术语、符号、代号（含代码）、文件格式、制图方法等通用技术语言。

（2）工农业产品的品种、规格、性能参数、质量指标、试验方法以及安全、卫生要求。

（3）工农业产品的设计、生产、检验、包装、贮存、运输、使用、维修方法以及生产、运输过程中的安全、卫生要求。

（4）通用零部件的技术要求。

（5）产品结构要素和互换配合要求。

（6）工程设计的勘察、规划、设计、施工及验收的技术要求和方法。

（7）信息、能源、资源、交通运输的技术要求及其管理技术要求。

（三）地方标准

地方标准是由地方（省、自治区、直辖市）标准化主管机构或专业主管部门批准、发布，在某一地区范围内统一的标准（含标准品的制作）。

有下列要求的可以制订地方标准。

（1）工业产品的安全、卫生要求。

（2）药品、食品卫生、兽药、环境保护、节约能源、种子等法律、法规规定的要求。

（3）其他法律、法规规定要求。

在地方标准中，凡由当地（省、自治区、直辖市）政府标准化行政主管部门制订的，对工业产品的安全和卫生要求的地方标准，在本行政区域内为强制性标准。制订地方标准一般有利于发挥地区优势，有利于提高地方产品的质量和竞争能力，同时也使标准更符合地方实际，有利于标准的贯彻执行。但地方标准的范围要从严控制，凡有国家标准、行业标准的不能制订地方标准，军工产品、机车、船舶等也不宜制订地方标准。

地方标准由省、自治区、直辖市标准化行政主管部门统一制订，并报国务院标准化行政主管部门和国务院有关行政主管部门备案。在公布国家标准或者行业标准后，该项地方标准即行废止。

（四）企业标准

企业标准化工作是企业科学管理的基础，其基本任务是执行国家有关标准化的法律、法规，实施国家标准、行业标准和地方标准、制订和实施企业标准，并对标准的实施进行检查。

所谓企业标准是指对企业范围内需要协调统一的技术要求、管理要求和工作要求所制订的标准。企业标准是企业组织生产经营活动的依据，分以下五种。

（1）企业的产品在没有国家、行业、地方标准的情况下，制订的企业产品标准。

（2）为提高产品质量和技术进步，制订严于国家、行业或地方标准的企业产品标准。

（3）对国家标准、行业标准的选择或补充的标准。

（4）工艺、工装、半成品和方法标准。

（5）生产、经营活动中的管理标准和工作标准。

企业标准由企业制订，企业法人代表或法人代表授权的主管领导批准、发布，法人代表授权的部门统一管理。报当地政府标准化行政主管部门和有关行政主管部门备案。

企业在自行制订企业内部标准时，一定做到各标准协调一致，但又不能与国家和地方的有关方针、政策、法律、法规以及国家、行业和地方标准相抵触。

需要指出的是标准本身的高低并不一定与标准的级别成正比。换句话也就是说，企业标准不一定就比国家标准要求低。这是因为国家标准主要是根据总体最优的原则，从全国角度出发来制订的，它不一定是某个企业的最优边界。因此，有的企业为保证产品质量和技术进步，对某些产品制订了在国家标准基础上，甚至某些项目高于国家标准的企业内控标准。现以过硫酸铵为例，国家标准中并没有规定对酸度值的控制，但实践证明如果该产品的酸度较大，容易导致产品不稳定，因而北京化工厂在本厂执行的内控标准中增加了酸度控制项，从而使该产品的总体质量达到了世界先进水平。

五、标准的代号和编号

标准的代号与编号由于标准的级别与层次不同而有不同的规定。尽管我国的标准化体系中只有四个级别，但是每级的标准所包含的数量很多，有的数以万计，为了便于管理标准和实施标准，根据我国国家技术监督局的规定，每一个标准必须按照规定的格式进行编号。

（一）国家标准的代号与编号

1. 国家标准的代号　我国国家标准的代号由大写的汉语拼音字母构成。其中，强制性国家标准的代号为"GB"，推荐性国家标准的代号为"GB/T"，如图8-1、图8-2所示。

GB XXXX—XXXX
发布年号
发布顺序号
强制性国家标准代号

图 8-1　强制性国家标准的代号和编号

GB/T XXXX—XXXX
发布年号
发布顺序号
推荐性国家标准代号

图 8-2　推荐性国家标准代号和编号

2. 国家标准的编号　该编号由国家标准代号、国家标准发布顺序号和发布年号构成。

例如，工业用甲醇标准也是一种强制性国家标准，其标准号为GB 338—2004。食品卫生微生物学检验标准是一种推荐性国家标准，其标准号为GB/T 4789—2016。

（二）行业标准的代号和编号

1.行业标准的代号 各行业标准的代号按国务院标准化行政管理部门规定，目前已公布的行业标准代号和主管部门见相关文件。

例如，教育部门的标准代码为JY，医药行业代码为YY等。

2.行业标准的编号 行业标准的编号由行业标准代号、标准顺序号及标准年号组成。与国家标准编号区别在代号上。其格式如图8-3、图8-4所示。

图 8-3　强制性行业标准的代号和编号　　　图 8-4　推荐性行业标准代号和编号

例如，乙酰甲胺磷乳油所采用的标准为强制性行业标准，其编号为HG 2212—2003。水处理剂结晶氯化铝所采用的标准为推荐性行业标准，其编号为HG/T 3541—2003。

（三）企业标准的代号和编号

1.企业标准的代号 企业标准的代号为"Q"。某企业的企业标准代号由企业标准代号Q加斜线，再加企业代号组成。其格式如图8-5所示。

其中，企业代号可以用汉语拼音或阿拉伯数字或两者兼用组成。企业代号按中央所属企业和地方企业分别由国务院有关行政主管部门和省、自治区、直辖市政府标准化行政主管部门会同同级有关行政主管部门规定。

2.企业标准的编号 企业标准的编号方法基本上和前几种标准的编号方法相同，但必须用企业标准代号"Q"以及企业的代号来标识，如图8-6所示。

图 8-5　企业标准的代号示意图　　　　　图 8-6　企业标准的编号示意图

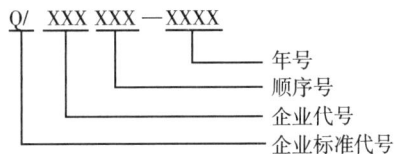

六、标准体系和标准体系表

一定范围内标准按其内在联系形成的科学的有机整体称之为标准体系（GB/T 13016—2018）。而把该标准体系内的标准按一定规则和形式排列成的图表，就是标准体系表。它是标准体系的表述形式。

"一定范围"可以指一个企业、一个专业、一个行业乃至全国。"内在联系"指的是指定范围内的各个标准，它们并不是孤立的，而是按一定的关系有机地联系在一起。

（一）标准体系的层次结构

标准体系是标准化工程的基本要素，一个国家的标准体系包括国家标准体系、行业标准体系、专业标准体系与企业标准体系四个层次。

与实现一个国家的标准化目的有关的所有标准形成这个国家的标准体系。我国的国家标准体系是以国家标准为主体，行业标准与地方标准为补充，企业标准为基础的标准体系。它反映了我国的标准化水平。

与实现某个行业的标准化目的有关的标准形成该行业的标准体系。行业是生产同类产品或提供同类服务的经济活动基本单位的总和。

企业已实施及拟实施的标准按其内在联系形成的科学的有机整体就是企业标准体系（GB/T 13017—2018）。显然，某企业（或事业）单位的标准体系应该受该企业（或事业）单位所在国家、行业及专业标准体系的制约，但它可以直接采用相关的国际标准与国外先进标准，因此企业标准体系的水平应提倡高于国家、行业或专业标准体系的水平。它们的层次结构示意图如图8-7所示。

图8-7 全国、行业和专业标准体系层次示意图

（二）标准体系表及其编制原则

标准体系表是"一种标准体系模型，通常包括标准体系结构图、标准明细表，还可以包含标准统计表和编制说明"（GB/T 13016—2018）。编制标准体系表要遵循下列原则。

（1）全面成套　标准体系表内所列的标准应是在一定时期内能够制订，同时又有条件制订的标准。对于促进技术进步和生产发展有重大作用的，创造条件制订的标准，力求全面成套。只有全面才能充分体现体系的整体性。

（2）层次恰当　根据标准的适用范围，恰当地将标准安排在不同的层次上，应在大范围内协调统一的标准不应在多个小范围内各自制订，达到体系组成尽量合理简化。

（3）明确划分标准的归属关系（即应属于哪个行业、专业或门类）　应按社会经济活动的同一性原则划分明确，而不是按照行政管理系统进行划分，以避免标准在各行业、专业内的重复制订和有的标准无人制订的现象。同一标准不能同时列入二个以上体系或分体系内，以避免同一标准由两个以上单位同时重复制订；要按标准的特点划分，而不是按产品或服务的特点划分，以免把标准体系表编成产品或服务的分类表。

（4）科学先进　标准体系表中已有的标准均应是现行有效的标准，采用国际标准和国外先进标准的或严于上级标准的标准数量较多，2~3年内要制订的标准项目应符合客观发展需要，能起到指导标准化工作的作用。

（5）简便易懂　标准体系表的表现形式应简便明了、通俗易懂，不深奥也不繁杂。不仅专业人员能理解掌握，而且要使有关管理人员也能看懂应用。

（6）有效标准体系表要既能反映行业、专业和企业的客观实际情况，同时又行之有效，即付诸实施后能产生较明显的标准化经济效益。

（三）标准体系表的层次结构

全国标准体系表由若干个行业标准体系表组成，行业标准体系表又由若干个专业标准体系表组成。行业、专业标准体系表一般由一个总层次结构方框图和若干个与各方框相对应的标准明细表组成。

企业标准体系表是国家、行业、专业标准体系的落脚点，国家标准、行业标准都要在企业标准体系表中得到贯彻。这样就组成了一个全国标准体系表的层次结构图，如图8-8所示。

图 8-8 全国标准体系表层次结构图

（四）行业和专业标准体系表

20世纪70年代中期，我国电子行业标准化部门首先开始有组织地研究和编制电子行业标准体系表，历经十年，到80年代中期完成，而后迅速推广到其他行业，至今已基本完成了各大、中、小行业的标准体系表。

行业和专业标准体系表中的标准明细表一般均按层次或类别依次陈列，其格式参见表8-1。

表 8-1 标准明细表

序号	标准类别	标准号	标准名称	采标程度	备注

注：对未制订的标准可不填写标准号

标准体系表应有简单的编制说明，其内容一般包括：

（1）标准体系表的编制依据及要达到的目标；

（2）国内外相关标准概况；

（3）与国外标准水平对比分析，找出差距和薄弱环节，明确今后标准化工作方向。

（4）专业划分依据及标准分类情况。

（5）与其他标准体系的交叉、协调情况等。

（五）企业标准体系表

企业标准体系表是促进企业单位的标准组成达到科学完整的基础，是推进企业产品开发、优化生产经营管理、加速技术进步和提高经济效益标准化的指导性技术文件。

研究和编制企业标准体系表是企业标准化的一项基础性科研工作。企业标准体系表一般由企业标准体系结构图、标准明细表、统计汇总表及编制说明构成。企业标准体系结构图一般由两种层次结构图表述（图8-9）。标准明细表、统计汇总表及编制说明可以与行业标准体系表相同，也可由企业自行设计确定。

图 8-9　企业标准体系层次结构图

第九章 财务监督管控

财务管理是在一定的整体目标下，对资产的购置、资本的融通、经营中现金流量和利润分配的管理，是根据财经法规制度以及财务管理的原则，组织企业财务活动和处理财务关系的一项经济管理工作。财务管理是企业管理的关键组成部分之一，贯穿于企业各项经济活动之中，是改善经营状况的重要保障。随着经济的发展，财务管理在企业管理中的地位和作用显得越来越重要，各类型企业在持续经营与发展中需要做好财务管理相关工作。

第一节 财务管理概述

制药企业作为一种较为特殊的企业类型，在制药行业迅速发展的大背景下，制药企业需提升自身的财务管理水平以及自身的综合竞争力。制药企业的财务管理必须要基于自身的实际状况对其进行系统分析，结合实际状况完善财务管理制度，从而提升管理质量与效果。

一、财务管理的地位

现代企业的管理水平随着经济的进步而不断得到提升，财务管理作为企业管理的重要组成部分，直接影响着企业的生产与经营活动，在企业管理中占据着核心地位。财务管理涉及企业生产经营的各个方面，财务部门应与企业各部门保持密切的联系，通过对资金流动情况及企业经营状况收集到的数据进行分析，及时发现企业存在的问题并做出调整，从而达到企业科学管理的效果。

财务管理在任何企业中都是不容忽视的，其决定着公司资金的命脉。财务管理的影响面非常广，包括企业所有的生产链和资金链，而财务管理效率和财务系统运行的效率直接关系到企业管理的效率。新时期企业需要随着社会的发展逐渐进行改革，不断地强化财务管理的方法。财务管理在企业当中是相对独立的，可以直接反映企业的实际运行情况，企业在进行财务管理的过程当中，需要将运行机制以及财务管理结合在一起，充分发挥财务管理的作用，同时明确财务管理的重要性，从而促进企业的发展。

在市场经济高速发展的今天，企业逐渐增多，竞争力逐渐加大，企业想在激烈的竞争中占有较大的市场份额，立于不败之地，与正确的财务管理密不可分。企业在发展的道路上都会追求利益最大化，而合理、有效的财务管理系统可为其保驾护航，让企业在激烈的市场中驰骋。企业的财务管理对于企业的运营质量有决定性的影响，其会影响到整个企业的日常运行情况。企业需要将经营过程中所涉及的资产以及资金进行合理的配置，从而保证企业的利润。

企业财务管理的水平直接决定企业能否健康稳定的发展，财务管理能够为企业在生产经营方面提供有效的帮助。财务管理有利于防范企业内外可能存在的风险，对企业面临的市场危机、运营风险、操作风险和财务风险有及时的预警机制，强化企业生产经营过程中的资金运行情况以及资产分配情况，从而确保企业的生产经营能够在相对安全和稳定的环境之中运行。

二、财务管理的作用

随着经济的发展，市场竞争日渐激烈，企业需要逐渐改变管理策略，提升管理水平，使企业能够在市场竞争中得到长久稳定地发展。企业管理中财务管理发挥着非常重要的作用，关系着企业的投资、融资以及资金运行的顺畅和安全。

（一）全面管理企业资金

财务管理部门在工作中，会对企业内部其他部门的资金利用情况以及财务收支情况进行数据整理与分析，并对其进行严格的控制。在确定收集数据的准确性后，对各部门及企业的整体财务状况进行分析，并针对各部门的发展情况与职能的不同进行不同层面的财务支出控制与管理工作。做好企业的全面预算工作，能够对企业进行全方位的管理，可在一定程度上降低企业的生产成本，帮助企业提高经济收益。此外，财务管理部门对企业资金的结算情况也会展开管理，通过数据信息，可发现企业在生产经营活动中的耗资情况以及资本支出中不符合规定的情况。财务管理能够实现对企业资金的全面管理工作，通过结算与预算掌握企业资金流动情况，及时做出发展战略上的调整，实现科学管理。

（二）提升企业经济效益

企业的财务管理可以对生产经营中的资产进行监管，同时能够优化企业内部的资产配置，将企业的资产出入情况直接反映在企业的财务管理当中。一方面，企业的财政收支情况收录在财务信息报表中，以数据的形式反映各部门对企业财产的使用情况，财务管理部门通过信息的收集与分析，对各部门生产经营过程中的财务活动与财务关系进行管理与监督，能够保证企业资金使用的合理有效，实现企业资源的合理配置。另一方面，由于财务管理能够清晰的反映各部门工作情况，能够对各部门工作人员的工作进行监督，根据实际情况对工作人员进行绩效考核与评估，并通过调整薪资来提高工作人员的积极性，提高工作人员的责任意识与工作效率。财务管理对企业资产情况与工作人员工作的监督与管理，能够反映企业发展问题，防止企业资金使用不合理情况出现，提高生产效率，不断提高企业的经济收益。

（三）降低企业生产经营风险

企业在生产经营活动中会受到市场状况、融资情况、生产能力等不同因素的影响，导致企业发展的稳定性不足，风险较大。因此，做好企业财务管理工作，对企业的财产情况进行严格的管理，能够及时识别风险并有效的规避风险，提高企业应对风险的能力。通过财务管理部门对企业的财务风险进行正确的判定与识别，根据风险指标选择不同的处理办法，将风险给企业带来的负面影响降到最低。

三、财务管理的职能

财务管理职能是指企业在进行生产经营过程中所固有的一种功能，是随着管理理论和财务管理实践的发展而不断变化的。目前，企业财务管理的职能主要包括预测、决策、计划、控制、分析与评价等方面。

（一）预测职能

财务预测职能是财务管理职能工作的开始，是预测企业的一个财务管理周期或是更长一段时间的经营情况，特别是随着近几年来国家大力推行的各类项目的新筹融资模式，财务预测职能显得尤为重要。比如一些企业在项目前期进行筹融资预测的过程中，财务人员需要结合各类实际情况来对企业在未来经营活动中可能会发生的融资成本、利息风险及资金流量等方面进行预测，科学的制订出多种方案，可在一定程度上确保企业以最少的筹融资成本来获取资金，降低筹融资过程中带来的相关风险。企业在进行投资管理的过程中，需要财务人员对收益和风险之间的关系进行衡量，结合实际情况预测出市场经济的发展动向，为企业管理者进行经营决策提供必要的依据。

（二）决策职能

在财务预测职能的基础上，财务管理人员对本企业的资源、内外部信息进行整合，在多种财务方案中进行选择，选出对企业发展最有利的方案，从而发挥财务决策职能。因此，企业财务决策职能可以说是财务预测的延续。

（三）计划、控制职能

财务计划职能是细化决策职能结果的过程，主要包括筹资、投资组合计划，对负债和短期内资产的比例进行计划，对流动负债和流动资产的比例进行计划。财务计划职能可看作是财务决策职能在时间和逻辑上的一种延续。

财务控制职能与财务计划职能之间是互相关联的，如果单纯的进行计划而不进行控制，任何的计划都不能严格实施，财务计划会按照实际情况对控制职能提出要求，财务计划需要通过财务控制职能进行跟进，才能够保证财务计划的顺利实施。

（四）财务分析、评价职能

随着市场经济的不断发展，传统地财务管理职能已经不适应现代企业发展的要求，因此财务分析、评价职能就应运而生了，在一个财务管理周期之后，更好的发挥出财务分析、评价职能的作用，有利于分析和评价企业之前的财务管理活动。例如评价筹资、投资的方式，分析流动负债和流动资产的比例是否与市场的经济情况相符合，这样可以达到取其精华、去其糟粕的目的，提高财务管理职能的水平。

四、财务管理的原则

财务管理的原则是指企业在财务管理工作中应当遵循的指导性标准或是理念，这是财务理论和财务决策的基础，是一个企业的财务管理工作开展和为实现相应目标任务时的基本依据，是规范企业财务活动的总括要求，是财务管理目标的具体化，是财务范畴借以发挥作用的准绳。在进行财务管理工作时需要遵守更加具体细致的准则。

（一）货币时间价值原则

随着我国社会经济的迅猛发展，物价也呈上涨趋势，货币贬值现象随之出现。在货币贬值的市场经济环境中，企业财务管理就必须遵循货币时间价值原则，因为货币时间价值原则可以保护企业资金不受货币贬值或物价上涨的影响，保持稳定发展的状态。从经济学角度出发的货币时间价值原则，是指一定数量的货币资金在不同时间点上所具有的价值不相同，即使是在通货膨胀的情况下亦是如此。所以，货币时间价值原则是企业参与市场竞争、保持企业良性循环的客观需要。

（二）成本-效益原则

成本-效益原则是企业财务管理基本原则中的一个重要原则，该原则可帮助企业财务管理者更好地对企业经济活动所获得的经济效益与投入成本进行科学的权衡、比较、分析，确保收入是大于支出的，保证企业是盈利的。因此，应将成本－效益原则贯穿于企业财务管理活动的始末。此外，在利用成本－效益原则进行决策时，应排除"沉没成本"。所谓"沉没成本"是指不受后面决策影响的、不会被后面决策改变的、已经产生的成本。

（三）风险－报酬原则

在企业财务管理中必须对风险和报酬进行科学的权衡、比较，这就要求企业财务管理者在进行财务决策时应严格按照风险－报酬的原则来指导自身活动，使风险能够与报酬相吻合，以达到趋利避害的效果。值得注意的是，在筹资决策中负债资本成本虽低，但财务风险却相对较大；权益资本虽然成本较高，但财务风险相对较低。

（四）合理配置资金原则

要保证企业生产经营活动正常、有序地进行和开展，就需对企业资金进行合理的配置，使企业资金的组织和使用过程更加合理、科学，让每一笔资金都能发挥其最大的作用和效力，以此来保证成本的有效利用，获得最大的经济效益。

（五）民主管理原则

在现代企业的财务管理活动中，必须适应时代的发展，在坚持统一领导的基础上，实行分级、分权管理，这样的管理模式可有效落实责权统一，使企业的各项经济指标通过逐级化手段，被有效地落实到所属单位，便于各单位对直接费用、资金占用等经济指标的核算。同时，在此过程中，应注意对各级、各部门财务管理的积极性调动和激发，这就要求在实施财务部门集中管理的同时，大力推行分口管理，使各职能部门按各自的业务范围和权限来核定经济指标，并进行定期的考核。

（六）价值最大化原则

价值最大化原则是指企业财务管理活动应通过科学、合理、有效的企业财务管理手段来使企业获得最高的利润，确保企业投资者权益最大化，实现监督体系、资金控制的完善，构建合理化的资产和资金结构。价值最大化原则是一个综合性的概念，在实际操作中应十分注意。在企业财务管理活动中，企业财务管理者应清楚地知道决定企业经济效益高低的直接因素是产品的数量和质量。生产经营的过程又与资金的筹集、分配、使用密不可分，因此企业财务管理部门在实际工作中应结合生产经营的需求，对资金供应进行合理的组织，使得有限的资金能够被充分的利用起来，以促进生产经营的正常运行和发展，从而帮助企业获得最大的经济效益。

（七）协调性原则

协调性原则是指企业财务管理应与企业所在的外部社会经济环境和企业的内部环境相协调。企业财务管理本身要受一定历史条件的制约和限制，这使得企业财务管理具有客观性和历史必然性。在我国现代企业财务管理活动中，企业财务管理应充分结合企业外在的经济环境和自身的现实状况，以此来寻求适合企业发展的财务管理途径和手段，使企业在不同的发展阶段都能有与之相匹配的财务管理运行准则，从而确保企业财务管理的时代性、协调性、有效性。

（八）可操作性原则

可操作性原则主要是指企业财务管理应明晰化，使之具有良好的可行性、实践性、操作性。具体来讲，是指财务管理的相关制度应便于财务管理者的理解、执行和操作，同时还应方便计算和考核，这样标准、制度下的财务管理才能首先被人理解，其次被人操作，最后被人实现，从而达到企业财务管理活动的目的，充分体现企业财务管理的作用和价值。

（九）伦理道德原则

在我国现代企业财务管理中，财务管理人员应遵循伦理道德原则，严格规范、约束自己的行为，养成良好的职业道德和职业修养，否则就会在自身的工作中出现道德错误，从而导致工作机会的丧失或事业的终结。新时代下的企业财务管理人员，应在不断提高自己的业务能力和业务素质的同时，主动加强自身的道德修养，从而适应纷繁复杂的社会，抵挡住多元化、多角度的诱惑。

五、财务管理的目标

企业财务管理目标即理财目标，是企业为达到某一目的而从事的财务活动，它指引着企业财务管理的发展方向，起着导向、激励、凝聚和考核的作用。随着企业财务管理理论的深入发展，关于企业财务活动的财务目标有了更多的表述，主要有利润最大化、股东价值最大化、企业价值最大化和利益相关者价值最大化四个目标。

（一）利润最大化

利润最大化目标是指企业假定在投资预期收益十分确定的前提下，其自身的财务管理活动朝着有利于企业利润最大化的方向发展。企业生产经营的最主要目的就是获取利润。

（二）股东价值最大化

股东价值最大化是指企业通过财务上的规范经营，在综合考虑投入、利润、风险与资本时间价值等的情况下，使企业股东（投资者）的财富达到最大。财务管理以股东价值最大化为目标，充分肯定企业股东对企业发展的重要作用。就目前来看，企业股东的财富来源有两个：一是股利收入；二是股东股份转让后的资本所得。对于股东而言，其拥有企业的股票数量以及自持股票的市场价格决定了其财富值的大小。

（三）企业价值最大化

企业价值就是企业的市场价值，是企业在市场中所能创造的预计未来现金流量的现值。企业经营者经营一家企业的重要目的，就是在市场活动中尽可能多地创造财富，确保企业的可持续发展。对于企业而言，企业价值反映了它潜在或预期的获利能力和成长能力。

（四）利益相关者价值最大化

在企业生产经营过程中，企业财务管理人员要确定目标，需要考虑有哪些利益关系会影响到企业的健康发展。随着我国改革开放程度的不断深化，在我国市场经济中，已经有非常多样的理财主体参与到企业的生产经营活动中，最为明显的主体就是企业的债权人、员工、客户、供应商以及政府等。企业财务管理以相关者利益最大化为目标顺应时代的要求，是企业财务管理最理想的目标。

第二节　制药企业财务人员职责

制药企业财务人员负责组织编制年度财务收支计划，并进行计划管理；负责企业的税收筹划工作；负责资金的筹措、借贷与归还，以及各项开支的支付与结算。制药企业财务人员一般包括财务部经理、管理会计、成本会计、出纳员、收银员等。其岗位职责如下。

一、财务部工作职责

财务部工作职责是负责参与企业经营管理与决策、完成年度任务目标、参与企业质量管理体系的建立、内部组织的建设和管理负责分管部门的员工队伍建设、制定企业资金运营计划。

1.参与企业经营管理与决策　协助总经理制订企业发展战略，负责组织制订和实施营销发展战略规划，及时了解和监督营销发展战略规划的执行情况，提出修订方案；参与制订企业年度经营计划和预算方案；利用财务核算与会计管理原理为企业经营决策提供依据，主持企业财务战略规划的制订；掌握和了解企业内外动态，及时向总经理反映，并适时提出建议。

2. 完成年度任务目标　领导制订财务部年度工作计划，并组织实施；建立和完善财务部门，建立科学、系统符合企业实际情况的财务核算体系和财务监控体系，进行有效的内部控制；领导监督财务管理、财务预算、财务决算、财务审计、风险控制等工作，保障财务控制能力，建立高效的财务管理机制，提高资金的收益和利用率；领导监督下辖部门信息工作，保障数据信息系统的安全、可靠，为经营业务工作打造合理的信息管理体系。

3. 参与企业质量管理体系的建立　在总经理的领导下，贯彻执行《中华人民共和国药品管理法》《药品经营质量管理规范》，并确保本公司执行国家和上级机关颁布的法规、政策以及公司的质量管理制度；贯彻本企业质量方针、目标，正确处理质量与经营、效益与速度的关系，分管财务部经营与管理工作；确保企业经营及质量管理工作正常进行；掌握经营进度的同时掌握质量信息，对有质量的改进措施，在经营环节的实施落实方面，负责效益的考核；协助总经理搞好企业下属各部门的财务管理工作，深入基层，了解情况指导、督促、检查各部门开展工作的情况，负责向总经理报告；协助企业质量管理体系的建立。

4. 内部组织的建设和管理负责分管部门的员工队伍建设　提出和审核对下属各部门的人员调配、培训、考核意见；主持财务管理制度的制订，监督检查执行情况；负责协调分管部门内部、分管部门之间、分管部门与企业其他部门间的关系，解决争议；监督分管部门的工作目标和经费预算的执行情况，及时给予指导。

5. 制订企业资金运营计划　监督资金管理报告和预、决算；对企业投资活动所需要的资金筹措方式进行成本计算，并提供最为经济的筹资、融资方式；筹集企业运营所需资金，保证企业战略发展的资金需求，审批企业重大资金流向；主持对重大投资项目和经营活动的风险评估、指导、跟踪和财务风险控制；协调企业同银行、工商、税务等政府部门的关系，维护企业利益；参与企业重要事项的分析和决策，为企业的生产经营、业务发展及对外投资等事项提供财务方面的分析和决策依据；审核财务报表，提交财务管理工作报告。

二、财务部经理岗位职责

财务部经理岗位职责是协助总经理制定财务规划、组织公司财务预算、组织企业成本核算、负责财务监督管理工作、组织企业财务分析、监督指导现金出纳管理监督、保证满足经营活动资金需求，以及内部组织管理等具体工作。

1. 协助总经理制订财务规划　根据企业发展战略，组织制订财务规划；参与企业重大财务问题的决策；关注外部资金市场动态及融资动态，及时为企业重大经营决策提供信息支持。

2. 组织公司财务预算　决算根据企业经营目标，组织和指导各部门编制财务预算；汇总各部门预算，组织编制企业财务预算、成本计划、利润计划；根据企业经营情况，组织审核修正财务预算；监督各部门预算执行情况，并及时向总经理汇报；定期组织财务决算，组织制作决算报告。

3. 组织企业成本核算　组织企业成本估算，提出成本控制指标建议；参与企业销售基准价格制订及修订、采购基准价格制订及修订；负责组织产品销售成本核算、营销服务成本核算、人工成本等各项成本核算。

4. 负责财务监督与管理工作　监督产品采购与入库工作，确保入库记录与记账的真实、准确；监督库存产品保管与出库工作，定期组织盘存；监督督促应收账款的回收与检查，组织对不良债权处置；组织审核所有购销合同；定期组织固定资产、流动资金清查、核实；负责组织税务筹划，合法纳税。

5. 组织企业财务分析　定期组织编制会计报表；定期组织编制财务状况说明书，分析企业偿债能力、经营能力、盈利能力、成长能力，并提出财务建议；组织对企业对外投资项目的财务分析与评价，并提出财务建议。

6. 监督指导现金出纳管理监督　指导会计分类记账，填制传票，保证各类凭证准确、真实、完整；监督审核各类日记账、总账、分类账填制；监督企业现金存款与出纳管理。

7. 保证满足经营活动资金需求　负责资金预算的执行与监督，制订年度与月度资金计划；负责制订信贷计划，组织资金筹措、调度及清偿；组织编写财务收支计划；组织编写资金运用分析报告，并定期上报。

8. 内部组织管理工作　制订和完善财务管理的各项制度，监督检查执行情况；负责企业财务人员队伍建设，提出对下属人员的调配、培训、考核意见；负责协调本部门与其他部门间关系，解决争议；负责指导下属员工制订阶段工作计划，并督促执行；负责控制部门预算，降低费用成本。

三、管理会计岗位职责

管理会计岗位职责是负责企业财务分析，主管企业会计核算工作；负责应收账款管理具体工作。

1. 制订部门工作规划　协助财务经理制订部门工作规划。

2. 财务状况分析　负责对公司财务状况、经营情况、合同执行情况进行分析并撰写分析报告；负责公司业务的专项项目收入、成本、费用、利润分析。

3.**会计核算**　财务报表编制负责会计核算工作。确认销售收入，为销售部门业绩考核提供财务数据；负责审核会计凭证和账簿；负责财产的清查盘点工作；负责财产台账的登记、核对、保管；负责编制本企业以及子公司的财务报表，并上报给有关部门；负责凭证、账簿等会计资料的保管和定期归档工作。

4.**参与预算工作**　参与汇总编制各部门财务预算以及企业总预算；监督销售部门销售收入预算的执行情况并进行汇总分析。

5.**监督资金使用情况**　监督资金使用情况及固定资产审核及时记录资金增减变动情况；按照规定编制报表，正确反映资金动态；负责汇总、分析、编制公司资金来源运用表和差异分析报告，并定期上报；对购买固定资产进行账务处理，并监督；配合其他会计进行有关账务处理。

6.**负责税务筹划编制**　对所得税报表；协助税务办理税务事宜。

7.**负责财务部电算化会计工作**　定期检查电算化系统，确保其正常运转；当电算化系统出现故障时，负责联系相关人员进行处理；负责企业计算机内会计数据的安全性、正确性、及时性和保密性的检查；撰写企业会计电算化系统运行总结，提出对会计软件系统的技术改进意见。

8.**应收账款管理**　协助财务经理制订应收账款管理政策；负责建立客户档案，并根据账款回收情况随时更新档案，对客户进行追踪分析；登记应收账款台账以及其他的外汇应收、应付、预收、预付账户；负责外贸核销；每月编制各客户应收账款详细资料，并提交给财务经理及业务部门；负责应收账款账龄分析、平均收账期分析、坏账分析。

9.**负责会计凭证**　负责会计凭证的整理及保管；及时催收短缺凭证。

四、成本会计岗位职责

成本会计岗位职责是负责核算企业各项成本及费用，监督各部门的费用支出，加强企业成本控制等具体工作。

1.**协助经理制订工作规划**　协助财务经理制订本部门的工作规划。

2.**负责汇总各部门预算**　汇总各部门的预算表，对各部门提出的年度预算进行成本核算，对不合理成本预算提出修改意见；编制年度企业总预算。

3.**负责各部门的成本分析**　监督各部门的成本、费用预算执行情况，对各部门超预算、达到预算警戒线等情况及时上报其部门经理。

4.**负责商品成本核算**　参与企业产品销售价格的制订及修订、采购价格制订及修订，负责对该商品进行产品成本核算；汇总记录业务部、销售事业部所传递来的销售信息、招标信息及供应商信息等的变化情况，并对信息准确性进行复核，作为制订及修订销售、采购基准价格的依据；分析产品销售成本各构成环节，确认产品销售成本；负责登记产品销售成本、经营费用、管理费用的各类明细账；向财务部经理及业务部经理、销售事业部经理等提供产品成本信息，配合业务部、销售事业部编制成本长期预算方案，并对其实施效果及时进行分析；编制企业月度和季度的成本报表，分析各部门成本费用执行情况；月末核算各部门的成本、费用，提供对各部门成本、费用考核资料；编制企业年度成本报告，提出控制成本、费用方案；对预算外的支出申请进行审查，并提交预算外开支的意见书。

5.审核各种手续、凭证 负责审核购销合同及购销的相关单据；负责审核产品采购计划，审查汇编产品采购用款计划，监督控制产品采购成本；负责审核产品入库凭证及银行付款凭单，登记购货往来明细账；审核全部原始凭证和记账凭证；参与库存产品的清查和盘点，参与分析库存产品的储备情况；会同供应管理部拟订产品管理与核算实施方法。

6.协助货款单据回收及相应的入账工作 负责清理催收在途商品，对验收入库尚未付款的商品，月终要估价入账；及时向各供货厂家索取有关发票和其他单据；负责每月定期及时汇总、编报产品购销情况统计报表；负责每月定期与有关单位、部门、人员核对产品明细账、购货往来明细账、库管实物账、总账，保证账账相符、账证相符、账表相符、账实相符；负责编制记账凭证。

五、出纳员岗位职责

出纳员岗位职责是负责办理现金收付、支票手续和银行结算业务等资金进出业务工作。

1.现金收付、银行结算和记账 负责审核收付款凭证，按规定办理款项收付业务；定期盘点现金和核对银行存款对账单；建立健全出纳各种账目，及时序时登记现金和银行存款日记账，做到日清月结；库存现金不得超过银行核定限额，超过部分要及时存入银行，不得以"白条"、有价证券抵充库存现金，更不得任意挪用坐支现金；现金和银行存款日记账按规定按时记账，按日结出余额，核对现金的账面余额是否与当日实际库存相符，银行存款的账面余额要及时与银行对账单核对。对未达账项，要及时查询。严禁将银行账户出租，出借给任何单位或个人办理结算；对日常以往的现金以及当日的库存现金和各种保管的有价证券，确保安全和完整无缺。如有短缺，负责赔偿责任。要保守保险柜密码，保管好钥匙，不得任意转交他人代为保管；定期核对现金日记账与总账，保证账账、账款相符。

2.办理支票手续和工资发放 负责执行支票管理制度；对所管的印章必须要妥善保管，严格按照规定用途使用。对空支票和空白收据必须严格管理，专设登记簿登记，按规定手续办理领用注销手续；严格控制签发空白支票。如因特殊情况须签发不填写金额的转账支票时，必须在支票上写明收款单位名称款项用途、签发日期、规定限额，并由领用支票人在专设的登记簿上签章。随时掌握银行存款余额，以防止出现银行透支现象；负责复核员工工资表，保证及时正确发放企业员工薪酬。

3.办理支付、银行结算和记账　支付各种费用及货款；处理各类银行单据；根据各类凭证制单；登记银行存款日记账；每月编制银行存款余额调节表；对于重大的开支，必须经过会计主管人员或单位领导审核签章，方可办理，收付款后，要在收付款凭证上签章，并盖"收讫""付讫"戳记；严格按照国家有关现金管理和银行结算制度的规定，根据稽核人员审核签章的收付凭证进行复核。复核的主要内容是：核对收付款凭证与所附的原始凭证会计事项是否一致，金额是否相符，审核无误后才能办理款项收付；出纳人员不得兼管收入、费用、两权、债务账簿的登记工作以及稽核工作和会计档案保管工作；月末编制"银行存款余额调节表"，使账面余额与银行对账单余额调节相符；人员费用核定。

4.负责业务税务核算　上报纳税申报表相关事宜，确认销售收入和销售成本，核算增值税；上报增值税、所得税、个人所得税以及其他税项的纳税申报表；核对应交税金明细账；根据相关单证制作退税明细表，编制退税报表，进行退税账务处理，编制退税清单；购买发票、收据等。

六、收银员岗位职责

收银员岗位职责是负责收取现金，并登记金额，日清日结工作。作为企业财务收银员应做到准确向客户收取现金，及时登记收银金额；每天盘点收款，做到日清日结；坚持用章制度，对"现金收讫"章、"结算"章进行妥善保管，不违规使用；坚持信誉控制制度，对客户业务员的挂账按企业信誉制度执行，登录相应台账；作好票据保管，按业务员、客户、时期做好分类存放；对于现金收讫的当日票据、收款凭证等上交出纳员并作好交接手续；定期对应收账款作好盘点工作，按账龄登录台账并上交部门经理；对客户回执单连同业务确认的应收款单据一并保存，并监督业务回执制度；协助业务相关部门、业务员、客户进行对账、查账处理。

第三节　财务管控

利润是企业追求的重要目标之一，为了实现企业的利润目标，必须进行财务控制。这主要包括审核各期的财务报表，以保证有一定的现金支付各种费用，保证债务负担不致太重，保证各项资产都得到充分有效的利用等。财务控制的方法有很多，本节主要介绍预算控制方法、成本控制方法和财务审计方法等。

一、预算控制

企业的很多业务活动都伴随着资金的运动，因此预算是企业常用的控制形式。预算是将计划规定的活动用货币作为计量单位表现出来，实质上就是一种数字化的计划。预算控制是通过编制预算，然后以编制的预算为基础，来执行和控制企业经营的各项活动，并比较预算与实际的差异，分析差异的原因，然后对差异进行处理。预算的编制与控制过程是密切联系的。通过编制预算，可以明确企业及其各部门的目标，协调各部门的工作，评定各个部门的工作业绩，控制企业日常的经营活动。

预算使得企业在不同时期的活动效果和不同部门的经营绩效具有可比性，为企业各部门指明了方向，并为协调各部门活动提供了依据，更为企业的控制奠定了基础。但预算也存在一定的局限性，在运用预算对企业进行控制时，要特别注意预算不能过细、过死，要有一定的弹性，要注意本期的实际要求，要能适应企业外部环境的变化；预算目标不能取代企业目标，要重视各个部门活动的本来目的；要对不能用货币计量的企业文化、企业形象、企业活力的改善予以足够的重视。

（一）预算的种类及全面预算体系

预算的种类一般划分为业务预算、财务预算和专门预算三大类。各类预算还可以进一步细分，不同行业其具体内容有所差别。下面以制造业为例描述各种预算的内容。

1. 业务预算　业务预算是指企业日常发生的各项具有实质性活动的预算，它主要包括销售预算、生产预算、直接材料采购预算、直接人工预算、制造费用预算、单位生产成本预算、销售及管理费用预算等。

（1）销售预算是编制全面预算的基础。企业首先应根据市场预测和企业生产能力的情况，确定销售目标，编制年度及季度、月份的销售数量、销售单价、销售点总额及销售货款收入情况。

（2）生产预算是根据销售预算所确定的销售数量，按产品名称、数量分别编制生产预算。生产预算必须考虑合理的存货量，预计生产量=预计销售量+预计末期存货量−预计初期有货量。生产预算编制好后，为了保证均衡生产，一般还需编制生产进度日程表，以便控制生产进度。

（3）直接材料采购预算是根据生产预算所确定的生产量以及各种产品所消耗材料的品种、数量、单价，根据生产进度确定材料采购数量及现金支付情况。

（4）直接人工预算是根据生产所需的工时，确定各工种总工时和工资率及直接人工成本。

（5）制造费用预算是根据销售量和生产量水平确定各种费用总额，包括制造部门的间接人工、间接材料、维修费及厂房折旧费等。

（6）单位生产成本预算是根据直接材料、直接人工及制造费用预算确定单位产品生产成本。

（7）销售及管理费用预算是根据销售预算情况及各种费用项目确定销售及行政管理人员薪金、保险费、折旧费、办公费及交际应酬费等。

2.财务预算　财务预算是企业在计划期内反映现金收支、经营成果及财务状况的预算，它主要包括现金预算、预计损益表、预计资产负债表、预计财务状况变动表。

（1）现金预算是反映计划期内现金收入、现金支出、现金余额及融资情况的预算，通过现金预算反映计划内企业现金流动的情况，控制现金的收支，做到合理理财。

（2）预计损益表是根据前面编制的预算而编制的，反映企业在一定期间的经营成果和赢利能力。

（3）预计资产负债表反映企业的资产、负债及收益情况、反映企业财务状况及偿债能力。

（4）预计财务状况变动表是根据前面所编制的预算编制的，用于反映企业在计划期内资金来源、资金运用和变化的情况以及企业理财的情况。

3.专门预算　专门预算是指企业中经常发生的、一次性的预算。如资本支出预算、专项拨款预算。

4.全面预算体系　全面预算是企业全部计划的数字说明，它包括业务预算、财务预算和专门预算，各种预算相互联系构成全面预算体系。

（二）编制预算的新方法

以上介绍的预算一般是以预测的销售量为基础，在一定业务量水平下编制的预算，称为静态预算。但是企业的环境不断变化，使得企业所预测的销售量比实际的销售量可能更高或更低，原编制的预算就无法使用。针对这种情况，可用如下方法。

1.弹性预算　弹性预算就是在编制费用预算时，考虑到计划期业务量可能发生的变动，编制一套能适应多种业务量的费用预算，以便分别反映各业务量所对应的费用水平。由于这种预算是随着业务量的变化作机动调整，本身具有弹性，故称为弹性预算。

编制弹性费用时，把所有的费用分为变动费用和固定费用两部分。固定费用在相关范围内不随业务量变动而变动，变动费用随业务量变动而变动。因此，在编制弹性预算时，只需要按业务量的变动调整费用总额即可，不需重新编制整个预算。

2. 滚动预算 滚动预算或称永续预算，其特点是预算在其执行过程中自动延伸。当原预算中有一个季度的预算已经执行，只剩下三个季度的预算时，就把下一个季度的预算补上，使其保持一年的预算期，或者是每完成一个月的预算，就再增加一个月的预算，使预算期永远保持12个月。

编制滚动预算的优点是根据预算的执行情况，可能调整下一个阶段的预算，使预算更加切合实际。而且使预算期保持一年，使企业保持一个稳定的短期目标，以免等预算执行完再编制新的预算。

根据滚动预算的编制原理，企业可以把长远规划与短期目标结合起来，并根据短期目标的完成情况来调整长期规划，使企业的各项活功能够及时反馈，及时发现差异，及时处理。

3. 零基预算 零基预算是以零为基础编制的预算，其原理是：对任何一个预算（计划）期，任何一种费用项目的开支，都不是从原有的基础出发，即根本不考虑各项目基期的费用开支情况，而是一切都以零为基础。从零开始考虑各费用项目必要性及其预算的规模。

其具体做法为：组织下属各部门结合计划期内的目标和任务，提出所需费用项目及具体方案、目的和费用数额；对每一项目的方案进行成本–效益分析；对各个费用方案进行评价比较、确定轻重缓急，排出先后顺序；按照所确定的顺序，结合计划期间可动用的资金来源，分配资金落实预算。

采用零基预算法，一切以零为起点重新评价和计算，编制预算的工作量非常大。但零基预算考虑每项费用的效益，可以精打细算，减少不必要的开支，是事前控制的一种好办法。

二、成本控制

成本控制是在企业生产经营过程中，根据一定的控制标准，对产品成本形成的整个过程进行经常性监督和控制，从而使各种费用支出和劳动消耗限制在规定的标准范围内，达成企业预期的成本目标。

成本控制一般可分为事前成本控制和计划执行过程中的成本控制。事前成本控制是在成本形成前（或产品投产前）对影响成本的因素进行事前控制、审核和监督，以严格控制相关费用支出。它通常是通过建立成本控制标准，核算成本控制绩效及分析成本发生偏差的原因，采取纠偏措施等工作来实现的。计划执行过程中的成本控制是在成本形成过程（或产品生产过程）中，对各种耗费进行日常的现场控制，使实际成本不超过计划成本（或目标成本），或者在实际成本较高时及时采取措施，以最终实现成本控制目标。

三、财务审计

财务审计是根据审计原则通过价值形式对生产经营活动中的财务运行状况进行独立的审核和评价。其目的是保证经济组织所提供的财务报告既能真实反映组织系统的财务状况，又能符合国家所颁布的有关财务运行规则和会计规则。根据审计机构和人员的不同，财务审计可分为外部财务审计和内部财务审计两大类，外部财务审计是由组织外部的专门审计机构和人员来进行，内部财务审计则是由本组织系统的财务人员来进行。

（一）审计的原则

审计工作有一些公认的原则，以保证审计的有效性。具体原则如下。

1. **政策原则**　即审计工作必须符合国家的方针政策。
2. **独立原则**　审计监督部应能独立行使职权、不受任何干涉。
3. **客观原则**　审计要实事求是地进行，客观地做出评价和结论。
4. **公正原则**　审计工作必须站在客观的角度上，不偏不倚，公正地进行判断。
5. **群众原则**　审计工作要走群众路线，依靠群众才能解决许多困难问题。
6. **经常性原则**　审计工作应经常化、制度化。

（二）审计的方法

1. **监督性盘存**　即审计人员监督财产、物资和货币的实际盘点。在盘点过程中，审计人员还应抽查某些物资的数量和质量。
2. **抽样**　即在为数众多的审计对象中，抽选一些样本进行审核。
3. **发函询证**　即向与被监督财产、对象有往来的单位或个人发函询问，来核对应收付款项的余额。
4. **反复对证**　即以原始凭证为依据，将其同有关实物、单位、个人和其他原始凭据相互对证，而有关的其他原始凭据、实物、单位和个人之间还可以再相互对证。
5. **凭证检查**　即会计凭证、账簿记录和会计报告的检查。

四、人员控制

组织的目标是要由人来实现的，员工应该按照管理者制订的计划去做，为了做到这一点，就必须对人员进行控制。对人员控制最常用的方法是直接巡视，发现问题马上纠正。另一种有效的方法是对员工进行系统化的评估，通过评估对绩效好的予以奖励，使其维持或加强良好表现，对绩效差的就采取相应的措施，纠正出现的行为偏差。具体来说，管理者一般可采取下列行为控制手段。

1.甄别 识别和选用价值观、态度和个性符合管理者期望的员工。

2.目标 当员工接受具体的目标，这些目标就会指导和限制其行为。

3.职务设计 职务设计的方式在很大程度上决定人们从事的任务、工作的节奏、人们之间的相互作用，以及类似的活动。

4.定向 定向规定了员工何种行为是可接受的或不可接受的。

5.直接监督 监督人员亲临现场可以限制员工的行为和迅速发现偏差。

6.培训 通过培训计划向员工传播期望的工作方式。

7.传授 老员工非正式和正式的传授活动向新员工传递了自己掌握的工作技能、工作经验。

8.正规化 正式的规则、政策、职务说明书和其他规章制度规定了可接受行为和禁止的行为。

9.绩效评估 员工会以使各项评价指标看上去不错的方式行事。

10.组织报酬 报酬是种强化和鼓励期望行为、消除不期望行为的手段。

11.组织文化 通过讲故事、仪式和高层管理的表率作用，传递的行为信息。

第十章　领导职责与机构设置

领导是管理过程的一项重要职能，是架起计划工作、组织工作、人员配备和控制工作的桥梁和纽带。领导职能与管理工作其他职能的区别主要是体现在人与人之间的相互联系上。

领导者的思想观念、心理素质等不仅会影响个人工作的业绩状况，更会影响其所属部门及群体行为作用的发挥。

第一节　企业领导及领导职责

企业领导是指企业的组织者在综合分析企业外部环境和内部条件的基础上提出能被企业员工接受的未来目标和计划，并将目标与计划传达给企业的成员使之转化为行动和成果的过程。

毛泽东同志曾把领导的活动概括为一是出主意，二是用干部，"推动他们去做"。也就是说领导行为的主要方面应该是动员，"唤醒"或激励，说服员工去执行目标项下的行动方案和过程。有效领导能形成一种积极互动、团结、融洽、目的明确的工作环境，引领、帮助和推动、启发和激励员工，统一员工个人目标与企业目标，确立员工与企业的共同愿景。

一、领导者的素质

企业领导者的素质决定了其类型和行为模式，也决定了领导者领导艺术水平的高低。对于企业的领导者应该具备的品德和素质，不同的专家学者给出的项目不尽相同，诸如，美国学者认为企业的领导者必须具备19种能力：工作效率高、有主动进取心、逻辑思维能力强、富于创造性、有判断力、有较强的自信心、能为人榜样、善于使用个人权力、善于动员群众的力量、能利用交谈做工作、能建立亲密的人际关系、有乐观的心态、善于到职工中去领导、有自制力、主动果断、能客观而善于听取各种意见、能正确地进行自我批评、能勤俭奋斗和具有灵活性。日本学者则认为企业的领导者必须具备10项能力和10项品德。10项能力是思维决策能力、规划能力、判断能力、创造能力、洞察能力、劝说能力、对人的理解能力、解决问题的能力、培养下级的能力以及调动积极性的能力；10项品德是有使命感、信赖感、诚实、忍耐、热情、责任感、积极性、进取性、公平和勇气。参照国外学者对领导者素质的要求，结合中国企业特有的历史和现实的状况，提出企业领导者应具备的素质，包括政治品德素质、业务能力、交际能力、形成概念的能力、文化素质等。

1.政治品德素质　企业的领导者必须学政治、讲政治，一切谋划过程都应是从国家利益、社会利益、企业利益、企业员工利益出发，而不是从个人名利出发。在急功近利思潮面前，能头脑清晰、清廉为"官"。

2.业务能力　领导者的业务能力，对于组织中实际创造产品和提供劳务的基层或一线管理人员（基层领导）来说最为重要，这些能力包括方法、程序和技术等方面。但是随着领导者在企业、管理层次中逐步上升，业务知识和能力的重要性逐步下降，而一些非业务能力的重要性却逐步上升。

3.交际能力　领导者的交际能力是指企业领导者处理与之相接触的人的人际关系的能力。是指与领导、激励、处理冲突、培植协作精神以及协调企业与外界公众的关系等相关的特殊能力，也是领导者在仪表、语言、思维结构、学识、经历、品德等方面的外在表现力和表现效果的反映。

4.形成概念的能力　领导者形成概念的能力是指身处事件现场处理事情的能力，包括逻辑思考能力、思维创造力、分析事件和感受其发展趋势的能力。随着在企业中职位的不断提高，管理人员必须不断提高和运用这种能力，是高层领导者最重要的能力。

5.文化素质　领导者的个人文化素质包括受教育的程度、个人成长过程中所形成的在感受、认知、思考和处理问题时所持的观点、采取的基本行为规则和方式。所受教育水平的高低，说明了领导者知识积累量的多少，为其处理、解决问题提供了有用的间接方法和理论。而文化（非受教育水平）的差异，则影响着领导者如何利用知识和理论去解决企业运营中的实际问题。

6.领导者集体的素质　领导者的活动是一个集团化、民主化、科学化的群体行为。大多数企业的领导者行为都是以集体领导者的方式展现。这就有素质搭配问题。一般来说应注意如下方面的搭配：专业知识的搭配，年龄的搭配，性格的搭配，热情与冷静的搭配，抽象思维和形象思维的搭配，循序渐进和敢于冒险的搭配，社会活动能力强和内部行政管理能力强的搭配等。应当说明的是，任何搭配都应以可以合作和有效为前提。

二、领导职责

由于领导者工作岗位的不同，所处的层次不同，肩上责任不同，所承担的职责亦有很大的分别。不同领导岗位要求的条件、能力也就不尽相同，有需要很强的社交能力，有需要广博的专业知识，有需要较强的组织能力等，不同的领导职务，对领导者的智商、气质、年龄、身体等素质的要求也有所区别。但是，领导者的素质必须与自己所处的领导位置相适应，否则就不是称职的领导者。通常公认的领导应具备的职责是：①领导是解决问题的初始行为。②领导是对制订和完成企业目标的各种活动施加影响的过程。③领导是指挥、引导和鼓励部下的过程。④领导是在机械地服从组织的常规指令以外所增加的影响力。⑤领导是一个动态的过程，该过程是领导者个人品质、追随者个人品质和某种特定环境的函数。

领导的第一个职责强调了领导职能是为解决企业内外部的各种问题而采取的最初的行动；第二个职责着重说明领导者对企业的活动所施加影响；第三个职责指出了领导是一种对被领导者施加影响的智慧；第四个职责认为，领导是正式命令以外的影响能力；第五个职责着重于解释有效领导的决定因素及领导的动态性。以上五个职责从不同角度揭示了领导的职责特性，得以较全面的描述领导之职责。

三、领导艺术

领导艺术是领导者在一定知识和经验的基础上，运用一定的方法分析问题并进行决策和组织、指挥他人处理问题时所表现出来的技能和技巧，是领导者思想和行为所表现出来的方法、方式和效果的总和。领导艺术应包括几种含义，①它同领导者个人的知识、经验、阅历、才能、气质、个人价值观、进取精神因素密切相关；②它与领导者所从事领导工作的客体特点不可分割；③领导艺术只有领导者在实际运用领导方法和领导资源时，才能表现出来；④它是领导者具有各自特色的领导技能和水平的综合表现。

领导艺术多种多样，也涉及领导工作的各个方面。同样的情况，不同的领导者心里的艺术不同；同一领导者在不同时期处理的艺术也不同；不同的情况，领导艺术也不相同。因此领导艺术有几个特点值得注意：①非模式化和非规范化，即领导艺术没有统一的格式、原理和方向；②领导艺术是各种领导方法、理论在各种领导条件下有机灵活的创造性组合；③领导艺术具有偶然性和特殊性，它是一些在特殊条件下处理问题的特殊方法、手段、技巧和技能或其不同的组合，具有不模仿性；④历史上成功的领导艺术只能是后来者间接借鉴和再创造新的领导艺术的引子，不能照搬照抄和套用。

领导艺术没有固定的模式，也没有一种领导艺术对具体的领导工作具有直接的针对性和可用性。领导艺术是一些软的方法、软的技巧、软的技术，如用人艺术、决策艺术、处理突发事件的艺术，协调和沟通的艺术、说话的艺术，做报告的艺术等。

（一）授权的艺术

领导者统筹安排工作是一种艺术。在组织中，我们经常看到一些这样的领导者，他们整天忙忙碌碌，工作时长甚至可以达到十二个小时，放弃了娱乐、休息和学习，还总是感到时间不够用。作为一个领导者，当发现自己忙不过来的时候，就应该考虑是否已经影响了下属的职权，做了本来应当下属可以做的事。领导者必须明白，凡是下属可以做的事，都可以授权给下属去做，成功的领导者应当掌握授权的艺术。授权是组织运作的关键，它是以人为对象，将完成某项工作的权力授予部属人员。即领导者将处理用人、用钱、做事、交涉、协调等决策权转移给下属，不只授予权力，还应托付完成该项工作的必要责任。

领导者在授权时要注意以下原则：①大权独揽，小权分散：对于关系全局的重大问题，权力要高度集中，同时领导者要把小权授予大家，从事务中摆脱出来。②分工明确，权责相称，有职有权：良好的命令要具备完整、明确、可行三个要求。③合理分工，责任落实：能分派给一个人完成的工作和任务，决不分派给两个人去完成；分派给集体的工作要明确负责人，坚持抓"头头"，由"头头"抓工作。④工作的难度应该比承担工作的人平时表现的能力大些，使其有紧迫感，完成后有成就感。⑤工作内容要合理调配：单调的工作由大家分担，或经常加以调换，或搭配成复杂工作；事务性工作要与技术性工作适当搭配，使人知道甜中有苦，并学到技术；孤独性工作要经常调换，避免把个人从人群中分开，要满足工作中的社交欲望。⑥利用头衔和身份：如重要工作由负责人挂帅；直接听取下属的汇报；鼓励下属克服工作中的困难等。

（二）沟通的艺术

没有人与人之间的信息交流，就不可能有领导。领导人在行使指挥和协调的职能时，必须把自己的想法、感受和决策等信息有效传递给被领导者，才能影响被领导者的行为。同时，为了有效地领导，领导者也需了解被领导者的反应、感受和困难。这种双向的信息传递十分重要。交流信息可以通过正式的文件、报告、书信、会议、电话和非正式的面对面会谈等方式进行。其中，面对面的个别交谈是深入了解下属的较好方式，因为通过交谈不仅可以了解到更多、更详细的情况，而且可以通过察言观色来了解对方心灵深处的想法。

善于同下级交谈是一种领导艺术。有些领导者在同下属谈话时，往往同时批阅文件，左顾右盼，精力不集中，不耐烦，其结果不仅不能了解对方的思想，反而会伤害对方的自尊，失去下属对自己的尊重和信任，甚至还会造成冲突和隔阂。所以，领导者有必要注意以下几点，掌握同下属交谈、倾听下属意见的领导艺术。

（1）即使不相信对方的话，或者对谈的问题毫无兴趣，在对方说话时，也必须细心倾听，加以分析。

（2）要仔细观察对方说话时的神态，捕捉对方没有说出的意思。

（3）谈话一经开始，就要让对方把话说完，不要随意插话，打断对方的思路，岔开对方的话题，也不要迫不及待地解释、质问和申辩。对方找你谈话是要谈他的感受，领导者要倾听下属意见的目的在于了解对方的想法，而不是摆出"权威"的架势去说服、教育对方，打通对方的思想。对方讲的是否有利，是否符合事实，可以留待以后研究。

（4）如果希望对某一点多了解些，可以将对方的意见改成疑问句简单重复一遍，这将鼓励对方做进一步的解释和说明。

（5）如果对方诚恳的希望听到你的意见，则必须抓住要领，态度诚恳地就实质性问题做出简明扼要的回答，帮助其拨开心灵上的云雾，解开思想上的疙瘩。同时，由于信息的不对称，在未加调查之前，不应表态和许愿，以免造成波动，引起更大的不快。对于谈话涉及的重大原则问题或应由上级主管部门处理的问题，需待研究以后才能答复。

（6）领导者必须控制自己的情绪，不能感情用事。对方说话的内容领导者可能同意，也可能不同意，有怀疑，甚至反感和不满。但是，不管领导者自己的观点和情绪如何，都必须加以控制，始终保持冷静的态度，让对方畅所欲言。仅此一点，就会使对方感到领导在注意他的意见，在彼此沟通思想感情。至于是非曲直，可留待以后再谈，或留待对方冷静后自己去判断。

（三）用人的艺术

企业的领导者不能只依靠自己手中的权力，还必须取得同事和下属的信任和合作。有些新踏上领导岗位的人，往往只会自己埋头苦干，不善于争取别人的信任和合作；也有个别人只想利用手中的权力来使副手和下属慑服，而较少考虑如何取得他们的支持和友谊。其实，领导者和被领导者之间的关系不应当只是一种刻板和冷漠的上下级关系，而应当是建立起真诚合作的同志关系。

（1）谦虚待人，以诚相待　在与同事和下属相处中，要注意礼貌，主动向对方表示尊重和友好；在办事时要多用商量的口吻，多听取和采纳对方意见中合理的部分；要勇于承认和改正自己的缺点、错误。既不要轻易发脾气耍态度、训斥人，也不要讲无原则的话，更不能随便表态、许诺。

（2）信任对方　分工授权后，领导者对下属不要再三关照叮嘱，更不要随便插手干预。相反，领导者要用实际行动使下属感到对他的信任，感到自己对企业集体是重要的。这样，下属就会加强同领导者的合作。如果领导者能在授权的同时主动征求并采纳下属对工作的意见，使下属感到领导者对他的器重，这将有利于增进相互之间的友谊和合作。

（3）关心他人　领导不仅要在政治、思想、业务、生活等多方面关心他人。还要为下属提高思想业务水平创造条件，不怕他们超过自己；要为群众解决生活上的困难，不怕麻烦；要吃苦在前，享受在后，在经济利益和荣誉面前一定要先想到他人。当企业取得成功时，千万别忘掉那些为企业做出贡献的人们。

（4）一视同仁　人们之间的关系有亲有疏，这是正常的社会现象，领导者也不例外。但是，为了加强企业的内聚力，克服离心倾向，领导者既要团结一批同自己亲密无间、命运与共的骨干；同时，又要注意团结所有的职工，对于同自己意见不一、感情疏远或反对自己的人，领导者绝不可视为异己、另眼看待、加以排斥，而应关心和尊重他们，努力争取他们的友谊和合作。

（四）说话的艺术

说话是一门综合的艺术，包含着丰富的内涵。一个说话艺术较高的企业领导者必须有较深的心理学、语言学、社会学等理论知识，还应熟悉企业的内外情况并对周围信息和谈话对象有较强的反应能力。

（1）弄清谈话对象，领导者常会找员工谈话，要想取得预期的谈话效果，应当先搞清谈话对象的出身、经历、文化程度、性格、年龄、性别甚至个人生活背景等信息，还应当明确谈话的目的。这样，才能在适当的时间，用适当的语言和适当的技巧来完成谈话过程。

（2）幽默化语言艺术，幽默是化解尴尬、冰释误会、减轻焦躁、轻松愉快的最好方法，体现了领导者的学识、友善、机智和坦诚。

（3）委婉语言艺术，语者故意说些与本意相关或相似的话语，以烘托未来要直说的意思，运用迂回曲折的语言含蓄地表达本意的方法。

（4）模糊语言的效果，领导者在适当的时候、适当的场合运用不确定。或不精确的语言进行交际，公关或回答下属的问题往往可以做到精确语言难以达到的效果。

第二节　组织机构设置

组织机构是发挥管理功能，实现管理目标的工具，成功的组织机构设置会帮助生产单位顺利实现生产管理中的计划、组织、指挥、协调、控制等职能，形成整体力量的汇聚放大，使生产管理工作更卓有成效。

企业组织机构的设置没有固定模式，企业需要根据自身的特点，如企业规模、质量目标、职责分配等，来建立合适的组织机构，以确保质量体系的有效运行。

图10-1为某企业的组织机构示意图，从图中可以看出，适当的组织机构及人员配备是保证产品质量的关键因素。企业应当配备足够数量并有适当资质（含学历、培训和实践经验）的管理和操作人员。应当明确规定每个部门和每个岗位的职责，岗位职责不得遗漏，交叉的职责应有明确规定。

图 10-1　某企业组织机构示意图

一、组织关联职责

组织是指为了实现既定的目标，按一定规则和程序而设置的多层次岗位及其有相关人员隶属关系的权责角色结构。

（一）组织工作的职责

组织工作职责是指为了实现组织的共同目标而确定组织内各种要素及其相互关系的活动过程，它将实现组织目标所必须进行的各项业务活动加以分类组合，并根据管理幅度原理，划分出不同的管理层次和部门，将监督各类活动所必需的职权授予各层次、各部门的主管人员，以及规定这些层次和部门间的相互配合关系。

1.组织工作的任务 组织工作的最终成果就是一系列的组织系统图和职务说明书。组织系统图描述的是一个组织内部的各种机构以及其中相应的职位和相互关系；职务说明书则是详细规定了各工作的职权和职责以及与其相关的上下左右的联系，通常包括：①决定管理宽度，从而引起组织机构的分级因素是什么？②决定各种类型部门划分的因素是什么？各类基本部门划分的优缺点有哪些？③在把各种业务工作指令下达给既定部门时，要注意哪些因素？④在一个组织中存在哪些职权关系？⑤为什么要把职权分散到整个组织结构的各个部分？确定分散程度的因素是什么？⑥委员会在组织中处于什么地位？⑦经理应该如何把组织理论应用到实际工作中？

2.组织的类型 按照不同的标准可以把组织分为不同的类型，具体如下。

（1）按组织的规模分 可分为小型组织、中型组织和大型组织。例如，医院组织有个人诊所、社区小型医院和综合性大型医院。按这个标准进行分类具有普遍性，不论何类组织均可以作这种划分。

（2）按组织的社会职能分 可分为文化组织、经济组织和政治组织。文化组织是人们之间相互沟通思想、传递知识和文化的社会组织，如各类学校、研究机关、艺术团体、图书馆、报刊出版单位等；经济组织是专门追求社会物质财富的社会组织，它存在于生产、交换、分配和消费等不同领域，如工厂、企业、银行、保险公司等；政治组织是为了某个阶级的政治利益而服务的社会组织，如国家的立法、司法和行政机关、政党、监狱、军队等。

（3）按组织的根本目标分 可分为营利组织和非营利组织。营利组织注重效率，追求利润最大化；非营利组织的宗旨是为公众服务，组织所得不为任何个人牟取私利，自身具有合法的免税资格并可为捐赠人减税、免税，如各种行业协会、学校、医院和体育机构等。

（4）按组织内部有无正式分工关系分 可分为正式组织和非正式组织。正式组织是正规组织工作设计的结果，有严密稳定的组织结构，内部存在着正式的组织任务分工、组织人员分工和正式的组织制度，如政府机关、军队、学校、工商企业等；非正式组织是指人们在共同工作过程中自然形成的以感情、喜好等情绪为基础的松散的、没有正式规定的群体。这些群体不受正式组织的行政部门和管理层次等的限制，也没有明确规定的正式结构，如公司里休息时间的午餐会、茶友会、球友会等。

3.组织工作的特点 通常该特点是体现在组织工作的过程中，组织工作是根据组织的目标，考虑组织内外部环境来建立和协调组织结构的过程。主管人员通过这一过程来消除混乱，解除人们在工作或职责方面的矛盾和冲突，建立起适合组织成员互相默契配合的组织结构；其次其体现在组织工作的动态性方面，组织工作不可能是一劳永逸的，当组织内外部环境变化时，就应该改变航道，对组织结构进行调整以适应变化。例如，由于当今社会生活节奏加快，工作压力加大，人们在心理健康方面显露的问题越来越严峻。在这种情况下许多医院对其内在的组织机构适时做出相应调整，如成立心理健康咨询门诊、精神病科等，而部分企业组织更是设立了专门的心理咨询室以表现对这一问题的重视。

（二）组织机构类型

组织结构就是指组织要素间的联系，即组织中正式确定的使工作任务得以分解、组合和协调的框架体系，是一个具有明确目标的、精心设计的各种职务或职位构成的结构体系。这里除了突出了应具有的分工协作关系和明确的目的性外，更重要的是这种结构是一种权责结构，主要包括：①职能结构：即完成组织目标所需的各项工作及其比例和关系。②层次结构：即各管理层次的构成，又称组织的纵向结构。③部门结构：即各管理部门的构成，又称组织的横向结构。④职权结构：即各层次、各部门在权利和责任方面的分工及相互关系。常见的组织机构类型如下。

1.直线制 该结构组织是一种最早、最简单的组织结构。它从企业的最高管理层到最底层以垂直系统建立各级机构，各级主管人员对所属下级拥有直接的一切职权，组织中每一个人只能向一个直接上级报告，不设专门的职能机构，如图10-2所示。

图 10-2 直线制组织结构示意图

其优点是结构比较简单、权力集中、责任分明、命令统一、联系简捷；缺点是管理缺乏职能分工和专业化，各级领导者需要具有许多方面的知识和管理技巧，容易陷入日常事务中而忽视对企业具有重要影响的事务处理。另外，组织结构缺乏弹性，同一层次之间缺乏必要的联系，部门协调性较差。适用规模较小、无需按职能实行专业化管理、生产技术比较简单的企业或现场作业管理。

2.职能制 职能制结构亦称多线性组织结构，起源于20世纪初法约尔在其经营的煤矿公司担任总经理时所建立的组织结构形式，故又称"法约尔模型"。它在各级领导之下按专业分工设置职能部门，各职能部门在自己业务范围内有权向下级发布命令或下达指示，下级既要服从上级领导的指挥，也要听从上级职能部门的命令，如图10-3所示。

图 10-3 职能制组织结构示意图

其优点是能适应现代化工业企业生产技术比较复杂、管理分工较细的特点；能充分发挥职能机构的专业管理作用，减轻直线领导人员的工作负担。缺点是形成了多头领导；不利于明确划分直线人员职责权限，容易造成纪律松弛、各自为政，不利于各部门的通力合作。适用于规模较小、生产技术比较简单的企业，特别是那些处于环境相对稳定、使用常规技术、职能部间相互依赖较小的中小企业。

3.直线职能制 直线职能制也叫生产区域制或直线参谋制，是在直线制和职能制的基础上取长补短而建立起来的。它把企业管理机构和人员分为两类，一类是直线领导机构和人员，按命令统一原则对各级组织行使指挥权；另一类是职能机构和人员，按专业化原则，从事组织的各项职能管理工作。直线领导机构和人员在自己的职责范围内有一定的决定权和对所属下级的指挥权，并对自己部门的工作负全部责任。而职能机构和人员则是直线指挥人员的参谋，不能对部门直接发号施令，只能提供建议和业务指导。这种组织实行了职能的高度集中化，如图10-4所示。

其优点是职责分明、秩序井然、工作效率和稳定性得到提高，既保证了企业管理体系的集中统一，又可以在各级行政负责人的领导下，充分发挥各专业管理机构的作用。缺点是职能部门之间互通情报较少，横向协作和配合性较差，容易产生脱节和矛盾，增加了上层主管的协调工作量；难以从组织内部培养熟悉全情况的管理人才；组

图 10-4 直线职能制组织结构示意图

织内部信息传递路线较长、反馈较慢、组织适应性较差、因循守旧、对新情况不能及时做出反应。适用于环境相对稳定的企业组织。对于规模很大且决策时需要考虑较多因素的组织不太适用。

4.事业部制 事业部制组织结构又称"联邦分权制",最初由通用汽车公司总裁斯隆提出,目前已成为大型企业、跨国公司普遍采用的组织结构形式。它是在总公司领导下设立多个事业部,各事业部都有各自独立的产品和市场,实行分级管理、分级核算、自负盈亏,是一种分权式的组织结构。即一个企业按地区或按产品类别分放成若干个事业部,从产品的设计、原料采购、成本核算、产品制造,一直到产品销售,均由事业部及所属工厂负责,实行单独核算,独立经营,企业总部只保留人事决策、预算控制和监督大权,并通过利润等指标对事业部进行控制。

(1)产品事业部制 按照产品或产品系列组织业务活动,在经营多种产品的大型企业中早已显得日益重要。产品部门化主要是以企业所生产的产品为基础,将生产某一产品有关的活动,完全置于同一产品部门内,再在产品部门内细分职能部门,进行生产该产品的工作。这种结构形态在设计中往往将一些共用的职能集中,由上级委派以辅导各产品部门,做到资源共享,如图10-5所示。

(2)区域事业部制 又称区域部门化。对于在地理上分散的企业来说,按地区划分部门是一种比较普遍的方法。一个国家的每一个地区可能会有截然不同的爱好和需要,企业或许发现在当地生产销售可能更能满足该地区的特殊需要。其原则是把某个地区或区域内的业务工作集中起来,委派一位经理来主管其事。这种组织结构形态,在设计上往往设有中央服务部门,如采购、人事、财务、广告等,向各区域提供专业性的服务,如图10-6所示。

图 10-5 产品事业部制组织结构示意图

图 10-6 区域事业部制组织结构示意图

其优点是实现了集权和分权的有效结合。各事业部在总公司的领导下分散经营，使最高层领导者摆脱了日常繁杂的事务，集中精力做好企业的战略决策和长远规划；各事业部独立经营，能够积极地开发产品、开拓市场，增强了组织适应市场的灵活性和适应能力；同时，这种结构还有利于组织内各事业部之间开展积极的竞争，提高工作积极性，并有利于培养和训练高层管理人员。缺点是内部机构复杂、机构庞大、人员编制过大；由于各事业部在产品和市场上具有较大的经营独立性，容易产生本位主义，各事业部之间协调较困难。适用于在变化迅速和不稳定环境中的大型企业组织，尤其是跨国企业。

5.模拟分权制 模拟分权制又称模拟分散管理组织结构，是指为了改善经营管理，人为地把企业划分成若干单位，实行模拟独立经营、单独核算的一种管理组织模式。结构中的组成单位并不是真正的事业部门，然而组织却将其视同事业部门。实际上它们是一个个"生产单位",这些生产单位有自己的职能机构,享有尽可能大的自主权,负有"模拟性"的盈亏责任,相互间有购售关系,以内部自定的"转移价格"为基础,而非以外在的市场价格为基础。它不是真正的分权管理,而是介于直线职能制与事业部制之间的一种管理组织模式,如图10-7所示。

图 10-7 模拟分权制组织结构示意图

其优点是可以调动各生产单位的积极性,并且解决企业规模过大不易管理的问题。高层管理人员将部分权力分给生产单位,减少了自己的行政事务,从而把精力集中到企业总体战略问题上来。缺点是它不是一种明确的结构,成员不易了解目标任务且不够重视绩效,也不能使经理人与专业人员了解整个企业的全貌;模拟分权制组织的成果并不由市场成绩决定,而常常是内部管理决策的结果,因而不能满足经济性、信息交流以及决策权力的需要;另外模拟分权化对"人"的要求非常苛刻,往往要求员工有足够的自律性和忍让精神。适用于大型的化工、原材料生产等工业企业或电子信息工业,也适合银行、医药、保险等服务行业。

6. 矩阵制 矩阵制组织结构又称规划-目标结构或多指挥系统。它既有按职能划分的垂直领导系统,又有按产品或项目划分的横向领导关系结构,是为了改进直线职能制横向联系差、缺乏弹性的缺点而形成的一种组织形式。它的特点表现在围绕某项专门任务成立跨职能部门的专门机构上,例如组成一个专门的产品或项目小组去从事新产品开发工作,在研究、设计、试验、制造各个不同阶段,由相关部门派人参加,力图做到条块结合,以协调有关部门的活动,保证任务的完成。这种组织结构形式是固定的，人员却是变动的，需要谁谁就来，任务完成后就可以离开。项目小组和负责人也是临时组织和委任的，任务完成后就解散，有关人员回原单位或部门工作，如图10-8所示。

图 10-8　矩阵制组织结构示意图

7. 虚拟组织　虚拟组织是一种只有很小规模的核心组织，以合同为基础，依靠其他商业职能组织进行制造、分销、营销或其他关键业务的经营活动的结构。最大特点是它完全抛弃了传统组织必须具有固定的组织层次和内部命令系统的形式，而是一些在法律上独立的虚拟组织成员为迅速向市场提供产品和服务，在最短时间内结成的动态联盟。它不具有法人资格，因此可以在拥有充分信息的条件下，从众多的组织中通过竞争招标或自由选择等方式精选出合作伙伴，迅速形成各专业领域中的独特优势，实现对外部资源整合利用，从而以强大的结构成本优势和机动性，完成单个企业难以承担的市场功能，如产品开发、生产和销售。因而这种结构对于新技术、新时尚，或者来自海外的低成本竞争具有更大的适应性和应变能力，如玩具和服装制造企业等。从不利的方面来看，虚拟结构的管理当局对其制造活动缺乏传统组织所具有的严密控制力，供应品的质量也难以预料；另外，虚拟组织所取得的设计上的创新容易被窃取，因为创新产品一旦交由其他组织的管理当局去组织生产，要对创新加以严密的防卫是非常困难的。

图10-9是虚拟组织机构示意图，图中显示管理人员把公司基本职能都移交给了外部力量，组织的核心是一个小规模的经理管理小组，他们的工作是直接监督公司内部的经营活动，并协调进行生产、销售及其他重要职能活动的各组织之间的关系。图中箭头表示的这些关系通常是契约关系。

图 10-9　虚拟组织机构示意图

8.无边界组织　无边界组织是指其横向、纵向的或外部的边界不由某种预先设定的结构所限定的一种组织形式。它不是完全否定企业组织必有的控制手段，包括工作分析、岗位定级、职责权力等的设定，只是不把它们僵死化。无边界原理认为，企业组织就像生物有机体一样，存在各种隔膜使之具有外形或界定。虽然这些隔膜有足够的结构强度，但并不妨碍食物、血液、氧气、化学物质畅通无阻地穿过。得益于这一现象的启发，企业各部门、上下级之间虽然存在边界"隔膜"，但信息、资源、构想及能量也应该能够快捷便利地穿过企业的"隔膜"，像是没有边界一样。但实际上，无边界原理是以有边界为基础，并非对所有边界的否定，其目标在于讨论让各种边界更易于渗透扩散，更利于各项工作在组织中顺利开展和完成。

9.团队结构　团队又称工作团队或工作小组，是指一种为了实现某一目标而由相互协作的个体组成的正式群体。当管理人员动用团队作为协调组织活动的主要方式时，其组织结构即为团队结构。这种结构形式的主要特点是，打破部门界限，可以快速地组合、重组、解散、促进员工之间的合作，提高决策速度和工作绩效，使管理层有时间进行战略性的思考。

在小型公司中，可以把团队结构作为整个组织形式。例如，一家30人的市场营销公司，完全按团队来组织工作，团队对日常的大多数操作性问题和顾客服务问题负全部责任。在大型组织中，团队结构一般作为典型的职能结构的补充，这样组织既能得到职能结构标准化的好处，提高运行效率，又能因团队的存在而增强组织灵活性。例如，为提高产品销售业绩，一些大型医药组织都广泛采用自我管理的销售团队结构，不仅给予了团队成员充分的信任、责任和发挥空间，并在不断磨合和学习中，培养了共同的愿景和目标，较大实现了团队成员的工作满意度，提高了组织的工作绩效。

10.学习型组织　彼得·圣吉通过对数千家企业进行研究和案例分析，于1990年完成的代表作《第五项修炼》提供了一套使传统企业转变成学习型企业的方法，标志着学习型组织理论框架的形成。学习型组织是一个能熟练地创造、获取和传递知识的组织，同时也是一个善于修正自身的行为，以适应新的知识和见解的组织。学习型组织不存在单一的模型，它是关于组织的概念和雇员作用的一种态度或理念，是用一种新的思维方式对组织的思考。

善于不断学习是学习型组织的本质特征。这里的"学习"主要包括了五点含义：①强调"终身学习"：即组织中的成员均应养成终身学习的习惯，这样才能形成组织良好的学习气氛，促使其成员在工作中不断学习。②强调"全员学习"：即企业组织的决策层、管理层、操作层都要全心投入学习，尤其是经营管理决策层，他们是决定企业发展方向和命运的重要阶层，因而更需要学习。③强调"全过程学习"：即学习必须贯彻于组织系统运行的整个过程之中，应强调边学习边准备、边学习边计划、边学习边推行。④强调"团队学习"：即不但重视个人学习和个人智力的开发，更强调组织成员的合作学习和群体智力的开发。⑤强调"兼学别样"：组织中的成员不仅要掌握本岗位上的工作技能，而且要学习了解其他岗位工作能力。

二、质量受权人的职责

受权人起源于欧盟，在欧盟的指南中表述为"qualified person"，意为"具有资质的人"，被赋予了以负责成品批放行为目标的相关药品生产质量管理权利；在WHO的GMP中则采用了"authorized person"，意为"被授权的人"其履行的质量管理职责同样围绕药品批放行展开。两种表述虽有不同，但实质一样。都是指负责产品批放行的有资质的人员，其职责往往不限于产品批放行为，而是要参与管理和产品批放行有关的药品质量各方面的活动。

我国GMP中对质量受权人这样要求"质量受权人应当至少具有药学或相关专业本科学历（或中级专业技术职称或执业药师资格），具有至少五年从事药品生产和质量管理的实践经验，从事过药品生产过程控制和质量检验工作"。由此可以理解为，企业受权人接受企业授予的药品质量管理权力，负责对药品质量管理活动进行监督和管理，对药品生产的规则符合性和质量安全保证性进行内部审核，并承担药品放行责任的高级专业管理人员。

（一）受权人主体条件

受权人应具有独立性，这是企业受权人主体核心的实质。无论受权人在企业组织机构中处于什么样的位置，其工作都必须保持相对独立。也就是说，受权人能独立于生产活动而行使质量管理职责，不受公司利益、财务或生产等因素的影响，而是从产品质量出发来发表意见、做出判断。保证产品质量不受其他因素干扰，不向其他因素妥协，对于保证产品质量具有一票否决作用。

1.**权威性**　企业受权人应是药品质量管理方面的专家，对企业的产品质量负有直接责任，因此必须在企业中具有很高的权威性。当然也绝不是"一人说了算"，还应充分听取质量部门相关人员的意见，尤其是在一些重大决策，如处理质量问题产品时，必须充分尊重并听取相关人员的意见，注重树立质量管理人员的威信，以维护企业受权人的权威。

2.**专业性**　企业受权人应具有较强的药品质量管理专业知识，同时还必须具有药学类本科以上学历，具有至少5年以上从事药品生产和质量管理的实践经验，从事过药品生产过程控制和质量检验工作的具有一定专业技术职称的专业人员担任。在任期间，要进行药政、药管等药品监管部门的培训及继续教育，以此来保证受权人在质量管理方面的专业性。

3.**团队性**　企业受权人不可能全面掌握药品生产过程中所涉及的每一个阶段或步骤，受权人要决定一批产品是否可以放行，往往要依据质量管理人员的建议或决定。受权人职责的履行在很大程度上取决一个团队的努力。在企业质量管理体系良好运作的基础上，团队中的每一个人都理解受权人的地位和职责并为其提供全力支持。所以受权人应实施并维护完善质量管理体系，依靠团队的合作来实现质量职责目标。

（二）质量受权人的职责

质量受权人的职责就是确保产品生产能够遵从于最终产品质量有关的技术和法规要求，并负责最终产品的批次放行。每一批次产品的生产制造符合生产许可的各项规定。

质量受权人在履行职责时，必须始终遵守和实施有关药品管理法规或技术规范；树立质量意识和责任意识；以实事求是、坚持原则的态度，在履行相关职责时把公众利益放在首位；以保证药品质量，保障人民用药安全、有效为最高准则，这也是受权人的工作目标和工作宗旨。①生产流程完全遵从GMP，确保药品按照批准的工艺规程生产、储存。②各主要生产环节都确保完成必要的验证。③各项质控检测都已进行并达到标准，相关的生产分装文件完整。④所有误差都已记录，由此对药品质量所产生的影响应进行相关检验。⑤如需要对相关已记录误差做出结论，进行相关附加型验证性试验。⑥所有文件都完整，并有相关质量受权人签字。⑦确保自行检查和其他规定性检查都已进行。⑧确保生产过程各项验证和检测有效进行。⑨承担产品放行的职责，确保每批已放行产品的生产、检验均符合相关法规、药品注册要求和质量标准；在产品放行前，要出具产品放行审核记录，并纳入批记录。⑩所有进口产品都应符合欧盟的各项规定。

（三）质量受权人的法律地位及责任

在我国当前的药品管理体系中，受权人制度是一种创新性的企业内部质量管理方式。对受权人的管理还需要进一步完善相关法规，还需要进一步明确受权人的法定地位和责任。但是受权人履行药品质量管理职责，确保药品质量的工作行为应受到法律保护。同时，受权人必须按照国家药品监督管理局《关于推动药品生产企业实施药品质量受权人制度的通知》规定，严格履行工作职责。如果受权人在履行职责时玩忽职守或失职、渎职，也应承担相应的责任。

第三篇
从业实战案例解读

第十一章 制药过程实战案例解读

制药工业是典型的过程工业，制药生产过程包括原料药生产过程和药物制剂过程；根据药物的制造技术方法可将制药过程分为化学制药过程、生物制药过程和中药制药过程。如其他产业一样，药品生产过程不仅存在着安全风险，而且有环境污染的风险。制药过程的安全与环境保护，不仅与安全工程、环境工程以及制药工程技术密切相关，而且必须遵守相关法律法规。

第一节 安全生产案例

药物生产中通常会有一些危险品（原料、辅料及试剂等）参与，操作者很难避免与之接触，尤其是化学合成药物及其制剂、生物药物（制造致病菌及病毒）等的生产过程。因此，药物生产过程中的安全操作与有效管控就显得十分重要。

一、违章吸烟引发火灾事故

2009年9月11日18时50分，某制药公司空分车间682氧气装瓶站休息室，因违章吸烟致3人被烧死，重伤1人，轻伤2人。

【事故经过】2009年9月11日16时许，某制药公司空分车间因氧气不合格，不能装瓶，682氧气装瓶站的6名工人将室内的压缩机空气吹洗出口阀打开放空后，便集中在休息室内休息。18时50分，1名工人在点香烟时，火柴在富氧环境中剧烈燃烧，该工人立即将火柴扔在地上用脚踩试图灭火，火焰随即由裤脚向上蔓延，另1名工人见状急忙协助其进行扑救，不料自己身上也着起火来，顷刻间室内烟火弥漫，有2名工人破窗逃出，班长、点烟的工人和1名工人夺门而出，协助灭火的工人因惊慌失措未能将门拉开而被烧死在休息室内。班长和点烟的工人因烧伤过重，经抢救无效而死亡，1名工人因惊恐过度精神失常，其他2人轻伤。

【事故原因分析】①该公司的空分车间设计完成时间较早，设计中氧气装瓶站压缩机岗位没有室外放空管线，而是利用室内压缩机一段入口的空气吹洗出口阀作放空阀，只能将氧气排在室内，事故当时氧气放空达3小时，室内氧气浓度高。②操作人员违反该公司有关安全的规定，在非吸烟地点的空分车间682氧气装瓶站休息室内吸烟，加之职工缺乏安全防火知识，对富氧燃烧认识不足，以致扩大了灾情。③氧气装瓶站休息室的门不符合有关建筑设计防火规范的规定，门向内开，致使在紧急情况下，无法打开，不便撤离。

【事故责任】此次事故是一起典型的违规责任事故，上到公司的管理层，下到生产班组及操作工人，对公司有关安全的规定贯彻执行不到位导致事故的发生。公司对相关部门和涉及的具体责任人分别给予撤销职务、转岗、降级等处罚。

【整改措施】①增设室外氧气放空管，将室内压缩机一段入口原放空处加盲板。②组织检查企业内所有危险岗位的门窗，将方向不符者均改成疏散方向。③严格执行各项规章制度，禁止在非吸烟区吸烟，并加强对职工的安全教育，使广大职工了解本厂、本岗位易燃易爆、助燃、有毒有害物质的特性及防护措施。

二、忽略安全防护措施引发火灾

1995年12月2日，某制药公司三羟甲基丙烷［2-ethyl-2-（hydroxymethyl）-1,3-propanediol，TMP］车间维修设备时发生火灾，消防队员及时赶到，会同公司员工奋力扑救下将火扑灭，避免了乙醇罐发生爆炸的危险。

【事故经过】1995年12月2日15时，安装队在某制药公司的委托下，对TMP车间设备进行维修，在对TMP车间环合工段气割盐水管道时，由于乙炔管路漏气，气割落下的火花点燃了漏气部位的乙炔，乙炔管路的燃烧引燃了地面母液残渣（含有大量有机物及醇类），地面的明火同时引燃了车间地沟内未冲走的残渣（当时地沟未及时冲洗），火苗从窗口喷出，窜到距车间一米远的乙醇罐上，整个车间内浓烟滚滚，火势难以控制，用灭火器扑救作用已不大，及时用消防水降温，并立即报119火警，经过消防员和车间员工奋力扑救，及时将火扑灭，避免了乙醇罐发生爆炸的危险。

【事故原因分析】制药车间内动火前没有采取安全防护措施，彻底清理周围易燃物；安装队明知上午发生过管路漏气（申请设备维修的原因）现象，未查明原因，操作人员缺乏安全技术知识，继续使用，属违章操作。

【事故责任】此次事故属于重大责任事故，主要责任应由制药公司与施工方相关负责人承担，具体实施操作者也有不可推卸的责任，也应从事故中吸取教训。

【整改措施】制药车间内动火必须先办理动火作业证申请工作单，采取安全防护措施；动火前必须清理周围环境，用水冲洗干净地面易燃物（清场）并停产隔绝易燃空间；对岗位操作人员进行安全知识培训；加强对岗位操作人员的安全教育和监督。

三、不戴防护用具致人伤害事故

药品生产过程中免不了会接触一些有毒有害的物料及"刺激性"气体，操作者必须要带好防护用具，以防危害到操作者本人。

（一）碱液严重烧伤及腈类中毒

1996年8月12日，某制药公司生产车间工人因未戴防护用具，导致碱液严重烧伤及腈类中毒事故。

【事故经过】1996年8月12日10时，某制药公司甲氧苄啶生产车间三名职工正在进行药液离心处理，A某刚把离心机放满料液，来到门口推小车，回头看见B某又再往离心机里放料，A某过去对B某说"放满了"，之后A某想看看离心机内料液现状，这时B某从离心机里往外拿加料管子。料液被高速转动的离心机甩打在A某的脸上，造成其眼部碱液严重烧伤及腈类物质中毒。

【事故原因分析】该岗位是离心分离岗位，在加料过程中，加料管没有完全流净料液就向外拿管子，属于违反工艺操作规程的操作；加之不按规定佩戴防护用具，亦属于违反岗位操作规程的操作。

【事故责任】此次事故属于操作者违反岗位操作规程的责任事故，车间主任疏于督促管理也负有一定的责任。

【整改措施】加强职工安全工艺操作的培训；强化操作者上班时必须佩戴规定的防护用具的要求，增强操作者的安全意识。

（二）硫酸二甲酯中毒

1997年5月6日，某制药公司车间工人在生产中因未戴防护用具，导致硫酸二甲酯中毒。

【事故经过】1997年5月6日上午，某制药公司车间甲基化工段操作工A某在平台上操作（向反应釜内加入硫酸二甲酯）时，未发现反应釜放料阀泄露，致使硫酸二甲酯顺阀门外泄，当时有3名职工在平台下更换反应釜的旁通路管道阀门，硫酸二甲酯从平台上淌到平台下，3名职工因硫酸二甲酯中毒，急速被送往医院治疗。

【事故原因分析】经过事故调查询问取证，事故原因是操作者操作时巡回检查力度不够，未及时发现反应釜阀门泄漏（反应）原料，加之该岗位操作员未按规定佩戴防毒用具，造成硫酸二甲酯中毒事故的发生。

【事故责任】此次事故属于岗位操作者违规操作的责任事故。

【整改措施】此次事故警示该公司的管理层，一定要加强对职工安全工艺操作的培训；强化操作者上班时必须佩戴规定防护用具的要求，增强操作者的安全意识。同时，在工作时一定要做到：①加大对所使用设备的巡回检查力度；②重点部位要有保全工定期检查，加挂设备状态标志；③提高职工自我保护意识，上岗一定要佩戴劳动保护用品。

四、不戴防护手套引起中毒

1996年4月17日，某制药公司一名操作工在生产操作过程中裸手接触生产物料（未戴防护手套）引发中毒。

【事故经过】1996年4月17日上午，某制药公司职工在甲基化工段操作时，发现离心机旁边有一些甲氧苄啶粗品，随即取来回收桶，直接裸手（未戴防护手套）向回收桶里回收甲氧苄啶粗品，当这位职工回收完毕后，感觉身体不舒服，眼发红，头眩晕。工友发觉其身体状况不对，马上将其送往医院，医院诊断为硫酸二甲酯中毒。

【事故原因分析】该职工未戴防护手套，裸手直接接触的物料粗品中含有反应剩余的硫酸二甲酯；该批物料粗品是在操作时改变了工艺参数的反应残渣，这批残渣的硫酸二甲酯含量比以往均高，没有彻底中和。由于改变工艺参数条件，但工作现场并未备好必要的防护措施如氨水等，导致操作者中毒。

【事故责任】这是一起操作人员违反操作规程的责任事故。

【整改措施】生产岗位上的操作者必须严格按照生产工艺规程进行操作，改动工艺参数必须经过分管领导同意、生产部备案；在岗时必须要充分利用劳动保护用品，装备到位，特别是特殊岗位；有毒原料、试剂要有防范措施，发生意外时能够做到及时处理。

五、缺乏安全意识造成苯胺中毒

2001年3月27日，某制药公司TMP车间操作工操作时不慎将苯胺流入手套中，导致苯胺中毒。

【事故经过】2001年3月27日凌晨，某制药公司三羟甲基丙烷（TMP）车间操作工A某进行二次抽料时，不小心将苯胺桶弄倒。苯胺从未上紧的桶盖中流出，操作员A某向上抬起时，苯胺顺其手腕进入手套中，操作员王某只用水简单冲洗后，随后戴上手套继续操作，1个多小时后，A某出现嘴唇发紫、浑身无力、吐字不清等症状。工友立即将其送往医院，诊断为苯胺（TMP）中毒。

【事故原因分析】苯胺是剧毒物品，该操作工思想上对其不够重视；苯胺为油状液体，属于脂溶性物质，用水冲很难去净，加之又戴上手套，加重了接触机会，导致加速中毒；自我防护意识淡薄，麻痹大意。

【事故责任】此次事故主要是操作者主观安全意识不到位所致责任事故。

【整改措施】此次事故警示管理者一定要加强对职工，尤其是接触危险化学物料和有毒有害试剂岗位的操作工的安全教育，提高职工的自我防护意识。

六、操作不当引发燃爆

2005年9月28日，某制药公司合成车间在清洗贮液罐时发生罐内燃爆事故，造成两位员工不同程度的烧伤。

【事故经过】2005年9月28日6时39分，某制药公司合成车间按照生产计划，夜班工人A某和B某在清洗刚刚出完料的贮液罐，A某发现洗涤后贮液罐底有块状固体异物，随即向夜班班长汇报，班长指示A某用异丁烯酸甲酯冲洗，但A某发现用异丁烯酸甲酯冲洗后无效果，这时B某在木棒（3m）前端缠上白布，斜着从人孔伸进去捅内壁罐底部的块状固体异物，A某在人孔的上方观察内部脱落状况。在捅下第一块固体异物后，捅第二块的时候，罐内突然发生燃爆，致使两位操作工发生了不同程度的烧伤。

【事故原因分析】（1）直接原因　设备清洗中，使用木棒捅固体异物时因摩擦产生了静电。当固体异物块掉落时，静电在异物与罐内壁之间产生空隙，发生了放电。此时罐内虽然没有异丁烯酸甲酯液体，但异丁烯酸甲酯气体浓度正好处于爆炸极限浓度内，于是造成了瞬间起火燃爆。

（2）间接原因　①操作人员安全意识不强：明知贮液罐内存在异丁烯酸甲酯蒸气，且此种操作无操作标准，属于非正常操作行为，在未进行可燃气体测试、未向科长汇报的情况下擅自实施异物去除作业而发生事故。②安全管理制度不健全：生产科对于可能存在的非正常作业未制订管理规定，关键设备的人孔盖没有采取防止随意打开的措施。③安全教育培训不够：虽然受伤人员在上岗前都接受过公司的入职教育，即安全教育、危险化学品知识教育及静电方面的安全教育，但是从该起事故看出，两名受伤人员对异丁烯酸甲酯蒸气的危害性及有关静电方面的知识掌握程度不牢。

【事故责任】此次事故属于操作人员非正常作业操作责任事故。

【整改措施】（1）规范设备清洗作业，在火灾爆炸空间作业严格按照规范使用防静电工具。

（2）加强操作人员安全培训，增强安全意识，提高非正常操作行为防范事故的能力。

（3）健全安全管理制度。生产科对于可能存在的非正常作业制订管理规定和联络途径，关键设备的人孔盖采取防止随意打开的措施。

（4）严格开展三级安全教育及日常安全教育培训。切实提高人员对异丁烯酸甲酯蒸气的危害性及有关静电方面的知识和事故处理能力。

第二节　制药过程特殊岗位

制药企业和其他企业一样，工作岗位可分为一般岗位和特殊岗位，一般岗位通常是指行政科室和生产的一般岗位等。特殊岗位则是指有特殊要求的岗位，包括行政科室的保密岗位、技术研发攻关岗位、生产中的危险工艺工段岗位、锅炉操作人员等。身处这样岗位的人员有着比一般岗位人员更高的要求和责任。以下以危险工艺工段岗位为例进行介绍。

一、危险工艺工段岗位

危险工段岗位与安全管理是各企业、事业安全管理的重中之重，使用危险化学品单位应当根据构成重大危险（隐患）的危险化学品种类、数量、生产、使用工艺（方式）或者相关设备、设施等实际情况按照《危险化学品重大危险源监督管理暂行规定》要求建立健全安全监测监控体系，完善控制措施。

接触或使用危险品的企业、事业单位，尤其是企业制造行业应严格划定其危险工段、岗位，原国家安全生产监管总局为了提高化工生产装置和危险化学品储存设施本质安全水平，相继出台了《首批重点监管的危险化工工艺目录》和《第二批重点监管的危险化工工艺目录》，对重点监管的危险化工工艺安全控制要求、重点监控参数及推荐的控制方案进行了规定，各化工生产企业对照本企业采用的危险化工工艺及其特点。确定重点监控的工艺参数，装备和完善自动控制系统，大型和高度危险化工装置要按照推荐的控制方案装备紧急停车系统。

（一）化工危险工艺

列入原国家安全生产监管总局《首批重点监管的危险化工工艺目录》的有：①光气及光气化工艺；②电解工艺（氯碱）；③氧化工艺；④硝化工艺；⑤合成氨工艺；⑥裂解（裂化）工艺；⑦氟化工艺；⑧加氢工艺；⑨重氮化工艺；⑩氧化工艺；⑪过氧化工艺；⑫胺基化工艺；⑬磺化工艺；⑭聚合工艺；⑮烷基化工艺。

列入原国家安全生产监管总局《第二批重点监管的危险化工工艺目录》的有：①新型煤化工工艺：煤制油（甲醇制汽油、费-托合成油）、煤制烯烃（甲醇制烯烃）、煤制二甲醚、煤制乙二醇（合成气制乙二醇）、煤制甲烷气（煤气甲烷化）、煤制甲醇、甲醇制醋酸等工艺；②电石生产工艺；③偶氮化工艺。

中华人民共和国应急管理部（简称应急管理部）针对各危险化工工艺的危险特点，制订了相应的安全管理措施，包括重点监控工艺参数、安全控制的基本要求、宜采用的控制方式等，从而控制因化学物质处置不当或化学反应失控而导致的工艺安全事故的发生。

（二）制药危险工艺

化学制药涉及光气化工艺、氯化工艺、硝化工艺、裂解（裂化）工艺、氟化工艺、加氢工艺、重氮化工艺、偶氮化工艺、氧化工艺、过氧化工艺、胺基化工艺、碘化工艺和烷基工艺等应急管理部重点监管的危险工艺，其设计、装置建设与生产运行必须按照规定执行。

对于精神类成瘾性药物、激素类药物和细胞毒性小分子药物等的生产过程中的最后一步合成工艺而言，其化学合成反应工艺虽然不属于重点监管的危险化工工艺，但是此步操作为后续的分离、结晶和干燥操作均因涉及毒性物质的暴露释放而具有危险性。相应的工艺均系危险工艺，除了需要严格控制工艺参数外，更重要的是做好隔离防护操作，重点监控生产车间环境中和经吸收等处理后的尾气中药物粉尘或其气溶胶等的浓度。

药物的一般合成反应工艺及后续的分离、结晶和干燥工艺通常会使用有机试剂，应根据危险级别，配置防火防爆及消除静电的设施或装置。其中，离心过滤应尽可能避免间歇操作工艺。另外，对于沸点低的易燃易爆和有毒液体的输送，尽可能不用真空吸料方式。

（三）生物制药危险工艺

生物制药是利用生物体或生物过程在人为设定的条件下生产各种天然生物活性物质及其类似物的制药技术。生产用生物体包括动物、植物、微生物和各种海洋生物以及工程菌、工程细胞和转基因动植物等，其中霉菌孢子以及病毒菌和病毒培养生物都是生物危险源，因此在对生物体及其产物的利用过程存在生物安全危险，对应的有生物转化的危险工艺和生物体加工的危险工艺。而由灭活微生物、微生物的提取物或灭活病毒制成的疫苗的生产过程，其需要进行生物培养、减活或灭活操作，再分离纯化，这类疫苗的生产既有生物转化的危险工艺又有生物体加工的危险工艺。前者需要发酵装置在负压环境下运行，发酵装置的排气管内置过滤除菌和灭活装置，生产过程密闭操作。后加工采用同其他无菌药品一样的条件下进行制备、灌装，但在生产前必须对生物失活的完全性（杀死或除去获得生物）进行确认。在灌装活的或减活的疫苗以及来源于活生物体的提取物时需要采取隔离措施。

（四）固体制剂危险工艺

在固体制剂工艺中，产生粉尘是不可避免的，一般地情况下，粉体的外表面积与一样分量的块状物质比要大得多，故易燃。它在空气中悬浮，并达到一定的浓度时，便构成爆破性混合物。根据科学试验测定，粉尘爆破的条件有三个：①燃料：干燥的微细粉尘、浮游粉尘的浓度达到一定浓度。例如，煤粉 $30{\sim}40g/m^3$、铝粉 $40g/m^3$、铁粉 $100g/m^3$、木粉 $12.6{\sim}25g/m^3$、小麦粉 $9.7g/m^3$、糖 $10.3g/m^3$。②氧气：空气中的氧气含量达到21%。③热能：即40kJ以上的火源。面粉或饲料等粉尘的起爆温度相当于一张易燃纸的点燃温度。一旦遇到火星，就能够导致敏捷焚烧–爆破。爆破时，气压和气压上升率越高，其爆破率也就越大。而粉尘的焚烧率与粉尘粒子的粗细、易燃性和焚烧时所释放出的热量以及粉尘在空气中的浓度等因素有关。但是，这类爆破是完全能够防止的，如选用有效的通风和除尘办法，严禁吸烟及明火作业；在设备外壳设泄压活门或其他设备，选用爆破遏制体系等。对有粉尘爆破风险的厂房，必须严厉按照防爆技术等级进行设计建造，并设置独自通风、排尘体系。要经常湿式打扫车间地面和设备，防止粉尘飞扬和聚集。保证体系有很好的密闭性，必要时对密闭容器或管道中的可燃性粉尘充入氮气、二氧化碳等气体，以削减氧气的含量，抑制粉尘的爆破。

固体制剂涉及粉体输送（风力输送）、气流粉碎、机械研磨与粉碎、粉体混合、液固混合（浆料配制、制粒）以及气液混合（包衣）等有一定危险的加工工艺。其中，药物活性成分多为有机小分子、辅料多为多糖等有机高分子，它们均是可燃的，其在机械搅拌的旋转会产生剪切和摩擦发热或产生静电，因而具有爆炸燃烧的危险；还有挤压、撞击和切断等机械危险。对于颗粒及片剂包衣因有机溶剂配制的液体在气体中分散的气液包衣过程，则会形成毒性和易燃性悬浮微粒，这种喷雾包衣工艺就成了危险工艺，其他的还有喷雾造粒工艺。

二、危险源及危险工艺的安全管理

危险源存在于整个企业、事业（即接触或使用危险源的企业、事业单位），而危险工艺则是企业所涉及的局部工段、岗位，所以前者要求全员知晓，认真执行；后者要求岗位操作人员严格遵守即可。

（一）危险源的安全管理

《危险化学品重大危险源监督管理暂行规定》中规定对危险源要实行如下安全管理措施。

1.报警装置 重大危险源配备温度、压力、液位、流量、组分等信息的不间断采集和监测系统以及可燃气体和有毒有害气体泄漏检测报警装置,并具备信息远传、连续记录、事故预警、信息存储等功能;一级或二级重大危险源应具备紧急停车功能,记录的电子数据的保存时间不少于30日。

2.自动化控制系统 重大危险源的化工生产装置装备满足安全生产要求的自动化控制系统;一级或者二级重大危险源应装备紧急停车系统。

3.设置紧急处置装置 对重大危险源中的毒性气体、剧毒液体和易燃气体等重点设施,设置紧急切断装置;毒性气体的设施应设置泄漏物紧急处置装置。涉及毒性气体、液化气体、剧毒液体的一级或二级重大危险源应配备独立的安全仪表系统。

4.设置视频监控系统 重大危险源中储存剧毒物质的场所或者设施应设置视频监控系统。

5.定期检测、检验安全监测监控系统 危险化学品单位应当按照国家有关规定,定期对重大危险源的安全设施和安全监测监控系统进行检测、检验,并进行经常性维护、保养,保证重大危险源的安全设施和安全监测监控系统有效、可靠运行。维护、保养、检测应当做好记录,并由有关人员签字。

6.对操作岗位人员进行安全操作技能培训 危险化学品单位应当对重大危险源的管理和操作岗位人员进行安全操作技能培训,使其了解重大危险源的危险特性,熟悉重大危险源安全管理规章制度和安全操作规程,掌握本岗位的安全操作技能和应急措施。

7.设置明显的安全警示标志 危险化学品单位应当在重大危险源所在场所设置明显的安全警示标志,写明紧急情况下的应急处置办法。

8.登记建档 危险化学品单位应当对辨识确认的重大危险源及时、逐项进行登记建档,重大危险源档案应当包括下列文件、资料:①辨识、分级记录;②重大危险源基本特征表;③涉及的所有化学品安全技术说明书;④区域位置图、平面布置图、工艺流程图和主要设备一览表;⑤重大危险源安全管理规章制度及安全操作规程;⑥安全监测监控系统,措施说明,检测、检验结果;⑦重大危险源事故应急预案、评审意见、演练计划和评估报告;⑧安全评估报告或者安全评价报告;⑨重大危险源关键装置、重点部位的责任人、责任机构名称;⑩重大危险源场所安全警示标志的设置情况;⑪其他文件、资料。

9.及时向所在地县级人民政府安全生产监督管理部门备案 危险化学品单位在完成重大危险源安全评估报告或者安全评价报告后15日内,应当填写重大危险源备案申请表,报送所在地县级人民政府安全生产监督管理部门备案。

(二)危险工艺的安全管理

制药过程少不了药物合成反应,药物合成反应根据其反应物质本身的性质、反应的温度、反应的压力、反应的速率等特点，而呈现出不同的特征，常涉及的危险工艺有硝化反应、氧化反应、磺化反应、氯化反应、氟化反应、重氮化反应、加氢反应等危险工艺。

建立系统安全分析评估体系是做好危险工艺管理的基础，通过监测生产系统状态参数及时发现固有的或潜在的各类危险和危害，并自动控制或智能调控系统运行，以确保生产安全。

依据制药工艺危险程度，在药物合成反应过程中应配置相应的自动化控制系统，对主要反应参数进行集中监控及自动调节，并设置偏离正常值的报警和连锁控制；对于在非正常条件下有可能超压的反应系统，应设置爆破片和安全阀等泄放设施，以及紧急切断、紧急终止反应、紧急冷却降温等控制措施。在生产过程中，经常会采用防止能量意外释放的屏蔽措施或能量缓冲装置，以避免造成人身伤亡。如限制能量、防止能量蓄积、设置屏蔽措施、在时间或空间上把能量与人隔离，以及信息形式的屏蔽或利用泄爆结构装置缓慢释放能量。

生物制药车间操作人员要检查身体情况，不能有疾病和感染性创伤，也不能有开放性损伤等，否则会对接触过的食物和药品造成污染。在生产过程中会出现潜在的生物危害，主要是感染危险。如甲流疫苗的生产车间，相对密闭的生产车间里，整个生产车间处于"负压"状态，空气供给通过初效、中效、高效过滤，层流环境保证疫苗生产不受外界因素污染，同时，排放的空气经高效过滤阻止甲流病毒等向车间外扩散。另外，采用隔离装置，并通过手套或袖套进入隔离的内部空间进行操作，防止有害物质对工作人员造成伤害。

危险工艺管理工作重点在于事故预防。通常事故预防要遵循技术原则和组织管理原则。其中，技术原则包括消除潜在危险原则、降低潜在危险严重度原则、闭锁原则、能量屏蔽原则、距离保护原则、个体保护原则、警告和禁止信息原则。组织管理原则包括系统整体性原则、计划性原则、效果性原则、党政工团协调安全工作原则和责任制原则。

在做好预防和过程管控的同时，要重视包括外单位相关或同类产品生产在内的事故调查与分析。可借助系统安全分析方法总结事件、事故发生的规律，做出定性、定量的评价，为有关危险工艺的管理指出方向并提供工程技术和管控措施支持，从而通过设计、施工、运行、管理等安全技术设计手段，使生产设备或生产系统本身具有安全性，即使在误操作或发生故障的情况下也不会造成事故，以达到本质安全的目的。

三、易制爆危险化学品名录

制药企业在岗人员从业必须知晓的易制爆危险化学品品名如表11-1所示。

表11-1 易制爆危险化学品名录（2017年版）

序号	品名	别名	CAS号	主要的燃爆危险性分类
1 酸类				
1.1	硝酸		7697-37-2	氧化性液体，类别3
1.2	发烟硝酸		52583-42-3	氧化性液体，类别1
1.3	高氯酸（浓度>72%）	过氯酸	7601-90-3	氧化性液体，类别1
	高氯酸（浓度50%~72%）			氧化性液体，类别1
	高氯酸（浓度≤50%）			氧化性液体，类别2
2 硝酸盐类				
2.1	硝酸钠		7631-99-4	氧化性固体，类别3
2.2	硝酸钾		7757-79-1	氧化性固体，类别3
2.3	硝酸铯		7789-18-6	氧化性固体，类别3
2.4	硝酸镁		10377-60-3	氧化性固体，类别3
2.5	硝酸钙		10124-37-5	氧化性固体，类别3
2.6	硝酸锶		10042-76-9	氧化性固体，类别3
2.7	硝酸钡		10022-31-8	氧化性固体，类别2
2.8	硝酸镍	二硝酸镍	13138-45-9	氧化性固体，类别2
2.9	硝酸银		7761-88-8	氧化性固体，类别2
2.10	硝酸锌		7779-88-6	氧化性固体，类别2
2.11	硝酸铅		10099-74-8	氧化性固体，类别2
3 氯酸盐类				
3.1	氯酸钠		7775-09-9	氧化性固体，类别1
	氯酸钠溶液			氧化性液体，类别3*
3.2	氯酸钾		3811-04-9	氧化性固体，类别1
	氯酸钾溶液			氧化性液体，类别3*
3.3	氯酸铵		10192-29-7	爆炸物，不稳定爆炸物
4 高氯酸盐类				
4.1	高氯酸锂	过氯酸锂	7791-03-9	氧化性固体，类别2

续表

序号	品名	别名	CAS号	主要的燃爆危险性分类
4.2	高氯酸钠	过氯酸钠	7601-89-0	氧化性固体，类别1
4.3	高氯酸钾	过氯酸钾	7778-74-7	氧化性固体，类别1
4.4	高氯酸铵	过氯酸铵	7790-98-9	爆炸物，1.1项 氧化性固体，类别1
5　重铬酸盐类				
5.1	重铬酸锂		13843-81-7	氧化性固体，类别2
5.2	重铬酸钠	红矾钠	10588-01-9	氧化性固体，类别2
5.3	重铬酸钾	红矾钾	7778-50-9	氧化性固体，类别2
5.4	重铬酸铵	红矾铵	7789-09-5	氧化性固体，类别2*
6　过氧化物和超氧化物类				
6.1	过氧化氢溶液（含量>8%）	双氧水	7722-84-1	（1）含量≥60%，氧化性液体，类别1 （2）20%≤含量<60%氧化性液体，类别2 （3）8%<含量<20%氧化性液体，类别3
6.2	过氧化锂	二氧化锂	12031-80-0	氧化性固体，类别2
6.3	过氧化钠	双氧化钠；二氧化钠	1313-60-6	氧化性固体，类别1
6.4	过氧化钾	二氧化钾	17014-71-0	氧化性固体，类别1
6.5	过氧化镁	二氧化镁	1335-26-8	氧化性液体，类别2
6.6	过氧化钙	二氧化钙	1305-79-9	氧化性固体，类别2
6.7	过氧化锶	二氧化锶	1314-18-7	氧化性固体，类别2
6.8	过氧化钡	二氧化钡	1304-29-6	氧化性固体，类别2
6.9	过氧化锌	二氧化锌	1314-22-3	氧化性固体，类别2
6.10	过氧化脲	过氧化氢尿素；过氧化氢脲	124-43-6	氧化性固体，类别3
6.11	过乙酸（含量≤16%，含水≥39%，含乙酸≥15%，含过氧化氢≤24%，含有稳定剂）	过醋酸；过氧乙酸；乙酰过氧化氢	79-21-0	有机过氧化物，F型

序号	品名	别名	CAS号	主要的燃爆危险性分类
6.11	过乙酸 （含量≤43%，含水≥5%，含乙酸≥35%，含过氧化氢≤6%，含有稳定剂）		79-21-0	易燃液体，类别3 有机过氧化物，D型
6.12	过氧化二异丙苯（52%＜含量≤100%）	二枯基过氧化物；硫化剂DCP	80-43-3	有机过氧化物，F型
6.13	过氧化氢苯甲酰	过苯甲酸	93-59-4	有机过氧化物，C型
6.14	超氧化钠		12034-12-7	氧化性固体，类别1
6.15	超氧化钾		12030-88-5	氧化性固体，类别1
7 易燃物还原剂类				
7.1	锂	金属锂	7439-93-2	遇水放出易燃气体的物质和混合物，类别1
7.2	钠	金属钠	7440-23-5	遇水放出易燃气体的物质和混合物，类别1
7.3	钾	金属钾	7440-09-7	遇水放出易燃气体的物质和混合物，类别1
7.4	镁		7439-95-4	（1）粉末：自热物质和混合物，类别1 遇水放出易燃气体的物质和混合物，类别2 （2）丸状、旋屑或带状：易燃固体，类别2
7.5	镁铝粉	镁铝合金粉		遇水放出易燃气体的物质和混合物，类别2 自热物质和混合物，类别1
7.6	铝粉		7429-90-5	（1）有涂层：易燃固体，类别1 （2）无涂层：遇水放出易燃气体的物质和混合物，类别2
7.7	硅铝 硅铝粉		57485-31-1	遇水放出易燃气体的物质和混合物，类别3

续表

序号	品名	别名	CAS号	主要的燃爆危险性分类
7.8	硫黄	硫	7704-34-9	易燃固体，类别2
7.9	锌尘		7440-66-6	自热物质和混合物，类别1；遇水放出易燃气体的物质和混合物，类别1
	锌粉			自热物质和混合物，类别1；遇水放出易燃气体的物质和混合物，类别1
	锌灰			遇水放出易燃气体的物质和混合物，类别3
7.10	金属锆		7440-67-7	易燃固体，类别2
	金属锆粉	锆粉		自燃固体，类别1；遇水放出易燃气体的物质和混合物，类别1
7.11	六亚甲基四胺	六甲基四胺；乌洛托品	100-97-0	易燃固体，类别2
7.12	1,2-乙二胺	1,2-二氨基乙烷；乙撑二胺	107-15-3	易燃液体，类别3
7.13	一甲胺（无水）	氨基甲烷；甲胺	74-89-5	易燃气体，类别1
	一甲胺溶液	氨基甲烷溶液；甲胺溶液		易燃液体，类别1
7.14	硼氢化锂	氢硼化锂	16949-15-8	遇水放出易燃气体的物质和混合物，类别1
7.15	硼氢化钠	氢硼化钠	16940-66-2	遇水放出易燃气体的物质和混合物，类别1
7.16	硼氢化钾	氢硼化钾	13762-51-1	遇水放出易燃气体的物质和混合物，类别1
8 硝基化合物类				
8.1	硝基甲烷		75-52-5	易燃液体，类别3
8.2	硝基乙烷		79-24-3	易燃液体，类别3
8.3	2,4-二硝基甲苯		121-14-2	
8.4	2,6-二硝基甲苯		606-20-2	

续表

序号	品名	别名	CAS号	主要的燃爆危险性分类
8.5	1,5-二硝基萘		605-71-0	易燃固体，类别1
8.6	1,8-二硝基萘		602-38-0	易燃固体，类别1
8.7	二硝基苯酚（干的或含水<15%）		25550-58-7	爆炸物，1.1项
	二硝基苯酚溶液			
8.8	2,4-二硝基苯酚（含水≥15%）	1-羟基-2,4-二硝基苯	51-28-5	易燃固体，类别1
8.9	2,5-二硝基苯酚（含水≥15%）		329-71-5	易燃固体，类别1
8.10	2,6-二硝基苯酚（含水≥15%）		573-56-8	易燃固体，类别1
8.11	2,4-二硝基苯酚钠		1011-73-0	爆炸物，1.3项
9 其他				
9.1	硝化纤维素〔干的或含水（或乙醇）<25%〕	硝化棉	9004-70-0	爆炸物，1.1项
	硝化纤维素（含氮≤12.6%，含乙醇≥25%）			易燃固体，类别1
	硝化纤维素（含氮≤12.6%）			易燃固体，类别1
	硝化纤维素（含水≥25%）			易燃固体，类别1
	硝化纤维素（含乙醇≥25%）			爆炸物，1.3项
	硝化纤维素（未改型的，或增塑的，含增塑剂<18%）			爆炸物，1.1项
	硝化纤维素溶液（含氮量≤12.6%，含硝化纤维素≤55%）	硝化棉溶液		易燃液体，类别2

序号	品名	别名	CAS号	主要的燃爆危险性分类
9.2	4,6-二硝基-2-氨基苯酚钠	苦氨酸钠	831-52-7	爆炸物，1.3项
9.3	高锰酸钾	过锰酸钾；灰锰氧	7722-64-7	氧化性固体，类别2
9.4	高锰酸钠	过锰酸钠	10101-50-5	氧化性固体，类别2
9.5	硝酸胍	硝酸亚氨脲	506-93-4	氧化性固体，类别3
9.6	水合肼	水合联氨	10217-52-4	
9.7	2,2-双（羟甲基）1,3-丙二醇	季戊四醇；四羟甲基甲烷	115-77-5	

注：1.各栏目的含义："序号"：《易制爆危险化学品名录》（2017年版）中化学品的顺序号。"品名"：根据《化学命名原则》（1980）确定的名称。"别名"：除"品名"以外的其他名称，包括通用名、俗名等。"CAS号"：Chemical Abstract Service 的缩写，是检索化学物质有关信息资料最常用的编号。"主要的燃爆危险性分类"：根据《化学品分类和标签规范》系列标准（GB 30000.2—2013~GB30000.29—2013）等国家标准，对某种化学品燃烧爆炸危险性进行的分类。

2.除列明的条目外，无机盐类同时包括无水和含有结晶水的化合物。

3.混合物之外无含量说明的条目，是指该条目的工业产品或者纯度高于工业产品的化学品。

4.标记"*"的类别，是指在有充分依据的条件下，该化学品可以采用更严格的类别。

第三节　辅助生产岗位

制药企业辅助生产岗位指对生产岗位的生产任务有支持和保证作用的岗位。通常包括产生生产用蒸汽的锅炉工岗位、保证生产物料输送畅通的管道维修保养岗位、物料输送、转运［诸如电梯、起重机械和场（厂）内专用机动车辆等］岗位。

一、锅炉爆炸事故

某制药公司于2000年9月23日发生了一起锅炉炉膛煤气爆炸事故。此锅炉是SHS20-2.45/400-Q型，用于提供生产用蒸气。于1999年11月制造。此次爆炸事故造成死亡2人、重伤5人、轻伤3人，直接经济损失49.42万元。

【事故经过】2000年9月23日上午10时15分，某制药公司后勤保障部经理指令锅炉房操作工对锅炉进行点火，当该班职工将点燃的火把从锅炉南侧的点火口送入炉膛时发生爆炸，随着锅炉炉膛的爆炸，炉墙被摧毁，炉膛内水冷壁管严重变形，最大变形量为1.5m。钢架不同程度变形，其中中间两根立柱最大变形量为230mm，部分管道、平台、扶梯遭到破坏，锅炉房操作间门窗严重变形、损坏。锅炉烟道、引风机被彻底摧毁，烟囱发生粉碎性炸毁，砖块飞落到直径约80m范围内，砸在屋顶的较大体积烟囱砖块造成锅炉房顶11处孔洞，锅炉房东墙距屋顶1.5m处有12m长的裂缝。炸飞的烟囱砖块将正在厂房外施工的2名工作人员砸死，另造成5人重伤、3人轻伤。爆炸冲击波还使距锅炉房500m范围内的门窗玻璃不同程度地被震坏。事故发生后，当地有关部门非常重视，迅速赶赴事故现场组织抢救，对死伤人员进行了妥善处置。属地政府责成有关部门和人员对事故进行了调查。

【事故原因分析】此次爆炸事故是由于炉前2号燃烧器（北侧）手动蝶阀（煤气进气阀）处于开启状态（应为关闭状态），致使点火前炉膛、烟道、烟囱内聚集大量煤气和空气的混合气，且混合比达到爆炸极限值，因而在点火瞬间发生爆炸。具体分析如下：①当班人员未按规定进行全面的认真检查，在点火时未按规程进行操作，使点火装置的北蝶阀在点火前处于开启状态，是导致此次爆炸事故的直接原因。②公司管理混乱，规章制度不健全，公司领导没有执行有关的指挥程序［本应该由公司通过正规程序下达生产（点火）指令，经过后勤保障部门到达水暖班（管道维修保养岗位），经由水暖班长指挥开炉点火操作，且每一次开炉点火均需要有"生产计划指令单"，附有岗位操作规程（SOP）和岗位操作记录］。没有严格要求当班人员执行操作规程，未制止违规操作行为，职责不明，规章制度不健全也是造成此次爆炸事故的原因之一。③公司领导重生产、轻安全，重效益、轻管理。在安全生产方面失控，特别是在各部门的协调管理方面缺乏有效管理和相应规章制度，对各部门的安全生产工作不够重视，也是造成此次爆炸事故的原因之一。

【事故责任】此次事故属于严重的领导责任事故，涉及的操作工也负有一定责任，公司对涉事经理给予撤销职务并处罚金处罚，涉及的相关部门及人员均给予相应处罚。

【整改措施】①公司要认真贯彻落实国家有关锅炉压力容器的法律、法规，真正从思想上吸取教训，引以为戒，制订出有效、详细的安全措施，健全各项安全管理制度。②进一步完善各级安全生产责任制，明确锅炉安全管理的有关事项和要求，把锅炉的安全管理工作落到实处。③各有关部门要严格执行各项规章制度及操作规程，层层落实，责任到人，消除麻痹思想和侥幸心理，操作程序规范化，从组织指挥、安全措施、规章制度、操作规程上彻底堵塞漏洞，消除隐患，从而防止类似事故再次发生。

二、制药企业中的特种设备使用注意事项

特种设备是指涉及生命安全、危险性较大的锅炉、压力容器（含气瓶）、压力管道、电梯、起重机械、客运索道、大型游乐设施和场（厂）内专用机动车辆。制药企业涉及的特种设备主要有锅炉压力容器、压力容器（含气瓶）、电梯、起重机械。

《特种设备安全监察条例》要求特种设备在投入使用前或者投入使用后30日内，

特种设备使用单位应当向直辖市或者设区的市的特种设备安全监督管理部门要求登记。登记标志应当置于或者附着于该特种设备的显著位置。

（一）锅炉压力容器

锅炉指利用各种燃料、电或者其他能源，将所盛装的液体加热到一定的参数，并通过对外输出介质的形式提供热能的设备。其范围规定为设计正常水位容积≥30L，且额定蒸汽压力≥0.1MPa（表压）的承压蒸汽锅炉；出口水压≥0.1MPa（表压），且额定功率≥0.1MW的承压热水锅炉；额定功率≥0.1MW的有机热载体锅炉。制药企业涉及的锅炉通常有燃煤锅炉（城市建成区、工业园区禁止新建20t/h以下燃煤锅炉；其他地区禁止新建10t/h以下燃煤锅炉）、热水锅炉和有机热载体锅炉等。

锅炉具有爆炸性，锅炉在使用中若发生破裂，内部压力瞬时降至等于外界大气压，可能发生物理爆炸事故。锅炉一般带有安全附件，例如安全阀、压力表、水位计、温度测量装置、防爆门以及自动化控测装置（含超温和超压报警与联锁保护装置、高低水位警报和低水位联锁保护装置、熄火保护装置）等。

特种设备使用单位应当在安全检验合格有效期届满前1个月向特种设备检验检测机构提出定期检验要求。特种设备的作业人员及其相关管理人员（以下统称特种设备作业人员），应当按照国家有关规定经特种设备安全监督管理部门考核合格，取得国家统一格式的特种作业人员证书，方可从事相应的作业或者管理工作，其中对于锅炉压力容器使用的安全管理要求有以下几点。

（1）使用有锅炉压力容器制造许可资质厂家的合格产品　在我国境内制造、使用的锅炉压力容器，国家实行制造资格许可制度和产品安全性能强制监管检验制度。确保锅炉制造厂家必须具备保证产品质量的加工设备、技术力量、检验手段和管理水平。

（2）登记建档　在锅炉压力容器正式使用前，使用单位一方面必须登记，取得使用证；另一方面，还应建立锅炉压力容器的设备档案，保存设备的设计、制造、安装、使用、维修、改造和检验等过程的技术资料。注意，对于锅炉压力容器的安装、维修、改造和检验等工作均应委托有相应资质的单位进行。

（3）专责管理　锅炉压力容器使用单位应对设备进行专责管理，设置专门机构，配备专门管理人员和技术人员负责管理设备。

（4）照章运行　锅炉压力容器必须严格依照操作规程及其他法规操作运行，任何人在任何情况下不得违章作业。

（5）监控　水质中杂质可使锅炉结垢、腐蚀及产生汽水共沸等，会降低锅炉效率、使用寿命及供汽质量，应严格监督、控制锅炉给水及锅炉水质。

（6）事故上报　锅炉压力容器在运行中发生事故，使用单位除紧急妥善处理外，还应及时、如实上报主管部门及当地特种设备安全监察部门。

（二）电梯

电梯指动力驱动，沿刚性轨道运行的厢体或者沿固定线路运行的梯级（踏步），进行升降或平行运送人、货物的机电设备。主要包括载人电梯、载货电梯、自动扶梯等。

电梯可能发生的危险有：人员被挤压、撞击和发生坠落，触电，轿厢超越极限行程发生撞击，轿厢超速或因断绳造成坠落，材料失效造成结构破坏等。

电梯设置的安全保护装置主要有：防超越行程的保护装置、防电梯超速和断绳的保护装置、防止人员剪切和坠落的保护装置、缓冲装置、报警和救援装置、停止开关和检修运行装置、机械伤害防护装置以及电气安全防护装置等。

制药企业常使用电梯在多层车间进行货物搬运，需要建立电梯值班记录制度，电梯检查、保养和维护制度，应急救援预案等管理制度，可建立远程管理监视系统进行全天候监控，确保电梯运行安全。

（三）起重机械

起重机械指垂直升降并可以水平移动重物的机电设备，其范围规定为额定起重量 $\geq 0.5t$ 的升降机，额定起重量 $\geq 3t$（或额定起重力矩 $\geq 40t \cdot m$ 的塔式起重机，或生产率 $\geq 300t/h$ 的装卸桥），且提升高度 $\geq 2m$ 的起重机；层数 ≥ 2 层的机械式停车设备。

起重机械的主要危险因素包括：倾倒、超载、碰撞、基础损坏、操作失误、负荷脱落等。

起重机械设置的安全防护装置有位置限制与调整装置、防风防爬装置、安全钩、防后倾装置、回转锁定装置、载荷保护装置、防碰装置和危险电压报警器等。

起重机械在制药企业主要用于设备安装和检修的起吊移动，也用于生物发酵或中药提取等原料药生产车间的吨装料投加。大型起重作业是由指挥人员、起重机械操作人员和司索工等群体配合的集体作业，其使用过程中需要有专门的安全管理。一般须建立以下四项管理制度。

（1）安全管理制度　包括司机守则、起重机械安全操作规程以及起重机械维护、保养检查和检验制度、起重机械作业和维修人员安全培训、考核制度等。

（2）起重机械安全技术档案　包括设备出厂文件，安装验收资料和修理记录，使用维护、保养、检查和试验记录，安全技术监督检验报告、事故记录，以及设备的问题分析和评价记录等。

（3）作业人员的培训管理　起重机械操作人员应持证上岗，指挥人员和司索工也应经过专业技术培训和安全技能训练，了解所从事工作的危险和风险、具备自我保护和保护他人的工作经验和能力。

（4）定期检查　起重机械使用单位对起重机械应进行每日、每月、每年的自我检查。①每日检查：每天起重机械作业前，工作人员应对安全装置、制动器、操纵控制装置、紧急报警装置、轨道、钢丝绳的安全状况进行检查，发现异常及时处理，严禁"带病运行"。②每月检查：主要检查安全装置、制动器、离合器等有无异常，其可靠性和精度是否符合要求；重要零部件（如吊具、钢丝绳滑轮组制动器、吊索及辅具等）的状态是否正常；电气、液压系统及其部件的工作状况；动力系统及控制器的状况等。③每年检查：起重设备应每年至少进行一次全面检查。

对于起重作业，作业人员做好吊运前的准备是确保安全操作必不可少的程序。具体要求如下：①正确佩戴个人防护用品，包括安全帽、工作服、工作鞋、手套等。②高处作业应佩戴安全绳和工具包。③运输作业检查并清理作业场地，确定搬运路线，清除障碍物。④对使用的起重机和吊装工具、辅件进行安全检查，不使用需报废的元件。⑤对于大型吊装或重要物品的吊装或由多台起重机共同作业的吊装，应在相关人员组织下，会同指挥、操作人员、司索工等共同讨论编制作业方案，预测可能发生的事故，采取有效的预防措施，选择安全通道，制订应急对策措施，必要时报请有关部门审查批准，需要注意有主、副两套起升机构的，不允许同时利用主、副钩工作（设计允许的专用起重机除外）。⑥用两台或多台起重机吊运同一重物时，每台起重机都不得超载。⑦当风力大于6级时，露天作业的轨道起重机应停止作业。作业结束应锚定起重机。

（四）压力容器

压力容器指盛装气体或者液体、承载一定压力的密闭设备，其范围规定为最高工作压力大于或者等于0.1MPa（表压）的气体、液化气体和最高工作温度高于或者等于标准沸点的液体、容积≥30L且内直径（非圆形截面指截面内边界最大几何尺寸）≥150mm的固定式容器和移动式容器，盛装公称工作压力大于或者等于0.2MPa（表压）且压力与容积的乘积≥1.0MPa·L的气体、液化气体和标准沸点≤60℃液体的气瓶以及氧舱。

制药过程中使用的压力容器（药物合成用的高压反应釜、生物制药过程用的高压灭菌柜、设备维修工段使用的氧气钢瓶等）具有爆炸性，压力容器在使用中若发生破裂，内部压力瞬时降至与外界大气压相等，发生物理爆炸。有些压力容器物理爆炸后，有引发火灾、化学爆炸、灼烫、中毒窒息等次生危害的危险。通常压力容器配有必要的安全附件，包括安全阀、爆破片、爆破帽、易熔塞、紧急切断阀、减压阀、压力表、温度计、液位计等。需要注意的是用于易燃或有毒气体的气瓶不安设爆破片和易熔塞等泄压装置，否则会扩大灾情。

（五）其他特种设备使用安全管理

所有特种设备的安全操作除了要有安全管理制度外，还要有安全使用技术。一般情况下，每类、每台特种设备都有专门的作业流程及操作参数，操作者必须熟悉设备的结构性能（可查阅技术手册和产品说明书）并严格遵循操作规程进行操作。

制药车间和厂区内因原辅料和产成品出入仓库或在车间暂转运，需要常规操作专用机动车辆装卸搬运，故需对装运和通行安全加强管理。①建立健全场（厂）内专用机动车辆安全管理规章制度，确保员工认真执行，加强安全管理，保证安全运行。②逐台建立特种设备安全技术档案，内容应包括设计文件、制造单位、产品合格证明使用维护说明等文件以及相关技术文件和资料；定期检验和自行检查记录，日常使用状况日常维护保养记录、运行故障和事故记录等。③场（厂）内专用机动车辆如有过户、改装、报废等情况，企业应及时到当地特种设备监督管理部门办理登记手续。车间（厂区）内专用机动车辆不得载人，且女驾驶员的发辫必须卷在帽内。行驶中除紧急情况外，一般不使用紧急制动，以防止装运的物料倒塌，发生事故。

压力管道在运行前，企业应对装置（单元）设计、采购及施工完成之后的最终图样及文件资料进行检查，包括设计竣工文件、采购竣工文件和施工竣工文件三大部分。另外，还应进行压力管道的建档、标识及数据的采集等工作。具体有：①做好现场检查，包括设计与施工漏项、未完工程、施工质量三个方面的检查。②应当针对各个压力管道的特点，有选择地对压力管道的一些薄弱点、危险点、在热状态下可能失稳（如蠕变、疲劳等）的典型点、重点腐蚀检测点、重点无损伤探测点及其他重点检查点做特殊标志。在影响压力管道安全的地方设置监测点并予以标志，运行中加强观测。③确定监测点之后，应登记造册并采集初始数据。

运行过程中，要加强压力管道运行中的检查和监测，包括运行初期检查、巡线检查、在线监测、末期检查及寿命评价，以便及时发现事故隐患，采取相应措施，避免发生事故。

三、制药过程中自动化控制及控制系统

制药工业涉及化学合成制药过程、生物代谢制药过程、天然药物分离纯化过程以及各种药物制剂配制加工等过程，具有工艺复杂、设备种类繁多、高温、高压、腐蚀、易燃、易爆、有毒有害等特性，为了保证生产人员生产设备、生产环境以及生产原料和产品的安全，更为了保障患者用药的权益和安全，必须有可靠有效的检测与控制手段来确保所需的过程安全。

（一）制药过程自动控制技术

任何一个制药过程都离不开自动化检测与控制技术。制药过程控制分为质量控制和生产操作控制，质量控制主要控制原料质量与制药配方工艺，同时与生产操作控制密切相关。现代分析技术的出现与生产自动控制系统的有机结合，极大地促进了制药过程控制技术的发展，如通过光纤探头将拉曼光谱或近红外光谱等用于在线监控制药用原料及配方和制剂质量。

（二）过程安全自动化控制系统

《国家安全监管总局关于加强化工过程安全管理的指导意见》中明确要求企业要装备自动化控制系统；《国家安全监管总局关于加强化工安全仪表系统管理的指导意见》明确要求："从2016年1月1日起，大型和外商独资合资等具备条件的化工企业新建涉及'两重点一重大'的化工装置和危险化学品储存设施，要按照本指导意见的要求设计符合相关标准规定的安全仪表系统。从2018年1月1日起，所有新建涉及'两重点一重大'的化工装置和危险化学品储存设施要设计符合要求的安全仪表系统。其他新建化工装置、危险化学品储存设施安全仪表系统，从2020年1月1日起，应执行功能安全相关标准要求，设计符合要求的安全仪表系统"。

1.集散控制系统　集散控制系统（distributed control system，DCS）也叫分散控制系统，其核心思想是分散控制、集中监控。它是集计算机技术、控制技术、通信技术和显示技术为一体的综合性高技术产品。

集散控制系统通过操作站对整个工艺过程进行集中监视、操作、管理，通过控制站对工艺过程各部分进行分散控制，既不同于常规的仪表控制系统，也不同于集中式的计算机控制系统，而是集中了两者的优点，克服了它们各自的不足。因DCS的可靠性、灵活性、人机界面的友好性以及通信的方便性等特点日益被广泛应用。

集散控制系统是将控制回路集中在控制机柜内，在操作站上进行集中的控制和管理。测量信号通过信号电缆接至DCS输入卡件，经过DCS卡件转换为数字信号送至控制器，在控制器中与给定值进行比较（如果是仅显示，在控制器中进行量程转换、与报警值比较等运算后直接显示在操作站上），根据设定的正反作用、PID参数计算出输出信号，然后此输出信号送给输出卡件，经过输出卡件转换为模拟信号，通过信号电缆送至调节阀进行调节，也可以输出开关量信号，用于控制两位式阀门或其他工艺设备。

2.安全仪表系统　安全仪表系统（safety instrumented system，SIS）又称为安全联锁系统（safety inter locking system）。ESD属于SIS的一部分。

安全仪表系统独立于过程控制系统（如集散控制系统等），生产正常时处于休眠或静止状态，一旦生产装置或设施出现可能导致安全事故的情况，其能够瞬间准确动作，使生产过程安全停止运行或自动导入预定的安全状态。该系统必须有很高的可靠性（即功能安全）和规范的维护管理，如果安全仪表系统失效，往往会导致严重的安全事故。根据安全仪表功能失效产生的后果及风险，将安全仪表功能划分为不同的安全完整性等级（SIL 1~4，最高为4级）。不同等级安全仪表回路在设计、制造安装调试和操作维护方面技术要求不同。

3.紧急停车系统 紧急停车系统（emergency shutdown device，ESD）为SIS的一部分。其按照安全独立原则要求，属于独立的DCS，其安全级别高于DCS，在正常情况下，ESD是处于静态的，不需要人为干预。

紧急停车系统作为安全保护系统，凌驾于生产过程控制之上，实时在线监测装置的安全性，当生产装置出现紧急情况时，不需要经过DCS，而直接由ESD发出保护联锁信号，对现场设备进行安全保护，避免危险扩散造成巨大损失。

第十二章　药品营销方案案例解读

营销活动是指以出售、租赁或其他任何方式向第三方提供产品或服务的行为，包括市场调查、方案设计、效益分析等方面，是实现企业生产成果的活动，是服务于客户的活动。

营销人员就是实现上述目的的行为主体。每个人、每个社会团体在社会上生存和发展都有需要，并愿意付出一定的报酬来满足部分需要，于是这部分需要就形成了社会需求。这种需求可以通过很多方式来满足，有自行生产、交换、乞讨、抢夺等。市场营销的出发点是通过交换满足需求，也就是说市场营销是个人、企业通过交换，满足自身需求的过程。

如何成为一名成功的营销人员是企业急需的，也是从业人员事业有成的一个标志，以下将通过下述案例，为从业者提供一些参考。

第一节　药品营销策划

药品营销策划是营销活动的起始点，也可以说是总体设计，如果设计不切实际或不可行将不会得到满意的结果的。要想使药品营销策划达到预期目的就必须要提高策划书撰写的准确性与科学性，应首先把握其撰写的几个主要原则。

1.逻辑思维原则　策划的目的在于解决企业营销中的问题，按照逻辑性思维的构思来编制策划书；具体策划内容详细阐述；明确提出解决问题的对策。首先是设定情况，交代策划背景，分析产品市场现状，再把策划中心目的全盘托出。

2.简洁朴实原则　要注意突出重点，抓住企业营销中所要解决的核心问题，深入分析，提出可行性的相应对策，针对性强，具有实际操作指导意义。

3.可操作原则　编制的策划书是要用于指导营销活动，其指导性涉及营销活动中的每个人的工作及各环节关系的处理。

4.创意新颖原则　要求策划的"点子"（创意）新、内容新、表现手法也要新，给人以全新的感受。新颖的创意是策划书的核心内容。

考虑到诸多方面的因素，略去具体方案中的某些关键词，以×××代替，保留了方案的可参考性和例证的典型性特征，为策划方案提供思路和借鉴。

一、皮肤科OTC药品营销策划方案

由于皮肤科OTC产品常用品种繁多，消费者自主选择的空间很大，品牌的知名度往往成为消费者购买该类药品的标准，几个知名领导品牌占据市场的大半份额，不知名的中小品牌只能凭借个性化优势、靠特色填补市场空白，或凭借通路优势占领区域市场。

面对竞争，所有的企业都要将生存和发展摆到第一位。一方面，企业必须迅速调整、转换经营思路、营销战略和营销组织架构，进行广泛的联合；另一方面，必须大力提升现有的产品，培养、推广和维护品牌，开拓新市场，实现经营目标。

【营销诊断方案】无论是皮肤科OTC产品的新产品开发、卖点确立、市场进入，还是老产品二次开发、品牌提升，一切都必须以市场研究为基础。唯有通过对市场全面的分析、了解、把握，才能知己知彼，有的放矢。除了对宏观环境、行业动态、科研方向、供求信息等的把握之外，作为一个继续提升产品、品牌的企业，更要做好前期的市场调研工作。

1.市场调研　市场调研一般分成产品研发调研、新产品上市测试调研、营销策略调研三大类。主要内容包括消费者研究、市场需求研究、产品研究、竞争策略研究、广告研究、价格研究、市场销售研究、促销组合研究等，每一项研究都要尽最大可能细化，以确保调研结果的科学性、精确性，贴近市场。同时注意调研的先后步骤。

企业做好市场调研关键在于两方面，一是要树立科学的市场调研意识；二是要建立一套系统、科学的市场营销信息决策系统，包括内部报告系统、市场营销情报系统、市场调查系统、市场营销决策系统，从组织上给予保证，同时加强与相关的专业机构的密切合作。

2.皮肤科OTC产品消费的特征　皮肤科OTC产品是一个特殊的产品类别。既有消费品的特征，由消费者自主决策和购买，又有药品的特征，消费者高度理性决策，有高参与性和不安全感。除此之外，皮肤科OTC产品消费还具备如下特征。

（1）皮肤科OTC产品直接面对消费者，以消费者为中心。皮肤科OTC产品与处方药最大的区别在于，前者以消费者为中心，后者以医生为中心。皮肤科OTC产品是一种必须通过市场营销手段进行推广的药类商品，所以消费者的意见具有至关重要的作用。

（2）皮肤科OTC产品多为常备药，品牌众多。皮肤科OTC产品多为治疗一般疾病的常备药，这些药品一般在生产技术上都比较成熟，不具有专利技术方面的竞争优势。而正因为如此，技术进入壁垒低，使此类药品的生产厂家众多，市场上同一种皮肤科OTC产品往往有多个品牌，市场竞争异常激烈。

（3）专业人士仍具有左右皮肤科OTC产品市场的能力。尽管皮肤科OTC产品无须医生处方即可购买，但是有些皮肤科OTC产品的药学知识专业性较强，还不是一种普及性知识，所以消费者在购买和使用皮肤科OTC产品时，会十分关注专业人士如医师、药剂师等人的意见。

3.三种皮肤科OTC产品消费行为模式 消费者选择药品的自主权越来越大，针对消费者的营销活动显得更为重要。通过对消费者行为进行细分，寻找出自己产品的目标消费群体，分析其消费心理类型，并针对不同的消费类型采取更有针对性的定位、宣传策略，将使整个营销推广更加有效，同时也将大大减少成本。皮肤科OTC产品药品消费存在三种消费行为模式，即习惯型、逻辑型和需求型。

（1）习惯型消费者 消费者在购买此类药物时只认准自己常用的一个品牌，对其他品牌不关心、不留意。从习惯型消费者的品牌消费特征看，要改变这些消费者的习惯是很困难的事，需要大量的市场工作和市场投入，才能从思想、习惯上改变这些消费者。一项数据显示，消费者用某一个品牌成为习惯，其中66%的消费者是受医生的影响，29%的消费者则是由于家人/朋友一直在使用，受此影响而形成的消费习惯，只有5%的消费者的习惯养成是由于其他因素的影响。

（2）逻辑型消费者 在购买过程中会注意收集信息，用自己的价值指标去衡量，从而指导购买的消费者。逻辑型的消费者在购买药品时，关注的主要因素依次为疗效、价格、品牌等。由于消费者购买时注重疗效，而疗效很大程度上来源于对品牌的认同度，因此树立高品质品牌形象对影响这部分消费者的购买作用明显。

（3）需求型消费者 那些有相关症状，但还没有意识到需要用药治疗的消费者，他们会根据接触的信息进行判断，进而收集更多的相关信息，最后决定购买。需求型的消费者根据症状的突出、轻重不同，决定其需求的强烈与否。对需求型消费者，教育、培养和刺激其消费需求是关键。

根据统计分析，一般皮肤科OTC产品消费中以习惯型消费占主导地位，习惯型消费者和逻辑型消费者成为皮肤科OTC产品的主要消费人群，但具体比例受药品不同、区域不同都有相应变化。另外，部分针对新需求的新药和部分医疗保健意识较差的区域往往以需求型消费者为主。逻辑型消费者较易改变，所需费用也较小，但容量不大，习惯型消费者市场容量大，但所需的营销费用会较高，起效时间也长，企业应根据自身实力，选准自己的目标消费群，制订策略。

【市场定位与经营定位】企业参与皮肤科OTC产品市场的目的和动机不同，市场开发的方式也就不同。长线投资的产品一般通过建立品牌优势来带动企业的发展，在短期投资的情况下，企业人为缩短产品生命周期，换来最大的利润或皮肤科OTC产品市场的操作经验。作为一个皮肤科OTC产品企业为自己进行经营定位时，必须注意两点，一是要准确把握行业市场的发展状况，二是要清醒自己的资源、实力情况，同时又要充分认识到当前形势的紧迫，果断决策。

【营销实施步骤策略】由于一般消费者难以识别药品质量的优劣，品牌因而成为消费者购买决策的一个重要依据。一个成功的皮肤科OTC产品品牌可以为企业带来长期而丰厚的利润，但同时也需要不断的维护和宣传推广，关键是广告投入的背后需要有雄厚的资金作后盾。因此，决定一个皮肤科OTC产品企业生存与发展的能力有三个，资本实力、科研创新能力、营销能力，而营销能力又集中体现在对品牌、通路的运作。

皮肤科OTC产品作为一种特殊的商品，包含三个层次的内容：一是核心产品，指皮肤科OTC产品的疗效和质量；二是形式产品，指皮肤科OTC产品的剂型、商标、品牌和包装；三是延伸产品，指皮肤科OTC产品提供给患者的附加价值和服务。由于皮肤科OTC产品在技术方面的特殊性，将促使更多的同质同类产品的出现。在无差异性的市场条件下，任何卖点、营销模式、技巧都可以克隆，唯有品牌才具有永恒的生命力。对于一个资本、科技实力一般，产品、市场、品牌已经基本存在但却难见起色的企业，在现有的基础上，通过一系列的营销运作，实现产品与品牌的双重提升，打开市场，显得尤为迫切、现实和重要。如何选准产品、提升品牌、实现销售，归纳为：两定两广、创新求异。

1.两定 一是企业定位，一是产品市场定位。通过企业定位明确发展思路，经营战略，通过产品定位找准市场，有效切入。

2.两广 一是广告传播，一是广建通路。通过广告传播提升产品和品牌，通过通路运作促进销售，巩固市场和消费群。

3.创新求异 在皮肤科OTC产品企业，创新是市场发展最具价值的推动力，也是实现企业产品、品牌永续提升、发展的重要保证。创新过程应是产品创新和企业创新的有机结合。其关键在于充分了解市场信息的前提下，建立具备竞争优势的产品体系和营销体系，增强企业竞争优势。

（1）创新的三种形式

①进攻型：企业通过开发或引入新产品，全力以赴追求产品技术水平的先进性，抢先占领市场，在竞争中力争保持技术与市场强有力的领先地位。其特点是风险大、投入大、回报高，可获得规模垄断利润，较适合大型的皮肤科OTC产品企业或新型科技企业采用。

②防御型：企业不抢先研究开发新产品，而是当市场上出现某种成功的新产品时，立即进行跟踪研发，并迅速投入，占领市场。即"一眼看市场，一眼看大厂"，这种以逸待劳的策略要求企业有高效的情报系统和吸收创新能力，其优点是规避了前期的投资风险和新产品最初形态的缺陷，而使企业能够后来居上，适合科研能力较强

的中型企业采用。

③引进型：企业利用别人的科研力量，替代自身去开发新产品，收效快、成本低、风险小，但回报亦小，易受牵制。适合中小型企业采用。

（2）重视研发才能创新成功　研发是创新的基础。世界各大著名药企基本都以研发为导向，其研发的投入至少要占年销售利润总额的10%~15%，而我国制药企业研发的费用投入一般不超过3%。以葛兰素史克公司为例，其销售额最近几年在100亿美元以上，每年拿出10多亿美元用于研究开发新项目，每年公司都能开发出几种新药用化学结构和剂型，新产品储备充足，使公司始终能保持科技优势。

（3）差异求生存，特色求发展　消费需求永远是有差异的，特别是今天的个性化时代。对皮肤科OTC产品市场而言，空隙和机会是同样存在，关键在于企业能否发现、挖掘、满足需求，把握机会。而创新的目的是寻求差异，实现差异，树立特色，最后转化为目标消费者的购买，这既是整个营销活动的实质，也是一种产品、一个企业生存和发展的真谛。

二、健脾消食类营销方案

健脾消食类药物用于治疗由于脾虚脾不健运导致的胃肠消化不良等症。国内消化不良用药市场的行业集中度并不高，显示出消化不良用药市场并未成熟。一些没有品牌的"淘汰产品"，如酵母片、乳酶生、多酶片、乳酸菌素片等销售数量惊人，各地市场普遍存在区域产品，其中用于治疗儿童消化不良的产品更是成千上万，产品的广泛存在和销售良好，预示着市场上有大量的未被开采的"空白"之地。消化不良市场的用药率较低，多数消费者出现消化不良症状（肚子胀、不消化）时采取置之不理，其中儿童市场用药率低的情况尤为突出。总之，消费者需求未能得到充分的满足。为健脾消食类药物的研发、销售提供了"用武"之地。

【营销诊断方案】

1.消费者市场分析　国内药品销量80%都在医院，长期以来，我国药品零售渠道不畅，使大多外资、合资药企从一开始就非常重视医院渠道的销售，一般都是通过医师开处方销售，来带动零售市场。医药消费与健康意识、经济收入等密切相关，区域差异非常大。

2.消费者群体分析　消费者出现消化不良症状时，经常用揉肚子或散步等方法解决。儿童与中老年人购买消食药物主要是用来解决日常生活中多发的"胃胀""食欲不振"症状。其中，儿童市场用药率低的情况尤为突出。儿童由于脾胃尚未发育完全，消化不良的发病率高于其他人群，主要表现症状是挑食、厌食。同时，儿童正处在生长发育阶段，家长担心消化不良会影响其生长发育，所以解决消化不良的需求更为迫切。然而，家长担心药品毒副作用会伤害到儿童的身体健康，在用药选择上非常谨慎。因此，很多家长因为找不到合适的药，而多采用一些民间土方、食疗等解决。最终造成儿童市场发病率高，需求最迫切，但用药率低的怪圈。

3.影响消费者想法的因素 消费者看法与医师大相径庭，在消费者看来，胃炎或胃溃疡才叫"胃病"，"消化不良"则是另一种"病"。"胃药"是用来治胃病的，即胃炎、胃溃疡，其表现症状主要是"胃酸、胃痛"，当然也能解决部分"胃胀"。而消化不良则是平时饮食不当引发的，是一种常见小毛病，甚至不能算病，但此时应借助消化药物来帮助消化，解决其"胃口不好""肚子胀"的问题。

4.影响消费者购买的因素 消费者往往看重药品的包装，尤其是在不同的年龄段，对服用助消化药物的重视程度上差别极大；另一个角度看，对于广告与品牌效应方面在消费者中的导向作用也是不可忽视的购买因素。

【营销运作方案】营销运作方案也可以说是营销策略，就是企业以顾客需要为出发点，根据经验获得顾客需求量以及购买力的信息、商业界的期望值，有计划地组织各项经营活动。一旦销售过程全面展开，就需要依赖一定市场营销策略，从而更好地接触目标客户，达到目的及利益所需。营销策略包括产品差异化策略以及产品定位策略，营销策略的合理应用对销售活动起着至关重要的作用。

1.产品差异化策略 所推销产品（健脾消食类药物）的差异性体现在外在功效，适用于不同偏好的人群，应随市场的需求调整包装、色彩、形状、口味等。另外企业根据自身优势、人群特点，占领不同的细分市场。

2.产品定位策略

（1）品牌定位 规划打造完整的品牌之路，把所推销的产品（健脾消食类药物）定位在"日常助消化用药"，避开了与市场上其他药物［如多潘立酮（吗丁啉）等已有药物］的直接竞争，向无人防御且市场容量巨大的消化酶、地方品牌夺取市场（据权威机构的全国统计数据来看，酵母片、乳酶生、多酶片的销售数量与销售金额均排名靠前，三者合计数超过多潘立酮），同时也在地域上填补多潘立酮的空白市场，从而满足所推销的产品的现实需要。

（2）产品年龄定位 所推销的产品（健脾消食类药物）的年龄定位在儿童与中老年，主要是用来解决日常生活中多发的"胃胀""食欲不振"症状。显然，定位在"日常助消化用药"完全吻合这些现有顾客的认识和需求，并能有效巩固健脾消食类药物原有的市场份额。

由于"日常助消化用药"的定位占据的是"空白市场"，而且市场上并未出现以年龄划分的"专业品牌"，所以暂时放弃过去对助消化市场进行年龄细分的做法，而应全力开拓整个日常助消化药的品类市场，用一个产品覆盖所有的目标人群。

（3）功能定位 所推销的产品（健脾消食类药物）属按照中医理论调配出的具有健脾消食功能的中成药，能明显促进脾虚功能低下的肠平滑肌功能恢复正常，胃液分泌增加，胃蛋白酶活性升高，并可提高胃液的总酸度和总排出量，增强胃动力，表现出帮助消化的效果。从健脾入手，达到消食的作用，起到标本兼治效果。

【营销步骤】所推销产品定位的第一步是针对"消化酶"等产品要市场份额，而这些没有推广，仅靠低价渗透的产品，除了在省会城市有一定的市场外，二三线城市才是其主要销售之地。

要想占领省会城市规模的城市，就要动用"广告宣传"这一"武器"。利用一切可以动用的宣传手段进行宣传，尤其是在儿童这个特殊的群体中，反复"强调"儿童其主要症状是"食欲不振"，而不是成人的"胀"。特别要注意到儿童及家长的媒体收视习惯、儿童适用药品在广告表现上均有较大不同。用资源去抢占消费者，是建立品牌定位，成为强势品牌的必要保证。选用一个和品牌定位的风格、形象趋于一致的形象代言人，反复告知消费者，就能不断吸引消费者尝试和购买，从而开拓这个品类市场。

三、抗免疫类保健品营销策划方案

以旅游城市大连为例，就"抗免疫"类保健产品做市场策划方案。大连是一个知名的旅游城市，设计的这款"抗免疫"类保健产品作为一种具有特殊功能的保健品，市场档次高，同时本品又是取自于无污染深山老林，因此为其成为大连优秀的旅游纪念品和高档礼品提供了基础的文化内涵。目前最急需解决的问题是整合优势，对产品进行整合优势营销包装，加快产品市场知名度，培育和开发市场。

【营销诊断方案】针对该产品的适用（消费）人群，结合该产品的生产及综合费用等因素对营销情况做出如下分析。

1.市场背景分析 现代生活节奏加快，精神紧张，压力大，加之过量饮酒、吸烟，吹空调，长期缺乏户外运动等因素，使人们的免疫功能紊乱，抵抗力降低。免疫功能是人体重要的生理功能，免疫功能失调就会造成体质虚弱，抵抗疾病能力下降，易于感冒同时并发其他病症，为了增强身体的抵抗力，加强免疫力，"抗免疫"类保健产品受到广大民众的青睐，保健品市场前景广阔。

2.产品特点分析 "抗免疫"类保健品具有一定的滋补性。属于纯天然无污染的多年生原生态来源的天然植物，经现代生物技术加工而成，其中含人体需要的多糖、多肽等诸多功效成分，可提高细胞免疫水平，增强巨噬能力，有明确的免疫调节保健作用，可增强人体免疫力，提高机体抵抗，适宜于体质虚弱免疫力低下及亚健康人群，尤其是肿瘤及肝病患者，因此该"抗免疫"类保健产品市场潜力极大。

3.营销状况分析 独特的产品优势及良好的市场前景，使该"抗免疫"类产品商家云集，竞争也日趋激烈，目前该行业已有几个强势品牌出现于市场，因此要想树立自己的品牌，需要解决以下几个的问题：①品牌知名度；②产品定价趋于合理；③包装设计显现特色；④营销渠道趋于畅通；⑤寻找广告宣传支持。

【营销运作方案】确立营销目标，促进销售，提高市场占有率及品牌知名度，树立行业强劲品牌。明确营销策略是运作方案的基本出发点。

1.市场营销目标 近期目标：一年之内开发起所在城市市场，使所在城市市场目标销售网络渠道铺货率达60%，并且在所在城市市场的选择目标铺货率达100%。远期目标：五年内将所推销产品培育成全国知名品牌，成为该类产品的主导品牌。

2.营销模式 包括终端直销、渠道分销，建立会员卡、实行会员制。

3.推广方案 立足本市、建立市场，依此为试点总结经验，逐渐扩大推广范围，创建行业品牌，逐步走向国际市场。

【销售实施步骤】由企业销售、管理及终端市场、策划文案、设计制作等专业人士组成，分工合作，逐步实施。

1.进行市场调研 通过市场调研为该产品找到合适的市场定位，锁定目标消费群体，制订最佳推广策略。市场调查的内容主要包括竞争对手调查和产品市场诊断。

（1）竞争对手调查 对所研发产品的主要竞争对手在市场的营销状况进行调研，采用竞争对比法，将行业内主要竞争品牌及企业状况进行比较，从而对目前企业在行业内的状况及产品品牌优劣势有充分认识，主要包括竞争对手的产品定价、包装设计、市场定位、广告支持、营销渠道、销售管理、品牌知名度等内容。

（2）产品市场诊断 对原来的产品市场状况做市场调查，运用便利抽样以及配额抽样法，结合消费者深度访谈、营业员深度访谈、经销商深度访谈的方法调查清楚；设计市场调查问卷，主要包括企业内部的相关的管理人员，企业内部相关的市场营销人员，产品原来的经销商，产品原来的零售商以及产品的消费者。

通过以上的市场调查，做出科学的分析，从而得出合理、科学、系统的市场调查报告，特别要确认价位、功能特点、独特卖点、销售渠道等问题，从而为下一步的工作提供科学的依据。

2.确定产品定位 为所生产的产品进行市场定位和功能定位，生产地所处的城市是一座旅游城市，也是一处旅游、文化胜地，该产品的原植物又是具有传奇色彩的世间仙药，可见该产品极具地域、产品优势，配合本市旅游城市及人们日益增长的保健、延寿需求，应将其定位为极具特色的旅游保健礼品和具有特殊功效的保健品。

3.找出目标消费群体 根据以上的产品定位，该产品目标消费群体的构成大体应包括50岁以上的体弱多病，急需提高身体体质的患者；工作压力大、缺乏锻炼、身体抵抗力差，易感染流行病的人群；重视保健、追求健康生活的退休老年人（高档保健品）；到本市旅游的人群；礼尚往来较多的人群（高档礼品）。

4.设置相应的营销网络 根据以上的定位和目标消费群体，考虑设置相应的营销网络包括作为具有特色的保健品进入各大医药公司的保健品专卖店、超市保健品专柜，同时进入其网络；作为旅游纪念"打卡纪念品"推广给信誉较好的旅游公司，作为旅游团的特色推出；高档酒店、旅馆等场所。

5.加强销售渠道的管理 任何产品的成功市场运作均离不开科学系统的市场管理及市场一线的消费者和终端销售员的及时信息反馈，因此建立有效的销售网络和销售渠道必须做好建立客户档案和对销售人员进行产品、业务的培训工作。

（1）产品的培训 通过市场调查，找出消费者针对此产品最可能提出的关键问题（通常为20个问题），由公司组织统一的标准答案，要求销售人员特别是专柜的促销统一回答。

（2）业务的培训 销售人员必须按时填写日市场拜访计划、周工作计划和工作总结、月工作计划和工作总结。

（3）分析和总结经销商 对所负责的经销商做定期的分析和总结。

（4）分析和总结竞争对手 对市场上的竞争对手做定期的分析和总结。

（5）考核销售成绩 对销售人员进行成绩的考核，将以上的要求作为每月考核销售人员的标准。

6.考核设计包装 根据产品的市场定位，需要设计出体现该产品自身特点、又要体现出该产品内在蕴含的悠久文化内涵，其包装规格建议分为两档，即经济装（大众保健消费）、精品装（高档健康赠品），但是基调必须一致，保持相同的标识。经济装面向普通消费者，包装盒材料采取一般的白板纸；而精品装必须采用高档礼品盒，设计时内铺高档丝绸，外盒材料必须用高档纸。整个系列的包装设计必须大气、漂亮、陈列效果好、具有浓重的传统地域风格。

7.确定定价 产品的价格是产品市场成功的重要因素之一，定价过高消费者难以接受，定价过低，中间渠道商业贸易差太低，挫伤中间商的积极性，因此市场调查重要工作之一就是要确认产品的正确定价（零售价），结合市场及物价局的参考定价确定合适的定价。

8.塑造公司或店铺形象 建立形象视觉识别系统，以配合品牌传播及统一店铺形象，通常包括建立标识，统一店铺视觉形象；制作店铺宣传画册；制作店铺形象片及产品宣传片（短视频）等。

9.加强广告宣传 在对外宣传之前，进行整合传播工作，确认产品的宣传定位。为了使铺货工作顺利进行，前期可以投入适量的广告（以宣传单、小册子和说明书），包括该产品的系列科普知识讲座文章和专题讲座电视片。有了广告支持，就可以给销售人员信心支持，铺货工作就可以顺利进行。为配合整体销售工作，还应该设立完善的服务体系，建立促销点促销队伍，在重点商场、药店开展产品宣传、推荐。当铺货工作达到预定目标的60%时，全套的媒体投放方案全面运行，即直接对经销商和终端用户公关和现场促销全面展开。召开新产品上市会，邀请各医药公司、旅游公司和保健品商店，在会上请专家详细介绍产品的功能；公司营销部门介绍最新的价格以及与市场上的竞争对手的利润分析；广告公司介绍市场支持计划，包括媒体和公关活动。

（1）媒体组合　根据地区的媒体特点和在达到较好的宣传效果同时又有效控制成本的前提下，建议选择以下媒体：报纸（日报、晚报），其中针对报纸选出一主题，并围绕改主题做宣传做系列广告；环环相扣，一定要引起消费者的购买欲望。

①树立品牌及店铺在大连市的知名度及美誉度，同时诚招代理商。

②树立品牌及店铺在当地的良好口碑，直接促进销售；采取发放传单和社区条幅等动销手段直对目标客户，以加深当地人对该产品的了解和认知，吸引代理商的注意。

③利用网络宣传。

（2）户外广告　在市区主要景点设立广告牌；向高档酒店、旅馆、旅游景点、高档写字楼等场所赠送店铺画册；在各大经销处放置宣传品，统一促销形象，并且在每个店开业时，都用统一形象的拱形门。

（3）重视公关活动及现场促销　请专家对该产品的医疗保健功能进行讲解，并且赠送该产品试用装，同时提供互联网网址观看该产品视频。

第二节　策划案例解读

为了撰写营销策划方案，通常要把握逻辑思维原则、简洁朴实原则、可操作原则、创意新颖原则等撰写策划原则，才能切实的做好药品营销策划方案的前期工作。

1.逻辑思维原则　策划的目的在于解决企业营销中的问题，按照逻辑性思维的构思来编制策划书。具体策划内容详细阐述；明确提出解决问题的对策。即首先是设定情况，交代策划背景，分析产品市场现状，再把策划中心目的全盘托出。

2.简洁朴实原则　要注意突出重点，抓住企业营销中所要解决的核心问题，深入分析，提出可行性的相应对策，针对性强，具有实际操作指导意义。

3.可操作原则　编制的策划书是要用于指导营销活动，其指导性涉及营销活动中的每个人的工作及各环节关系的处理。

4.创意新颖原则　要求策划的"点子"（创意）新、内容新、表现手法也要新，给人以全新的感受。新颖的创意是策划书的核心内容。

一、营销策划主要工作内容

营销策划主要工作内容通常包括了解策划宗旨（营销的目的），前期准备（即在整个营销策划活动前，要先制订行动方案，安排好人员，调整好各部门的关系，并且要制订大家共同遵守的制度），同时需要完成如下方案实施。

1.对产品市场进行分析 包括过去几年该类型产品市场的总量、总额；价格、利润；主要竞争者，及其规模、目标、市场占有率等；产品的各个分销渠道，各渠道的相对重要性等。

2.运用SWOT分析法 SWOT（Strengths Weakness Opportunities Threats，即机会、威胁、优势、劣势）是对产品市场进行分析。

3.提出预测和假设 是指提出该产品市场营销预测和对未来营销问题的主要假设。

4.营销战略设计 设定产品企业的目标，包括销量、价位、铺货渠道、市场定位等。

5.选择营销战略 要注意考虑目标市场、核心定位、市场营销组合、活动的预算等。

6.确定活动的方案 对于活动方案必须具体到时间、地点、人员安排、预算费用，要把各个环节都安排好，不能出错。

7.营销管控 指对营销活动进行管理、监督、控制，确保各个环节进度合理、花费明朗、人员安排合理。

二、方案策划书格式

方案策划书格式各式各样，但是通常一般应包含下述基本内容，当然也要结合具体销售品种做一些专属性内容，这样才能满足要求。

1.封面 封面应美观，反映主题的更好。标出委托方、简明扼要的主题、策划日期、策划团队（没有一成不变的格式，依据产品或营销活动的要求可以不同）。

2.目录 策划书的主要结构。

3.概述（前言） 简要概述策划方案的内容，执行方案后预期达到的水平。策划应达到的效果、目的；或者直接以某一金额为限（或者市场占有率）。

4.影响营销的因素分析 主要包括目标市场的特征、营销环境分析、企业背景与资源状况、产品状况等。对同类产品市场状况、竞争状况及宏观环境应有一个清醒的认识，它是为制订相应的营销策略，采取正确的营销手段提供依据的。"知己知彼，百战不殆"，因此这一部分需要策划者对市场比较了解，这部分主要分析：①产品的市场性、现实市场及潜在市场状况。②市场成长状况：产品目前处于市场生命周期的哪一阶段上。对于不同市场阶段上的产品公司营销侧重点如何，相应营销策略效果，需求变化对产品市场的影响。③消费者的接受性：这一内容需要策划者凭借已掌握的资料分析产品市场发展前景。重点资料来源于市场的实地调查，注意收集可靠、及时、全面、有效的信息。

5.行动方案的制订 这是策划书的主要内容。提出具体的营销目标、营销战略、行动方案。制订行动时间表，包括目标市场、广告策略、渠道策略、营销队伍的建设等。

6.营销成本预算 预算不能马虎，要有依据。既不能太粗，也不能太细，只要区分项目就可。

7.行动方案的控制 不要太细，只要写清楚对方案实施过程的管理方法与措施就可以。

8.结束语 主要与前文呼应，起到画龙点睛的作用。

9.附录 主要提供策划客观性的证明或原始资料（如调查问卷和活动记录等）。

三、方案组合策略

药品营销组合策略就是企业综合运用其可控的营销手段，对他们实行最优化组合，以取得最佳市场营销效果，采用"4Ps"，即产品（product）、价格（price）、渠道（place）、促销（promotion），策略（strategy），等可控的营销手段。但营销组合受许多不可控的外部营销环境的影响，尤其是客观环境的影响和制约，如目前的人口老龄化、国家一系列法律法规医改政策的出台、WTO、经济全球化一体化等。企业应密切监视宏观环境的动向，调整企业的营销组合与外部环境相适应，是企业取得主动、成功和发展的关键。企业应善于使这些可控因素与不可控因素相适应。

1.药品品种方案 药品品种方案是药品营销中的一个重要内容，药品应是一个整体概念，同时要树立起药品大质量的观念。药品品种方案要求企业随时注意自己所生产药品的生命周期，处于不同时期应采用不同的竞争策略，同时也必须注重新品开发，不断更新产品，外资大公司正是凭借其新品研发技术而独步医药市场。

2.药品的定价方案 药品价格目前是十分敏感的问题，也是医改的重点问题。伴随着目前招标价格、平价大药房的冲击，药品的定价方案尤其重要，WTO下一些进口药品的关税将进一步降低，势必使进口药品价格下调，这对国内一些仿制药品形成巨大的冲击。因此在新的环境下，医药企业应考虑自己产品应如何定价。

3.药品分销渠道方案 国内制药企业长期的营销模式，使医药企业形成了很大的渠道依赖，医药企业需要建立起稳定的医药分销渠道。

4.药品促销方案 随着国家新的医药政策出台，医药企业在新的形势下必须引入健康的促销模式，以及新的营销机制。主要可以在以下几个方面进一步加强营销。

（1）坚持顾客服务导向 要放弃以往对医生的诸如辛苦费、广告费、促销费、处方费等模式，坚持顾客服务导向，加速产品的研发和品牌培育，重新整合销售渠道。

（2）坚持学术推广促销 可以通过学术推广会来促销，学术推广销售主要指在医药销售过程中，以学术宣传和学术活动来推动销售。这种销售模式对企业和业务人员的要求比较高，要求企业有很完整的学术网络。学术化销售是目前销售形式中被认可的一种较佳方式。在学术化销售过程中，如不能很好地把握，也会涉及商业贿赂问题。

（3）广告拉动抢占OTC市场 从多年OTC市场的增长速度来看OTC市场占有率，OTC市场是未来竞争的主要战场之一，而这一市场的营销与医院销售差别较大，更多地体现出医药营销的共性，以超大规模品牌广告投入来拉动医药消费。

（4）可开展数字化营销 IT业的发展，电子商务的应用，为市场营销注入新的活力。药品网上交易开始变成现实。用电子商务提速整个医药行业有着不可比拟的强劲优势，同时可以节省开支且生产出更大的效益。利用在线调查可以收集到客户的偏好和购买方式，还能更好地为他们服务，从而体现个性化营销时代的特征。

四、方案示例

销售方案是销售活动的理论准备，也是销售活动成功的关键一环，只有销售方案做的精准、到位、切实可行，才能保证销售活动的有效成功。为了能给初入销售队伍的从业人员提供一些参考（实操抓手），选择了几个大家比较认同的销售方案，具体如下。

（一）四个到位活动方案

药店多半会在节日举行促销活动，既能给顾客带来好处，又可以给药店带来利润。纵观成千上万的药店促销活动，发现许多药店并不缺少创意，缺少的是执行到位。目前一般包括四个执行到位，即物料到位、氛围到位、宣传到位、培训到位。

1.物料到位 物料到位主要包括商品、赠品、宣传品。首先根据季节、节日、地区、常见疾病和畅销产品进行数据分析，找出常见疾病对应的畅销产品、重点产品，进行充分备货。譬如到了30款秋冬季节重点产品，如果每月要货8次，某次要货时库存有35盒，上月销量为160盒，平时补货公式为要货量=160/8=20盒，20×2=40盒，40-35=5盒，5盒就是要货量，要保证库存有两个周期销量，根据经验可以适当上调，这样确保重点产品有足够库存，使陈列丰富。在活动期间，通常建议重点产品保证一个月的销量作为库存，这就是商品到位。再次根据活动制订的销售目标和买赠档位，测算赠送品种类和数量，并准备到位。

2.氛围到位 根据活动宣传所需横幅、宣传单、音响、录音、海报、喊话器等做好宣传品准备。一定要确保卖场营销氛围足够，员工满面微笑，热情服务，商品丰富陈列，重点产品用展示、爆炸卡、云彩卡提示，比如陈列阶梯状、圆形、心型、做一个空盒中国结，做一个风铃、葵花卡等。这些就是氛围到位，让顾客进店感觉很美。愿意多停留一会儿，增加与店员互动时间。

3.宣传到位　以药店为中心分小区、分时段、分小组发放宣传单。发单要界定统一的话术，"您好，我们是××药店，×月×日—×月×日举行十万礼品大放送活动，欢迎您来参加。"界定动作，界定表情，制作活动录音、买赠录音、抽奖录音、养生录音……店外音响播放，拱门、横幅、门口义诊、会员电话、会员短信、电子字幕等。

4.培训到位　让每个店员对活动方案了如指掌是关键，一定要让全体店员演练出来，不应只是简单培训和背诵。每个店员注重三个统一，即统一使命、统一语言、统一动作。

统一使命就是明确每天销售指标，如顾客单数、交易次数目标、重点产品目标，然后交代每个店员想尽一切办法让每个顾客拿一份礼品走。

统一语言就是为了提升顾客单数，统一从第二档开始说。比如说第一档买满48元送两包洗衣粉，第二档买满88元送不锈钢盆一个。要求全体员工对顾客说一句话，"您好，今天我们做活动，买满88元送不锈钢盆一个"。

统一动作就是要求全体店员在营业时间里全程持盆，盆内装好既定物品，一张宣传单、一包第一档赠品洗衣粉、一个第三档赠品水杯，每一个细节必须到位。

如果是连锁总部统一对店长培训，店长统一对店员培训，总部到门店抽查，总部再活动前一天统一对店长培训检查落实，提出考核奖惩，执行不到位，考核分数不及格的店长甚至就地免职。

药店做促销活动通常是三分策划、七分执行，可见重要的是执行到位。若药店在执行促销活动的过程中能够把活动真正的执行到位，那促销活动也就成功了。

（二）三因素活动方案

在药品的整个营销环节中，药店是最后一环。产品进入药店摆上柜台，只是完成了从制造企业向商业单位转移的过程而已，只有把产品销售出去才完成了整个销售过程。在产品、营销手段如此雷同日趋严重的情况下，如何让待销售产品脱颖而出，抓住顾客的眼球，就需要不定期的有针对性地开展一些促销活动，毕竟不管是药品生产企业，还是商业单位、药店，提高顾客的重复购买率，才是大家赖以生存的根本，只有这样才会形成良性循环。如何设计一个切实有效的买赠活动方案呢，根据以往的经验，应注意以下三个方面。

1.创意要新　现在终端竞争已进入白热化状态，每个药品生产企业都把"决胜终端"奉为"终极目标"，在终端投入了大量的人、财、物力，而买赠活动对于抢占市场份额、拉动销量是最直接、最有效的。因此买赠活动非常频繁，但大多都是选用日用品作为赠品，如洗衣粉、香皂等，缺乏新意。假如能够设计一个有创意的买赠方案，既能拉动销量，又能提升品牌形象，一箭双雕、相得益彰。创意要新、奇、特，就需要走出既定的思维模式，大胆设想、小心求证，不能闭门造车，经常到终端走走看看，贴近药店经营者和顾客，因为消费者对产品最有发言权，消费者也知道自己最需要什么。

2.关联性要强　赠品的设计要与产品本身有一定的关联，不能"风马牛不相及"，否则就是败笔。例如某人在一家以生产糖尿病药品著称的企业基层任职时，曾设计过一个"捆绑销售"方案——买"××丸"赠"尿糖试纸"。该方案所采用的赠品是糖尿病患者控制尿糖的一种经济实惠的有效检测方法，关联性既强，赠品的价格又低，每盒约1元左右，而一盒药的零售价要十几元钱，投入产出非常合理，在实际操作中取得了较好的效果。

3.可操作性强　假如活动周期较短，由OTC代表现场配合做2~3天的话，活动结束后还能够及时退换，但如果活动周期较长，而且赠品不是由药店控制，实际操作起来就非常麻烦，所以只能放弃这个方案。

除了以上三方面，还不能忽视赠品的成本控制，因为这直接关系到促销活动的投入产出比，同时如果赠品的受关注度高于产品本身，则起到喧宾夺主的反面效果。顾客是不会为了得到赠品而去买对他毫无用途的药品。假如产品附加值较高，或者是按疗程推荐的话，赠品的价值不妨稍高一些，以提高顾客的购买欲望，否则只能采用些小礼品。至于赠品的采购，可以经常到小礼品批发市场看一下，许多药品企业订制的礼品都可以看到，也许会有意想不到的惊喜，从而制订出出奇制胜、切实有效的促销方案来。

第三节　调查问卷

调查问卷是市场调查的一种形式。调查问卷是从了解具体事例（事件）情况出发，明确调查的目的，所提问题具体、重点突出，征得调查者合作，即可达到调查的目的。需要注意的是正确记录，提供准确的信息；问卷的设计要有利于资料的整理加工。这样就要求问卷调查者要努力提高自身素质，以适应问卷设计工作的需要，确保调查资料的质量和效率。下面就具体问卷实例加以说明与解读。

一、感冒药使用情况调查问卷

感冒药是人们使用最频繁的药物之一，正因如此，乱用的现象也十分普遍，本问卷旨在了解不同人群对感冒药的了解程度，希望您根据自己的情况选择相应的选项，此次调查不会对您造成任何负面影响，请放心填写，谢谢各位的认真填写。

第一部分，单项选择题，您只需要选择一个答案即可。
1.您是属于以下哪一年龄阶段的人呢？

A. 12岁以下   B. 13~29岁   C. 30~50岁   D. 50岁以上

2.您最近一年感冒多少次?

A. 0次   B. 1~2次   C. 3~5次   D. 5次以上

3.您购买感冒药的一般途径是哪种?

A.网上   B.药店   C.医院   D.其他

4.您每次花费在治疗感冒的费用大概是多少?

A.10元以下   B.10~50元   C.50~100元   D.100元以上

5.您对市场上抗感冒药的价格和品种满意吗?

A.有"吐槽"的欲望,想向相关部门反映

B.不满意,品种太多,不知怎样选择,价格大多比较贵

C.基本满意,价格大多能接受,选择多,适合不同消费者

D.非常满意

6.当有感冒症状之后,您会首选那个途径解决?

A.去医院找医生   B.去药店找药师   C.自己选药   D.不吃药

7.请问您对感冒药的类型了解吗?

A.非常清楚   B.清楚   C.了解一些   D.几乎不懂

8.您在购买感冒药时首选中药还是西药?

A.中药   B.西药

C.中西结合   D.其他_____

9.您觉得市场上的感冒药治疗效果怎么样?

A.很好,能快速治疗   B.一般,效果不是很明显

C.不好,副作用大   D.不知道

10.您对药品广告的信任程度如何?

A.非常相信   B.比较相信   C.一般相信   D.不相信

11.您认为目前我国的药品广告存在虚假广告的现象是否普遍?

A.十分普遍   B.比较普遍   C.一般   D.不普遍

12.出现药品安全事故,是否会影响您对药品企业和产品的信任度?

A.会   B.不会

C.无所谓   D. 想看看具体情况

第二部分,多项选择题,您可以选择2~5个答案均可。

1.您一般在什么情况下会服用感冒药?

A.头疼   B.发热   C.流鼻涕

D.打喷嚏   E.咳嗽

2.您比较倾向于购买哪种剂型的感冒药?

    A.片剂　　　　　　　B.冲剂　　　　　　　C.胶囊

    D.泡腾片　　　　　　E.口服液

3.下列哪些感冒类中成药是您知道的?

    A.连花清瘟胶囊　　　B.板蓝根颗粒　　　　C.双黄连口服液

    D.风寒感冒颗粒　　　E.复方穿心莲片

4.您对感冒类中成药的了解一般来自哪种途径?

    A.医生介绍　　　　　B.电视广告　　　　　C.网络介绍

    D.药店服务人员介绍　　　　　　　　　　　E.家人朋友介绍

5.您更换感冒药的原因是什么?

    A.之前药品疗效不显著　　　　　　　　　B.选一个知名度更高的企业产品

    C.选一个价格更合适的　　　　　　　　　D赶上哪种就是哪种

    E.其他_____

6.您选择感冒药的主要依据是什么?

    A.知名品牌　　　　　B.价格适宜　　　　　C.疗效显著

    D.副作用小　　　　　E.包装讲究

7.下列哪些副作用是您服用感冒药后出现过的?

    A.头晕　　　　　　　B.嗜睡　　　　　　　C.恶心

    D.皮疹　　　　　　　E.疲倦

8.您比较关心感冒药的哪些方面?

    A.快速治疗　　　　　B.不含去甲麻黄碱　　C.抗病毒

    D.不嗜睡　　　　　　E.全面呵护

9.您对于药品的广告,比较关注哪类的媒体?

    A.电视　　　　　　　B.报纸　　　　　　　C.杂志

    D.网络　　　　　　　E.宣传单

10.药品广告的哪些方面能引起您购买的欲望?

    A.疗效显著　　　　　B.无效退款　　　　　C.副作用小

    D.品牌信用高　　　　E.明星代言

11.您觉得市面上的感冒药那些地方需要改进?

    A.价格　　　　　　　B.包装　　　　　　　C.口感

    D.宣传途径　　　　　E.其他_____

二、抗高血压药市场调查问卷

抗高血压药是人们使用最频繁的药物之一,正因如此乱用的现象也十分普遍,本问卷旨在了解不同人群对感冒药的了解程度，希望您根据自己的情况选择相应的选项上，此次调查不会对您造成任何负面影响，请放心填写，谢谢各位的认真填写。

第一部分，单项选择题，您只需要选择一个答案即可。

1.您的性别是？

    A.男   B.女

2.您是属于以下哪一年龄阶段的人呢？

    A.25 岁以下   B.25~35 岁   C.35~45 岁

    D.45~60 岁   E.60 岁以上

3.请问您从事以下哪种类型的职业？

    A.体力劳动   B.久坐脑力劳动   C.高压力脑力劳动

    D.退休或暂无工作   E.久站型劳动

4.您的月收入是_____

    A.月收入1000以下 B.月收入1000~2000 C.月收入2000~3000

    D.月收入3000~4000 E.月收入4000以上

5.您平时的饮食习惯是？

    A.喜食辛辣   B.喜食清淡   C.喜欢酗酒

    D.喜欢抽烟   E.喜食油腻

6.您平时生活压力大吗？

    A.不大   B.一般   C.较大

    D.大   E.非常大

7.请问您对抗高血压药类型的了解是？

    A.非常清楚   B.清楚   C.了解一些

    D.几乎不懂   E.想通过学习了解

8.您患有高血压病多久了？

    A.几个月   B.一年   C.两年

    D.三年   E.四年以上

9.您患有的高血压病是何种程度的？

    A.轻度高血压   B.中度高血压   C.重度高血压

    D.时高时低不稳定   E.受情绪影响较大

10.请问您购买抗高血压药，您所能接受的价格区间是？

    A.10元以下   B.10~20元   C.20~50元

    D.50~100元   E.100元以上

11.请问您的血压情况是（正常值：10/16kPa）？

    A.高于正常血压值 B.低于正常血压值   C.正常

D.不清楚　　　　　　E.受情绪影响较大

12.您通常在什么情况下会服用抗高血压药?

A.身体稍微不舒服时　　　　　　B.病情有加重趋势时

C.病情严重，不得不用时　　　　D.医生要求服用

E.顺其自然，无须使用

13.您目前服用几种抗高血压药?

A.一种　　　　　B.两种　　　　　C.两种以上

D.三种以上　　　E.不定

14.您通常怎么购买抗高血压药?

A.药店购买　　　B.凭医师处方　　　C.网上

D.国外　　　　　E.其他_____

15.请问您觉得有必要提高对抗高血压药的认识吗?

A.很有必要　　　B.一般　　　　　C.依赖医生

D.依赖广告　　　E.没有必要

第二部分，多项选择题，您可以选择2~5个答案均可。

1.您比较关心抗高血压药的哪些方面?

A.副作用　　　　B.治疗速度　　　C.对身体的影响

D.疗效　　　　　E.是否能自己选择服用

2.您认为抗高血压药常见的副作用是什么?

A.头痛　　　　　B.头晕　　　　　C.恶心

D.面红　　　　　E.组织水肿

3.您认为以下哪些人群需要特别注意使用抗高血压药?

A.心脏病等慢性疾病严重者　　　　B.儿童、老年人、孕妇

C.肝肾功能不全　　　　　　　　　D患抑郁症患者

E.喝了酒和含酒精的饮料的人

4.您购买抗高血压药，主要考虑的因素有哪些?

A.疗效　　　　　B.价格　　　　　C.药品知名度

D.药师的推荐　　E.朋友的推荐

5.请问您购买过以下哪种抗高血压药?

A.复方降压片　　B.珍菊降压片　　C.硝苯地平片

D.复方罗布麻片　E.吲达帕胺片

6.您觉得中药降血压方面有什么优势?

A.中药的毒副作用相对较少，服用安全

  B.中药着眼于整体调节，改善症状效果明显

  C.中药降血压作用缓和，稳定血压效果好

  D.中药是有病治病，无病健身，适合长期应用

  E.其他_____

7.您觉得中药降血压方面有什么不足之处？

  A.降血压疗效比西药慢   B.服用不便

  C.没有长效制剂   D.价格比西药贵

  E.其他_____

8.请问您会通过何种方法去降低血压？

  A.平衡膳食   B.适当的运动   C.民间偏方

  D.顺其自然   E.其他_____

三、调查问卷设计的原则

  调查问卷实际上就是将设计好的问题事先写在问卷上，请被调查者帮助完成问卷者的主观所想，通过问卷来放映问卷者的主观认知，即问卷问题的客观存在事实。为了达到这样的目的，通常设计调查问卷原则就应该包含以下要点。

  1.主题明确 根据调查的目的，确定主题、从实际出发拟题、问题目的明确、重点突出，没有可有可无的问题。

  2.结构合理 问题的排列应有一定的逻辑顺序，符合被调查者的思维程序。

  3.通俗易懂 调查问卷应使被调查者一目了然，并愿意合作，如实回答。所以调查问卷中的语气要亲切，避免使用专业术语，对敏感性问题采取一定的技巧，使调查问卷具有合理性和可答性。

  4.长度适宜 调查问卷的长度要适宜，所提出的问题不要过繁、过多，回答调查问卷的时间不应太长，一般以不多于30分钟为宜。

  5.便于统计 调查问卷中提问一定要方便事后的整理和统计工作。

四、调查问卷的提问形式

  调查问卷的提问形式主要有两类。封闭式提问和开放式提问。封闭式提问即不给被提问者节外生枝的机会，只在给定的范围内进行选择回答；开放式提问则有别于封闭式提问，被提问者可以按照自己的思路和想法来回答提问，不受任何限制的回答问题。

（一）封闭式提问

  封闭式提问是在对问题所有可能的回答中，被调查对象只能从中选择一个答案，

这种提问方式便于统计，但回答的伸缩性较小。

1.两项选择题 提出一个问题，给出两个答案，被调查对象必须在两者中选择一个做出回答。例如：

请问您头疼是去医院看医生，还是自己去药店买药？

A.去　　　　　　　B.不去

2.多项选择题 提出一个问题，给出多个答案，被调查对象仅可从中选择一个做出回答。例如：

请问您在生病，购药时通常选择几个品牌的药物进行比较？

A.1个　　　　　　B.2个　　　　　　C.多个

3.程度评定法 对提出的问题，给出程度不同的答案，被调查对象从中选择认同的一个做出回答。例如：

您在生病时，认为去医院就医是？

A.很重要　　B.较重要　　C.一般　　D.不太重要　　E.很不重要

4.语意差别法 列出两个语意相反的词，让被调查对象做出一个选择。例如：

请问您对同种药物的不同品牌的选择原则是？

A.副作用大，但价格便宜　　　　B.副作用小

C.服用方便　　　　　　　　　　D.价格高　　E.价格低

（二）开放式提问

开放式提问是指对所提出的问题，回答没有限制，被调查对象可以根据自己的情况自由回答。此种提问方式，答案不唯一，不易统计，不易分析。

1.自由式 被调查对象可以不受任何限制，回答问题。例如：

请给出您印象最深刻的一个广告＿＿＿＿＿＿＿＿＿＿＿＿＿＿＿＿＿＿。

2.语句完成式 提出一个不完整的句子，由被调查对象完成该句子。例如：

当我口渴时，我想喝＿＿＿＿＿＿＿＿＿＿＿＿＿＿＿＿＿＿＿＿＿＿＿。

第四节　调查问卷案例解读

调查问卷方式有两种，一种是普查，就是对确定的调查对象总体——进行调查，如我国的历次人口普查；另一种是抽样调查，即从调查对象总体中选取部分样本，通过对样本的调查，推测总体特征。

从理论上讲，市场调查如能采用普查的方式，调查结果将十分准确。但是，普查需要花费大量的人力、物力、财力，并且调查时间过长，一般的企业无法承担，大多数的市场调查是抽样调查。因为样本是从总体中抽取出来的，作为调查单位的全部个

体，样本的选择对调研结果的影响极大。抽样的方法可分为两类：随机抽样法和非随机抽样法。

一、随机抽样法

随机抽样法的基本原则是：在选择样本时，必须排除人的主观影响，使总体中每一个个体被抽取的机会是均等的，是一种客观的抽样方法。随机抽样方法主要有以下几种。

1.简单随机抽样　简单随机抽样是随机抽样中最简单的一种方法，它对被调查总体不作任何分类，使用纯粹的随机方式从总体中进行抽样。如果被调查总体不十分庞大，总体中各个体的差异性不大，可采用简单随机抽样法进行抽样。

简单随机抽样一般通过抽签或打乱数表的方式，从总体中抽取事先规定好的若干样本数。例如，某企业想从200家客户中抽取20家进行调查，了解他们对本企业产品质量和服务的意见。首先把200家客户进行从001~200的编号，然后用抽签或打乱数表的方法，从中抽取20个号码作为调查的样本。

2.等距随机抽样　采用简单随机抽样生产的样本极可能在总体中的分布是不均匀的，对于某些调研可能影响到结果的可靠性。等距随机抽样是根据一定的抽样距离从总体中抽取样本，抽样距离的大小等于总体数量除以样本数量。使用等距随机抽样的具体做法如下。①将被调查总体中的各个体单位按某种标志排列、连续编号；②根据总体数和确定的样本数，计算抽样距离，若得数是小数则四舍五入化为整数；③在第一段距离内，用随机的方法抽取一个号码，作为第一个调查样本单位；④将第一个样本单位的号码加上抽样距离，得到第二个样本单位，以此类推，直至满足样本容量。

例如：有2000名顾客进行调查，采用等距随机抽样法抽取50个样本，其抽样距离为20，假如从0001~2000通过简单随机抽样的方法抽取的样本号为0011，则样本单位的号码分别为0011，0031，0051，0071……，直至抽足50人为止。

3.分层随机抽样　分层随机抽样就是对被调查总体按照不同的特征进行分组（即分层），然后再用随机的方法从各层中抽取一定数量的样本。当调查对象的主要特征存在显著的差别时，提高样本的代表性，可以使用分层随机抽样法。在分层时，要尽量使各层之间具有明显的差异性，而在每一层内的各个体单位则要保持统一性。按各层次之间差别大小，分层随机抽样又有分层比例抽样和分层最佳抽样之分。分层比例抽样是指根据各层次包含的单位数占总体单位数的比例，确定各层次抽取的样本数。

4.分群随机抽样　对于那些总体异质性较高，不易确定分层标准的总体，则无法进行分层。这时可以采用分群随机抽样。分群随机抽样是按照外部条件将总体分成若干个同质的群体，再从这些群体中随机地抽取某一群体作为样本进行调查。分群随机抽样的群体之间差异很小，但群体内部的差异很大，每一群体基本上包括了总体的特征。因此，随机地抽取任何群体，所调查的结果可以代表总体的基本特征。

例如，要对长春市的家庭进行调查，以便掌握长春市消费者的购买行为。长春市在行政区的基础上可分为几个群体：朝阳区、二道区、宽城区、绿园区、高新区、经开区、汽开区等。区与区之间居民的特征可认为是基本相同的，而在每个区内部则有较大的差异，基本上可以代表长春市居民的特征。调研人员再在这些区中，随机抽取一个或几个居民小区作为样本进行调查。假定抽取经开区和朝阳区为调查群体，由于这两个群体中的家庭数量还是太多，不宜调查展开，还可以将两个群体进一步按居委会分群，然后从两个区的若干居委会中随机各抽取5个居委会，再对这10个居委会中的家庭进行调查。

二、非随机抽样法

非随机抽样的基本原则是：在选择样本时，可以加入人的主观因素，使总体中每个个体被抽取的机会是不均等的，是一种主观的抽样方法。非随机抽样方法主要有以下几种。

1.任意非随机抽样　任意非随机抽样是纯粹以便利为基础的一种抽样方法，其调查样本的选择完全取决于调研人员自己的方便。街头询问是这种抽样最普遍的应用，采用任意非随机抽样的基本假定是被调查总体中任何个体都是同质的，因此选择哪一个个体做样本都是一样的。例如，一家餐馆的老板常向他见到的行人打听去其餐馆的路，以此了解餐馆的知名度。

任意非随机抽样的优点是：简便易行，能及时获取信息，费用低。缺点是：对调查对象缺乏了解，样本的偏差大，代表性差，调查结果不一定可靠。所以，一般用于非正式调查。

2.判断非随机抽样　判断非随机抽样是由调研人员根据自己的主观判断选择调查样本的调查方法。这种方法要求调研人必须对总体有关特征相当的了解。例如，调研人员想知道一份关于广告的调查问卷设计是否得当，则可以向一些他认为对广告有一定了解的人士进行测试，以便确定此调查问卷的适合性。在利用判断非随机抽样选取样本时，应避免抽取"极端型"的样本，应选择"普通型"和"平均型"的个体作为样本，以增加样本的代表性。

3.配额非随机抽样　配额非随机抽样就是把具有一定"控制特征"的样本数量分配给调研人员，由调研人员按照规定的"控制特征"自由选择调查样本。配额抽样与分层抽样有某些相似之处，同是按照一定的特征对总体进行分层和确定"控制特征"。两者的不同之处在于，分层抽样在各层样本数量确定以后，是以随机的方式来抽取样本；而配额抽样在确定"控制特征"和样本数量以后，由调研人员根据"控制特征"的要求自行选取样本。配额抽样可以分为两类：一类是独立控制，另一类是交叉控制。①独立控制：所谓"独立控制"是指只对具有某种控制特性的样本数量给予规定。②交叉控制：所谓"交叉控制"是指不仅规定各种控制特性的样本数量，而且还具体规定各种控制特性之间的相互交叉关系。

三、调查问卷常用题型

调查问卷的题型可以根据被问卷对象（被调查人群）的社会阶层背景，同时应兼顾其在社会中的消费层次来确定。

1.自由问答题　问卷只提出问题，让被调查者自由回答。

2.是非题　要求被调查者对所提问题用"是"或"否"，"有"或"无"，"喜欢"或"不喜欢"，"同意"或"不同意"来回答。

3.多项选择题　事先拟定几个答案，让被调查者从中选择。

4.等级题　又称顺位题。是请填表者对于不同的项目，排出先后次序的调查题型。

5.程度评定题　又称量度答案题。是将提出的问题分成不同程度的答案供填表者选择，它比是非题要复杂、细致，便于比较分析。

6.配对比较题　对于等级题，有时令人难以正确或顺利地填写，如果将主要的可能顺序预先排好、配好对，既便于填写、有实效，又容易得到有参考价值的意见。

以上是问卷询问的几种题型和方式，市场调查人员可根据产品的特点和调查的目的，选择适用的题型。

四、问卷设计注意事项

调查问卷是由被调查者填写的，应该根据他们的心理设身处地考虑，问卷设计在问题排列、询问语气、措辞等方面要注意下列问题。

（1）首先要争取填表者的合作和热心，使其认真填写。

（2）问题要提得清楚明确、具体、容易理解，使填表者能顺利地填写和回答而不产生厌烦。

（3）要避免下列问题　①多义词或笼统的询问；②用引导性或带有暗示的问题；③一些涉及私人生活或困窘性问题。

（4）为方便整理调查问卷，可考虑采用计算机整理分析调查表，以节省人力、时间和费用，保证时效。

第十三章 药品营销策略案例解读

药品营销策略是指为了实现企业或组织目标，建立和保持与目标市场之间的互利交换关系，而对设计项目的分析、规划、实施和控制。药品营销策略的实质，就是对需求的水平、时机和性质进行有效的调解。在营销实践中，企业通常需要预先设定一个预期的市场需求水平，然而实际的市场需求水平可能与预期的市场需求水平并不一致。这就需要企业营销者针对不同的市场需求情况，采取不同的营销策略，进而有效地满足市场需求，确保企业目标的实现。

第一节 学术品牌营销

2010年，某制药企业创造了××注射液年销售额超过27亿的奇迹。其高明之处在于：借助已得到国内医学同行认可的强大理论体系，汲取其固有模式的优势，并通过多种方式来维护品牌的美誉度（学术决定加速度），最终加速提升销售额。

【销售背景】据有关数据显示，我国心脑血管类中成药自2007年起复合增长率为21.94%，高于心脑血管总体用药市场及整个医院用药市场的年均复合增长率。巨大的市场空间让某制药企业加速了对其相关领域产品的布局。

【营销创意】自2004年问世以来，××注射液一直保持着较高的年销售增长额，为了进一步提升其市场占有率，企业以学术理论为指导，坚持传承品牌、企业品牌和产品品牌"三品合一"的营销思想，成功实现了××注射液每年的销量突破。

【具体实施】基于"脑心同治"和"供血不足乃万病之源"的理念已经得到了业界的广泛肯定，企业营销人员将这两个理论作为××注射液的理论基础，为其学术推广奠定了先天优势。

开展学术活动是企业提升××注射液品牌价值的重要方式。企业每年都会联合中华医学会、中华中医药学会及下属各分会召开学术推广会，并根据专业素质和活动能力严格选择推广人员。

此外，企业还会邀请医师到公司进行参观、研讨等活动，让医师充分了解××

注射液及其临床研究成果，通过医师对患者的宣传提升产品的知名度。

与此同时，企业还专门培育了一支终端药学队伍进行患者教育，直接面对消费者来扩大品牌影响力。

为维护××注射液逐渐形成的品牌，企业成立了"品牌战略委员会"。坚持"三品合一"的营销思路，并通过法律手段保护自己的品牌不被假冒伪劣产品所侵害。

严格控制质量是企业维护××注射液口碑的基础。企业做到自产品上市以来，无一例不良反应记录，使××注射液的品牌得到长久维护。

【销售效果】2010年××注射液获得中国中药首个专利金奖，其销售额超27亿元，年增长率22.7%。

一、战略预测

营销的战略预测通常是指市场效益的定性预测。市场效益预测分析是对某种产品在未来市场上的需求量和可获得效益的预测。影响市场需求和效益的因素有两大类。一类是市场环境因素，如科学技术、政治法律、经济、社会文化环境等，是企业本身不可控制的因素。另一类是企业市场营销组合，即产品的性能、质量、包装、价格、企业的分销渠道和实体分配以及促销方式、促销策略、促销费用等，是企业的可控因素。企业在进行预测时，应以一定的市场环境和企业的营销策略为基础。

定性预测法是依据人们的经验和主观判断进行预测的方法。常用的定性预测方法主要有以下四种。

（一）类推法

类推法主要分相关推断法和对比类推法两种。

1.相关推断法　是依据因果原理，从已知相关的各种市场因素之间的发展变化，推断对象的未来发展趋势。其推断方法有：①时间上先行、后行和平行关系的推断。推断先行、后行关系的关键是分析两者的间隔时间。例如气候发生异常变化，会有某些流行病的发生，从而增加有关药品的需求量。平行关系则指因果相随，几乎同时出现，如医院病床数增加，随之该医院的药品需求量会同时增加。②相关变动方向的顺相关与逆相关的推断。例如国民收入与消费品购买力，在积累率不变的情况下，两者同增同减，是顺相关，有的此消彼长，叫逆相关。③多因素综合推断。它是在深入分析影响预测目标各个因素的基础上，综合地对预测目标发展变化趋势做出推断。

2.对比类推法　就是利用事物之间的相似性，通过先行事物的发展变化过程类推后继事物，从而预测后继事物未来发展前景。其推断方法有：①各国之间同一事物类似情况的对比类推。例如，国外某种产品的寿命周期，可以用来推断国内同类产品的寿命周期变化。但要注意分析不同的社会经济条件，以及不同经济发展水平的影响，便于做出综合判断。②国内不同地区之间同一事物的对比类推，它与国外同类事物对比类推大体相同。③不同产品之间类似情况的对比类推。经常用于新产品开发预测。例如，药酒在我国历史悠久、为广大消费者所喜爱，以此类推，药用牙膏、香皂、药用化妆品、药膳发展前景可观，据此加以开发新的药用系列品种。

（二）经验判断法

经验判断法主要分经理人员意见评判法和销售人员综合判断法两种。

1.经理人员意见评判法　由企业领导人员和决策人根据对市场情况的分析和累积的经验，对市场需求做出主观判断的预测，一般采用简单的算术平均法和加权平均法结合起来。

2.销售人员综合判断法　由企业主管召集与销售有关的各部门专业人员或销售人员广泛交换意见，预测销售量，再根据具体情况进行调整平均。为了解决各人看法的局限性，可以采用推定平均值法加以预测。其计算公式为：

$$推定平均值 = \frac{最乐观估计值 + 4 \times 最可能估计值 + 最悲观估计值}{6}$$

（三）专家意见法

专家意见法是指聘请企业内外见多识广、具有专长的有关专家进行预测。具体方法有两种。一种是"开诸葛亮会"，由各专家面对面交换观点看法，这是一种具有我国特色的成功方法。另一种是"德尔菲法"。由各专家背靠背交换意见进行预测。这种方法是首先确定预测课题，请两组专家（10~50人）背靠背对需要预测的问题提出意见，主持人将各人的意见综合整理后又反馈给每个人，待他们比较他人的不同意见，并发表自己的看法后，再寄给主持人。主持人综合整理后再反馈给每个人，如此反复四五次后，一般可以得出一个比较一致的意见。这种方法的优点是可使每一位专家充分发表自己的意见，免受权威人士左右。它具有多次反馈性、收敛性、匿名性的特征。是一种科学性强、适用范围广、可操作性强的预测方法，可广泛用于预测商品供求变化、市场需求、产品的成本、价格、商品销售、市场占有率、产品寿命周期等。

（四）消费者意见法

消费者意见法（或称用户意见法）即直接听取消费者意见，再分析综合这些意见的基础上做出预测。如了解潜在医药产品购买单位、个人未来的购买量及其他需求。它一般用抽样调查法进行，也可采用订货会、座谈会、展销会等形式进行。这种方法节省人力物力，方便迅速，但受被调查者态度、样本选择的代表性等约束。

二、战术预测

营销的战术预测通常是指市场效益的定量预测。定量预测法就是根据一定数据，运用数学模型来确定各变量之间的数量关系，根据数学计算和分析的结果来预测市场的未来。比较适用于统计资料完整、准确、详细，预测对象发展变化趋势比较稳定的情况，常用的定量预测方法有以下几种。

（一）销售实际对比分析法

销售实际对比分析法又称百分率法。它是根据本年销售实绩较去年销售实绩增减百分比，作为明年销售量变化的增减比例，来推算出明年可能销售量的方法。适用于比较稳定的发展变化趋势预测。其计算公式如下：

$$明年销售预测值 = 本年销售额 \times \frac{本年销售额}{去年销售额}$$

（二）简单平均数法

简单平均数法是利用预测期前的各期销售额统计数据，求其算术平均数，作为下期预测值。其公式为：

$$预测值 = \frac{前期销售总数}{期数}$$

简单平均数法的优点是计算方法简单、易懂，可以消除偶然因素的影响。其缺点是难以反映时间序列的变化趋势，预测值滞后现象严重。

（三）加权平均法

加权平均法是根据计算期各资料重要性的不同，分别给予不同权数，并以加权算术平均数作为预测值的方法。

$$预测值 = \frac{（前一期实绩 \times 该期权数）+（前二期实绩 \times 该期权数）+......（前几期实绩 \times 该期权数）}{前一期权数 + 前二期权数 +......前几期权数}$$

加权平均法的关键是确定一组适当的权数，一般的原则是给予离预测期较近的数据以较大的权数，而给予离预测期较远的数据以较小的权数。

（四）保本销售额预测法

保本销售额预测法是指利用企业收入与支出的对比关系预测销售额决定盈亏数量界限的方法。也就是当企业的毛利率、费用额、税金额等数量指标确定后，预测销售额为何值时，才能不亏也不盈，如果企业要想实现一定的利润，销售额又需达到何值。

为了研究问题方便，用 x 来表示销售额；y 表示毛利率；a_1 表示费用额；a_2 表示税金额；m 表示利润额。则：$m = xy - a_1 - a_2$，即 $x = \dfrac{m + a_1 + a_2}{y}$

例如：某医药企业1997年各项计划指标为：毛利率12%，费用额30万元，税金额18万元。问：①该企业销售额为多少时才能保本？②若要实现12万元利润，销售新应达到多少？

解：①保本时（无利）时，$m = 0$

保本销售临界点 $x = \dfrac{a_1 + a_2}{y} = \dfrac{30 + 18}{12\%} = 400$ 万元

即销售额为400万元时，不亏也不盈。

②要实现12万元利润，即 $m = 12$ 万元

$$x = \frac{m + a_1 + a_2}{y} = \frac{12 + 30 + 18}{12\%} = 500 \text{万元}$$

即销售额必须达到500万元，才能盈利12万元。

实行经营承包责任制的企业，在确定包干任务时，应计算出盈亏分界点。争取盈利目标的起点，使企业全体人员都有明确的奋斗目标，以便随时检查销售计划的完成情况，采取有力措施，力争尽早突破盈亏分界点扩大商品销售额，提高企业经济效益。

（五）保本储存期预测法

医药储存是为了保证销售，但若储存量不当则会形成积压，积压超过一定时限，即使医药商品本身无损耗，也将发生亏损，所以应进行医药商品储存期预测。

保本储存期预测法是指对保管费、利息和销售费用（指保管费、利息以外的）与毛利额对比关系的分析与测算，以预测医药商品保本储存期。

为了研究问题方便，用 y 表示销售毛利额，a_1 表示销售费用（指保管费和利息以外的），a_2 表示每天花费的保管费用和利息，n 表示保本期限的天数。

当要求保本时，毛利额等于费用，则：$y = a_1 + na_2$，即 $n = \dfrac{y - a_1}{a_2}$

例如：某药店购进一批药品进价为8万元，销价为9.2万元，假如这批药品每天的保管费为每万元5元，利息支出每月每万元60元，销售费用每百元为2.25元，那么①这批药品储存多长时间才能不亏不盈？②若30天销完盈亏多少？

解：①这批药品的保本期。

销售毛利额 $= 9.2 - 8 = 1.2$ 万元

销售费用 $= 9.2 \times \dfrac{2.25}{100} = 0.207$ 万元

保管费 $= 8 \times \dfrac{5}{10000} = 0.004$ 万元 / 天

利息 $= 8 \times \left(\dfrac{60}{10000} \div 30 \right) = 0.0016$ 万元/天

依据公式，保本期 $n = \dfrac{y - a_1}{a_2} = \dfrac{1.2 - 0.207}{0.004 + 0.0016} = \dfrac{0.993}{0.0056} = 177$ 天

②若30天销售完盈亏为多少?

销售毛利额 $= 9.2 - 8 = 1.2$ 万元

销售费用 $= 9.2 \times \dfrac{2.25}{100} = 0.207$ 万元

保管费 $= 0.004 \times 30 = 0.12$ 万元

利息 $= 0.0016 \times 30 = 0.048$ 万元

利润额 $m = y - a_1 - a_2 = 1.2 - 0.207 - (0.12 + 0.048) = 0.825$ 万元

即30天销售完盈利0.825万元。

这个例子说明，这批药品储存期限最长不得超过177天，否则就将发生亏损，同时也说明，只要采取措施缩短储存期限就可盈利。所以企业要组织适销对路的药品，加强库存管理，既要防止脱销，又要防止积压，保证人民用药的需要。减少库存损失，提高企业经济效益。

（六）回归分析法

即利用因果关系来预测的方法，通过研究已知数据，找出变化规律。若只涉及两个变量则用多元回归。这里主要介绍一元回归分析法。

一元回归分析法所求的是一个自变量对另一个因变量所产生的影响。例如时间（ x ）变化后，销售量（ y ）也会引起相应的变化。这时就可以根据逐年变化的 y 值，在直角坐标中画出许多散点。使其从数据点中穿过，并使这条有倾向性趋势的回归直线最能代表实际资料中的变动趋势。从理论上说，就是求这条回归直线到实测值之间的距离，并使误差的平方和最小。计算误差的最小平方和，可用"最小二乘法"。一元回归直线方程是：

$$y = a + bx$$

式中，y是预测值，是因变量；x是时间，是自变量；a是直线坐标上的截距（常数）；b是直线的斜率，称为回归系数。

a，b的值可用最小二乘法求得。根据最小二乘法原理，当$\sum x_i = 0$时，求得直线

方程中的待定参数a，b为：$a = \dfrac{\sum y_i}{n}$；$b = \dfrac{\sum x_i \sum y_i}{\sum x_i^2}$，为使$\sum x_i = 0$，在给自变量$x_i$编号

时，可这样处理：若n为奇数，取时间间隔为1，将$x=0$至于资料的中央1；若n为偶数，取时间间隔为2，将$x=-1$、$x=1$置于资料期中央的上下两期。

例如：某药店1993~1997年药品的销售额（万元）资料如表13-1所示。试预测1998年的药品销售额。

表13-1　药品销售额统计表　　　　　　　（单位：万元）

年份	1993	1994	1995	1996	1997
销售额	150	250	200	350	300

解：本题期数$n=5$为奇数，列表整理并计算如表13-2。

表13-2　回归分析参量计算表

年份	x_i	y_i	$x_i y_i$	x_i^2
1993	−2	150	300	4
1994	−1	250	−250	1
1995	0	200	0	0
1996	1	350	350	1
1997	2	300	600	4
$\sum$	$\sum x_i = 0$	$\sum y_i = 1250$	$\sum x_i y_i = 400$	$\sum x_i^2$

$$a = \frac{\sum y_i}{n} = \frac{1250}{5} = 250$$

$$b = \frac{\sum x_i y_i}{\sum x_i^2} = \frac{400}{10} = 40$$

代入回归方程为$y = 250 + 40 x_i$

1998年X_i的编号应为3，将$X_i=3$代入回归方程：$y = 250+40×3=370$（万元）

（七）季节指数预测法

季节指数预测法是根据预测目标各个日历年度按月（或季）编制的时间数列，统计方法测算出反映季节变动规律性的季节指数，并用季节指数进行近期预测的一种时间序列分析预测法，医药市场药品的供求和价格等往往受季节影响而呈现季节变动的规律性，例如参类补品、清凉解暑类等药品销售量的季节变动差异，出现旺季、淡季、平季的差别。因此季节指数预测法是对市场预测很实用的方法。

季节指数预测法的具体方法是：首先计算历年各月（季）的简单算术平均数；其次计算全时期的月（季）总平均数；然后计算各月（季）的季节指数，其计算公式为：

$$月（季）季节指数 = \frac{各年同月（季）平均数}{全时期月（季）平均数} \times 100\%$$

$$某月（季）预测值 = \frac{年预测值}{12(4)} \times 某月（季）季节指数$$

第二节　精准营销，注重销售渠道

如果借用军事术语把营销中的市场开拓称为"攻城略地"，那么有效的市场推广手段则是"实现精准打击而非狂轰滥炸"。市场开拓讲究战略，市场推广手段讲究战术，案例所列举的企业正是把这两方面实现完美结合的典型代表。通过对××降血糖药的"分层管理"进行精准营销，其拥有的市场份额在同类产品中遥遥领先。

【销售背景】9240万名糖尿病患者人群，5年3倍的市场增长速率，44亿的市场规模（IMS统计数据IP多媒体子系统），这是一个令很多药企觊觎的大市场。

尽管××降血糖药是国内目前肾排率（在药代动力学上仅有5%的肾脏排泄率）最低的促泌剂，但随着跨国药企相关产品的市场份额不断增长，××降血糖药的竞争地位面临严峻挑战。

【营销创意】在学术推广上，该企业将××降血糖药的宣传语定为"安全降糖、肝肾无忧"。这8个字，既切合产品的特点，也易被医生及患者认可。企业营销策略的选择，既没有采用普遍的高中低端分层，也没有完全固守在客户的多级分类上，而是结合××降血糖药自身特点进行了有针对性的分层，达到精准营销之目的。

分层从市场拓展方面入手，分为4大类：核心市场、维持增长市场、边缘市场、空白市场。在此基础上，企业将××降血糖药的增长也明确界定为3个方面：达到亚类增长速度的追赶型增长、超过领域内口服药增长速度的高速增长以及超越对标品种的挑战增长。这是便于用全局市场观解决问题的方法，也利于合理有效地资源分配，真正实现精准营销。

【具体实施】在具体的战略执行层面，企业采取步步为营、稳扎稳打的战术。首先，制订××降血糖药核心业务增长模型。结合市场的分层及增长的界定，分别制订了如何发挥渠道推力及终端拉力的策略，并且按照重要程度确定了7个实现步骤。第一步聚焦经销商，为实现精准配送奠定扎实基础；第二步聚焦分销商，为实现垂直分销疏通网络；第三步聚焦核心终端并建立市场潜力模型，掌控未来发展方向；第四步筛选维持增长市场，测算资源的调配空间；第五步对确定的三个方面的增长进行细分，通过不断对标的方式实现动态监控；第六步辐射外延市场，实现核心市场的拉动效应；第七步缩减空白市场的数量，为未来能够实现产品的全流通做好铺垫。此外，企业对已分层的4大类市场进行了合理布局和人员安排。

1.调整布局 对于市场潜力大、产出贡献高的核心市场，先重新进行营销版图的筛选，然后对标竞争对手的人员分布，对营销团队进行适当的布局调整。企业在核心市场的每个办事处都设立了学术专区，以使企业的员工能用专业化的语言向客户传递产品的核心价值；同时参与全国及核心地区医学会组织的大型学术活动，支持核心市场的客户参会，为更多医生搭建学术交流平台。

2.稳固现有市场 维持增长市场，注重稳固现有基础。维持增长市场是指具有一定的增长能力，但受潜力制约，即使倾注更多资源增长空间依然有限的市场。在筛选出的这部分市场上，产品的增长以核心市场的带动为主，在专业推广上以搭建糖尿病基础治疗的学术交流平台或协助相关机构开展安全合理用药的教育为主。

3.维持边缘市场 在边缘市场上，开展渠道延伸工作。这一市场受核心市场的带动及品牌影响力的渗透，虽然有××降血糖药的产品销售，但由于公司的人力资源有限，对其开拓能力也受到一定限制。目前，这部分市场主要进行渠道延伸的推广活动，以保证中小医疗终端的公司产品能够及时配送。

4.寻找战略合作伙伴 针对空白市场，企业推出了寻找战略合作伙伴计划。在部分区域，虽然临床治疗上对产品有需求，但公司的人力辐射和物流配送都尚未涉及，产品处在零销售的状态。为此，公司筛选出了专业化的战略合作伙伴，由他们按照公司的策略要求，客观公正地宣传产品，扩大了××降血糖药的覆盖率，满足了临床治疗的需求，也提高了公司的销售收入。

【销售效果】2010年，××降血糖药实现销售收入超过2亿元。同类产品中，××降血糖药拥有了超过95%的市场份额。位于磺脲类产品销售排名第3位，在医院市场上实现了超过11%的增长。在4类市场上都有所斩获。核心市场上深挖了高端的增长潜力，提升了学术影响力；维持增长市场上稳固了既有基础；边缘市场上充分利用了渠道创新所形成的推力；在空白市场上取得了零的突破。

一、销售渠道的基本模式

销售渠道（也叫分销渠道），就是通常所说的商品流通渠道，是指某种产品从生产者向消费者或用户转移过程中所经过的一切取得所有权的商业组织和个人，即产品所有权转移过程中所经过的各个环节连接起来形成的通道。市场营销学者爱德华·肯迪夫和理查德·斯蒂尔认为，销售渠道是指当产品从生产者向最终顾客移动时，直接或间接转移所有权所经过的途径。著名市场营销学家菲利普·科特勒认为，销售渠道是使产品或服务能被使用或消费而配合起来的一系列独立组织的集合。

在庞大的社会流通领域，销售渠道种类繁杂多样。由于顾客自身特点所致，消费者市场的销售渠道模式与生产者市场的销售渠道模式也各有所异。

（一）消费者市场销售渠道模式

从图13-1可以看出，消费者的销售渠道模式，可以分成以下五种类型。

图 13-1　消费者市场销售渠道模式

1.生产者→消费者　生产者不通过任何中间环节，直接将产品销售给消费者。亦即生产者自派推销员，或采取邮购、电话购货等形式把产品直接卖给消费者，这是最简单、最直接、最短的销售渠道。其特点是产销直接见面，环节少，利于降低流通费用，及时了解市场行情，迅速投放产品于市场，但由于需要生产者自设销售机构，因而不利于专业化分工。

2.生产者→零售商→消费者　这是经过一道中间环节的渠道模式。生产者将产品先卖给零售商，再由零售商转卖给消费者。也有些生产者自己开设零售商店，面向消费者。其特点是中间环节少、渠道短，有利于生产者充分利用零售商的力量、扩大产品销路，树立产品声誉，提高经济效益。

3.生产者→批发商→零售商→消费者　这是经过两道中间环节的渠道模式，生产者先把产品销售给批发商，由批发商转卖给零售商，最后由零售商再将其产品转卖给消费者。这是消费者销售渠道中的传统模式，我国的消费品多数采用这一渠道形式。它的特点是中间环节较多，渠道较长，有利于生产者大批量生产，节省销售费用，也有利于零售商节约进货时间和费用，扩大经营品种。但由于产品在流通领域停留时间较长，不利于生产者准确了解市场行情的变化，消费者急需的产品难以及时得到满足，对市场需求变化的适应性较弱。

4. **生产者→代理商→零售商→消费者** 这种渠道模式是生产者先委托代理商向零售商出售产品，最后由零售商卖给消费者。此种渠道模式的特点是中间环节较多，但由于代理商不承担经营风险，易调动代理商的积极性，有利于迅速打开销路，但如果代理商选择不当，生产企业将受到很大的损失。

5. **生产者→代理商→批发商→零售商→消费者** 这是经过三道中间环节的渠道模式。生产者先委托代理商向批发商出售产品，批发商再转卖给零售商，最后由零售商卖给消费者。我国在对外贸易中较多地采用这一渠道形式。其优点是在异地利用代理商为生产者推销产品，有利于了解市场环境、打开销路、降低费用、增加效益。缺点是中间环节多，流通时间长，不利于产品及时投放市场，同时要选择合适的代理商也不容易。

（二）生产者市场销售渠道模式

由从图13-2可以看出，生产者市场销售渠道模式，可以分成四种类型。

图 13-2 生产者市场销售渠道模式

1. **生产者→顾客** 即生产者直接把生产资料销售给最终顾客，不经任何一道中间环节的渠道模式，也是生产者市场销售渠道的主要模式。为生产大型设备和原料的生产者所采用，如发电设备企业、钢铁企业等。其特点是产销直接见面，渠道最短，所需费用最少。

2. **生产者→批发商→顾客** 这是经过一道中间环节的渠道模式，工业生产用的劳动用品、小型的附属设备以及部分原材料多采用这种渠道模式。它的特点是渠道较短，中间环节较少，有利于减轻企业销售产品的负担，提高劳动生产率。

3. 生产者→代理商→顾客 这是一种经过代理商这道中间环节的渠道模式，比较适用于具有特种技术性能的产品和新产品。

4. 生产者→代理商→批发商→顾客 即生产者先委托代理商，再由代理商通过批发商把生产资料卖给用户。这是生产者市场销售渠道中最长、最复杂的一种渠道模式。它的中间环节较多，流通时间较长，但它有利于实现专业化分工，在全社会范围内提高劳动效率，节省流通费用。

二、销售渠道的桥梁

桥梁（中间商）是指介于生产者与顾客（或消费者）之间，即在企业销售产品的销售渠道起点，顾客购买产品的销售渠道终点，处在企业与最终顾客之间，参与了产品的销售活动，促使买卖行为发生和实现、具有法人资格的经济组织和个人。它是生产者向顾客出售产品时的中间环节。中间商按其在流通过程中所起的作用，可分为批发商和零售商。

（一）中间商的功能

中间商一头连接着生产者，另一头连接着顾客。它的基本功能有两个：①调节生产者和顾客之间在产品数量上的差异。中间商一般采用化整为零和组零为整的方式来进行数量上的调整。化整为零是指中间商将搜集来的货物经过加工、分装出售给顾客的过程；组零为整是指中间商从生产企业那里搜集货物，通过集中零散的货物，成批装运，降低成本。②调整生产和消费之间在花色品种和等级方面的差异。中间商以分级和聚合的方式来调整其类别差别。分级是指将产品按照一定的规格与质量分成若干等级的过程；聚合是指将各种各样的产品按照其花色品种加以搭配，聚合起来，便于顾客购买。

批发是为转售或加工服务的大宗产品的交易行为。批发商处于商品流通起点和中间阶段，它一头连着生产者，一头连着零售商或其他转卖者。交易对象是生产企业和零售商，并不直接服务于最终消费者。通过批发商的购买，生产者可以迅速、大量地售出产品，减少库存，加速资本周转；批发商可以凭借自己的实力，帮助生产者促销产品，提供市场信息。对零售商来说，批发商可按零售的要求，组合产品的花色、规格，便于其配齐品种；可对购进的产品进行加工、整理、分类和包装，方便零售商进货、勤进快销；利用仓储设施储存产品，保证零售商的货源，减轻其存货负担；还可为零售商提供各种支持，帮助其开展业务。批发商是产品流通的大动脉，是关键性的环节。

零售是指直接为最终顾客服务的交易行为。零售商在流通领域处于最后阶段。直接将产品销售给最终顾客。根据服务对象的特点，零售商在业务上有小量采购、零散供应的特点。零售商的基本任务是直接为最终顾客服务。它的职能包括购、销、调、存、加工、拆零、分包、传递信息、提供销售服务等，其根本作用在于使产品直接、顺利并最终进入顾客手中。它是联系生产企业、批发商与顾客的桥梁，在销售渠道中具有重要作用。

（二）批发商的类型

批发商主要有三种类型，即商人批发商、经纪人和代理商以及制造商销售办事处。

1. 商人批发商　商人批发商又叫独立批发商，是指自己进货再批发出售的商业企业，对其经营的产品拥有所有权。商人批发商是批发商的最主要类型。商人批发商按职能和提供的服务是否完全来分类，可分为两种类型。

（1）完全服务批发商　这类批发商执行批发商的全部职能，他们提供的服务主要有：保持存货、雇用固定的销售人员、提供信贷、送货和协助管理等，其服务范围又可分为：①综合批发商：经营不同行业并不相关的产品，服务范围很广，并为零售商提供综合服务。②专业批发商：其经销的产品是行业专业化的，属于某一行业大类。例如，五金批发商经营五金零售商所需的所有产品。③专用品批发商：其专门经营某条产品线的部分产品。例如，服装行业中的布料批发商。

（2）有限服务批发商　这类批发商为了减少成本费用，降低批发价格，只提供一部分服务。它们又可分为：①现购自运批发商：只经营一些周转快的食品杂货，主要是卖给小型零售商，当时付清货款，它不赊销，也不送货，顾客要自备货车去批发商的仓库选购货物，自己把货物运回来，很少使用广告。②承销批发商：不持有存货，不负责产品的运输，他们拿到顾客的（包括其他批发商、零售商等）订货单，就向生产者联系，并通知生产者将货物直运给顾客。所以，承销批发商不需要有仓库和商品库存。③货车批发商：他们从生产者那里把货物装上货车，立即运送给各零售商顾客。因此，这种批发商不需要有仓库和产品库存。由于货车批发商经营的产品多是易腐和半易腐产品，故而他们一接到顾客的要货通知就立即送货上门，每天送货数十次。货车批发商主要执行推销员和送货员的职能。④托售批发商：他们在超级市场和其他食品杂货商店设置专销柜台，展销其经营的商品。商品卖出后，零售商才付给货款。这种批发商的经营费用较高，主要经营家用器皿、化妆品、玩具等。⑤邮购批发商：指那些等产品目录寄给零售商及其他顾客等，全部批发业务均采取邮购方式的批发商，接到订单后再通过邮寄送货。邮购批发商主要经营食品杂货、小五金等商品，其顾客是边远地区的小零售商等。⑥生产合作社：主要是农民组建，负责组织农民到当地市场上销售的批发商。合作社的利润在年终时分配给各农民。

2.经纪人和代理商 经纪人和代理商是从事采购、销售或二者兼备，但不取得商品所有权的商业单位。与商人批发商不同的是，他们对其经营的产品没有所有权，所提供的服务比有限服务批发商还少，其主要职能在于促成产品的交易，获得销售佣金。与商人批发商相似的是他们通常专注于某些产品种类或某些顾客群。经纪人和代理商主要分为以下几种。

（1）商品经纪人 经纪人的主要作用是为买卖双方牵线搭桥，协助他们进行谈判，他们向雇用他们的一方收取费用。他们并不持有存货，也不参与融资和承担风险。

（2）制造代理商 制造代理商也称制造商代表，他们代表两个或若干个互补的产品线的制造商，分别和每个制造商签订有关定价政策、销售区域、订单处理程序、送货服务和各种保证以及佣金比例等方面的正式书面合同。他们了解每个制造商的产品线，并利用其广泛关系来销售制造商的产品。

（3）销售代理商 销售代理商是在签订合同的基础上，为委托人销售某些特定商品或全部商品的代理商，对价格、条款及其他交易条件可全权处理。这种代理商在纺织、木材、某些金属产品、某些食品、服装等行业中十分常见。这些行业竞争非常激烈，产品销路对企业生死存亡至关重要。销售代理商与制造商的代理商一样，也和许多制造商签订长期代理合同，为这些制造商代销产品。

（4）采购代理商 采购代理商一般与顾客有长期关系，代他们进行采购，往往负责为其收货、验货、储运，并将货物运交买主。他们消息灵通，可向客户提是供有用的市场信息，而且还能以最低价格买到好的货物。

（5）佣金商 佣金商又称佣金行，是指对商品的实体具有控制力并参与商品销售协商的代理商。通常备有仓库，替委托人储存、保管货物。此外，佣金商还替委托人发现潜在买主、获得最好价格、分等、再打包、送货、给委托人和购买者以商业信用（即预付货款和赊销）、提供市场信息等职能。佣金商卖出货物后，扣除佣金和其他费用，即将余款汇给委托人。

3.制造商销售办事处 批发的第三种形式是由买方或卖方自行经营批发业务，而不通过独立的批发商进行。这种批发业务可分为以下几种。

（1）销售办事处 生产企业往往设立自己的销售分公司或销售办事处。以改进其存货控制、销售和促销业务。

（2）采购办事处 许多零售商在大城市设立采购办事处。这些采购办事处的作用与经纪人或代理商相似，但却是买方组织的一个组成部分。

（三）零售商的类型

商品经济的高度发达，使零售商的变化十分显著。在资本主义国家的商业组织中，也以零售商的发展变化较大，其主要特点是种类繁多、网点密布，构成了错综复杂的零售商业体系。

零售商的类型千变万化，新组织形式层出不穷。从三个不同的角度来分析零售商的类型，即：商店零售商、无店铺零售商和零售组织。

1.商店零售商　最主要的零售商店类型有如下几种。

（1）专业商店　专业商店专门经营某类或几类产品，其经营的产品线较窄，但经营产品的规格品种较为齐全。如服装店、体育用品商店、家具店、花店和书店均属于专业商店。

（2）百货商店　百货商店的特点是经营产品的范围广泛、种类繁多、规格齐全、一般经营几条产品线。发达国家的大百货商店，经营的产品品种高达几十万种，并以经营优质、高档时髦产品为主，分类组织与管理，每年的销售总额较大。

（3）超级市场　超级市场是一种规模相当大、成本低、毛利低、薄利多销、采取自动售货、自我服务的经营机构。

超级市场于1930年首先出现于美国纽约，它的出现被誉为第二次商业革命（百货公司的出现被誉为第一次商业革命）。近年来，各国的超级市场为了应付竞争，正在向大型化发展，出现了一些巨型超级商店、超级市场、综合商店，经营的商品品种繁多。初级的超级市场以出售食品为主，兼营少量杂货。目前的超级市场，已逐渐向多种商品发展。超级市场经营的多属于中低档商品，价格比较便宜，但其商品的包装比较讲究，以替代售货员介绍商品名称、用途、用法及特点，吸引顾客购买。

（4）方便商店　方便商店是设在居民区附近的小型商店，主要销售家庭日常用的产品，诸如香烟、小百货等，但经营的品种范围有限。其特点是营业时间长。

（5）超级商店、联合商店和特级商场　超级商店比传统的超级市场更大，主要销售各种食品和非仪器类日用品，它们提供各项服务。联合商店的营业面积比超级市场和超级商店更大，呈现一种经营多元化的趋势，主要向医药和处方药领域发展。特级商场比联合商店还要大，综合了超级市场、折扣和仓储零售的经营方针，其花色品种超出了日常用品，包括家具、大型和小型家用器具、服装和其他许多品种，其基本方法是大量的产品陈列，尽量减少商店人员搬运，同时向愿意自行搬运大型家用器具和家具的顾客提供折扣。

（6）折扣商店　折扣商店的毛利低、销售量大。出售的商品以家庭生活用品为主。其特点是：同商品标有两种价格，一是牌价，二是折扣价，顾客按折扣价购买商品，其售价比一般商店低；折扣商品商店突出销售各国品牌的商品，价格低廉并不说明商品是质量低下，而是保证品质；采用自动式售货，很少服务；设备简单，店址不在闹市区和租金高的地段，能吸引远处的顾客。折扣商店以降低营业费用、薄利多销为目的。折扣方式也在不断改变。

需要注意的是一般商店的偶尔打折和特卖，不能算是折扣商店。折扣商店已经从经营普通商品发展到经营专门产品。

（7）仓储商店 仓储商店是一种不重形式以大批量、低成本、低售价和微利促销、服务有限的零售形式。其特点是以工薪阶层和机关团体为其主要服务对象；通过从厂家直接进货，减少中间环节，降低成本，致使价格低廉；运用各种手段降低经营成本，如仓库式货架陈设商品，选址在非商业区或居民住宅区，商品以大包装形式供货和销售，不做一般性商业广告；先进的计算机管理系统。

2.无店铺零售商 虽然大多数货物和服务是由商店销售的，但是无店铺零售却比商店零售发展得更快。无店铺零售商主要有以下几种类型。

（1）直复营销 直复营销是一种为了在任何地方产生可度量的反应或达成交易而使用一种或多种广告媒体的互相作用的市场营销体系。即直复营销人员和目标顾客之间的互动是以"双向信息交流"的形式来展开的。在直复营销活动中，顾客可通过多种方式将自己的反应回复给直复营销人员。没有反应行为的目标顾客人数对于直复营销人员来说也是一种反应，一种不足的反应。只要某一媒体能将顾客和直复营销人员联系起来，信息双向交流就可进行。直复营销人员能很确切地知道何种信息交流方式使目标顾客产生了反应行为，其具体内容是什么，是想订货还是咨询。

（2）直接销售 直接销售也叫直销。主要有挨门挨户推销、逐个办公室推销和举办家庭销售会等形式。推销人员可以直接到顾客家中或办公室里进行销售，也可以邀请几位朋友和邻居到某人家中聚会，在那里展示并销售该公司的产品。

（3）自动售货 使用硬币控制的机器自动售货是第二次世界大战后出现的一个主要的发展领域。在发达国家，自动售货已经被用在相当多的商品上，包括经常购买的产品（如香烟、软饮料、糖果、报纸和热饮料等）和其他产品。自动售货机被广泛安置在工厂办公室、大型零售商店、加油站、街道等地方。

（4）购物服务公司 购物服务公司是一种专门为某些特定顾客，邀请如学校、医院、工会和政府机关等大型组织的员工提供服务的无店铺零售商。

3.零售组织 尽管许多零售商店拥有独立的所有权，但是越来越多的商店正在采用某种团体零售形式。零售组织有以下几种。

（1）连锁商店 连锁商店即在同一个总公司的控制下，统一店名、统一管理、统一经营的商业集团。少则2~3家连锁，多则4家以上连锁在一起，联合起来统一经营、集中进货，可获得规模经济效益，但缺点是如果权力过于集中，灵活性和应变能力较差。

连锁店可在以下几个方面提高其经济效益：大量进货，充分利用数量折扣和运输费用低的优势；雇用优秀管理人员，在存货控制、定价及促销等方面进行科学的管理；可综合批发和零售的功能；做广告可使各个分店受益；各分店享有某种程度的自由，以适应顾客不同的偏好，有效地对付当地市场的竞争。

（2）自愿连锁店和零售合作组织 面对连锁店的竞争压力，引发了独立商店的竞争反应，他们开始组成两种联盟，即自愿连锁商店和零售合作组织。前者是由批发商牵头组成的以统一采购为目的的联合组织；后者是独立零售商按自愿互利原则成立的统一采购组织。这两种组织与上述连锁店的区别，只在于这两种组织的所有权是各自独立的。

（3）消费者合作社 这是由一定地区的消费者自愿投股成立的零售组织，其目的是避免中间商的剥削，保护自己的利益。消费者合作社采用投票方式进行决策，并推选出一些人对合作社进行管理。社员按购货额分红，或低定价只对社员，不对非社员。

（4）特许专卖组织 这是特许专卖权所有者（制造商、批发商或服务企业）与接受者之间，通过契约建立的一种组织，后者通常是独立的零售商，根据约定的条件获得某种特许专卖权，特许专卖权的所有者通常是享有盛誉的著名企业。特许专卖组织的基础一般是独特的产品、服务或者是生产的独特方式、商标，专利或者是特许人已经树立的良好声誉。

（5）商店集团 这是一种商业上的垄断组织，它以集中所有的形式将几种不同的零售商品类别和形式组合在一起，并将其销售。

三、销售渠道的快递模式

传统的销售渠道绝大部分是一层以上的多层渠道，通常通过零售商把产品销售给顾客，而零售商再通过其零售商店来销售其产品，这种零售方式叫作"店铺零售"。这是一种比较被动的销售方式，零售商将产品陈列在零售商店、商场内，以各种各样的广告、吸引顾客的购物环境、店员的微笑服务等促销方式招徕顾客，销售产品。

随着市场经济的发展，科学技术的进步，各种营销方式得以逐步形成和发展。而制造商与多层中间商利润瓜分矛盾的加剧，店铺租金、店员工资和广告的种种支出，休闲活动由购物向保健娱乐的转移，促成了无店铺零售的诞生。销售快递［直复销售（direct marketing）］于美国应运而生。美国直复营销协会对直复营销的定义是：一种互动的营销系统，运用一种或多种广告媒介在任意地点产生可衡量的反应或交易。

直复营销者利用广告介绍产品，顾客可写信或打电话订货，订购的货物一般通过邮寄交货，用记账卡付款。直复营销者可在一定的广告费用开支允许的情况下，选择可获得最大订货量的传播媒体，使用这种媒体的目的是扩大销售量，而不像普通广告那样刺激消费者的偏好和树立品牌形象。

（一）直复营销的方式

直复营销的优点之一是顾客坐在家中就可以买到自己需要的商品。但需解决一个问题：企业是如何了解到顾客需求的，顾客又是怎样了解到商品信息的。直复营销的方式主要有以下几种。

1.邮购目录　指销售商按照选定的目标顾客名单（如建立微信群）寄发邮购目录（mail-order catalog），或者备有样品目录随时供顾客索取，达到让潜在的顾客了解商品信息的目的。在公司寄给目标顾客（微信群中）的邮购目录中，除了告诉顾客进行订货的方式、支付方式等外，通常都附有顾客可以与之联系的免费回应电话号码。

以邮购目录作为直复营销方式能否取得成功，在很大程度上取决于企业是否了解自己的邮购目录对象；是否能有效地调节库存，能否提供质量好的商品，能否形成自己的特色，以及是否为顾客着想等。有些以邮购目录作为直复营销方式的企业，通过在投放的目录中增加文学色彩或信息特征来吸引粉丝；有的通过寄送样品、建立热线回答问题、寄送礼物给"最佳顾客"等，加强与顾客的联系，有的企业还以某种理由捐赠一定比例的利润，使企业更显出特色。

2.直接邮寄　指企业通过向选定的目标顾客直接寄发邮件来推销产品。企业直接寄发出去的邮件除去信函外，还有传单和广告。直接邮寄（direct mail）同邮购目录一样，也附有企业提供给目标顾客的免费回应电话号码。

3.电话营销　电话营销（telemarketing）是指使用电话直接向顾客销售，实现企业与顾客之间的沟通。目前已成为一种主要的直复营销方式。营销人员可以使用免费电话处理顾客服务和顾客的投诉，或者接收电视和广播，广告直接邮寄或者产品目录推销带来的订货。还可以用电话直接向顾客和企业销售，培养和选定主要销售对象，联系距离较远的顾客，或为现有的顾客或客户服务。

4.电视直复营销　电视直复营销（television marketing）是通过网络和频道电视（包括有线电视和无线电视）不断发展的直复营销媒体。电视以两种形式向顾客直接推销商品。

（1）直复广告　企业通过电视台播放描述产品的广告节目，并提供给顾客一个免费回应的电话号码用于订货。顾客可以打免费电话订购电视广告上介绍的产品。

（2）家庭购物频道　就是整个电视节目或整个频道都用于推销产品或劳务。电视节目主持人提供的产品范围，从珠宝、电灯、娃娃玩具、服装到电动工具和家用电器等，这些产品都可以从该公司购得。观众通过拨打该公司提供的免费回应电话订购商品。所订货物一般都在48小时内寄出。

5.其他媒体营销　这主要是指微信和自媒体的直复营销。企业可以通过微信公众号来推销产品，个体经营者可以通过自媒体来宣传自己要销售的商品信息。

6.电子购物　电子购物（electronic shopping）是指消费者通过视频信息系统，操作某个小型终端用对讲式闭路电视订购电视屏幕上显示的商品；也可使用个人电脑通过网络接通中心数据库站，对提供销售的各种产品进行比较。

7.订货机购物　有些企业已经设计了一种专门用于顾客订货的装置——订货机。订货机和自动售货机不同。后者是顾客只要向机器中投入货币，机器即可输出，机器中存有货物。而前者输入的不是货币，而是订货指令或查询指令，输出的也不是货物，而是屏幕上的图像。订货机通常被放在商场、机场等地。

（二）开发营销的数据库系统

为了成功地实施直复营销，企业应建立开发用于营销的数据库系统。菲利普·科特勒认为：营销数据库应一组经过企业处理的有关各位顾客、潜在顾客及不能确定者的资料，这些资料应容易找到，并有助于产品的更新换代，维持顾客销售服务信息，达到销售目标实现的前提保证。

建立营销数据库，需要计算机主机等硬件支持，需要开发数据处理软件，需要进行数据的搜集及处理，需要对操作者进行培训，需要对程序设计方面进行投资，建立营销数据库需要花费大量的时间及资金。而一旦它能正常运行，营销部门就可准确找到目标顾客群，降低营销成本，提高营销效率；可以使顾客成为企业长期、忠实的用户，企业稳定的顾客群可以为营销和新产品开发提供准确的信息；可以运用数据库与顾客建立紧密关系，企业可使顾客不再转向其他竞争者，同时使企业间竞争更加隐秘，避免公开、自然化的对抗。

第三节　精耕营销，注重销售方式

任何一种模式发展到一定阶段都会凸显出种种问题和矛盾，为此，××企业在原有模式的基础上提出"一地一策、一品一策""精耕通路、细作人心"的销售策略，并引入团队营销模式与代理制模式进行有效结合，优势互补，实现终端放量。

【销售背景】××企业一直是一家精于代理制销售的公司。其采取的是众多中小企业乐于使用的招商代理制，这种模式经营投入少、渠道布局迅速，但不利于企业对代理商的管理，在代理商运作不佳时难以轻易撤换，由此会阻碍销售推进，影响终端放量。

【营销创意】2006年××企业创立了"第三方营销模式",即精耕细作营销,有9点实行要领,即修炼内功、吸收经验、学习对手、资源共享、终端挖掘、招标制胜、精耕细作、标前分标、医保突围。并以"明确岗位职责、清晰工作流程、具备工作能力"为指导方针。开创了"名单工作法"、构建了"专注销售团队",成立"招标工作委员会",同时加大了产品的宣传力度。

【具体实施】以"名单工作法"锁定代理商:明确已开发医院及计划开发医院名单,确定标杆医院里最有能力的、做得最好的客户名单,熟知竞品代理商名单,充分掌握各方面信息,整合资源优势。各级销售人员以"名单工作法"为工具,优选代理商,快速开发医院,有效促进医院上量。

企业的市场营销理念是"为客户创造价值","精耕细作"是实现这个价值的重要方式,即根据产品和市场的特点,"一地一策、一品一策",有针对性地进行产品和市场细分。营销人员针对某个品种或某个区域快速找到适合操作的销售模式,在保持现有水平的基础上寻求增量。与此同时,企业借鉴团队制及电话营销的优点,创造了"电话营销+地面销售队伍+学术推广"三位一体协同配合的销售体系。在药品招商工作中,通过电话招商团队精确筛选分销客户提供给各地代理商;驻地招商团队帮助代理商寻找分销客户、协助开发终端、提供培训支持等服务工作;公司市场部帮助代理商在终端的医院科室进行学术推广、组织各种学术会议、培训代理商的专营队伍等。

此外,××企业还建立了"专注销售团队"。从确定专注团队名单到完整传递产品信息、销售政策等,再到提供专业管家式培训服务,严格要求做到两个"凡是":凡是销售企业产品的代理商必须接受企业的培训,凡是销售企业产品的代理商必须确定终端专注销售代表。

为了更好地应对招标政策,企业成立了招标工作委员会,强化各省招标政府事务,加强招标管理部团队建设,与代理商联动,确保各省招标任务的完成。

在营销模式的宣传上,企业在专业杂志做平面广告;积极参加、承办国家级、省级专业学术会议,完善企业专家VIP资源库,扩大营销模式的学术形象宣传;以客户为基点,组织各项宣传销售模式、产品的会议与活动,提供专业管家式服务;开展企业群英汇等大型培训分享活动,赞助承办企业杯手拉手共建和谐医保知识竞赛等系列宣传活动;宣传"企业因您更精彩"的分享文化理念。

【销售效果】第三方营销模式的实践,使得企业销售规模在近3年中每年都以50%以上的速度增长;2010年营业总收入约5.7亿元,比2009年增长33.85%;利润总额约为1.8亿元,比2009年增长19.71%。2010年底,企业股票市值达107.52亿元;2010年,企业共发表文献29篇,完成主题例会500多场,代理商培训会100多场,参会客户满意率90%。

一、促销组合战略

促销是企业对顾客所进行的信息沟通活动，通过向顾客传递企业和产品的有关信息，使顾客了解和信赖企业。再完美的产品，若不能将其销售出去就等同于废品。为了支持和促进销售，需要进行多种方式的促销。通过广告，传播有关企业和产品的信息，通过人员推销，面对面地向顾客陈述，通过营业推广，加深顾客对产品的了解，进而促进其购买产品，通过各种公共关系及宣传手段，改善企业在公众心目中的形象。

（一）促销的形式

所谓促销就是促进销售的简称，是由英文promotion翻译而来。它是指企业以人员推销和非人员推销的方式，向目标顾客沟通市场信息，影响和帮助顾客认清购买某项产品或劳务所带来的益处，或者促使顾客对企业及其产品产生好感和信任，从而引起顾客的兴趣，激发顾客的购买欲望和购买行为的活动。

促销的实质是企业与实际顾客和潜在顾客之间的信息沟通。通过信息上的沟通，缩短企业与顾客之间的距离。在市场竞争日趋激烈的今天，促销活动对企业的产品销售的影响已越来越明显。常见这样的情况，两个企业其生产能力、产品质量、销售价格相差无几，但运用不同的促销手段，使得企业所获得的经济效益大大不相同。

促销的形式主要有两类：人员促销和非人员促销。人员促销主要是指派出推销员进行推销活动；在非人员促销中，又分为广告、营业推广、公共关系等多种方式。促销策略就是这几种方式的最佳选择、组合和运用。各种促销形式的主要特点如下。

1.广告 广告是一种高度大众化的信息传递方式，其渗透力强，可多次重复同一信息，便于人们记忆。

2.人员推销 人员推销适于企业与顾客的直接沟通，直接传达的信息可以随机应变；人与人之间的沟通，可以培养企业与顾客之间的感情，以便建立个人友谊及长期的合作关系，亦可迅速反馈顾客的意见与要求。

3.营业推广 此种促销形式的沟通性极好，通过提供信息引导顾客接近产品；以提供奖励的方式，对顾客具有直接的激励效应；通过提供优惠，对顾客能产生招徕效应。

4.公共关系 公共关系具有较高的可信度，其传达力较强，容易使顾客接受，可树立良好的企业形象。

（二）促销组合的影响因素

所谓促销组合就是把人员推销、广告、营业推广、公共关系等，各种不同的促销形式有目的、有计划地结合起来并加以综合运用，以达到特定的促销目标。这种组合既可包括上述四种方式，也可包括其中的两种或三种。各种形式之所以要结合起来综合运用，是因为各种形式分别具有不同的特点、使用范围和促销效果。企业在制订促销组合时应考虑其影响因素。

1. 促销目标　确定最佳促销组合，需考虑促销目标。相同的促销工具在实现不同的促销目标上，其成本效益会有所不同。也就是说，促销目标不同，应有不同的促销组合。如果促销目标是为了提高产品的知名度，那么促销组合重点应放在广告和营业推广上，辅之以公共关系宣传；如果促销目标是让顾客了解某种产品的性能和使用方法，那么促销组合应采用适量的广告、大量的人员推销和某些营业推广；如果促销目标是立即取得某种产品的推销效果，那么重点应该是营业推广、人员推销，并安排一些广告宣传。

2. "推"与"拉"的策略　企业宜采用"推"式策略还是"拉"式策略进行促销，对促销组合也有较大的影响。"推"式策略是指利用推销人员和中间商把产品推销给顾客。"拉"式的策略是指企业针对最终顾客，利用广告、公共关系等促销形式，激发消费需求，经过反复强烈的刺激，顾客向零售商指名购买这一产品，零售商则向批发商指名采购这种产品，而批发商必然要向生产企业要货。生产企业就这样把自己的产品拉进销售渠道。

3. 市场性质　不同的市场由于其规模、类型、潜在顾客数量的不同，应该采用不同的促销组合。规模大、地域广阔的市场，多以广告为主，辅之以公共关系宣传；反之，则宜以人员推销为主。消费者市场购买者众多、零星分散，应以广告为主，辅之以营业推广、公共关系宣传；生产者市场用户少，购买批量大，产品技术性强，则宜以人员推销为主，辅之以营业推广、广告和公共关系宣传。市场潜在顾客数量多，应采用广告促销，有利于开发需求；反之，则宜采用人员推销，有利于深入接触顾客，促成交易。

4. 产品性质　不同性质的产品应采取不同的促销组合策略。一般说来，广告一直是消费品市场营销的主要促销工具；而人员推销则是产业用品（生产资料）市场营销的主要促销工具。营业推广对这两类市场是同等重要的。

5. 产品生命周期　产品生命周期阶段不同，促销目标也不同，因而要相应地选择、匹配不同的促销组合。在介绍期，多数顾客对新产品不了解，促销目标是使顾客认知产品，应主要采用广告宣传介绍产品，选派推销人员深入特定顾客群体详细介绍产品，并采取展销、示范等方法刺激顾客购买。培养品牌偏好，继续提高市场占有率，仍然可以以广告为主，但广告内容应突出宣传品牌和产品特色，同时也不应忽略人的口碑传播与沟通。在成熟期，促销目标是战胜竞争对手、巩固现有市场地位，需综合运用促销组合各要素，广告应以提示性广告为主，并辅之以公共关系宣传和营业推广，以提高企业和企业产品的声誉。在衰退期，应把保销规模降到最低限度，尽量节省促销费用，以保证维持一定的利润水平，可采用各种营业推广形式来优惠出售存货，尽快处理库存。

6.**促销预算**　企业在制订促销组合策略时，还要考虑促销费用的限制。应根据促销预算安排促销组合。如果用于促销的预算较少，自然不能采用费用昂贵的电视广告，可考虑采用其他媒体广告，或依赖公共关系与人员推销，也可使用直接邮寄产品目录、产品说明书、订单等，向顾客传递产品信息、争得订单。对于某些小企业，特别是潜在顾客不多的小企业，使用直接邮寄，常常会获得较好的促销效果。

二、广告战略

广告作为一种信息传递方式，伴随着商品产生而产生，同步于市场经济的发展而发展。如今，广告已经成为企业市场营销活动的重要手段，亦成为衡量一个国家、一个地区乃至一个行业经济繁荣与否的标志。广告已经成为产品进入市场的入场券。

（一）广告的概念

广告一词源于拉丁语advertere，意思为"诱导""注意"。为了将广告与其他促销手段严格区别开来，美国市场营销协会定义曾对广告作如下定义："广告是由明确的发起者以公开支付费用的做法，以非人员的任何形式，对产品、服务或某项行动的意见和想法等的介绍"。也就是说，广告是企业以付费的方式，将有关的市场信息通过一定的媒体向顾客进行产品宣传的一种形式。

（二）广告的作用

广告作为一种积极有效的信息传递活动，对实现"产品的惊险跳跃"有着极为重要的作用。具体可归纳为以下几点。

1.**传送信息**　广告的基本作用是传送信息，沟通产需。现代产品的销售过程是"信息流"与"物流"高度统一的过程，如果没有有效的信息沟通，买卖双方相互隔阂，产品就难以实现销售。而广告能够把产品、劳务等信息传递给可能的顾客，迅速、有效地沟通产需，缩短产需之间的距离加速产品的流转。

2.**刺激消费**　广告通过各种传播媒体向顾客广泛介绍产品信息，不仅能提高顾客对产品的认识程度，诱发其需求和购买欲望，而且能起到强化顾客对产品的印象，刺激需求，创造需要的作用。

3.**树立形象**　竞争是市场经济的产物，哪里有商品生产，哪里就有竞争。广告是开展竞争的重要手段，广告在竞争中为企业创名牌、树声誉而呐喊；为新技术、新工艺、新产品而摇旗。广告在竞争中可以起到鼓励先进、鞭策后进、促进社会生产发展的作用。

4.指导购买 现在商店里产品琳琅满目，花色品种繁多，既给顾客提供了充分挑选的余地，也增加顾客购买决策的难度。而各种形式的广告不断向顾客介绍产品的性能特色、适用范围、价格、销售地点及售后服务项目等，帮助顾客识别产品，指导购买。既满足了顾客需求，又扩大了销售，加速资金周转，增加企业赢利。

5.促进社会精神文明建设 一则思想性和艺术性强的好广告，可以使人得到美的享受，陶冶人们的情操，提高人们的思想修养，从而起到美化人民生活，促进社会主义精神文明建设的作用。

（三）广告制作的基本原则

广告的制作和传播，必须遵循以下基本原则。

1.真实性原则 广告的生命在于真实，广告必须坚持实事求是和对顾客高度负责的态度，真实地介绍有关产品的质量、性能和特点；向顾客提出的承诺必须坚决兑现。切忌弄虚作假，夸张伪造和欺骗。这样才能取信于民，增强广告的劝说效果，发挥广告的积极作用。

2.思想性原则 广告不仅是推销产品的工具，同时也是传播意识形态的工具。广告的信息内容和表现形式等各方面都必须遵循党和国家的路线、方针和政策，遵守法律，符合中国国情和民族风格，反映社会主义精神文明，鼓舞人们奋发向上。

3.科学性原则 所谓科学性原则，就是要使广告的内容和表现形式符合人们的认知程度和适应人们接受广告的心理过程。这样不仅能使顾客乐于接受，而且能够准确无误地理解广告所传播信息的本意。

4.艺术性原则 真实性、思想性、科学性和艺术性是广告的基本属性。而社会主义广告的艺术性能够使得真实性、思想性和科学性得以充分的体现。社会主义广告必须在主题健康、内容真实的基础上，努力提高艺术性。在广告制作中，刻意研究广告艺术和广告心理学，通过文学、美术、摄影、录像、音乐、表演等多种艺术形式迎合顾客心理，创造出独具一格，艺术形象鲜明的广告，以其强烈的艺术性加强广告说明力和感染力，提高广告效益。

（四）广告媒体的选择

广告必须通过一定的媒体传播出去，媒体的质量影响着广告的成败。广告媒体的选择是广告策略的重要内容。选择广告媒体的目的在于利用最佳手段输出信息，达到尽可能大的覆盖面的宣传效果。

1.广告媒体的种类 不同的广告媒体各具特点，各有利弊。

（1）微信公众号 企业在微信群的基础上，建立自己的网络平台，完善企业各项信息及要向公众展示的内容，从而达到宣传企业和推销企业产品之目的。

（2）自媒体平台　自主创业者多将自己精心制作的短视频投放到公众网络平台之上，与广大网友见面，以达到推销产品的目的，或以直播带货的形式替某些企业推销产品。

（3）报纸　报纸是传递信息的重要工具，是广告运用较多的媒体形式之一。其优点是：读者面广、稳定、宣传覆盖面大；信息传播快，时效性强，尤其是日报，当天即可知道；空间余地大，信息量丰富，便于查找；收费较低。其缺点是：保留时间短，生命力短，形象表现手段不佳，感染力差，制作简单粗糙。

（4）杂志　杂志专业性较强，目标读者较集中，是刊登各种专业产品广告的良好媒体。其优点是：读者对象明确、集中，针对性强，广告效果好；保留时间长，信息利用充分；读者文化程度高，有专业知识，易接受新事物。更适合新产品和相应专业产品的广告；版面整齐，制作精良，配上彩页能较好地表现产品外观形象。其缺点是：发行范围相对较窄，广告覆盖面小；周期长，不利于快速传播。

（5）广播　广播是听觉媒体，也是一种广为利用的主要媒体。其优点是：传收同步，听众易收到最快最新的信息，且不受交通条件和距离远近的限制；传播空间广泛，适应性强，无论何时何地，无论男女老幼和是否识字，只要有听觉能力，都可接受；每天重播频率高，传播信息方式灵活多样，可以用音乐对话、戏剧小品、相声等多种形式加强广告效果，广告制作费用低。其缺点是：只有信息的听觉刺激，没有视觉刺激，信息消失快，给人印象不深，难以保存，无法查找，听众分散，选择性差。

（6）电视　电视是重要的现代化媒体的结合，它通过视觉形象和听觉的结合，综合运用各种艺术手法，融声音、图像、色彩、运动于一体，直观形象地传递商品信息，具有丰富的表现力和强烈的感染力。其优点为：表现力丰富、形声兼备、感染力极强，给人以强烈的刺激；播放及时、覆盖面广、收视率高；可以重复播放、加深印象。缺点是：制作成本高、播放收费高、信息消失快，目标观众无法选择。

（7）户外广告　主要包括路牌广告、灯箱广告、交通车身广告、车辆广告、机场、车站码头广告、招贴广告、传单广告等。其优点是：传播主题鲜明、形象突出；不受时间限制、比较灵活；展露重复性较强、成本较低。其缺点为：不能选择对象，传播内容受一定的限制，创造力受到局限。

（8）售点广告　指售货点及购物场所的广告。如柜台广告、货架陈列广告、模特广告、门面装饰等。

（9）其他媒体　主要包括：邮寄广告、赞助广告、体育广告、包装广告等。这些媒体也各有特点和利弊。如邮寄媒体传播对象明确、传播效果明显、信息反馈快、形式灵活、费用低廉。

2.广告媒体的选择　要使广告达到一定的促销效果，则必须注意广告媒体的覆盖面、接触频率及作用强度等。广告媒体种类繁多，并且各具特点和利弊，企业在选择广告媒体时应考虑以下因素。

（1）企业对传播信息的要求　企业对信息的传播次数、效果及到达目标顾客的最低时间限度要求不同，就要根据各种媒体的特点，选择不同的广告媒体。如要求传播次数多，立即传送到目标顾客时，可选择广播或电视媒体。

（2）产品特性　产品的性质、特点等不同，要选择不同的广告媒体。如产品为高档消费品（高档家具、电器和高级时装等），需选用较高读者层的媒体，或在较高层次的电视节目间插播，如果产品属于中低档消费品，就应选择以大众为对象的读物做媒体。再如，服装、化妆品、食品等最好选用彩印或电视广告，以突出色彩、形象生动。新产品、高新技术产品可利用邮寄广告，以便详细说明之，并有目的地选择目标顾客。

（3）目标顾客特点　顾客的年龄、性别、文化程度、经济收入和社会地位等不同，接触媒体的习惯也不同，企业应选择能顺利传播到目标市场的媒体。如化妆品、妇女儿童用品，应在妇女杂志或电视上做广告，尤其是在企业公众号和（自媒体）短视频上采取主播带货的形式效果会更好。

（4）媒体特征　媒体的传播范围、效果、选择性和声誉是各不相同的。因此，必须根据媒体特征来选择。媒体的传播范围应与产品的销售范围相一致，在全国销售的产品，适宜在全国性报纸、杂志或中央广播电总台、中央电视台做广告；在地区销售可用地方报刊、广播、电视为广告媒体。媒体本身的效果和声誉对广告效果有直接影响。因此应注意选用效果好、声誉高和影响力大的媒体。

（5）媒体的成本和支付能力　不同媒体成本不同，在选用时应考虑企业广告费用支付能力，分析费用与广告效果之间的关系，选用成本低、效果好的媒体，尤其是在企业公众号和（自媒体）短视频。

（五）广告预算的确定

确定广告预算，即确定在广告方面花费多少资金。企业制订广告预算的主要方法有四种。

1.目标任务法　首先确定广告目标（如销售增长率、市场占有率等），再确定达到此目标所要完成的任务，然后估计要完成这些任务所需要的费用。这种方法从促销目标任务的需要出发来决定广告的费用，在逻辑程序上有较强的科学性，因此为许多企业所采用。但此法也有其缺点，没有从成本的观点出发考虑广告的费用。

2.销售比例法　即企业按照销售额（销售业绩或预测额）或单位产品销售价的一定百分比来确定广告费用的预算。就是按每100元销售额提取多少广告费来做广告预算或按单位产品销价的若干百分比计算某产品的广告费，进而制订企业的广告预算。此法简单易行，但颠倒了广告与销售额的因果关系。

3.**竞争对等法**　为了保持市场竞争地位，可比照竞争对手的广告支出水平来确定本企业的广告预算，以造成与竞争对手旗鼓相当，势均力敌的对等局面。在不做广告生意就会被对手抢走的激烈竞争下，应设法赶上或超过竞争对手的广告水平。这种方法的最大缺点是易导致广告大战。

4.**量力支出法**　这种方法首先考虑企业的支付能力。即根据企业的财力状况，能拿出多少钱做广告来确定广告预算。这种方法在新产品急需向顾客传递信息打开销路时，会因为用于广告方面的费用有限而错失良机；另外，它不利于企业执行长期的市场开发计划。

（六）广告效果的评价

广告效果的评价是指运用科学的方法来评价所做广告的效益。广告效果的评价是完整的广告活动中不可缺少的重要组成部分。重视广告的信息反馈，正确地评价广告效果，有利于降低广告费用、提高广告效益、制订出最佳广告决策。广告效果评价一般可从广告促销效果、广告传播效果两方面进行分析。

1.**广告促销效果的测定**　广告促销效果是指广告对企业产品销售产生的影响。仅广告促销的一般效果是难于准确测定的。这是因为销售除了受广告的影响外，还受其他许多因素如产品特色、价格、购买难易和竞争者行为等的影响。测定广告促销效果的方法主要有以下几种。①广告效果比率法：即根据广告后销售额增加幅度与广告费用增加幅度之比测定广告效果。②单位广告费收益测定法：即根据一定时期内单位广告费用的经济效益来测定广告效果。

2.**广告传播效果测定**　广告传播效果是指广告信息传播的广度、深度及影响作用，表现为顾客对广告信息注意、理解、记忆程度。一般称为广告本身效果的测定，它可以在广告前，也可以在广告后。测定广告后传播效果方法主要有以下几种。①阅读率、视听率、记忆率测定法：阅读率通过报刊阅读广告的人数与报刊发行量的比率来评价。②回忆测试法：找一些看过或听过电视、广播的人，让他们回忆广告的内容，来判断其对广告的注意度和记忆率。③理解度测试法：在刊登广告的杂志读者中进行抽样调查，看有多少人阅读过这个广告，有多少人记得广告的中心内容，有多少人记得广告一半以上内容，并分别计算出百分比，从而判定读者的认识和理解程度。

三、人员推销战略

广告为企业产品营销创造了有利的外部条件，营业推广提供了吸引顾客的有力武器，但与顾客面对面地沟通，实现产品的销售，则要靠推销员的努力。推销员是沟通企业和顾客的纽带。对顾客而言，推销员是企业形象的代表，而推销员又从顾客那里为企业带来许多有用的信息。

人员推销是一种最古老的促销方式，也是现代产品促销的一种重要形式，尤其在生产资料的销售中，人员推销占有更加重要的地位。推销员是推销工作的第一线战士，直接与顾客打交道，通过推销员的努力工作，实现两个目标，其一是售出产品，其二是满足顾客的需要。

（一）人员推销的任务和作用

人员推销是指企业通过派出推销人员与一个或一个以上可能成为顾客的人交谈，作口头陈述，以介绍宣传产品、促进和扩大产品销售。

推销人员通过人际接触，起到连接企业和顾客的纽带作用，推销人员对许多顾客来说，就是企业的象征和代表。推销人员的任务并非仅限于产品的推销，作为企业与顾客之间的桥梁，推销人员负有维护双方利益的责任。也就是说，推销人员的工作任务是既要使企业获得满意的销售额，又要培养与顾客的感情联系，还要搜集有关的市场信息。具体来说有如下几点。

1.携带资料，增进了解　推销人员在走访顾客时，除了传递信息之外，还可以将产品的有关资料或样品、模型等带给顾客，使顾客对企业产品的技术性能、用途及使用方法等有比较全面的了解。

2.排除障碍，促成交易　推销人员走访顾客时，不仅可促进双方的了解，通过直接洽谈购销业务，运用推销艺术和技巧，向顾客宣传介绍产品，消除顾客疑虑、排除障碍，说服顾客购买产品、达成交易。这是广告所起不到的作用。

3.了解市场，反馈信息　推销人员经常在市场和顾客中活动，他们对市场的动向和顾客的反映比较了解，可及时把顾客对产品性能、质量、型号、规格、价格、交货时间等意见和要求及使用后的感受等反馈信息报告企业，实行双方的双向信息沟通。

4.提供服务，促进销售　推销人员在走访顾客，推销产品的过程中，同时可向顾客提供各种服务，诸如提供咨询意见，给予技术帮助，承担某些维修工作等解决顾客在使用本企业产品过程中出现的问题，尽力使顾客得以满足，赢得重复购买的机会。

5.兼做调查和预测工作　推销人员不仅要承担产品推销的任务，而且要兼做市场调查工作，并对市场需求的发展变化做出预测，为企业进行市场预测提供科学的依据。

推销人员要成功地完成推销任务，必须实现五种推销：首先是推销自己，让顾客接受你，对推销员产生良好的印象，发生兴趣，进而产生信任感；其次是推销观念，通过与顾客的双向交流与沟通，改变、强化顾客的价值观及认识事物的思维方式，使顾客接受新的观念；第三是推销知识，广泛介绍与产品相关的生活生产知识，加强顾客的认识能力；第四是推销企业，对企业的了解，特别是在顾客的头脑中树立起企业的良好形象，是促成顾客购买的重要条件，尤其是生产资料的购买，企业形象就显得更为重要；最后才是推销产品。

（二）推销人员的素质

推销人员直接与广大顾客接触，他们既是企业的代表，更是顾客的顾问和参谋，他们要走遍千山万水，要吃尽千辛万苦，要联系千家万户，要与千差万别的顾客打交道。所以，他们必须具有良好的政治素质、业务素质及身体素质，同时也必须具有良好的适合推销工作的仪表、礼节和品格。只有这样，才能娴熟地运用自己的业务技巧、完成推销任务。

1. 政治素质 首先应具有强烈的事业心和责任感，推销人员应充分认识自己的工作价值，热爱推销工作，对自己的工作充满信心，积极主动，任劳任怨地去完成推销任务。推销人员应对所在企业负责，为树立企业的良好形象和信誉做贡献，对顾客的利益负责，帮助顾客解决困难和问题。其次应具有良好的职业道德。推销人员必须以社会主义的道德标准严格要求自己，自觉遵守国家的政策、法律，自觉抵制不正之风，正确处理个人、集体和国家三者之间的利益关系，不损公肥私，不损人利己。最后应具有正确的推销思想。推销思想是推销人员进行推销活动的指南。正确的推销思想要求推销人员在推销工作中要竭尽全力地为国家、企业着想，全心全意地为顾客服务，把顾客需要的满足程度视为检验推销活动的标准。

2. 业务素质 推销人员是否具有良好的业务素质，直接影响其工作业绩。一般良好的业务素质来自两方面：一方面要掌握丰富的业务知识，另一方面要具有一定的推销能力。

（1）业务知识 推销人员应掌握的业务知识包括以下几点。①企业知识：要熟悉本企业的经营方针和特点，产品种类和服务项目，定价策略、交货方式、付款条件和付款方式等。②产品知识：要了解产品的性能、用途、价格、使用方法、维修方法等，了解市场上竞争产品的优劣情况。③顾客知识：要了解顾客的购买动机、购买习惯、方法及购买地点，了解由何人购买的决策权等。④市场知识：要了解市场的动向、现实和潜在的顾客需求情况等。⑤法律知识：要了解国家规范经济活动的各种法律，特别是与推销活动有关的经济法律。例如，经济合同法、反不正当竞争法、产品质量法、商标法及专利法等。

（2）推销能力 一般来说，推销人员应具备以下几方面的推销能力。①观察能力：推销人员在推销活动中，需要进行市场信息的搜集和处理。为此必须具有敏锐的观察能力。②创造能力：推销工作是一种体力劳动与脑力劳动相结合的工作，是一种带有综合性、复杂性的工作，是一种创造性工作。创造过程首先是自我斗争过程，要无所畏惧，相信自己的创造能力，绝不因循守旧，亦步亦趋。在推销活动中，推销人员只有创造性地运用各种促销方式，才能发展新顾客，开拓新市场。③社交能力：推销人员应是开放型的，必须具有一定的社交能力。从某种意义上说，推销人员是企业的外交家，需要同各种顾客打交道。这就要求其具备与各种各样顾客交往的能力，能够广交朋友。④应变能力：在各种复杂的特别是突如其来的情况下，推销人员仅用一种姿态或模式对待顾客是很难奏效的，这就要求推销人员具有灵活的应变能力，做到在不失原则的前提下，实施一定的方式，从而达到自己的目的。⑤语言表达能力：在推销活动中，为了达到推销目的，推销人员必须向顾客宣传、介绍本企业的宗旨，本企业的产品，必须善于去启发顾客、说服顾客，这就要求推销人员必须具有良好的语言表达能力。良好的语言表达能力表现在语言要清晰、简洁、明了，说话要抓住顾客的心理，针对顾客的需要，促使顾客产生强烈的购买欲望。

3.身体素质　推销工作比较辛苦，要夜以继日，交涉各种推销业务。这样既消耗体力，又消耗精力，而且食住都没规律。这些无一不需要推销人员具有健康的体魄。此外，推销人员应注重自己的仪表和不凡的举止谈吐。推销人员应尽力用自己的仪表给顾客留下深刻的第一印象，为推销活动打下良好的基础。

（三）推销技巧

推销人员的推销技巧主要表现为有效的推销过程。有效推销过程应包括如下步骤。

1.寻找顾客　推销过程的第一步是识别潜在顾客。推销人员需要具有寻找线索的技能，诸如向现有顾客打听潜在顾客的名字；培养其他能提供线索的来源，如供应商、经销商非竞争企业销售人员等；参加潜在顾客所在组织；查阅各种资料来源，如通过企事业名录、电话簿等寻找名字；用信函、电话追踪线索；从事能引起人们注意的公共关系活动；拜访各种企业和单位办公室等。推销人员还应对获得的潜在顾客线索进行检查，核对其对企业产品或服务有无需要、有无支付能力、有无特别要求营业量及交易的可能性等，淘汰不符合要求的线索，寻找合格的潜在顾客。

2.接触前准备　推销人员应通过各种渠道尽可能广泛搜集潜在顾客的信息，诸如需要什么，有哪些人参与购买决策，采购人员的个性特征和购买风格等；确定访问目标，比如鉴定潜在顾客的资格，沟通信息，或立即成交；确定访问方法是亲自拜访、电话访问还是写信联系，考虑最好的访问时机；制订详细的推销策略及方案等。

3.接近顾客　这是实际推销过程的前奏。许多推销人员的经验说明：成功的推销，首先应让顾客自然而然地接受你的消费理念，然后才会有一个比较理想的结果。推销人员应对顾客彬彬有礼，整个谈话的内容应明白准确。从而使双方关系有一个良好的开端，为顺利转入销售打好基础。

4.销售介绍　寒暄过后，就要适时转入销售介绍阶段。推销人员的销售介绍通常遵循"AIDA"公式［A—争取注意（attention）、I—引起兴趣（interest）、D—激发欲望（desire）和A—见诸行动（action）］。推销人员销售介绍应始终强调顾客利益，告知产品特点和效用。常用的销售介绍方法有三种。

（1）刺激–反应法　这种方法要求销售人员事先准备好几套介绍词，通过适当的刺激性言辞、图片、条件和行动来刺激顾客购买欲望，说服顾客购买。

（2）需要–满足法　这种方法开始先启发引导顾客多说话。以便发现顾客的真正需要。接着再插进推销介绍词。努力证明自己的产品如何能满足这些需要。这是一种"创造性推销"，对推销人员要求高，要求推销人员知识丰富、思维敏捷、熟悉产品、善于倾听别人意见，能根据顾客的爱好随时调整谈话内容，迅速解决问题。

（3）整式法　这种方法也是以刺激–反应原理为基础，但事先已基本了解顾客的要求和购买风格，可以事先准备好相应的介绍词。开始交谈时要引导顾客说出自己的需要和态度，接着就有意识地控制谈话，应用程式化的介绍词，说明产品如何能满足他们的需要推动达成交易。

销售介绍除推销人员讲解外，还可以借助小册子、挂图、幻灯、录音、录像和样品等辅助工具进行示范介绍，使购买者亲眼看见或亲手操作该产品，更好地记住产品的特点和好处。

5.排除异议　推销人员在介绍产品或要求订货时，顾客可能会有所抵触，诸如对某些产品特点存在异议，怀疑产品的价值，不喜欢推销的条件，或表示对公司缺乏信任等。推销人员应具有面对这些反对的能力，采用积极的方法通过自己的介绍，排除各种异议，甚至把异议转变为购买的理由。

6.达成交易　导致购买行为是推销介绍产品的最高目的。有些推销人员无法达成交易，常常因缺乏信心，对要求顾客订货难于启齿或者是不会把握成交的恰当时刻。推销人员应当学会识别顾客发出的可以成交的信号，包括顾客的身体动作、说明或评论和提出的问题；学会几种达成交易的技巧，或者说明如果不成交顾客将会受到什么损失；也可给顾客提供各种特殊的诱因，如特价、赠送礼品等以劝导成交。

7.售后工作　这是确保顾客满意，获得重复购买，建立长期合作关系必要的最后一步，成交后应立即着手准备好有关履约的交货时间、购买条款和其他事项等具体工作。推销人员在接到订单后，要制订售后工作访问日程表，以确保有关安装、指导技术培训和维修等售后服务工作得到妥善安排。

（四）推销人员的管理

企业销售工作若想获得成功，关键是招聘和选择人员。普通的推销人员与优秀的推销人员相差甚远，若错用推销人员所造成损失可能更大。因此，企业应慎重地招聘和选择推销人员。

1.推销人员的招聘　企业招聘推销人员可从以下几方面进行。①企业内部：本企业的员工虽然过去没有做过推销工作，但在长期的工作实践中熟悉本企业的战略和策略，熟悉本企业的经营情况，而且品德端正、作风正派，又比较热爱推销工作，能力也比较强。企业可将其调至推销部门实践，使他们成为好的推销人员。②企业外部：可从经济类中专或大专院校毕业的学生中招聘推销人员；可从报刊的人才广告中发现要招聘的推销人员；可从职业介绍所中招聘推销人员。

2.推销人员的选择　一般来说，选择推销人员主要应掌握以下几点。①德才兼备：德主要指思想品德、职业道德；才主要指知识水平和各种推销能力，即业务素质。②不拘一格：在选择推销人员时，应根据推销任务和工作需要科学、客观地进行选择，要冲破旧的、僵化的思想观念束缚，树立现代观念。为此，应明确资历不等于能力。要考虑有一定的资历，但又不能单看资历，着重看实际推销能力，文凭不等于水平。要注意有一定的文凭，但又不唯文凭，着重看实际知识水平和工作才能。③知人善任：知人指既要知其长处也要知其短处。善任指要善于发挥其长处，克服其短处，即用其长而避其短。

3.推销人员的培训　在招聘工作结束之后和新推销人员上岗之前，必须进行系统的培训，使其具备本企业产品销售的基本知识和基本技能，尽快掌握推销工作。对于原有的推销人员，为了使他们能够适应新形势的需要和不断提高他们的业务素质，也应定期加以训练。对于推销人员的培训，要有周密的培训计划和明确的培训目标，安排好训练内容，安排好师资力量、准备必要的设备和资料。培训目标是：提高推销人员的政治素质和业务素质，使每个推销人员树立全心全意为顾客服务的思想，具有顺利完成推销工作任务的基本知识和基本技能，能够以最优良的服务工作，生动、热情、耐心、周到地为顾客服务，建立企业与顾客联系紧密的新型关系。培训内容要根据企业市场营销策略特点和推销人员实际情况来确定。概括地讲，推销人员的培训内容主要有以下几点。

（1）政治素质培训　学习马列主义和毛泽东思想、邓小平理论、党和国家的方针政策、法律和法令。职业道德是培训的一项重要内容。通过学习，以提高政治思想觉悟，树立理想和坚定信念，充分认识销售工作的重要性，增强使命感和责任感。

（2）企业知识培训，企业知识培训包括企业发展历史、经营方针和各项策略组织结构和人事制度、经营现状和利润目标及长远发展规划等，使推销人员对企业面貌有大致了解，以激励他们更好地为企业发展服务。

（3）产品知识培训　产品知识培训包括产品的设计制造过程、产品质量、产品的技术性能和主要特点、产品的用途以及产品的使用维护方法等方面。只有全面掌握这些知识，才能向顾客准确地宣传本企业的产品能满足他们哪些方面的特殊需要，熟练地解释和回答有关产品方面的疑虑问题；有说服力地劝说顾客购买。产品知识介绍还应包括竞争者的产品。只有熟悉竞争者产品的技术性能、优缺点等，才能在推销中实事求是地进行比较，介绍本企业产品的优点和长处。

（4）市场知识培训　要向推销人员进行市场知识的培训，包括介绍企业顾客的基本情况，如顾客的地区分布、经济收入、购买动机和购买习惯。企业的市场开发战略及竞争对手的策略和政策。只有让推销人员掌握这些情况，才能持续保持同原有顾客的联系，并寻找新顾客，提高推销效率。

（5）推销技巧培训　这是对推销人员进行培训的关键内容。通过推销技巧的培训，使推销人员懂得如何做好推销工作，如学会安排销售计划和分配时间，访问可能的顾客，揣摩顾客心理，注意推销介绍时的语言艺术和人际交往技巧，处理和应付推销时遇到的困难；听取顾客的意见，注意个人举止行为和仪表风度等。对于推销人员的培训既要重视理论教学，又要重视现场实践教学，特别是在有经验的优秀推销人员带领和指导下进行现场实习。

4. 推销人员的激励　企业中的任何人员都需要激励，推销人员亦不例外。企业必须建立激励制度来促使推销人员努力工作。

（1）销售定额　企业的通常做法是订立销售定额，即规定推销人员在一年内应销售产品的数量，并将推销人员的报酬与定额完成情况挂钩。

（2）推销人员的报酬　认真贯彻按劳付酬原则，建立合理的报酬制度，对于调动推销人员的积极性，提高推销效率，扩大产品销售有着重要作用；反之，若报酬制度不合理，则可能挫伤推销人员的积极性。推销人员的报酬应因人而异，多劳多得，对于真正优秀的、推销业绩卓著的推销人员，应实行重奖。其报酬形式可采取工资制、佣金制或者两者相结合的制度。

5. 推销人员的业绩评价　推销人员的业绩评价是企业对推销人员工作业绩的考核与评估。它不仅是企业给推销人员分配报酬的依据，也是企业调整市面营销战略、促使推销人员更好工作的基础。推销人员业绩评价的主要指标有销售数量、销售增长率、访问顾客的次数、新增顾客的数量、销售定额完成率、推销费用率等。

四、营业推广策略

营业推广被誉为现代营销的开路先锋，亦称销售促进或特种推销，是指除人员推销、广告和公共关系宣传之外能有效刺激顾客购买、提高交易效率的种种促销活动。它包括的范围较广，如陈列、展示和展览会、示范表演和演出以及种种非常规的、非经常性的推销活动。一般用于暂时的和额外的促销活动，是人员推销和广告的一种补充。

企业在采用营业推广策略进行促销时，一般要进行三项基本决策；确定营业推广的目标；选择营业推广的形式；营业推广方案的制订与实施。

（一）营业推广目标的确定

营业推广目标的确定取决于企业的整体营销战略和目标市场的类型。概括而言，企业营业推广的目标有三类：针对顾客、针对中间商、针对推销人员。

1.针对顾客的营业推广目标　主要包括鼓励老顾客更多地反复购买；吸引新顾客使用本企业产品；争夺竞争对手的顾客。

2.针对中间商的营业推广目标　主要有鼓励中间商采购企业新产品，大批量进货，大库存量，特别是季节性产品；争取新的中间商；鼓励中间商长期经销本企业产品，开拓新市场，推销积压产品等。

3.针对推销人员的营业推广目标　主要有鼓励推销人员积极工作，努力开拓市场；增加产品的销售量。特别需要说明的是，针对推销人员的营业推广不仅是指企业对本企业推销人员的营业推广，还包括对中间商的推销人员的营业推广。

（二）营业推广形式的选择

营业推广的形式很多，主要有以下三类。

1.对顾客营业推广的形式

（1）样品　即向顾客赠送试用产品，通过试用使其了解产品效果，传播信息以争取扩大销售量。通常是提供少量的试用品，其分量近似顾客认识产品的利益所在，例如小包装的洗发精。这是一种极有效的推广方式，也是费用较昂贵的方式之一。

（2）优惠券　送给顾客的购货券，持有者可按优惠价格购买某特定产品。这种优惠券可直接寄给顾客，亦可附在其他产品或广告中。

（3）现金返款　付现金返款或称退款，此种形式同优惠券的差别是减价发生在购买之后，顾客可把指定的"购物证明"寄给企业，由企业"退还"部分购货款。

（4）特价包装　是以低于平常产品的价格向顾客供应产品。这种价格通常在标签或包装上标明。有减价的包装或组合包装。特价包装对刺激短期销售额效果很好。

（5）礼品券　顾客购买一定金额的礼品券馈赠亲友祝贺喜庆，受礼者可持券到发券企业选购自己喜爱的同价值的产品。这种方式方便了送礼者，受礼者也得到了实惠，对企业则更为有利。

（6）赠品印花　顾客在购买产品时，商店送给指定张数的交易印花，待凑足若干张时即可兑换某一件产品。

（7）馈赠　顾客购买高档家具、电器、金银首饰时，商店馈赠一定价值的产品予以鼓励。国内许多企业时常采用此方式，其效果明显。

2.对中间商营业推广的形式

（1）价格折扣　企业为争取中间商多购进本企业产品，在特定时间内购进一定数量的产品，予以一定金额的折扣。

（2）推广津贴　当中间商为产品做了广告宣传，企业对此给予的费用补偿。

（3）承担促销费用　企业为中间商分担部分市场营销费用，如广告费用、摊位费用等。

（4）产品展览　利用产品的展销、展示、展览及订货会等机会陈列产品。

（5）销售竞赛　根据各个中间商销售企业产品的业绩，给予优胜者不同的奖励。

3.对推销人员营业推广的形式　对推销人员最为有效的方式是销售提成；还可以进行销售竞赛，对于销售能手在给予物质奖励的同时，予以精神奖励；为推销人员提供较多的培训学习的机会，为其进步发展奠定基础。

（三）营业推广方案的制订与实施

1.制订营业推广方案　制订营业推广方案要考虑鼓励的规模、推广的途径、持续时间、选择推广的时机以及推广经费预算等。

2.营业推广方案的实施　首先要在执行方案前先进行试点效果测试，来确定鼓励规模是否最佳，推广形式是否合适，途径是否有效。试点成功后再组织全面实施营业推广方案。在执行过程中，要实施有效的控制，及时反馈信息、发现问题，要采取必要措施。调整和修改原定方案。

3.评估营业推广方的效果　最常用的方法是比较推广前、推广中、推广后的销售额数据，以评估其效果大小，总结经验教训，不断提高营业推广的促销效率。

五、公共关系战略

良好的形象是企业宝贵的财富，公共关系就是要给企业和产品塑造出颇具魅力的形象，以引起顾客的好感。公共关系是一门研究如何建立信誉，从而使企业获得成功的学问。即企业利用各种手段，在企业和社会公众之间建立相互了解和信赖的关系，以树立其企业良好的形象和信誉，取得顾客的好感、兴趣和信赖，赢得顾客的信任和支持，为营销创造一个良好的外部环境。不断提高企业的信誉和知名度，促进企业产品的销售。

（一）公共关系的概念

公共关系（public relations，PR）又称公众关系，简称公关。它是指企业有计划地、持续不懈地运用沟通手段，争取内、外公众谅解、协作与支持，建立和维护优良形象的一种现代管理职能。

从动态来看，公共关系是一种活动。即一个企业为了创造良好的社会环境，争取公众支持。建立和维护优良形象而开展的公共关系活动。当人们发现公共关系的客观存在，这种公共关系状态的优劣，关系到企业生存和发展时，便有意识地、自觉地、有计划地采取各种有效手段开展公共关系活动，改善公共关系状态，充分发挥公共关系在成就事业方面的积极作用。

从一门学科来看，公共关系则是通过揭示公共关系状态的本质和公共关系活动的规律，探索企业运用传播沟通等手段使之与自己的公众相互了解、相互协调，以实现企业目标的一种管理理论，即公共关系学。

（二）公共关系的作用

企业作为社会组织的重要组成部分，其公共关系好坏直接影响着企业在公众心目中的形象，影响着企业市场营销目标的实现。从市场营销角度来讲，公共关系有如下作用。

1.直接促销 企业公共关系可在新闻传播媒介中获得不付费的报道版面或播放时间，实现企业特定的促销目标。

2.间接促销 企业把社会利益和公众利益放在第一位，在不断提高产品质量和服务质量的前提下，通过有计划地、持续不断地传播和沟通、交往与协调、咨询与引导等公共关系的职能活动，不断提高信誉和知名度，不断塑造优良的企业形象和产品形象赢得公众理解和信任。企业生产的产品形象好、信誉高，必然会提高吸引力和竞争力，就能间接地促进产品销售。

3.发挥有效管理的职能 企业的公共关系能与内部公众和外部公众进行双向信息沟通，协调好企业与内部和外部公众的关系，就能防止和缓和企业与内外公众之间的各种矛盾，真正取得谅解、协作和支持，以达到"内求团结外求发展"的目的。

（三）公共关系的对象

公共关系的对象很广，包括消费者、新闻媒体、政府、业务伙伴等。公共关系的对象是广泛而又复杂的。企业开展公共关系活动，首先要认清企业的公共关系的对象，才能有针对性地进行。

（四）公共关系的活动方式

企业的公共关系与企业的规模、活动的范围、产品的类别、市场的性质等密切相关，不同的企业不可能有相同的模式。概括起来，企业公共关系的活动类型常见的有如下几种方式。

1.新闻宣传 主要是把具有新闻价值的企业活动信息和产品信息通过新闻媒介予以宣传报道，以引起顾客对企业和企业产品的注意。这种免费促销手段不仅比广告节省开支，而且由于新闻报道的客观公正性，也比广告可信度高，其效果会远远超过广告。所以，企业要特别注意协调好与新闻媒介的关系。

2.建立广泛的联系　企业应与各界建立广泛的联系，这是为增进企业与各界相互了解，协调好与各界关系的联络与活动。通过举办展览会、各式招待会、舞会、宴会，组织参观游览，邮寄节日卡和贺年片以及往来接待等，加强联系开展好这些活动，有利于塑造企业形象，而且有利于消除误解和分歧。

3.赞助和支持公益活动　这是以改善形象为目的的公共关系活动。作为社会的一员，企业有义务在正常的范围内，参与社会公益事业和赞助活动。诸如，关心城市建设和环境保护、赞助体育和文艺活动、节日庆祝、给教育及学术研究等基金会捐赠、为希望工程捐款等。新闻媒体会广泛报道这些活动，企业从中得到特殊利益，以赢得各界的信任，提高企业知名度和美誉度。

4.提供特种服务　企业的营销目的是在满足顾客需求的基础上获得利润。为此，企业应提供特种服务，满足顾客的特殊需求。例如向顾客提供安全可靠性服务，为顾客办理产品质量保险，为顾客排忧解难提供及时性服务等。

第四节　营销组织计划

市场营销管理就是对企业已经确定的市场营销战略和市场营销策略组织实施的过程，以确保制订的市场营销战略和各项策略的实现。管理的实质在于使人们为了共同目标而有效地合作，因而它离不开组织。企业的市场营销活动是由组织中的人来完成的，市场营销管理自然离不开特定的组织结构，这个组织结构的构成和运行程序，必须适应市场环境的变化而做出相应的调整。

一、营销组织设计

所谓营销组织，是指企业内部涉及市场营销活动的各个职位及其结构。合理的组织有利于市场营销人员的协调和合作，因此，设计一个有效的营销管理组织，就成为市场营销管理的基础。建立市场营销组织是每一位市场营销经理的重要任务之一。市场营销经理从事管理的前提是进行组织规划，包括设计组织结构和人员配备等。而组织结构建立起来之后，随着企业自身的发展与外部环境的变化，要适应市场的需要，市场营销经理需不断地对组织进行调整和发展。

（一）职能型组织模式

职能型组织模式是最常见的市场营销机构的组织形式。它由营销总经理领导的各种营销职能专家构成。营销总经理负责协调各营销职能专家的关系（图13-3）。

```
                          营销总经理
         ┌──────────────────┴──────────────────┐
       销售                                  营销
  ┌──────┴──────┐              ┌──────────┬──────────┐
渠道      地区销售业务      广告与沟通   产品管理   营销和销售研究
  │           │                        ┌──────┴──────┐
销售行政管理   地区经理                市场研究    销售信息系统
  │           │                        │            │
贸易关系管理   专业代表                营销研究    销售研究
```

图 13-3　职能型组织模式示意图

职能型组织模式的主要优点是行政管理简单。当企业只有一种或很少几种产品，或者企业产品的市场营销方式大体相同时，按照市场营销职能设置组织结构比较有效。不过，随着产品品种的增多和市场的扩大，这种组织模式就暴露出发展不平衡和难以协调的问题。由于无专人对产品和市场负责，而产生营销管理不细、规划不周以及部门间需要做过多的协调工作等问题。

（二）产品型组织模式

产品型组织模式是指在企业内部建立产品经理组织制度，以协调职能型组织中的部门冲突。如果企业生产的产品间差异很大，产品品种繁多，按职能设置的市场营销组织无法应付和处理，建立产品经理组织制度是比较适宜的。其基本做法是由一名产品市场营销经理负责，下设几个产品线经理，产品线经理之下再设几个具体产品经理去负责各具体的产品，如图 13-4 所示。

产品经理的职责是：①制订产品的长期营销和竞争战略；②编制年度市场营销计划和进行销售预测；③与广告代理商和经销代理商共同研究广告和促销方案；④激励推销人员和经销商经营该产品的积极性；⑤搜集市场信息，改进产品，适应不断变化的市场需求；⑥经常与其他部门沟通和协调。

产品型组织模式的优点是：产品经理可协调产品的营销组合策略；能及时反映产品在市场上出现的问题，对市场变化做出积极反应；由于有专门的产品经理，较小品牌产品可能不会受到忽视。这种模式也存在一些问题，较为突出的有：①缺乏整体观念：在产品型组织模式中，产品经理注重产品的技术方面，而忽视营销的其他功能；②部门冲突：产品经理与其他营销部门经理协调困难，冲突、摩擦不断发生；③多头领导：由于权责划分不清楚，下级可能会得到多方面的指令。例如，产品广告经理在

图 13-4 产品型组织模式示意图

制订广告战略时接受产品市场营销经理的指导，而在预算和媒体选择上则受制于广告经理，这就有可能产生不协调。

（三）地区型组织模式

如果企业的市场营销活动面向全国，那么它会按照地理区域设置其市场营销机构（图13-5）。该机构设置包括一名负责全国销售业务的销售经理，若干名区域销售经理、地区销售经理和地方销售经理。从全国销售经理依次到地区销售经理，其管辖的下属员工的数目即"管理幅度"逐级增大。

图 13-5 地区型组织模式示意图

（四）市场型组织模式

当企业把一条产品线的各种产品向多样化的市场销售，而客户可以按照不同的购买行为或产品偏好分为市场型组织模式的不同用户类别，从而使市场呈现不同特点时，设立市场型组织模式是比较理想的，如图13-6所示。

```
                    国内市场副总经理
       ┌──────────────┬──────────────┬──────────────┐
   产品系统经理      零售系统经理      金融系统经理    商业、医疗、教育
                                                    政府、系统经理
       │              │              │              │
   战略规划        区域销售经理      区域销售经理    区域销售经理
       │              │              │              │
   新产品开发      地区销售经理      地区销售经理    地区销售经理
```

图 13-6　市场型组织模式示意图

市场型组织模式的优点在于：企业可围绕特定顾客的需要开展一体化的营销活动，而不是把重点放在彼此隔开的产品或地区上，这有利于企业加强销售和市场开拓。其缺点是：存在权责不清和多头领导的矛盾，这点和产品型组织模式相类似。

（五）产品－市场型组织模式

面向不同的市场、生产不同产品的企业，在确定营销组织结构时，面临着两种抉择，是建立产品型组织模式，还是建立市场型组织模式。其实，企业可以建立产品市场型组织模式，即建立一种既有产品经理又有市场经理的二维矩阵组织模式，如图13-7所示。

```
                        市场经理
       心脑血管用药   消化系统用药   皮肤科用药   呼吸系统用药
急救类   □            □            □           □

治疗类   □            □            □           □

预防类   □            □            □           □

诊断类   □            □            □           □
```

图 13-7　二维矩阵组织模式示意图

这种组织模式的管理费用太高，极易产生内部矛盾。产品–市场型组织模式面临着新的两难抉择，一是如何组织销售人员，二是在各个产品市场上由谁定价。

二、营销人员配备

在分析市场营销组织人员配备时，必须综合考虑原有营销组织人员情况，结合营销市场，兼顾新增营销组织需要配备人员的需求，从有利于营销的总体利益出发进行组织调整，考虑新、老员工的搭配，年龄结构的搭配，做出较为合理的人事安排。

三、市场营销计划

企业的市场营销计划，在企业内部的计划体系中处于极其重要的地位。也就是说，企业内部的各种计划，如生产计划、财务计划、原材料供应计划、技术改造计划等，都要以市场营销计划为依据，都要以市场营销计划为中心。例如，编制生产计划时，要根据市场营销计划，决定在计划期内，企业应生产何种产品及生产的数量。

企业的市场营销计划应包括市场营销战略计划和市场营销年度计划两部分，在此仅介绍市场营销的年度计划。

市场营销年度计划的内容包括市场调查和市场预测计划、建立市场营销信息系统计划、产品销售计划、新产品开发计划、新市场开拓计划、促销计划、销售渠道计划、销售技术服务计划等。这些计划可概括为两部分：销售主体计划和销售配套保障计划。

（一）销售主体计划

企业销售主体计划是市场营销年度计划体系的核心。销售主体计划的主要内容如下。

1.**销售目标**　销售目标是企业市场营销的基本目标，主要指标为：销售量、销售增长率、销售利润及销售利润率等。销售目标分为总体目标和细分目标。总体目标反映销售总体应实现的目标。细分目标应按产品线与产品项目分别编制。

2.**目标顾客调整计划**　为保证销售总体目标的实现，经常要根据市场需求状况的变化特点，在销售计划中列出现有顾客明细，包括：顾客历年的购买量及变化趋势，顾客购买品种、规格及对服务的评价等。在销售计划中也要给出潜在顾客的明细，列清顾客的生产量，相关产品的需求量，并在可能发展为本企业顾客的名录下，列出争取的方法。

3.**销售力量分配计划**　销售人员的数量配置要根据销售任务来确定，在计划期间要做出增减安排。要根据销售市场的调整和产品结构的调整，列出销售力量的布局计划。另外，还要有销售人员的培训计划。

4.销售费用计划 销售费用计划包括市场调查与信息费用计划，广告宣传费用计划、销售人员报酬及差旅费用计划、销售渠道费用计划、销售技术服务费用计划、销售业务管理费用计划等。

5.合同管理计划 合同管理计划主要为预计新的签约量、已有合同的履约率等。

（二）销售配套保障计划

企业编制销售主体计划，应树立系统的观念，在企业编制销售主体计划时，应编制有关的销售配套保障计划。销售配套保障计划的主要内容如下。

1.市场开拓计划 市场的广度和深度直接影响和决定着企业产品的销路，而企业在市场开拓方面的努力度则决定市场的广度和深度。为了保证主体销售目标的实现，企业必须在市场的广度和深度方面做出努力，制订相应的市场开拓计划。

2.促销计划 促销宣传是销售过程的基本环节之一。促销计划主要包括：①销售人员计划（含销售人员的选拔培训、分配、考核、奖惩等）；②广告宣传计划（含广告策划、媒体选择、广告费用、宣传品等）；③营业推广计划；④公共关系计划；⑤促销计划涉及的主要指标（发展新顾客数、巩固老顾客数、广告覆盖率、收视率、广告费用及广告效果等）。

3.销售渠道计划 销售渠道计划的主要内容有：①中间商队伍建设计划；②销售网络建设计划；③流通渠道的疏通计划（含仓储运输、银行、保险、商检等）；④销售渠道计划的主要指标（如中间商数量、中间商业绩、中间商分布、自销网点数以及分销公司数等）。

4.销售技术服务计划 销售技术服务计划的主要内容有：①技术培训计划（含培训内容、培训方式、培训人数、实习场所、培训经费等）；②咨询服务计划（含业务服务、技术咨询、访问顾客、现场交流服务等）；③售后服务计划等（含安装调试服务、维修保养服务、零配件提供服务、维修网点建设计划等）；④产品租赁服务与特种服务计划。

四、检查和评价市场营销组织

市场营销组织是随着千变万化的市场而变的，永远不会有尽善尽美的形式，也会存在不同程度的问题。因此，从市场营销组织建立之时起市场营销经理就要经常检查、监督组织的运行状况，并及时加以调整，使之得到不断的发展。

附录1 参考书目

附录1-1 药学基础知识

一、无机化学

张天蓝，姜凤超.无机化学［M］.7版.北京：人民卫生出版社，2016.

二、有机化学

［1］陆阳，刘俊义.有机化学［M］.8版.北京：人民卫生出版社，2013.
［2］陆涛.有机化学［M］.6版.北京：人民卫生出版社，2011.
［3］陆阳，申东升.有机化学［M］.北京：科学出版社，2017.

三、分析化学

［1］柴逸峰，邸欣.分析化学［M］.8版.北京：人民卫生出版社，2016.
［2］李发美.分析化学［M］.7版.北京：人民卫生出版社，2011.

四、仪器分析

尹华，王新宏.仪器分析［M］.2版.北京：人民卫生出版社，2016.

五、物理化学

［1］李三鸣.物理化学［M］.8版.北京：人民卫生出版社，2016.
［2］傅献彩.物理化学［M］.8版.北京：高等教育出版社，2005.

六、工程制图学

李荣隆.现代工程制图学［M］.南京：南京大学出版社，2014.

七、化工原理

［1］王志魁.化工原理［M］.5版.北京：化学工业出版社，2018.
［2］郝晓刚.化工原理［M］.5版.北京：科学出版社，2018.

八、植物化学

高锦鸣.植物化学［M］.3版.北京：科学出版社，2019.

九、药物化学

［1］孟繁浩，李柱来.药物化学［M］.北京：中国医药科技出版社，2016.
［2］尤启冬.药物化学［M］.8版.北京：人民卫生出版社，2016.

十、药理学

［1］孙建宁.药理学［M］.10版.北京：中国中医药出版社，2016.
［2］曾南，周玖瑶.药理学［M］.2版.北京：中国医药科技出版社，2018.

附录1-2 安全生产基础知识

一、制药过程安全生产知识

［1］姚日升，边侠玲.制药过程安全与环保［M］.北京：化学工业出版社，2019.
［2］陈甫雪.制药过程安全与环保［M］.北京：化学工业出版社，2017.

二、制药过程中的职业危害与防护

［1］邹玉繁.制药企业安全生产与健康保护［M］.2版.北京：化学工业出版社，2010.
［2］孙玉叶.化工安全技术与职业健康［M］.北京：化学工业出版社，2009.

三、制药过程中的"三废"治理

［1］王效山.制药工业三废处理技术［M］.2版.北京：化学工业出版社，2018.
［2］刘郁.化学制药工艺技术［M］.北京：化学工业出版社，2014.
［3］胡晓东.制药废水处理工艺流程［M］.北京：化学工业出版社，2008.

四、环境保护要务

李弘.环境监测技术［M］.2版.北京：化学工业出版社，2014.

五、应急救援知识

［1］伍郁静.常见有毒化学品应急救援手册［M］.广州：中山大学出版社，2006.
［2］赵正宏.应急救援基础知识［M］.北京：中国石化出版社，2019.
［3］杨月巧.应急管理概论［M］.北京：清华大学出版社，2016.
［4］李宗浩.突发事件卫生应急培训教材：紧急医学救援［M］.北京：人民卫生出版社，2013.

附录1-3 原辅材料采购基础知识

一、中医学基础

［1］谢宁，张国霞.中医学基础［M］.北京：中国中医药出版社，2016.
［2］李季委，孙治宁.中医学基础［M］.北京：中国中医药出版社，2018.

二、药用植物学

［1］董诚明，王丽鸣.药用植物学［M］.北京：中国医药科技出版社，2016.
［2］刘春生.药用植物学［M］.北京：中国中医药出版社，2016.

三、中药鉴定学

［1］康廷国.中药鉴定学［M］.10版.北京：中国中医药出版社，2016.
［2］张贵君.中药鉴定研究方法学［M］.北京：中国中医药出版社，2010.
［3］石俊英.中药鉴定学［M］.2版.北京：中国医药科技出版社，2011.

四、中药学

［1］唐德才，吴庆光.中药学［M］.北京：人民卫生出版社，2016.
［2］周祯祥，冯德才.中药学［M］.10版.北京：中国中医药出版社，2016.
［3］钟赣生.中药学［M］.4版.北京：中国中医药出版社，2019.

五、方剂学

［1］贾波.方剂学［M］.2版.北京：中国中医药出版社，2016.
［2］李冀.方剂学［M］.9版.北京：中国中医药出版社，2017.

六、中药炮制工程学

［1］吴皓，李飞.中药炮制学［M］.北京：人民卫生出版社，2016.
［2］蔡宝昌，张振越.中药炮制工程学［M］.北京：中国中医药出版社，2014.
［3］李光甫.中药炮制工程学［M］.北京：化学工业出版社，2011.

七、中医文献学

严季澜，张如青.中医文献学［M］.北京：中国中医药出版社，2013.

八、药用植物生物化学

［1］刘春生.药用植物学［M］.北京：中国中医药出版社，2016.
［2］姚文兵.生物化学［M］.8版.北京：人民卫生出版社，2011.

附录1-4 制药生产基础知识

一、制药工艺学

［1］王沛.制药工艺学［M］.2版.北京：中国中医药出版社，2017.

［2］元英进.制药工艺学［M］.北京：化学工业出版社，2007.

二、工业药剂学

［1］潘卫三.工业药剂学［M］.北京：中国医药科技出版社，2010.

［2］胡容峰.工业药剂学［M］.北京：中国中医药出版社，2010.

三、制药工程设计

王沛.制药工程设计［M］.北京：中国中医药出版社，2018.

四、制药原理与设备

王沛.制药原理与设备［M］.2版.上海：上海科学技术出版社，2019.

五、药物制剂设备

［1］王沛.药物制剂设备［M］.北京：中国医药科技出版社，2016.

［2］杨宗发，董天博.药物制剂设备［M］.2版.北京：中国医药科技出版社，2017.

六、制药工程自动化与仪表

厉玉鸣.化工仪表及自动化［M］.5版.北京：化学工业出版社，2011.

附录1-5 产品质量控制基础知识

一、药事管理与法规

［1］杨世民.药事管理与法规［M］.北京：高等教育出版社，2010

［2］沈力，吴美香.药事管理与法规［M］.3版.北京：中国医药科技出版社，2017.

［3］孟锐.药事管理学［M］.北京：中国中医药出版社，2009.

［4］何宁，胡明.药事管理学［M］.2版.北京：中国医药科技出版社，2018.

二、数理统计方法

［1］高祖新.医药数理统计方法［M］.6版.北京：人民卫生出版社，2016.

［2］邱家学.医药管理统计学［M］.北京：中国医药科技出版社，2015.

三、生物化学与分子生物学

［1］周春燕，药立波.生物化学与分子生物学［M］.9版.北京：人民卫生出版社，2018.
［2］郝岗平.生物化学与分子生物学［M］.北京：中国医药科技出版社，2016.

四、中药商品学

［1］卢先明.中药商品学［M］.北京：中国中医药出版社，2014.
［2］李峰，蒋贵华.中药商品学［M］.北京：中国医药科技出版社，2014.
［3］朱圣和.现代中药商品学［M］.北京：人民卫生出版社，2007.

五、天然药物化学成分波谱解析

［1］阮汉利，张宁.天然药物化学［M］.北京：中国医药科技出版社，2016.
［2］于荣敏，张德志.天然药物化学成分波谱解析［M］.北京：中国医药科技出版社，2008.

附录1-6　后勤保障基础知识

［1］朱永庚.后勤流程管理［M］.天津：天津大学出版社，2009.
［2］范大武，张代军.高校后勤目标管理［M］.北京：经济科学出版社，2007.
［3］李连江.高校管理与后勤社会化研究［M］.北京：中国市场出版社，2008.

附录1-7　销售技能技巧

一、医药商品学

［1］徐晶.医药商品学［M］.北京：中国中医药出版社，2016.
［2］艾尔肯·依布拉依木.医药商品学［M］.北京：人民卫生出版社，2006.

二、医药市场营销

［1］陈玉文.医药市场营销［M］.8版.北京：人民卫生出版社，2016.
［2］冯国忠.医药市场营销学［M］.北京：中国医药科技出版社，2007.

附录1-8　药品研发

一、中药文献学

［1］丁安伟.中药文献学.［M］.北京：科学出版社，2009.
［2］张丽.中药文献学［M］.3版.北京：科学出版社，2016.

二、中医药文献检索

［1］邓翀.中医药文献检索［M］.3版.上海：上海科学技术出版社，2018.
［2］林丹红.中医药文献信息检索与利用［M］.北京：中国中医药出版社，2016.

三、环境卫生

［1］杨克敌.环境卫生学［M］.8版.北京：人民卫生出版社，2017.
［2］李弘.环境监测技术［M］.2版.北京：化学工业出版社，2014.

四、新药研究与开发

傅超美，张永萍.中药新药研发学［M］.北京：中国中医药出版社，2016.

五、中药不良反应

［1］张冰.中药不良反应与警戒实践［M］.北京：人民卫生出版社，2016.
［2］苗明三，朱飞鹏.中成药不良反应与安全应用［M］.北京：人民卫生出版社，2008.

附录2 部分岗位生产记录文件式样

附录2-1 粉碎岗位记录

设计依据：×××工艺规程、粉碎标准操作规程

编号：QR-11.010-006-02

品　名	×××	前处理批　号		填写说明	1. "＿＿＿＿＿"操作人填写 2. "＿＿＿＿＿"QA检查员填写 3. 合格打"√"，不合格打"×"

操作程序：领取净物料→干燥、粉碎→入中间站→本批清场→清洁

工艺过程	操作标准及工艺要求	结果记录		操作人	复核人	QA检查员
开工前检查	检查：清场结果记录（请附上批清场合格证副本） 1.清除与本批无关的物料 2.无与本批无关的指令及记录 3.设备清洁完好，有清洁完好标志 4.岗位、设备已挂本批生产状态标志	上批产品名称批号 1.符合要求：（＿＿＿），1.符合要求：（＿＿＿） 2.符合要求：（＿＿＿），2.符合要求：（＿＿＿） 3.符合要求：（＿＿＿），3.符合要求：（＿＿＿） 4.符合要求：（＿＿＿），4.符合要求：（＿＿＿）		＿＿＿	＿＿＿	允许生产：□ 签名：＿＿＿ 时间：＿＿＿
粉碎前的复核	1.车间领料时，按批指令要求检查每一种物料： 1.1物料外包装无破损、污染现象 1.2物料编号、名称、数量：标志单与实物相符 2.将待粉碎的药材移至干燥室准备粉碎	1.执行：（＿＿＿） 1.1符合要求：（＿＿＿） 1.2符合要求：（＿＿＿） 名称｜投料量（kg） 总计		＿＿＿	＿＿＿	＿＿＿

工艺过程	操作标准及工艺要求	结果记录		操作人	复核人	QA检查员
粉碎	1.筛网目数80目 2.粉碎设备WCSJ-20A万能粉碎机组 3.工序结束后将"产出量b"交予批混工序，有交接手续	1.符合要求：(_____) 2.符合要求：(_____) 3.执　行：(_____)				
物料平衡	计算公式：$e=\dfrac{b+c+d}{a}\times100\%$　　$f=\dfrac{b}{a}\times100\%$					

	粉碎前总量a	粉碎产出量b	废料量c	取样量d	粉碎收率f	粉碎物料平衡e
	kg	kg	kg	—	%	%

工艺过程	操作标准及工艺要求	结果记录	清场负责人：	复查人：	清场结果：□
清场	清场项目 1.完成粉筛的中间产品交到灭菌工序，无残留物料 2.本批号产品相关的一切状态标志已移走 3.容器具运入清洁间 4.生产废弃物运出操作间 5.清场日期（请附本批清场合格证正本）	清场结果 1.符合要求：(_____) 2.符合要求：(_____) 3.符合要求：(_____) 4.符合要求：(_____) 5.清场日期：(__年__月__日)			
清洁	1.厂房清洁，执行"D级生产区厂房清洁规程" 2.设备清洁，执行"D级生产区粉碎机清洁规程" 3.容器具清洁执行，"D级生产区相应容器清洁规程"	1.已清洁：(_____) 2.已清洁：(_____) 3.已清洁：(_____)			
偏差及说明					
备注					

附录2-2　灭菌岗位记录

设计依据：×× 工艺规程、灭菌标准操作规程　　　　　　　　　　　编号：QR-11.010-008-07

品　名	××	前处理批　号		填写说明	1. "_____" 操作人填写 2. "_____" QA检查员填写 3.合格打 "√"，不合格打 "×"

操作程序：接收药材粉末→灭菌→中间站→粉碎批混→本批清场→清洁

工艺过程	操作标准及工艺要求	结果记录	操作人	复核人	QA检查员
开工前检查	检查：清场结果记录（请附上批清场合格证副本） 1.清除与本批无关的物料 2.无与本批无关的指令及记录 3.设备清洁完好，有清洁完好标志 4.岗位、设备已挂本批生产状态标志	上批产品名称_____ 批号_____ 1.符合要求：(_____), 1.符合要求：(_____) 2.符合要求：(_____), 2.符合要求：(_____) 3.符合要求：(_____), 3.符合要求：(_____) 4.符合要求：(_____), 4.符合要求：(_____)			允许生产：□ 签名：_____ 时间：_____
灭菌前的复核	1.按指令要求接收药材粉末，按批指令要求检查物料： 1.1物料外包装无破损、污染现象 1.2物料数量：标志单与实物相符 2.将待灭菌药料移至灭菌柜准备灭菌	1.执行：(_____) 1.1符合要求：(_____) 1.2符合要求：(_____) 表格：名　称 / 药粉量（kg） 2.执行：(_____)	_____	_____	_____
灭　菌	1.使用的灭菌设备DZG-1.2灭菌柜 2.灭菌温度：115℃ 3.灭菌时间：40分钟 4.灭菌压力：0.2MPa 5.灭菌结束后请验，QA取样 6.将"产出量 b"交予中间站，有交接手续	1.(_____) 2.符合要求：(_____) 3.(__月__日__时__分——__月__日__时__分) 4.符合要求：(_____) 5.执行：(_____) 6.执行：(_____)	_____	_____	_____

续表

工艺过程	操作标准及工艺要求	结果记录	操作人	复核人	QA检查员
减压干燥	1.将灭菌后潮湿的药粉加入减压干燥器 2.干燥温度50~65℃ 3.干燥时间4小时	1.符合要求：（_____） 2.符合要求：（_____） 3.（__月__日__时__分——__月__日__时__分）	_____	_____	-----------

物料平衡

计算公式：$e=\dfrac{b+c+d}{a}\times100\%$ $\qquad f=\dfrac{b}{a}\times100\%$

	投入量 a	产出量 b	废料量 c	取样量 d	物料平衡 e	收率 f
湿热灭菌	kg	kg	kg	kg	%	%
照射灭菌	kg	kg	kg	kg	%	%

操作人：_____ QA检查员：-----------

工艺过程	操作标准及工艺要求	结果记录	清场负责人	复查人	清场结果：□
清 场	清场项目 1.完成灭菌的中间产品交到中间站，无残留物料 2.本批号产品相关的一切状态标志已移走 3.容器具运入清洁间 4.生产废弃物运出操作间 5.清场日期（请附本批清场合格证正本）	清场结果 1.符合要求：（_____） 2.符合要求：（_____） 3.符合要求：（_____） 4.符合要求：（_____） 5.清场日期： （_____年___月___日）	_____	_____	-----------
清 洁	1.厂房清洁 2.设备清洁 3.容器清洁	1.已清洁：（_____） 2.已清洁：（_____） 3.已清洁：（_____）			
偏差及说明					
备 注					

附录2-3　提取、浓缩岗位记录

设计依据：×× 工艺规程、提取、浓缩标准操作规程　　　　　　　编号：QR-11.110-004-08

品　名		前处理 批　号		填写 说明	1. "_____" 操作人填写 2. "_____" QA检查员填写 3.合格打 "√"，不合格打 "×"

操作程序：物料复核→水提工序→浓缩工序→本批清场→清洁

工艺过程	操作标准及工艺要求	结果记录	操作人	复核人	QA检查员	交接记录
生产前检查	检查：清场结果记录（请附上批清场合格证副本） 1.清除与本批无关的物料 2.无与本批无关的指令及记录 3.房间设备容器清洁完好，有 "已清洁" 标志 4.仪表、计量器具清洁完好，有校验合格标志 5.岗位、设备挂上本批生产状态标志	上批产品名称_____ 批号_____ 1.符合要求：（_____），1.符合要求：（_____） 2.符合要求：（_____），2.符合要求：（_____） 3.符合要求：（_____），3.符合要求：（_____） 4.符合要求：（_____），4.符合要求：（_____） 5.符合要求：（_____），5.符合要求：（_____）	班次：__ _____		允许生产：□ 签名：_____ 时间：_____	
提取前的复核	1.车间领料时，执行批指令检查每一种物料： 1.1物料检验合格且容器外观无破损、污染现象 1.2物料编号、名称、数量：标签与实物相符 2.将原辅料移至操作间准备提取	1.执行：（_____） 1.1符合要求：（_____） 1.2符合要求：（_____） 2.准备完好：（_____） _____	班次：__		_____	
水提取前的准备	1.投入水提取总量，按罐装量均匀投入 2.提取本批产品的提取罐罐号 3.执行 "提取标准操作规程" 4.提取按工艺规程规定使用溶剂饮用水 5.提取温度：100℃	1.× 批提取总药量： （_____）kg 2.1（____）2（____）3（____） 4（____）5（____）6（____） 7（____）8（____） 3.执行：（____） 4.执行：（____） 5.执行：（____） _____	班次：__		_____	

续表

工艺过程	提取过程记录										操作人	复核人	QA检查员	交接记录
水 提	罐 \ 项	1	2	3	4	5	6	7	8	合计	班次：__			
	投药量（kg）													
	一次溶剂量 6倍（kg）													
	浸泡30分钟 起止时间 （时：分）	： — ：	： — ：	： — ：	： — ：	： — ：	： — ：	： — ：	： — ：	—				
	一次2小时 起止时间 （时：分）	： — ：	： — ：	： — ：	： — ：	： — ：	： — ：	： — ：	： — ：	—				
	二次溶剂量 5倍（kg）													
	二次2小时 起止时间 （时：分）	： — ：	： — ：	： — ：	： — ：	： — ：	： — ：	： — ：	： — ：	—				
	三次溶剂量 5倍（kg）													
	三次2小时 起止时间 （时：分）	： — ：	： — ：	： — ：	： — ：	： — ：	： — ：	： — ：	： — ：	—				

工艺过程	浓缩过程记录				操作人	复核人	QA检查员	交接记录
浓 缩	罐 \ 项	1	2	3	合计	班次：__			
	压力： 0.02~0.04 MPa				—				
	一效浓缩温度： 90℃±5℃				—				
	浓缩时间 （起止）：	： — ：	： — ：	： — ：	—				
	相对密度： 1.01~1.05				—				
	浓缩后数量（L）：								

续表

工艺过程	操作标准及工艺要求	结果记录	操作人	复核人	QA检查员	交接记录
清　场	提取工序清场检查项目 1.完成提取或浓缩的中间产品经粗滤由管道打到喷雾干燥工序，无残留物料 2.本批号产品相关的一切状态标志已移走 3.本批容器具运入清洁间 4.提取废渣运出操作间 5.清场日期（请附本批清场合格证正本）	清场检查结果 1.符合要求：（_____） 2.符合要求：（_____） 3.符合要求：（_____） 4.符合要求：（_____） 5.清场日期： （_____年__月__日）	班次：__ 清场 负责人：	复查人：	清场结果：□	
清　洁	1.厂房清洁：按D级生产区厂房清洁规程 2.设备清洁：按D级生产区设备清洁规程 3.容器清洁：按D级生产区容器具清洁规程	1.已清洁：（_____） 2.已清洁：（_____） 3.已清洁：（_____） _____		_____	
偏差说明						
备　注						

附录2-4 批混岗位记录

设计依据：××工艺规程、批混标准操作规程　　　　　　　　　编号：QR-12.020-011-01

品　名		产品批号		填写说明	1."_____"操作人填写 2."┈┈┈┈"QA检查员填写 3.合格打"√"，不合格打"×"

批混程序：中间产品复核→批混→请验→交中间站→本批清场、清洁

工艺过程	操作标准及工艺要求	结果记录	操作人	复核人	QA检查员
生产前检查	检查：清场结果记录（请附上批清场合格证副本） 1.清除与本批无关的物料 2.无与本批无关的指令及记录 3.温度18~26 ℃，相对湿度45%~65% 4.设备清洁完好，有清洁完好标志 5.仪表、计量器具清洁完好，有校验合格标志 6.岗位、设备本批生产状态标志已挂上	上批产品名称_____ 批号_____ 1.符合要求：(_____)，1.符合要求：(┈┈┈┈) 2.符合要求：(_____)，2.符合要求：(┈┈┈┈) 3.符合要求：(_____)，3.符合要求：(┈┈┈┈) 4.符合要求：(_____)，4.符合要求：(┈┈┈┈) 5.符合要求：(_____)，5.符合要求：(┈┈┈┈) 6.符合要求：(_____)，6.符合要求：(┈┈┈┈)		_____	允许生产：□ 签名：┈┈┈┈ 时间：┈┈┈┈
批混前的复核	1.核对待批混物料品名、批号、数量是否与容器标志单上相符	1.药粉量：(_____) kg 淀粉 (_____) kg 糊精 (_____) kg 符合要求：(_____)			
批　混	1.使用设备JSH型三维运动混合机 2.执行"批混标准操作规程" 3.混合时间20分钟 4.工序结束后请验，QA取样 5.将"产出量(b)"交于中间站，要有交接手续	1.符合要求(_____) 2.执　行(_____) 3.(__月__日__时__分 　—__月__日__时__分) 4.执　行(_____) 5.执　行(_____)	_____	_____	_____
物料平衡	计算公式：$e = \dfrac{b+c+d}{a} \times 100\%$　　$f = \dfrac{b}{a} \times 100\%$	见下表	清场负责人： _____	复查人： _____	清场结果：□ ┈┈┈┈

批混投入量 a	批混产出量 b	取样量 c	废料量 d	物料平衡 e	收率 f
kg	kg	kg	kg	%	%

续表

工艺过程	操作标准及工艺要求	结果记录	操作人	复核人	QA检查员
清　场	清场项目 1.完成批混的中间产品交中间站，无残留物料 2.本批号产品相关的一切状态标志已移走 3.容器具运入清洁间 4.生产废弃物运出操作间 5.清场日期（请附本批清场合格证正本）	清场结果 1.符合要求：（_____） 2.符合要求：（_____） 3.符合要求：（_____） 4.符合要求：（_____） 5.清场日期： 　（_____年__月__日）	清场负责人：	复查人：	清场结果：□
清　洁	1.厂房清洁执行"D级厂房清洁规程" 2.设备清洁执行"D级三维运动混合机清洁规程" 3.容器具清洁执行"D级洁净区相应容器清洁规程"	1.已清洁（_____） 2.已清洁（_____） 3.已清洁（_____）			
偏差及说明					
备　注					

附录2-5 制粒岗位记录

设计依据：××工艺规程、制粒标准操作规程   编号：QR-13.020-011-02

品　名		产品批号		填写说明	1. "＿＿＿"操作人填写 2. "＿＿＿"QA检查员填写 3.合格打"√"，不合格打"×"

制粒程序：原辅料复核→制湿颗粒→干燥→整粒→物料平衡、收率合格后→递交批混工序→本批清场→清洁

工艺过程	操作标准及工艺要求	结果记录	操作人	复核人	QA检查员
生产前检查	检查：清场结果记录（请附上批清场合格证副本） 1.清除与本批无关的物料 2.无与本批无关的指令及记录 3.温度18~26℃，相对湿度45%~65% 4.设备清洁完好，有清洁完好标志 5.仪表、计量器具清洁完好，有校验合格标志 6.岗位、设备本批生产状态标志已挂上	上批产品名称＿＿＿＿批号＿＿＿ 1.符合要求：（＿＿＿），1.符合要求：（＿＿＿） 2.符合要求：（＿＿＿），2.符合要求：（＿＿＿） 3.符合要求：（＿＿＿），3.符合要求：（＿＿＿） 4.符合要求：（＿＿＿），4.符合要求：（＿＿＿） 5.符合要求：（＿＿＿），5.符合要求：（＿＿＿） 6.符合要求：（＿＿＿），6.符合要求：（＿＿＿）			允许生产：□ 签名：＿＿＿ 时间：＿＿＿
制粒前的复核	1.核对中间产品及制粒时加入的原辅料名称、编号、数量。执行"制湿颗粒、干燥、整粒标准操作规程" 2.根据药粉的松散程度准备用的润湿剂。如润湿剂不是纯化水请写明配制方法	1.符合要求：（＿＿＿） 标记 | 物料名称 | 物料编码 | 数量（kg） 标记"1"为制粒时加入，"2"为湿混时加入			
黏合剂配制		1.（＿＿＿）kg，制得＿＿kg			
制湿颗粒	1.操作设备：槽型混合机和摇摆颗粒机等 2.药粉、稠膏量：每锅约为总量的（　）分之一 3.湿混总时间：每锅30分钟 4.将软材放在摇摆式颗粒中制粒，过14目筛网	1.执行：（＿＿＿） 2.（＿＿＿）kg/锅，共（＿＿＿）kg 3.共（＿＿＿）分钟 4.执行：（＿＿＿）			

工艺过程	操作标准及工艺要求	结果记录	操作人	复核人	QA检查员
干 燥	1.操作设备：高效沸腾干燥机一批分（ ）次干燥 2.干燥总时间：每锅30分钟 3.干燥温度：40~60℃	1.执行：（＿＿＿＿＿） 2.共（＿＿＿＿＿）分钟 3.（＿＿＿＿＿）℃			
整 粒	1.操作设备：整粒机 2.筛网：12目	1.执行：（＿＿＿＿＿） 2.（＿＿＿＿＿）目			
总 混	1.操作设备：混合机 2.加入辅料硬脂酸镁后进行总混 3.总混时间：20分钟 4.总混后颗粒重量 5.制粒总起止时间	1.执行：（＿＿＿＿＿） 2.执行：（＿＿＿＿＿） 3.（＿＿＿＿＿）分钟 4.（＿＿＿＿＿）kg 5.（__月__日__时__分—__月__日__时__分）			

| 物料平衡 | 计算公式：$e=\dfrac{b+c+d}{a}\times100\%$ $f=\dfrac{b}{a}\times100\%$ | | | 清场负责人： | 复查人： | 清场结果：□ |

投入量 a	颗粒总量 b	取样量 c	废料量 d	物料平衡% e	收率% f
		—			

清 场	**清场项目** 1.完成制粒的中间产品交压片工序，无残留物料 2.本批号产品相关的一切状态标志已移走 3.容器具运入清洁间 4.生产废弃物运出操作间 5.清场日期（请附本批清场合格证正本）	清场结果 1.符合要求：（＿＿＿＿） 2.符合要求：（＿＿＿＿） 3.符合要求：（＿＿＿＿） 4.符合要求：（＿＿＿＿） 5.清场日期：（＿＿＿年__月__日）			
清 洁	1.厂房清洁 2.生产设备的清洁 3.工具、器具、容器清洁	1.已清洁（＿＿＿＿） 2.已清洁（＿＿＿＿） 3.已清洁（＿＿＿＿）			
偏差及说明					
备 注					

请在本工序指令前附批混后的中间产品检验报告书和放行单。

附录2-6　压片岗位记录

设计依据：×× 工艺规程、压片标准操作规程　　　　　　　　　　　编号：QE-12.021-011-04

品　名		产品批号		填写说明	1. "＿＿＿" 操作人填写 2. "＿＿＿" QA检查员填写 3. 合格打 "√"，不合格打 "×"

压片程序：中间产品复核→调节重量→压片→请验→递交中间站→本批清场、清洁

工艺过程	操作标准及工艺要求	结果记录	操作人	复核人	QA检查员
生产前检查	检查：清场结果记录（请附上批清场合格证副本） 1.清除与本批无关的物料 2.无与本批无关的指令及记录 3.温度18~26℃，相对湿度45%~65% 4.设备清洁完好，有清洁完好标志 5.仪表、计量器具清洁完好，有校验合格标志 6.岗位、设备本批生产状态标志已挂上	上批产品名称＿＿＿＿＿＿ 批号＿＿＿＿＿＿ 1.符合要求：（＿＿＿＿），1.符合要求：（＿＿＿＿） 2.符合要求：（＿＿＿＿），2.符合要求：（＿＿＿＿） 3.符合要求：（＿＿＿＿），3.符合要求：（＿＿＿＿） 4.符合要求：（＿＿＿＿），4.符合要求：（＿＿＿＿） 5.符合要求：（＿＿＿＿），5.符合要求：（＿＿＿＿） 6.符合要求：（＿＿＿＿），6.符合要求：（＿＿＿＿）			允许生产：□ 时间：
压片前的复核	1.核对颗粒颜色、规格、数量	1.颜色、规格符合要求：（＿＿＿＿） 数量：（＿＿＿＿＿＿kg）			
压片	1.使用的设备：ZP134压片机，10.5mm浅凹冲头 2.执行"压片标准操作规程" 3.真空泵压力范围：0.03~0.05MPa 4.片重调整为每片重0.5g 5.每15分钟检测一次片重，直到稳定 6.压片后中间产品请验，QA取样 7.产出量（b）交中间站 8.压片起止时间	1.执行：（＿＿＿＿） 2.执行：（＿＿＿＿） 3.符合要求：（＿＿＿＿） 4.规格：（＿＿＿＿） 5.记录见附表 6.执行：（＿＿＿＿） 7.产出品总量（＿＿＿＿）kg 8.（＿月＿日＿时＿分—＿月＿日＿时＿分）			
片重差异控制	每次取20片，按中间产品质量标准及生产要求监控见下表				

时间 （min）	15	30	45	60	75	90	105	120	135
片重（g）									

续表

工艺过程	操作标准及工艺要求					结果记录				操作人	复核人	QA检查员
时间 （min）	150	165	180	195	210	225	240	255	270			
片重（g）												
时间 （min）	285	300	315	330	345	360	375	390	405			
片重(g)												
时间 （min）	420	435	450	465	480	495						
片重(g)												

工艺过程	操作标准及工艺要求						操作人	复核人	QA检查员
物料平衡	中间产品计算　公式：$e=\dfrac{b+c+d}{a}\times100\%$　　　　$f=\dfrac{b}{a}\times100\%$								
	压片投入量 a	产出量 b	取样量 c	不合格品量 d	物料平衡 e	收率 f			
	kg	kg	kg	kg	%	%			

工艺过程	操作标准及工艺要求	结果记录	操作人	复核人	QA检查员
清　场	清场项目 1.压片后中间产品交到中间站，无残留物料 2.本批号产品相关的一切状态标志已移走 3.容器具运入清洁间 4.生产废弃物运出操作间 5.清场日期（请附本批清场合格证正本）	清场结果 1.符合要求：（_____） 2.符合要求：（_____） 3.符合要求：（_____） 4.符合要求：（_____） 5.清场日期： （_____年__月__日）	清场 负责人：	复查人：	清场结果：□
清　洁	1.厂房清洁执行"C级厂房清洁规程" 2.设备清洁执行"C级本设备的清洁规程" 3.容器清洁执行"C级洁净区相应容器清洁规程"	1.已清洁（_____） 2.已清洁（_____） 3.已清洁（_____）			
偏差及说明					
备　注					

附录3 部分岗位生产管理文件式样

附录3-1 生产计划管理文书

<table>
<tr><td colspan="5" align="center">_____年度生产任务书</td></tr>
<tr><td>编号</td><td></td><td></td><td>受控状态</td><td></td></tr>
<tr><td colspan="5" align="center">一、生产任务</td></tr>
<tr><td>产品名称</td><td></td><td></td><td></td><td></td></tr>
<tr><td>预期产量</td><td></td><td></td><td></td><td></td></tr>
<tr><td>合格率</td><td></td><td></td><td></td><td></td></tr>
<tr><td>预期产值</td><td></td><td></td><td></td><td></td></tr>
<tr><td colspan="5" align="center">二、各车间生产任务分配（万元）</td></tr>
<tr><td>产品名称</td><td></td><td></td><td></td><td></td></tr>
<tr><td>___车间</td><td></td><td></td><td></td><td></td></tr>
<tr><td>___车间</td><td></td><td></td><td></td><td></td></tr>
<tr><td>编制员</td><td></td><td></td><td>时间</td><td></td></tr>
<tr><td>审核员</td><td></td><td></td><td>时间</td><td></td></tr>
<tr><td>审批员</td><td></td><td></td><td>时间</td><td></td></tr>
</table>

_____月度生产任务书

编号		受控状态	
计划产值			

一、各车间生产任务分配（万元）

产品名称			
____车间			
____车间			

二、产品生产进度计划

产品名称										计划总量				

	1	2	3	4	5	6	7	8	9	10	11	12	13	14	15	16	17	18	19	20	21	22	23	24	25	26	27	28	29	30	31
车间																															
车间																															
车间																															
车间																															

备注：

产品名称										计划总量				

	1	2	3	4	5	6	7	8	9	10	11	12	13	14	15	16	17	18	19	20	21	22	23	24	25	26	27	28	29	30	31
车间																															
车间																															
车间																															
车间																															

备注：

产值合计

产品名称			
____车间			
____车间			
备注：			
编制员		时间	
审核员		时间	
审批员		时间	

_____车间年度生产计划书

| 编号 | | | | | | | 受控状态 | | | | |

一、车间生产任务进度计划表

产品名称	1月	2月	3月	4月	5月	6月	7月	8月	9月	10月	11月	12月

备注:

二、班组生产任务分配表

		___产品	___产品	___产品
___班组				
___班组				
___班组				
___班组				

备注:

三、生产物料供应计划表

_____物料供应数量

1月	2月	3月	4月	5月	6月	7月	8月	9月	10月	11月	12月

备注:

_____物料供应数量

1月	2月	3月	4月	5月	6月	7月	8月	9月	10月	11月	12月

备注:

_____物料供应数量

1月	2月	3月	4月	5月	6月	7月	8月	9月	10月	11月	12月

备注:				
编制员		时间		
审核员		时间		
审批员		时间		

附录3-2 生产调度管理

物料调度方案				
编号		受控状态		
目的		执行人员	调度员	
一、调度员职责与权力				
职责		权力		
二、仓库物料调度				
适用范围				
调度程序				
备注				
三、厂外物料调度				
适用范围				
调度程序				
备注				
编制员		时间		
审核员		时间		
审批员		时间		

人员调度方案			
编号		受控状态	
工作阶段	工作内容	负责人	起止时间
第一阶段	生产部制订人员配置计划方案，人力资源部下达人员转移指令		
第二阶段	落实人选，人力资源部审核，实施人员转移计划		
第三阶段	生产部确定人选，开展培训		
第四阶段	生产部分期分批配置人员		
编制员		时间	
审核员		时间	
审批员		时间	

_____年度生产调度工作总结

编号		受控状态	
目的		执行人员	调度员

一、生产资源调度总结

	调动生产物料（件）	调度工作人员（人）	调度车辆（辆）
统计			

二、生产任务完成总结

	是否完成生产任务	是否无间断生产	是否达到安全生产要求
统计	是□ 否□	是□ 否□	是□ 否□

三、工作纪律总结

	违纪事件（人次）	上一年度（人次）	降低（人次）
统计			
	是否出现产品延误现象	是否如实记录工作情况	是否及上交工作报表
统计	是□ 否□	是□ 否□	是□ 否□

四、应对突发事件总结

	共应对突发事件（起）	是否保证生产正常进度	是否完成追加订单任务
统计			

五、人员管理总结

	开展部门员工培训（次）	员工考核优秀率（%）	员工激励制度执行情况
统计			
	离职人员（人）	离职率（%）	新入职人员（人）
统计			
	调度中心共有管理人员（人）	普通调度人员（人）	试用人员（人）
统计			

六、经验总结

七、下年度规划

编制员		时间	
审核员		时间	
审批员		时间	

附录3-3 生产设备管理文书

<table>
<tr><td colspan="4" align="center">设备点检报告书</td></tr>
<tr><td>编号</td><td></td><td>受控状态</td><td></td></tr>
<tr><td>点检时间</td><td></td><td>规定检点周期</td><td></td></tr>
<tr><td>参与部门</td><td>设备部、生产部</td><td>人员姓名</td><td></td></tr>
<tr><td>点检方法</td><td colspan="3">五官点检、清扫、紧固、调整、仪器检查等</td></tr>
<tr><td>总点检数</td><td>（处）</td><td>发现隐患</td><td>（处）</td></tr>
<tr><td colspan="4" align="center">一、隐患详情表</td></tr>
<tr><td></td><td>点检部位</td><td>点检方法</td><td>潜在故障</td></tr>
<tr><td>1</td><td></td><td></td><td></td></tr>
<tr><td>2</td><td></td><td></td><td></td></tr>
<tr><td>3</td><td></td><td></td><td></td></tr>
<tr><td colspan="4" align="center">二、采取的应对措施</td></tr>
<tr><td colspan="4"></td></tr>
<tr><td>编制员</td><td></td><td>时间</td><td></td></tr>
<tr><td>审核员</td><td></td><td>时间</td><td></td></tr>
<tr><td>审批员</td><td></td><td>时间</td><td></td></tr>
</table>

_____设备维修报告书

编号		受控状态	
大修时间		规定检点周期	
参与部门	设备部、生产部	人员姓名	
维修目的		是否停产	是□ 否□

一、维修内容

二、维修验收

是否达到预期	是□ 否□	是否恢复标准水平	是□ 否□

三、维修费用

编制员		时间	
审核员		时间	
审批员		时间	

设备报废申报书

编号		受控状态	
设备名称		设备型号	
所属部门		设备编号	
制造厂商		制造日期	
规定使用年限		实际使用年限	
购买金额		残值估价	

报废原因：

车间主任签字：_____
_____年___月___日

意见：	意见：	意见：	意见：	备注：
设备部经理签字	生产部经理签字	生产总监签字	总经理签字	

编制员		时间	
审核员		时间	
审批员		时间	

设备保养计划书					
编号			受控状态		
设备型号	设备名称	保养项目	保养时间	保养预算	保养人签字
编制员			时间		
审核员			时间		
审批员			时间		

附录3-4　安全生产管理文书

<table>
<tr><td colspan="4" align="center">安全监督检查报告书</td></tr>
<tr><td>编号</td><td></td><td>受控状态</td><td></td></tr>
<tr><td>时间</td><td></td><td>检查人员</td><td></td></tr>
<tr><td>被检查车间</td><td></td><td>共发现隐患</td><td>＿＿＿＿（处）</td></tr>
<tr><td colspan="4" align="center">一、发现的安全隐患</td></tr>
<tr><td colspan="4"></td></tr>
<tr><td colspan="4" align="center">二、责任人处理</td></tr>
<tr><td></td><td>承担的责任</td><td>处罚办法</td><td>被处罚者签名</td></tr>
<tr><td>安全监察员</td><td></td><td></td><td></td></tr>
<tr><td>车间主任和班组长</td><td></td><td></td><td></td></tr>
<tr><td>生产人员</td><td></td><td></td><td></td></tr>
<tr><td colspan="4" align="center">三、整改方案</td></tr>
<tr><td colspan="4"></td></tr>
<tr><td>编制员</td><td></td><td>时间</td><td></td></tr>
<tr><td>审核员</td><td></td><td>时间</td><td></td></tr>
<tr><td>审批员</td><td></td><td>时间</td><td></td></tr>
</table>

＿＿＿＿＿＿＿＿＿＿车间安全事故处理报告书

编号		受控状态	
时间		事故名称	
死亡人员	＿＿＿＿＿＿（人）	受轻伤人员	＿＿＿＿＿＿（人）
重伤人员	＿＿＿＿＿＿（人）	损坏设备	＿＿＿＿＿＿（台）
一、事故原因			
直接原因			
间接原因			
责任认定			
二、责任人处理			
三、事故纠正及预防措施			
编制员		时间	
审核员		时间	
审批员		时间	

安全管理培训计划书			
编号		受控状态	
培训对象		培训时间	
培训地点		培训负责人	
一、培训内容			
二、培训流程			
流程	完成情况		备注
1.培训前准备	完成☐ 未完成☐		
2.培训实施中	完成☐ 未完成☐		
3.培训考核	完成☐ 未完成☐		
4.总结经验	完成☐ 未完成☐		
编制员		时间	
审核员		时间	
审批员		时间	

安全事故预防方案

编号		受控状态	

一、指导思想

为保证公司所有员工的生命财产安全，防止重大安全事故的发生，遵循以人为本的管理理念，特制订本方案

二、责任机构

部门	责任
安全管理部	方案制订、解释、指导、监督日常生产
各部门及车间负责人	日常生产的安全检查及突发事故的应急处理
员工	熟知安全事故预防方案，保证自身和他人的安全

三、具体措施

项目	具体措施		
用电事故预防			
静电危害预防			
锅炉房			
压力容器事故预防			
起重事故预防			
编制员		时间	
审核员		时间	
审批员		时间	

附录3-5 生产质量管理文书与方案

<table>
<tr><td colspan="8" align="center">原材料检验报告书</td></tr>
<tr><td colspan="2" align="center">供应商</td><td></td><td colspan="2" align="center">采购时间</td><td colspan="3"></td></tr>
<tr><td colspan="2" align="center">原材料名称</td><td></td><td colspan="2" align="center">原料规格</td><td colspan="3"></td></tr>
<tr><td colspan="2" align="center">采购量（吨）</td><td></td><td colspan="2" align="center">方法</td><td colspan="3" align="center">抽样检验</td></tr>
<tr><td rowspan="5" align="center">检查记录</td><td align="center">检验项目</td><td align="center">检验标准</td><td align="center">检验结果</td><td align="center">合格</td><td align="center">不合格</td><td align="center">总评</td><td align="center">备注</td></tr>
<tr><td></td><td></td><td></td><td></td><td></td><td rowspan="4" align="center">□合格
□不合格</td><td></td></tr>
<tr><td></td><td></td><td></td><td></td><td></td><td></td></tr>
<tr><td></td><td></td><td></td><td></td><td></td><td></td></tr>
<tr><td></td><td></td><td></td><td></td><td></td><td></td></tr>
<tr><td colspan="2" align="center">检验意见</td><td colspan="6"></td></tr>
<tr><td colspan="2" align="center">检验员</td><td></td><td colspan="2" align="center">质量检验主管</td><td></td><td align="center">质量部经理</td><td></td></tr>
<tr><td colspan="2" align="center">仓库验收</td><td></td><td colspan="2" align="center">验收数量</td><td colspan="3">□足量 □溢交 □短缺</td></tr>
<tr><td colspan="2" align="center">处理意见</td><td colspan="6"></td></tr>
</table>

半成品检验报告书

一、半成品检验方式

由现场作业人员进行"自检"和"互检"；由质检部质检人员进行"专检"

二、半成品一次交检合格率

单位	总交检批次	不合格批次	合格率（％）
＿＿＿＿车间			
＿＿＿＿车间			
＿＿＿＿车间			
＿＿＿＿车间			
合计			

三、厂内外质量信息通报

	内容	原因	备注
＿＿＿＿车间			
＿＿＿＿车间			
＿＿＿＿车间			

＿＿＿＿年＿＿＿＿月＿＿＿＿日

编制员		时间	
审核员		时间	
审批员		时间	

制成品检验报告书

一、制成品检验概述表

批号		名称		规格		目标产量	

	日期	检验项目	抽样数	质量异常	百分比%	备注	签名
包装前							

	日期	检验项目	抽样数	质量异常	百分比%	备注	签名
包装后							

质检人员意见		＿＿＿年＿＿＿月＿＿＿日
质检主管意见		＿＿＿年＿＿＿月＿＿＿日

二、质量检查异常情况概述

产品名称		产品规格		生产批号		抽样数量	
次数		检查项目	严重不良数	轻微不良数		合计	
1							
2							
3							
合计		——					

三、质量检查情况分析

次数	检验项目	异常情况描述	签名
1			
2			
3			

质检主管（签名）＿＿＿＿＿＿＿＿＿

＿＿＿＿＿年＿＿＿月＿＿＿日

四、质量异常的原因及处理建议

产品名称		产品批号		
次数	检验项目	异常原因	处理建议	备注
1				
2				
3				

质检主管（签名）＿＿＿＿＿＿＿＿＿

＿＿＿＿＿年＿＿＿月＿＿＿日

编制员		时间	
审核员		时间	
审批员		时间	

产品质量抽检报告书

编号		受控状态	

一、检验依据

二、检验情况

产品名称		产品批号		检验地点	
交付数量		抽样数量		送检日期	
室内温度		室内相对湿度		检测日期	
检测项目					
依据标准					
检测方法	一次抽检				
检测设备					

三、检测结果

序号	检测项目	检测要求	检测结果	判定	类别	备注
1						
2						
3						

四、检验结论

报告拟定人		报告审核人		报告批准人	

质检部
_____年_____月_____日

编制员		时间	
审核员		时间	
审批员		时间	

附录3-6 生产绩效与生产班组管理文书

绩效考核汇报书					
编号			受控状态		
一、基本情况					
考核期限		考核范围		考核内容	
二、考核结果					
符合要求人数	（%）	有待改进人数	（%）	不合格人数	（%）
三、存在的问题					
四、下一阶段目标					
编制员			时间		
审核员			时间		
审批员			时间		

考核结果报告书

编号		受控状态	

一、考核结果统计

等级	考核得分	内容	占人员比例（%）
优秀	90~100	工作完成出色	
良好	80~89	主动较好的完成工作	
一般	70~79	较好的完成本职工作	
合格	60~69	能完成本职工作	
不合格	60以下	不胜任工作	

二、考核结果反馈

被考核者反馈意见	
班组长反馈情况	

三、考核结果的应用反馈

应用范围		存在问题		解决办法	

_____年_____月_____日

编制员		时间	
审核员		时间	
审批员		时间	

班组工作计划书

编号		受控状态	

一、上月工作回顾

上月完成产品	（件）	上月合格率	（％）	车间排名	（名）
上月死亡	（人）	重大工伤	（人）	负伤率	（％）

二、本月工作目标

计划完成产品	（件）	合格率	（％）	车间排名	（名）

三、本月工作计划

序号	产品名称	计划数量	计划时间	完成数量	完成时间	耗费工时	备注
1							

_____年_____月_____日

编制员		时间	
审核员		时间	
审批员		时间	

员工作业每日报表							
编号				受控状态			
班组名称				考核日期			
时间点	计划完成	品名/型号	实际产量	耗费时间	不良数	不良率	备注
8：00							
8：59							
9：00							
9：59							
10：00							
10：59							
11：00							
11：59							
13：00							
13：59							
14：00							
14：59							
15：00							
15：59							
16：00							
16：59							
合计							
编制员				时间			
审核员				时间			
审批员				时间			

班组长考核表

编号				受控状态			

一、企业对班组长考核表

	考核指标	不合格	合格	一般	良好	优秀	权重	得分
	分数分配	0~1	2	3	4	5		
素质结构	事业心	差	不强	一般	勤奋	勇于担责		
	纪律性	差	较差	偶尔小错	较强	强		
	主动性	懈怠	被动	较主动	积极	工作主动		
知识结构	文化知识	初中	高中	中专	大专	本科以上		
	专业知识	缺乏	粗浅了解	一般掌握	深入掌握	非常优秀		
能力结构	表达能力	无法沟通	缺乏条理	词能达意	清晰明了	善于沟通		
	创新能力	因循守旧	偶有创新	富有创新	有成果	成果显著		
	交往能力	不善交往	社交面窄	正常交往	社交面宽	富有人脉		
	合作能力	性格孤僻	正常合作	愿意合作	主动合作	积极合作		
	理解能力	极差	差	能理解	深入理解	迅速理解		
绩效结构	产品质量	经常出错	偶尔出错	质量一般	不出错	质量很高		
	工作任务	不能完成	基本完成	独立完成	偶尔超额	出色完成		

考核总得分：				
考核意见：		签名		
员工意见：		签名		

二、班组长自我评价考核

	项目内容	优	良	合格	不合格
1	接受指示和工作，能立刻提出详细报告				
2	能将失误主动、全面、真实地向上级汇报				
3	向员工传达信息要点突出、清晰明确				
4	做报告不出现令员工误解的问题				
5	及时与相关人员沟通				
6	快速处理指示、请示、委托等				
7	写材料、报告真实、清晰				
8	主动协助同事的工作				
9	无挑拨离间行为				
10	认真征询上级意见同时用于阐述己见				
11	虚心接受批评				
12	富有生机的，带领团队氛围愉快				
13	工作均有明确可度量的期限和目标				

编制员		时间	
审核员		时间	
审批员		时间	

参考文献

［1］姚日升，边侠玲.制药过程安全与环保［M］.北京：化学工业出版社，2018.

［2］陈甫雪.制药过程安全与环保［M］.北京：化学工业出版社，2017.

［3］邹玉繁.制药企业安全生产与健康保护［M］.2版.北京：化学工业出版社，2010.

［4］孙玉叶.化工安全技术与职业健康［M］.北京：化学工业出版社，2009.

［5］胡晓东.制药废水处理工艺流程［M］.北京：化学工业出版社，2008.

［6］伍郁静.常见有毒化学品应急救援手册［M］.广州：中山大学出版社，2006.

［7］赵正宏.应急救援基础知识［M］.北京：中国石化出版社，2019.

［8］杨月巧.应急管理概论［M］.北京：清华大学出版社，2016.

［9］李宗浩.紧急医学救援［M］.北京：人民卫生出版社，2013.

［10］杨世民.药事管理与法规［M］.北京：高等教育出版社，2010.

［11］沈力，吴美香.药事管理与法规［M］.3版.北京：中国医药科技出版社，2017.

［12］孟锐.药事管理学［M］.北京：中国中医药出版社，2009.

［13］何宁，胡明.药事管理学［M］.2版.北京：中国医药科技出版社，2018.

［14］卢先明.中药商品学［M］.北京：中国中医药出版社，2014.

［15］李峰，蒋贵华.中药商品学［M］.北京：中国医药科技出版社，2014.

［16］朱圣和.现代中药商品学［M］.北京：人民卫生出版社，2007.

［17］张冰.中药不良反应与警戒实践［M］.北京：人民卫生出版社，2016.

［18］苗明三，朱飞鹏.中成药不良反应与安全应用［M］.北京：人民卫生出版社，2008.

［19］杨克敌.环境卫生学［M］.8版.北京：人民卫生出版社，2017.

［20］李弘.环境监测技术［M］.2版.北京：化学工业出版社，2014.

［21］傅超美，张永萍.中药新药研发学［M］.北京：中国中医药出版社，2016.

［22］李恒.GMP实用教程［M］.北京：中国医药科技出版社，2013.

［23］李弘，董大海.市场营销学［M］.大连：大连理工大学出版社，2009.

［24］庞磊，靳江红.制药安全工程概论［M］.北京：化学工业出版社，2015.

［25］何小荣，顾勤兰.药品GMP车间实训教程［M］.北京：中国医药科技出版社，2016.

［26］朱世斌，刘红.药品生产质量管理工程［M］.北京：化学工业出版社，2022

［27］何国强.制药工艺验证实施手册［M］.北京：化学工业出版社，2012.

［28］马义岭，郭永学.制药设备与工艺验证［M］.北京：化学工业出版社，2019.

［29］陈永法.中国药事管理与法规［M］.南京：东南大学出版社，2021.

［30］陈绍成.药品经营质量管理规范实用教程［M］.重庆：重庆大学出版社，2017.

［31］李宏吉，张明贤.制药设备与工程设计［M］.北京：化学工业出版社，2019.

［32］何思煌，罗文华.GMP实务教程［M］.4版.北京：中国医药科技出版社，2021.

［33］杨永杰，段立华，杨静.制药企业管理与GMP实施［M］.3版.北京：化学工业出版社，2022.

［34］孔庆新，谢奇.医药企业安全生产管理实务［M］.北京：化学工业出版社，2021.

［35］梁毅.GMP教程［M］.4版.北京：中国医药科技出版社，2019.

［36］朱玉玲.实用药品GMP基础［M］.北京：化学工业出版社，2021.

［37］王恒通，王桂芳.药厂GMP应知应会［M］.北京：中国医药科技出版社，2019.

［38］杨成德.制药设备使用与维护［M］.北京：化学工业出版社，2017.

［39］郭永学.药品GMP车间实训教程［M］.北京：化学工业出版社，2022.

［40］李存法，陈忠杰.药品生产质量管理［M］.重庆：重庆大学出版社，2016.

［41］陈宇洲.制药设备与工艺设计［M］.北京：化学工业出版社，2022.

［42］韩静.制药设备设计基础［M］.北京：化学工业出版社.2018.

［43］中国合格评定国家认可中心.CNAS实验室/检验机构认可评定培训教程［M］.北京：中国标准出版社，2021.

［44］中国合格评定国家认可中心.CNAS实验室及检验机构专项监督典型案例及解析［M］.北京：中国标准出版社，2019.

［45］中华人民共和国国家质量监督检验检疫总局，中国国家标准化管理委员会.GB/T 19000–2016/ISO9000：2015 质量管理体系基础和术语［M］.北京：中国标准出版社，2017.

［46］许丽君，张亚龙.ISO9000标准及材料加工过程质量管理体系［M］.北京：航空工业出版社，2018.

［47］孙跃兰.ISO9000族质量管理标准理论与实务［M］.北京：机械工业出版社，2019.

［48］贺红彦.X公司新药研发项目风险管理研究［D］.上海：华东师范大学，2021.

［49］邹益波.药物研发公司的项目风险管理研究［D］.杭州：浙江工业大学，2019.

［50］赵旸顿.《跨太平洋伙伴关系协定》下药品知识产权保护规则研究［D］.武汉：武汉大学，2017.

［51］贾力.新药研发的跨学科知识与技能［M］.北京：科学出版社，2018.

［52］陈小平，马凤余.新药发现与开发［M］.2版.北京：化学工业出版社，2017.

［53］白东鲁，沈竞康.创新药物研发经纬［M］.北京：化学工业出版社，2020.

［54］刘祖轲.解决方案营销实战案例［M］.北京：企业管理出版社，2014.

［55］胡柯柯.活动策划实战案例大全［M］.北京：清华大学出版社，2019.

［56］陈玉文.医药市场营销［M］.8版.北京：人民卫生出版社，2016.

［57］冯国忠.医药市场营销学［M］.北京：中国医药科技出版社，2007.

［58］武霞，邵蓉.创新药风险投资现状与分析［J］.中国医药工业杂志，2020，51（8）：1070–1079.

［59］安娜，吕佳康，韩玲.中药安全性认识和中药新药研发的风险管理策略［J］.中国药理学与毒理学杂志，2021，35（2）：90–95.

［60］邓鑫，刘丽静，许克祥.《中医药法》下中药知识产权保护现状分析及策略［J］.中国卫生法制，2022，30（4）：23–26+37.

［61］顾东蕾，潘晓梅，杨静.日本药品专利期限补偿制度对中国新药研发的启示［J］.中国新药杂志，2021，30（4）：289–294.

［62］潘珂，陈晏晏，吴通义.医药领域发明专利优先权核实中相同主题的判断［J］.中国新药杂志，2022，31（3）：206–210.

［63］刘桂明，黄超峰.新药研发专利保护策略［J］.中国医药工业杂志，2018，49（11）：1610-1614.

［64］曾洁，张容霞，刘冬，等.上海药物研究所新药研发专利保护分析［J］.中国医药工业杂志，2020，51（4）：532-538.

［65］薛亚萍，谭玉梅，毛洪芬，等.医药领域海外专利布局策略［J］.中国新药杂志，2018,27(23)：2735-2744.

［66］杨倩，吕茂平.关于马来酸桂哌齐特专利侵权案的思考［J］.中国发明与专利，2018，15（5）：117-123.

［67］龚兆龙，杜涛.从美国 FDA 审评角度探讨新药研发的风险控制［J］.药学进展,2015,39（11）：823-826.

［68］Cook D，Brown D，Alexander R，et al.Lessons learned from the fate of Astra Zeneca's drug pipeline：a five-dimensional framework［J］.Nature reviews Drug discovery，2014，13（6）：419-431.

［69］Morgan P，Brown D G，Lennard S，et al.Impact of a five-dimensional framework on R&D productivity at AstraZeneca［J］.Nature reviews Drug discovery，2018，17（3）：167-181.